山东省高等学校青年创新团队发展计划
诉讼法学新兴领域研究创新团队资助成果

诉讼法学新兴领域研究创新文库

民事司法改革的中国范式

▎王德新　安秀伟　主编▎

The Chinese Paradigm
of Civil Judicial Reform

中国社会科学出版社

图书在版编目（CIP）数据

民事司法改革的中国范式／王德新，安秀伟主编 . —北京：中国社会科学出版社，2023.8

（诉讼法学新兴领域研究创新文库）

ISBN 978 – 7 – 5227 – 2510 – 9

Ⅰ . ①民…　Ⅱ . ①王…②安…　Ⅲ . ①民事诉讼—司法制度—体制改革—研究—中国　Ⅳ . ①D925. 104

中国国家版本馆 CIP 数据核字（2023）第 165837 号

出 版 人	赵剑英
责任编辑	孔继萍
责任校对	郝阳洋
责任印制	郝美娜

出　　版	中国社会科学出版社
社　　址	北京鼓楼西大街甲 158 号
邮　　编	100720
网　　址	http://www.csspw.cn
发 行 部	010 – 84083685
门 市 部	010 – 84029450
经　　销	新华书店及其他书店

印　　刷	北京君升印刷有限公司
装　　订	廊坊市广阳区广增装订厂
版　　次	2023 年 8 月第 1 版
印　　次	2023 年 8 月第 1 次印刷

开　　本	710×1000　1/16
印　　张	20.75
字　　数	318 千字
定　　价	118.00 元

凡购买中国社会科学出版社图书,如有质量问题请与本社营销中心联系调换
电话:010 – 84083683

创新、突破与发展

——"诉讼法学新兴领域研究创新文库"总序

毋庸置疑，改革开放以来，我国民事诉讼法学的研究已经有了相当大的发展，每年都有数百篇民事诉讼法学的论文发表。但是，在民事诉讼法学研究繁荣发展的同时，也存在一些隐忧。一些研究成果还只是较低层次的重复，不少研究还是为评定职称需要而做的"应用文"，有为发表而发表之嫌。

我曾撰文指出，我国民事诉讼法学研究存在"贫困化"问题，我国民事诉讼法学研究还缺乏深度、欠缺原创性和自主性。原因自然是多方面的。比如：民事诉讼法学理论研究与司法实践的隔离；① 缺乏足够的理论积淀；未能将法律制度建构与经济、政治、文化等环境因素予以融合；不能充分把握法律制度发展的大趋势，做到与时俱进；未能突破法律内部学科之间的藩篱，实现法学学科之间的内部交叉；欠缺法学与人文学科的外部交叉；未能及时跟踪、吸纳新兴科学领域最新的研究成果等。要实现民事诉讼法学研究的跨越，大幅度提升其研究水平，产出更多的研究成果，就必须在上述方面有所突破、有所发展和进步。

齐鲁文化是中国传统文化的主干之一，齐鲁文化一直拥有多元、开放的特性，正因为如此，齐鲁文化能够不断实现自身历史的超越。在我国进入法治建设高速发展的 21 世纪，齐鲁法学研究也应与值得齐鲁人骄傲的文化一样，敢于实现引领和创新。

---

① 张卫平：《对民事诉讼法学贫困化的思索》，《清华法学》2014 年第 2 期。

要实现这种引领和创新，人才是根本。为此，山东省政府也出台多项政策予以支持。2019 年 6 月，山东省颁布的《山东省高等学校青创人才引育计划》就是其有力措施之一。该计划尝试通过引才育才，支持高校面向部分急需重点发展的学科专业，加强人才团队建设，引进培养一批 40 周岁左右的有突出创新能力和潜力的青年人才，带动所在学科专业建设水平明显提升。山东师范大学法学院王德新教授牵头申报的"诉讼法学新兴领域研究创新团队"，经过评审获得立项建设。入选该"计划"有一个条件要求，即要聘请一位同专业领域著名法学家作为团队导师，当时王德新非常诚恳地多次与我联系，邀请我作为团队的导师，出于帮助年轻人尽快成长和支持家乡法学事业发展的责任考量，我愉快地接受了这一邀请。客观地说，该团队计划的建设任务并不轻松。按照团队建设任务，需要在 1 年内按照服务山东省法治建设的需求导向，本着"引人育人并重、突出学科交叉、聚焦新兴领域"的思路完成组建"诉讼法学新兴领域研究创新团队"；经过 3—5 年的建设，完成打造"五个一流"的建设任务（即打造一流团队、培养一流人才、推动一流教学、建设一流智库、产生一流成果）。团队完成组建后，我多次参与该团队组织的活动，设定了五个特色研究方向，即"民商法与民事诉讼法协同研究""司法文化与裁判方法研究""社会权的司法救济创新研究""诉讼证据制度创新研究""诉讼制度的法经济分析"。其中一个重要任务，就是策划出版一套"诉讼法学新兴领域研究创新文库"。通过打造这一套文库，不仅是为产出一批高质量的科研成果，更重要的是将提升研究团体每一个研究成员的研究素质，为今后迈向更高层次的研究打下扎实的基础。

据我所知，该团队的一批年轻人围绕团队建设任务和五个特色方向，目前已完成了一些颇有新意的书稿，如《民法典与民事诉讼法协同实施研究》《新时代司法公信力评价体系研究》《人工智能司法决策研究》等。这些研究选题，有的突出了实体法与程序法的交互协同视角，有的充分地回应了近年来司法改革的实践主题，有的指向了人工智能的司法决策这类前沿问题，等等，总体上在坚持以民事诉讼法学为中心，同时"突出学科交叉、聚焦新兴领域"的研究定位，取得了令人欣慰的进展。我们的研究团队的每一位老师都为此付出了辛勤的劳动。

　　在此，我作为研究团队的导师也对他们的辛勤劳作和付出表达由衷的感谢之意。

2022 年 3 月 5 日于清华园

目　　录

前　言

　　中国的民事司法制度现代化经历了漫长的发展过程，如果从 1906 年清末沈家本、伍廷芳完成起草《大清刑事民事诉讼法（草案）》起算，迄今已走过近 120 年的历程；如果从 1932 年党领导下的中央苏区颁行《中华苏维埃共和国裁判部暂行组织及裁判条例》起算，已有 90 余年的历史；从 1949 年中华人民共和国成立起算，也已有 70 余年的历史。

　　20 世纪 70 年代末，党中央作出了改革开放的决策。根据"加强社会主义民主，完善社会主义法制"的施政纲领，我国民事司法的制度化建设再次提上日程。1978 年 12 月，邓小平在党的十一届三中全会上所作的《解放思想　实事求是　团结一致向前看》的讲话中指出："为了保障人民民主，必须加强法制。必须使民主制度化、法律化，使这种制度和法律不因领导人的改变而改变，不因领导人的看法和注意力的改变而改变。……应该集中力量制定刑法、民法、诉讼法和其他各种必要的法律……加强检察机关和司法机关，做到有法可依，有法必依，执法必严，违法必究。"[①] 1979 年 7 月，第五届全国人大二次会议审议通过了新的《中华人民共和国人民法院组织法》。1979 年 9 月，全国人大常委会组织成立了"民事诉讼法起草小组"，经过两年多的起草和试点工作于 1982 年 3 月审议通过了《中华人民共和国民事诉讼法（试行）》。经由这些立法活动，初步构建了我国改革开放初期的民事司法制度框架体系。但随着改革开放的推进，民事司法制度很快出现了一些不适应性。大约自 1987 年起，部分地方法院就开始围绕"强化当事人举证责任"展开讨论

---

　　① 《邓小平文选》（第二卷），人民出版社 1994 年版，第 146—147 页。

和改革探索，其后改革沿着"强化当事人举证责任—庭审方式改革—审判方式改革—审判制度改革—诉讼制度改革—司法制度改革"的轨迹不断发展，进入21世纪后形成了声势浩大的司法改革运动，标志是2003年在中央直接领导下设立的"中央司法体制改革领导小组"。2012年党的十八大以来，中国特色社会主义进入新时代，民事司法改革也呈现全局化和纵深推进的趋势。

目前，我国专题研究民事司法改革的专著尚不多见，这与我国民事司法改革取得的伟大成就不相匹配。研究当代中国的民事司法改革，应当坚持宽广的全球视野、深邃的历史视角和翔实的实证分析，立足中国经济体制改革和民主法治发展的大舞台，才能深刻总结中国特色司法改革的理论逻辑、实践逻辑和精神实质，通过理论研究助推司法改革良性发展，更好地实现良法善治和让人民群众在每一个司法案件中感受到公平正义的改革目标。基于这种认知，本书的研究贯彻了以下研究思路，形成了鲜明的特色。

首先，坚持从世界各国"接近正义"民事司法改革的宏大视野，科学看待中国当代的民事司法改革。这也是本书第一章的研究立意。20世纪70年代，以莫诺·卡佩莱蒂为代表的欧美学者基于对欧美传统司法制度弊端的洞见，开始提炼和倡导"接近正义"的司法改革理论。这一理论一经提出，就在英国、美国、加拿大、澳大利亚等欧美国家的司法改革实践中产生了广泛的影响。透过这些改革活动，我们能清楚地观察到欧美民事司法制度一些根深蒂固的缺陷，也能看到各国应对司法困境的差异性策略，以及欧美司法理论的嬗变过程及其与政治文化变迁的密切关系。比较研究能让我们更加坚信一个法治发展的规律，即"每一种法治形态背后都有一套政治理论，每一种法治模式当中都有一种政治逻辑，每一条法治道路底下都有一种政治立场"①。

其次，传承党领导下形成的"司法为民"的人民政法传统，深入挖掘中国特色司法改革的精神实质。这是本书第二章的主要研究内容。中

---

① 中共中央文献研究室：《习近平关于全面依法治国论述摘编》，中央文献出版社2015年版，第34页。

国共产党从革命根据地时期就开始了政法工作的理论和实践探索，在党的"群众路线"和"全心全意为人民服务"的宗旨指引下，形成了"人民司法"和"司法为民"的政法传统。司法权属于谁，司法工作和司法改革为了谁，这是一个重要的司法价值观问题。如果说欧美民事司法改革的主题是"接近正义"，那么当代中国民事司法改革的主题则是"司法为民"，司法为民内在地蕴含着价值指向即"让人民群众在每一个司法案件中感受到公平正义"。离开这一思想红线，就很难深刻理解中国司法改革中一系列改革举措的精神实质和内在逻辑。

最后，立足当代中国民事司法改革丰富多彩的实践，深刻揭示改革的理论逻辑、实践逻辑和创新成就。无论在哪个国家和哪个历史时期，司法制度都不是完美无瑕的，都需要根据社会发展需求不断通过改革来革除弊病，通过改革推动司法制度向着理想目标发展。本书第三章至第十一章分别选取立案登记制改革、繁简分流改革、多元解纷机制改革、在线诉讼制度改革、法院调解制度改革、人民陪审员制度改革、家事审判改革、案例指导制度改革和四级法院职能定位改革九个典型改革议题，透过实证分析，着力揭示改革的社会背景、制度的顶层设计、改革的效果和存在的问题，并对改革的未来走向进行展望。

第 一 章

接近正义:民事司法改革的全球视域

20 世纪 70 年代以来，欧美的民事司法改革与我国的民事司法改革交相辉映，循着不同的改革逻辑均取得了重要成就。早在 20 世纪 70 年代初，欧美学术界就提出了"接近正义"（Access to Justice）的司法改革理论，推动着各国司法改革由自发到自觉、由点到面不断拓展，并在世界范围内产生了广泛的影响。比较法学者认为，"对于发展中国家的法律改革，比较法研究是极有用的，通过比较法研究可以刺激对本国法律秩序的不断批判，这种批判对本国法的发展所做的贡献比局限在本国之内进行的'教条式'的议论要大得多"①。当然，欧美的司法理论和司法制度并不完美，在某种意义上说，甚至很糟糕。欧美民事司法制度在改革前存在哪些困境？这些困境与其司法传统有何关联？不同国家的改革措施有哪些异同？通过描摹欧美民事司法改革的理论图景和实践样态，有助于更理性地看待中国当代的民事司法改革。

第一节　欧美民事司法的实践困境

20 世纪 70 年代以前，欧美民事司法制度弊病重重，突出的问题包括贫困者诉诸司法受阻、对扩散利益保护乏力和法院遭遇"诉讼爆炸"危机等，概言之，民众寻求司法救济和追求法律正义的途径不畅。这些弊

---

① ［德］K. 茨威格特、H. 克茨：《比较法总论》，潘汉典等译，贵州人民出版社 1992 年版，第 27 页。

病深深植根于欧美的司法文化传统之中,欧美这些传统的司法理念也一度深刻影响了中国学术界。

一　贫困者诉诸司法受阻

贫困者诉诸司法受阻,与欧美基于理性自主的自由主义传统而塑造的司法制度密切相关。基于理性自主的自由主义传统,欧洲大陆法系国家普遍形成了当事人控制诉讼程序的辩论主义诉讼模式,英美法系国家则形成了崇尚司法竞技主义的"对抗制"诉讼模式,二者均以法官消极中立、当事人冲突对抗、诉讼程序烦琐且高度专业化、当事人对律师代理严重依赖为特征,① 由此造成了诉讼成本巨大、诉讼周期漫长的后果,对"贫困者"群体寻求司法救济形成了制度性妨碍。英国学者对此有振聋发聩的批评,"就算世界上有一种最完美的法律制度,如果公众无法利用这种制度,那么这种制度再好也是没有多大用处的"②。

近代欧美政治法律制度的形成,深受启蒙运动的影响。启蒙运动是欧洲在 17—18 世纪由资产阶级和人民大众发起的反封建、反教会的思想文化运动,其核心思想是"理性崇拜"。经由洛克、卢梭、孟德斯鸠、康德等一大批思想家的努力,在欧洲社会塑造了理性自主的自由主义传统。康德在《答复这个问题:"什么是启蒙运动?"》一文中强调:启蒙运动使人类脱离自己所加之于自己的不成熟状态,就是使公民有勇气与决心不需别人的引导就能够运用自己的理智。③ 基于这种理念,人被视为"大地之上唯一有理性的被创造物"④,每个人都拥有独立自由的人格,能够基于个人意志独立地对各种事项作出理性判断、并对自己的判断结果负责。理性主义的兴起,使得人们逐渐从信仰宗教"巫魅"转向信仰自己的"理性"。在法律领域,欧洲中世纪依靠教会自然法观念对法的正当性证

① 王德新:《小额诉讼程序的功能定位与程序保障》,《江西社会科学》2022 年第 1 期。
② [英]阿蒂亚:《法律与现代社会》,范悦译,辽宁教育出版社 1998 年版,第 67 页。
③ [德]康德:《答复这个问题:"什么是启蒙运动?"》,载康德《历史理性批判文集》,何兆武译,商务印书馆 2015 年版,第 23 页。
④ [德]康德:《世界公民观点之下的普遍历史观念》,载康德《历史理性批判文集》,何兆武译,商务印书馆 2015 年版,第 4 页。

成逻辑逐渐瓦解，贯彻法院职权主义的纠问式诉讼、书面审理、秘密审理等诉讼理念成为批判的对象，尊崇当事人主导地位的形式理性诉讼理念蔚然成风。马克斯·韦伯曾说，经由这场批判，"将使非理性的诉讼方法被排除，而实体法也愈来愈体系化……意味着朝向理性化的方向发展"①。形式理性在法律领域产生了两方面的重要影响：一方面，人们基于理性主义而坚信能够制定成文法典对社会资源和权利作出正义的分配，于是在欧洲大陆掀起了声势浩大的法典化运动，1804 年《法国民法典》的颁布就是其标志。另一方面，在权利的司法救济领域，欧美国家基于"每个人是自己利益的最佳判断者"的理性主义，纷纷重新设计了其诉讼程序制度。

欧美基于形式理性而设计的诉讼程序制度，以"机会平等"的程序正义价值观为支撑，具有两个典型特征。

其一，强调人人获得司法救济的机会平等。在欧洲大革命过程中，新兴的资产阶级崇尚自由、平等、人权，强调法律面前人人平等、法律对人的保护一律平等，包括权利受到侵害或发生争议后获得司法救济的平等。据英国著名法官爱德华·柯克考证，1215 年《英国大宪章》第 39 条是法律文献中关于"程序正义"的最早的规范表达，该条规定"任何自由民，非经贵族之合法审判，并经依国法（law of the land）之判决，不得予以逮捕、监禁、没收其财产、放逐、伤害，或不予以法律保护"②。在英美法系，后来形成的"自然正义"（natural justice）、"程序正义"（procedural justice）和"法律的正当程序"（due process of law）观念均发端于此。在法国大革命期间，1789 年颁布的纲领性文献《人权宣言》亦体现了相同的精神，其第 6 条规定"法律对于所有的人，无论是施行保护或处罚都是一样的。在法律面前，所有的公民都是平等的"。但是，这种寻求司法救济的平等仅仅是一种"机会上的平等"，即人人都有平等的

---

① ［德］马克斯·韦伯：《法律社会学》，康乐、简惠美译，广西师范大学出版社 2005 年版，第 217 页。

② E. Coke, *Institutes II*, London: E&R Brooke, 1629; R. E. Cushman, "Due Process of Law", *Encyclopedia of the Social Science*, Vol. V, pp. 264 – 365. 转引自徐亚文《程序正义论》，山东人民出版社 2004 年版，第 4 页。

机会诉诸法院,诉讼程序的设计要充分彰显理性主义和自由主义,缺乏法律知识的人可以平等地寻求律师的帮助;不过,它并不关注在实质效果上是否平等,对于广大贫困的基层民众而言,由于无力支付昂贵的律师费用和巨大的诉讼成本而不得不对法院望而却步。

其二,强调人人获得胜诉判决的机会平等。欧美国家在资产阶级革命胜利后,普遍确立了以形式理性和胜诉机会平等为特征的诉讼程序。虽然各国的诉讼制度千差万别,但在以下几点上达成共识:(1)强调法官消极中立。达玛什卡认为,法官消极中立是贯彻回应型政府和简约主义施政理念的产物,"回应型政府的任务限定在为其追求自我选定目标的公民提供一个支持性框架上"[①]。基于这种简约主义政治理念,法院不应当积极介入纷争双方的权利主张及其证成过程,而应当保持一种超然的角色定位(即消极中立的裁判者)。(2)强调当事人意思自治。意思自治原则是自由主义在法律领域中的体现,其哲学基础是主体意志自由理论。黑格尔在《法哲学原理》中指出,"既然人的本质特征就是思维和意志,而意志是自由的,自由就是法的实体,而法就是权利"。[②] 在民事诉讼中,当事人意思自治有四个体现:一是当事人有选择或不选择诉讼救济方式的自由,二是当事人有选择适用哪一种诉讼程序的自由(即程序选择权),三是当事人在诉讼中有处分私权的自由(即处分原则),四是当事人在诉讼中有平等的诉讼权利和地位(即平等原则)。(3)当事人决定争议的焦点和举证质证的过程。在大陆法系,形成了"辩论主义"的诉讼模式。[③] 辩论主义的核心要求有三个:一是当事人没有主张的事实,法院不得作为判决的基础;二是当事人不争的事实,法院应当作为判决的基础;三是法院调查的范围限于当事人提供的证据,不得依职权主动调查

---

① [美]达玛什卡:《司法和国家权力的多种面孔》,郑戈译,中国政法大学出版社 2004 年版,第 109 页。

② 武步云:《法与主体性原则的理论》,法律出版社 1995 年版,第 11 页。

③ 围绕作为法院裁判基础的事实和证据由谁提出的问题形成了两种立法主义:由法院依职权调查收集,称为"职权探知原则"或"职权探知主义"(Untersuchungsmaxime),这是欧洲中世纪纠问式诉讼的特征;由当事人主张和提出,则称为"辩论原则"或"辩论主义"(Verhandlungsmaxime)。参见[德]罗森贝克等《德国民事诉讼法》,李大雪译,中国法制出版社 2008 年版,第 522 页。

搜集证据。① 在英美法系，则形成了对抗制（Adversary System）诉讼模式。1906 年，美国法学家庞德将其描述为"司法竞技主义"，即对抗制下的诉讼就好像是一场体育比赛，"法官理所当然地作为裁判员，……而当事人在他们所比赛的项目中以其自有的方式进行搏击，法官不进行干预"②。也就是说，法官在诉讼中只是一个消极的倾听者和最终的裁判者，当事人才是诉讼竞技的主角，"当司法战场一旦尘埃落定，正义自然会以胜利者的姿态显现"③。无论是辩论主义还是司法竞技主义，归根到底都是一种崇尚争斗和诉讼技巧的司法文化，给当事人提供的是一种胜诉机会的平等，而不是追求查明事实真相和通过纠纷化解实现各方利益最大化的司法正义。

近代欧美司法制度虽然在克服纠问式诉讼、书面审理主义、秘密审理主义等弊端方面做出了革命性的贡献，但在保障人人享有诉诸司法的"机会平等"的同时，却使贫困群体因经济能力受限而遭受着"实质上的不平等"。据英国政府 1919 年成立的一个专门委员会进行的调查发现，英国民众的离婚需求在法院得到真正审理的数量只占申请离婚案件数的10%，原因是穷人无力承担完成离婚诉讼所必需的费用。④ 类似的现象在其他英美法系国家普遍存在，为了保障民众利用司法制度的实质平等权，就产生了建立法律援助制度和简化诉讼程序的改革需求。再如，第一次世界大战后德国发生了严重的经济危机，通货膨胀和货币贬值十分严重，如果小额案件按照初级法院程序进行审理，那么在判决作出之日债权人得到的赔偿或许已经变得一文不值，民众对诉诸司法救济只能望而却步。为了满足贫困者的司法救济需求，德国 1923 年通过《程序加速规定》增设了一种强制仲裁程序（一种简化的审判程序），此即后来德国小额诉讼

---

① ［日］兼子一：《民事诉讼法体系》（增订版），酒井书店 1978 年版，第 198 页。

② Roscoe Pound，"The Causes of Popular Dissatisfaction with the Administration of Justice，Adress before the American Bar Association"（Aug. 29，1906），in 29 ABA REPORTS，1906，p. 395.

③ M. Green，"The Business of the Trial Courts"，in Jones ed. ，*The Courts，the Public and The Law Explosion*，Cambridge：Cambridge University Press，1965，p. 721.

④ Robert Egerton，*Legal Aid*，London：Kegan Paul，Trench，Trubner & Co. Ltd. ，1946，p. 12.

程序的前身。① 总之,贫困者诉诸司法受阻,是 20 世纪 70 年代欧美接近正义司法改革兴起的重要时代背景。

二　扩散利益保护的缺失

在欧美国家,传统的诉权理论和诉讼制度对个体提起扩散利益或公共利益诉讼构成了妨碍。如法国传统的理论认为,"个人利益终究是与总体利益相对立的,因此,原则上任何个人如果在其中没有任何个人利益,便不得'唯一为了让人遵守法律'而行使诉权、提起诉讼"。② 美国的判例也一度认为,原告资格的获得以其受到事实上的直接损害为前提,并且这种损害还应当是经济损害。③

扩散利益、公共利益诉讼保护机制的缺失,与欧美私权神圣的权利观念有逻辑上的关联。受欧洲资产阶级革命的影响,封建经济体系瓦解,自由资本主义兴起,以所有权绝对为核心的私权神圣观念得以确立。如1628 年英国的《权利请愿书》宣称,自由人不能受剥夺。1789 年法国《人权宣言》开宗明义地宣称,"组成国民议会之法国人代表认为,无视、遗忘或蔑视人权是公众不幸和政府腐败的唯一原因,所以决定把自然的、不可剥夺的和神圣的人权阐明于庄严的宣言之中",并在第 17 条中明确宣称,"私人财产神圣不可侵犯,除非当合法认定的公共需要所显然必需时,且在公平而预先赔偿的条件下,任何人的财产不得受到剥夺"。

私权神圣的观念挤压了公共利益的法律空间,否定公共利益应受法律保护的观点一度流行。如英国法学家边沁认为,"个人利益是唯一现实的利益","社会公共利益只是一种抽象,它不过是个人利益的总和"④。美国思想家托马斯·潘恩在《个人主义》一书中主张,"公共利益是每个

---

①　张丽:《德国民事一审程序繁简分流研究》,硕士学位论文,南京大学,2014 年,第6—7 页。

②　[法] 让·文森、赛尔日·金沙尔:《法国民事诉讼法要义》(上),罗结珍译,中国法制出版社 2003 年版,第 171 页。

③　See Massachusetts v. Mellon, 262 U. S. 447 (1923); Association of Data Processing Service Organizations v. Camp, 397 U. S. 150 (1970).

④　[英] 边沁:《道德与立法原理导论》,时殷红译,商务印书馆 2000 年版,第 58 页。

个人利益的总和","它是所有人的利益,因为它是每个人的利益;因为正如社会是每个个人的总和一样,公共利益也是这些个人利益的总和"①。北欧现实主义法学代表人物、丹麦法学家阿尔夫·罗斯曾对"社会福利观"提出批评,他说,"所有人类的需要都是通过个人来体验的,社会的福利就等于其成员的福利",人类社会不存在自身的需要和利益,社会福利观和公共利益只是"幻想"②。美国经济学家詹姆斯·布坎南更是认为,公共政策的取向是个人利益,"如果认为国家代表着社会的公共利益,那是一种无知","根本就不存在公共利益这种东西"③。

私权神圣的观念和对公共利益的否定态度,一方面导致欧美资产阶级国家将"所有权绝对"规定为民法的三大基本原则之一,另一方面导致"私权保护"成为民事司法救济的基本理念,从而将民事诉讼与私益诉讼画上了等号。与此相应,公益诉讼的理论和制度长期处于悬空状态。1968 年,美国加州大学教授加勒特·哈丁提出了著名的"公地悲剧"理论。④ 公地悲剧昭示人们,个人利益总是个人优先关注的事项,公共利益则容易遭受漠视和侵犯,公共利益受损最终将损害每个个体的利益。公益诉讼理论兴起的时代背景是在 20 世纪 60 年代的欧美社会,"私人为了维护公共利益而提起的诉讼近来不断增加。这种状况被大多数的比较法学者认为是民事诉讼今后最主要的发展"⑤。以扩散利益和公共利益保护为中心的诉讼制度改革,遂成为欧美接近正义司法改革"第二波"浪潮的主题。

三 法院"诉讼爆炸"的危机

20 世纪 70 年代以后,欧美法院普遍遭遇了"诉讼爆炸"的危机。以

---

① [美]卢克斯:《个人主义》,阎克文译,江苏人民出版社 2001 年版,第 46 页。

② Alf-Ross, *Towards a Realistic Jurisprudence*, Copenhagen: Einar Munksgaard, 1946, p. 295.

③ 张彩千、吕霞:《公共利益:公共政策的出发点与最终归宿》,《前沿》2005 年第 1 期。

④ [美]赫尔曼·E. 戴利、肯尼思·N. 汤森:《珍惜地球:经济学、生态学、伦理学》,马杰等译,商务印书馆 2001 年版,第 146 页。

⑤ [意]莫诺·卡佩莱蒂:《福利国家与接近正义》,刘俊祥等译,法律出版社 2000 年版,第 66 页。

美国为例,1960 年是其案件数量激增的分水岭:在联邦法院,1940 年和 1950 年受理的民事起诉分别是 3.4 万件和 5.4 万件,1960 年为 5.9 万件, 1970 年、1980 年和 1990 年则分别增长到 8.7 万件、16.8 万件和 21.7 万 件;而从 1960 年到 1990 年,联邦地区法院的法官数量仅仅从 245 人增加 至 575 人。同一时期,州法院的民事案件数量也在快速增长。以加州为 例,1940 年和 1950 年受理的民事起诉分别是 3.2 万件和 4.6 万件,1960 年为 9.6 万件,1970 年、1980 年和 1990 年则分别增长到 15 万件、53.2 万件和 66.9 万件。① 另有统计显示,1990 年美国各州法院受理案件达到 惊人的 1 亿件（占美国法院受案总量的 90%）。② 除了"案多",美国民 事诉讼的周期长、诉讼成本高的问题也非常突出,高昂的律师费是推高 诉讼成本的主要原因。

　　法治社会的一个基本特征就是奉行"法律至上",即无论个体依据权 利的自治、社会依据契约的互治,还是政府依据权力的他治,都必须坚 持垂法而治。③ 美国一度被认为是法治的典范,托克维尔在《论美国的民 主》一书中赞扬道,诞生于学校和法庭之内的法律精神点点滴滴地向外 传播,一直渗透到社会的最低阶层,最终使全体人民感染上法学家的某 些习性和爱好。④ 但 20 世纪中期以后,美国的"法律至上"逐渐嬗变为 "法律万能主义"（或新法律至上主义）。在观念形态上,从普通百姓到商 业企业、法学院逐渐把对法律的尊崇和热爱变成了对法律诉讼的过度偏 好和滥用,把作为解决问题最后手段的司法变成了首要甚至是唯一的手 段,发起诉讼不被视为一种"恶",出现了全社会好讼的现象。

　　法律万能主义和诉讼爆炸现象的出现,给社会治理带来了诸多问 题。美国学者奥尔森在《诉讼爆炸》一书中批判道:"尽管美国社会有

---

　　① ［美］理查德·L. 马库斯:《诉讼超级大国的恐慌》,载［英］阿德里安·A. S. 朱克曼 主编《危机中的民事司法——民事诉讼程序的比较视角》,傅郁林等译,中国政法大学出版社 2005 年版,第 74—75 页。

　　② 陈桂明、吴如巧:《美国联邦民事诉讼程序的新发展及其启示》,《甘肃政法学院学报》 2011 年第 1 期。

　　③ 谢晖:《法律至上与国家治理》,《比较法研究》2020 年第 1 期。

　　④ ［法］托克维尔:《论美国的民主》,陈玮译,九州出版社 2013 年版,第 189 页。

许多成功之处，我们的民事诉讼制度却是一种可笑的失败，以其昂贵、恶毒和不合理耻笑于世界。美国的诉讼爆炸已经浪费了极大的财富，使许多令人尊重的职业蒙受耻辱，它毁掉有价值的企业，并且给破碎的家庭带来无尽的痛苦。"① 美国学者格林顿在《律师治下的国家》一文中更为深刻地剖析道："过早和过多的诉诸法庭成了国家政治健康的灾难"，"沉重的法律机器被迫用来对付本不应由它解决的各种个人的和社会的问题，这实际上是将国家的政治、经济、制度乃至道德危机转嫁于法治，从而势必引起法治的危机……从而导致了不健康的法律至上主义。把本应由风俗习惯、礼仪、宗教和伦理道德调整的社会关系'法律化'的结果，不仅没有使法律的威信提高，反而它本身就是社会机体紊乱的一个症状"②。

诉讼爆炸现象及由此带来的法治危机，促使人们开始反思法院的功能是什么，诉诸法院是否是实现正义的唯一途径，即便诉诸法院是否应过度地依赖传统的审理和裁判方式？正如卡佩莱蒂在《福利国家与接近正义》一书中所指出的那样，"我们所关心的是……让法院转变方向，开始寻求代替法庭程序对单个纠纷的解决方法"，"现行制度下，大部分不得不诉诸法院的纠纷，实际上，并不是法院管辖的事项"，"通常不能认为诉讼一旦提出，法院就通过争讼进行典型诉讼活动，根据正式规则进行裁判"。③ 这种转向，意味着"接近正义"在内涵上开始出现超越传统上"接近司法"和"法院中心主义"的动向，除了将诉讼和非诉讼方式均涵盖在改革范畴之内，还更加强调纠纷的解决和预防理念，亦即接近正义的司法改革进入了第三波改革浪潮阶段。

---

① Walter K. Olson, *The Litigation Explosion: What Happened When America Unleashed the Lawsuit*, Dutton: Truman Talley Books, 1991, p. 339.

② ［美］玛丽·安·格林顿：《律师治下的国家》，《美国交流季刊》1997 年第 2 期；转引自马雅清《法律至上精神的嬗变与美国的"诉讼爆炸"》，《内蒙古大学学报》（人文社会科学版）2000 年第 1 期。

③ ［意］莫诺·卡佩莱蒂：《福利国家与接近正义》，刘俊祥等译，法律出版社 2000 年版，第 14、127、128 页。

第二节　"接近正义" 理论的兴起

"接近正义" 司法改革理论最初源于意大利佛罗伦萨大学在几个研究项目中的倡导,经由一系列国际性的比较法学术讨论,逐渐成为推动欧美民事司法改革的指导思想。对 "接近正义" 理论进行溯源,有助于正确认识这种理论与欧美司法改革实践的互动关系。

一　"接近正义" 概念的提出

佛罗伦萨大学是 20 世纪中期意大利民事诉讼法学研究的重镇,曾担任该校校长的皮罗·克拉玛德雷(Piero Calamandrei)是 1948 年意大利《宪法》的缔造者之一,也是意大利民事诉讼法学领域的泰斗级人物。莫诺·卡佩莱蒂(Mauro Cappelletti)是克拉玛德雷最著名的学生,是一位有国际声望的法学家,曾任国际诉讼法协会主席和国际法律科学协会主席,也是 20 世纪欧美民事诉讼法和比较法研究领域最卓越的学者之一。

卡佩莱蒂注重比较法的研究方法,试图通过比较研究寻求 "世界范围内各种各样的法律和文化经验所可能提供的 ‘有希望的解决方案’"[①]。20 世纪 70 年代初,顺应欧洲法律改革中出现的 "宪法化、国际化、社会化" 思潮,卡佩莱蒂主张 "各国政府都有义务保护当事人的接受裁判权,并为当事人在实质上享有裁判权提供应有的保障化及扫清障碍"[②]。其后,一场声势浩大的以 "接近正义" 为主题的民事司法改革运动几乎席卷欧美。

"接近正义" 的提法最初源于 "佛罗伦萨计划",即以佛罗伦萨为中心的几项研究计划。1971 年,佛罗伦萨大学比较法研究所和比较司法研究中心组织召开了关于民事诉讼核心价值的国际学术研讨会,有学者在这次会议上作了 "接近正义的权利" 的发言,会议成果以 "民事诉讼中

[①] ［意］莫诺·卡佩莱蒂:《比较法视野中的司法程序》,徐昕等译,清华大学出版社 2005 年版,中文版序第 30 页。

[②] ［意］莫诺·卡佩莱蒂:《福利国家与接近正义》,刘俊祥等译,法律出版社 2000 年版,第 4 页。

当事人基本权利的保障"为题于 1973 年出版。① 1976 年以后以佛罗伦萨欧洲大学为基地开展了第二项研究计划,主要以"贫困者的法律援助、扩散利益的代表和接近正义的整个领域"为研究对象,相关研究成果结集分四卷于 1978 年和 1979 年相继出版,均以 *Access to Justice* 为题。② 1979 年 10 月,在佛罗伦萨又召开了一次主题为"佛罗伦萨研究出版后对正义的接近——展望未来"的国际会议,这次会议包括四个讨论主题③,来自欧洲和美国的约 60 名学者、律师、法官、司法改革政策制定者与会,这次会议的成果《福利国家与接近正义》于 1981 年出版,并于 2000 年翻译成中文。

二 "接近正义"含义的厘清

对于英文 Access to Justice,常见的汉语译法有"接近正义""接近司法""诉诸司法""利用司法""获得法院公正审判权""获得诉诸公正司法""获致正义""获得司法正义"等。④ 在英文中,Access 的本意是"接近""进入""接近或进入的机会",Justice 则有"法官""司法""正义""公正""公平""正当"等多重含义。⑤ 对于 Access to Justice 的复杂意蕴,需要结合欧美学者的解读及欧美司法改革的动向来把握,特别是要厘清"谁"(Who)、"接近什么"(What)、"通过什么方式接近"(How)三个根本性的问题。

---

① See M. Cappelletti and D. Tallon, *Fundmental Gurantees of the Parties in Civil Litigation*: *Studies in National*, *International and Comparative Law*, New York: Oceana Publications, 1973.

② Vol. Ⅰ., *Access to Justice*: *A World Survey*; Vol. Ⅱ: *Access to Justice*: *Promising Institutions*; Vol. Ⅲ: *Access to Justice*; Vol. Ⅳ: *Access to Justice*: *The Anthropological Perspectives*. 参见 [意] 莫诺·卡佩莱蒂《福利国家与接近正义》,刘俊祥等译,法律出版社 2000 年版,第 3 页。

③ 第一分会的讨论主题是"对贫困者的法律服务";第二分会的主题是"扩散性、部分性利益保护";第三分会的主题是"取代律师、法官或普通诉讼程序的方法";第四分会的主题是"接近法治与现代福利国家"。

④ 郭辉:《接近正义考》,《澳门法学》2014 年第 12 期。

⑤ 《布莱克法律词典》的解释是:在一个社会里,人们有效利用法庭和其他法律机构保护其权利的能力和机会。See Bryan A. Garner, *Black's Law Dictionary* (9th edition), St. Paul: West-Group, 2004, p. 16.

（一）接近正义：弱势群体"接近司法"的权利

欧美学者关于 Access to Justice 的早期研究体现了"司法中心主义"，聚焦贫困者诉诸法院权利的保障，蕴含着通过司法救济实现正义的意蕴。卡佩莱蒂立足于 20 世纪 70 年代以前的欧美民事司法改革早期探索，曾将司法改革的进程形象地描绘为"三波"浪潮。其中，前两波改革的重点都是排除民众诉诸司法的困难，第一波改革重在解决贫困者的法律援助问题，卡佩莱蒂明确地指出他说的"波"的概念来源于美国经济机会局（OEO）于 1965 年形成的法律援助改革计划；第二波改革重在为消费者和环保主义者的"扩散利益"提供司法救济，在美国这是 1970 年由财团支持的"公益法律事务所"出现后才兴起的。①

在这一语境下，对"接近正义"司法改革逻辑中的 Who（谁的正义）、What（什么正义）和 How（如何实现正义）三个问题的回答分别是：Who 是指弱势群体；What 是指司法；How 则是通过司法途径实现正义。但如果对比接近正义改革的第一波和第二波，可以发现其改革重心又有所差异。

在接近正义司法改革第一波浪潮中，更加侧重于对"贫困者"提供法律援助服务，以保障"贫困者"对司法的"平等利用权"。这一思想根源于"平等"和"法治"理念，并有着悠久的思想演进史。"人人享有法律面前的平等正义"（Equal justice under law），是英美法系流传已久的格言。英国 1215 年的大宪章宣称："权利和正义不向任何人出售，也不得对任何人拒绝或拖延。"美国学者德博拉·罗德在其名为 Access to Justice 一书中认为："在通常的学术讨论中，equal justice 意味着民众对运用司法享有平等权利。"② 但是，在英美法系判例法传统和复杂的司法技巧运用系统中，缺乏律师的帮助往往就意味着无法进行诉讼，无力支付高昂律师费用的贫困者事实上被司法拒之门外。"如果没有人告诉穷人们什么是法律，那么把一位穷困

---

① ［意］莫诺·卡佩莱蒂：《福利国家与接近正义》，刘俊祥等译，法律出版社 2000 年版，第 5 页。

② Deborah L. Rhode, *Access to Justice*, New York：Oxford University Press, 2004, p. 5.

潦倒没有多少知识的人与他的强悍而明智的对手视为平等又有什么用呢?"① 因此,为了实现实质平等,就产生了对贫困者进行法律援助的制度保障需求。虽然英国早在 1494 年就颁布了"根据正义原则律师应该为穷困人服务"的法案,但直到第二次世界大战前其法律援助基本属于律师自发的慈善和施舍行为,而不被视为是贫困者的权利。第二次世界大战结束后,随着工党政府开始推行"福利国家"计划,英国真正意义上的法律援助制度才开始建立,而且"政府视其为'福利国家'计划的第二只手臂(第一只手臂为国家医疗服务制度——笔者注)"②。但是,法律援助支出的不断攀升导致政府不堪重负,英国从 20 世纪 70 年代末期又开始缩小法律援助的范围。统计显示,在 20 世纪 50 年代大约有 80% 的英国国民处于法律援助覆盖之下,而到了 20 世纪 80 年代竟然下降到 50% 左右。③ 美国学者德博拉·罗德在 2004 年指出,贫困者无法接近司法的现象在美国也长期存在,"在美国历史上的大多数时期,虽然获得法律救济(access to law)被视为一项基本权利,但获得律师帮助(access to lawyers)却不是,直到最近,获得法律援助服务既不被视为是政府的责任也不被视为是律师的职业责任"④。他还进一步指出,数百万美国人无法利用司法途径,更不要提平等地利用司法了,大约 4/5 的贫困者的法律服务需求和 2/3 的中等收入者的法律服务需求没有得到满足,政府的法律援助和刑事辩护预算被限定在可笑的水平,无法满足大多数低收入诉讼当事人的需求。⑤ 这种状况是美国 20 世纪 60 年代推行"伟大社会"改革计划的重要时代背景。1963 年,平民出身的林登·约翰逊继任美国第 36 任总统,1965 年 1 月约翰逊在国情咨文中正式提出建设"伟大社会"的施政纲领,随后向国会提出了有关教育、医疗、环境保护、住

---

① 〔美〕马丁·梅耶:《美国律师》,胡显耀译,江苏人民出版社 2001 年版,第 274 页。

② G. Slapper, D. Kelly, *The English Legal System*, London:Cavendish Publishing Ltd. , 1999, p. 446.

③ G. Slapper, D. Kelly, *The English Legal System*, London:Cavendish Publishing Ltd. , 1999, p. 446.

④ Deborah L. Rhode, *Access to Justice*, New York:Oxford University Press, 2004, p. 47.

⑤ Deborah L. Rhode, *Access to Justice*, New York:Oxford University Press, 2004, p. 3.

房、反贫困和民权等方面的 83 个特别立法建议。约翰逊的"伟大社会"改革中包括"结束贫困"的倡议，据此制定了《1964 年经济机会法》和成立了经济机会局（Office of Economic Opportunity，OEO），其改革项目之一就是为贫困者提供法律援助。而卡佩莱蒂所说的接近正义司法改革第一波浪潮，正是以前述改革项目作为观察对象的。

在接近正义司法改革第二波浪潮中，突出了对消费者和环境保护主义者获得"扩散利益"的司法救济保障。这是 20 世纪 70 年代美国消费者和环境保护运动的产物，在改革中也将保护对象从"贫困者"向各种"弱势群体"扩展。在这一阶段，"弱势群体"不仅包括贫困者，也包括身体有残障者、少数民族（种族）、身体受约束者（犯罪嫌疑人、被告人）、妇女、儿童、老人，以及消费者、环境受害者。从主体特性来看，上述主体由单一性特点（贫困）演变成群体性特点（即在群体内扩散的利益）。弱势群体是一个相对性的范畴：一是与强者（haves）相对的群体；二是在弱者与弱者、强者与强者之间对比时，也存在相对的弱者。①基于"任何人都不能通过违法行为来获得利益"的衡平法思想，美国1938 年通过修改《联邦民事诉讼规则》设立了集团诉讼制度。20 世纪 60年代"消费主义"在美国兴起，联邦贸易委员会（FTC）因未能充分保护消费者权益而受到严厉批评。② 消费领域公共执法的失败，推动了 1972年美国《消费者产品安全法》（Consumer Product Safety Act，CPSA）的出台，开始为普通消费者提供较为全面的法律保护。1986—1988 年出现了一系列大规模产品侵权案件，如石棉个人伤害案件、毒物侵害案件等，作为弱者的个体消费者难以在诉讼中对抗大型公司，最终推动了消费者集团诉讼快速发展。与此同时，资本主义工业的高速发展也造成了严重的环境污染，推动了环保主义运动的兴起。为此，美国颁布了一系列的环境保护法规，如 1969 年的《国家环境政策法》（NEPA）、1972 年的《清洁水法》（CWA）、1977 年的《清洁空气法》（CAA）、1980 年的《综

---

① ［美］马克·格兰特：《为什么"强势者优先"：法律变革限度的推测》，彭小龙译，参见冯玉军编《美国法律思想经典》，法律出版社 2008 年版，第 131 页。

② J. R. Franke & D. A. Ballum，"New Applications of Consumer Protection Law: Judicial Activism or Legislative Directive?"，Santa Clara Law Review，Vol. 32，No. 2，January 1992，pp. 347 – 348.

合环境反应赔偿和责任法》（*CERCLA*）等，其中自 1972 年的《清洁水法》以来的环保法中普遍设置了公民诉讼（Citizen Suit）条款，允许公民个人或一个群体向法院提起公益诉讼。无论是消费者集团诉讼还是环境公民诉讼，作为受害者的原告相对于公司企业来说都处于弱势地位，通过集团诉讼或者公益诉讼制度的改革来增强对弱势群体的"扩散利益"司法保障，遂构成了接近正义司法改革的第二波浪潮。

值得注意的是，前述"接近正义"改革浪潮的描述主要是以美国为观察对象的。在大陆法系国家是否也存在类似的改革呢？对此，德国的布朗肯布尔教授提出了怀疑，其理由主要有二：一是德国的法律援助制度起步较早，政府对律师收费进行强烈的干预，类似英美法系的第一波改革浪潮无从掀起；二是德国的法院与英美法系国家的法院运转方式不同，英美法官通过案例、政治运动等参与公共政策的重塑，而德国代表劳动阶级、贫民和其他利益集团的政党制度导致律师和诉讼在公共政策塑造上作用微弱，因此想通过司法裁决寻求变革是不太现实的。① 所以，对于保障弱势群体"接近司法"权利的司法改革，在英美法系和大陆法系的实践样态是有所差异的。但是，加强对弱势群体平等利用司法的权利保障，是有广泛国际共识的。在联合国看来，接近正义是法治的基本原则，"如果人们无法诉诸司法，人们就无法发出自己的声音、行使自己的权利、质疑歧视或问责决策者。《法治问题高级别会议宣言》（2012）强调，包括弱势群体在内的所有人都有平等诉诸司法的权利，并重申会员国承诺采取一切必要步骤，提供公平、透明、有效、非歧视和负责任的服务，促进所有人诉诸司法"②。

（二）接近正义：纠纷的预防与多元化解

以接近正义改革的第三波浪潮为标志，欧美对 Access to Justice 的理解开始突破司法中心主义的思路。有人将这种变化描述为"让法院转变方向，开始寻求代替法庭程序对单个纠纷的解决方法"，但卡佩莱蒂认为

---

① ［意］莫诺·卡佩莱蒂：《福利国家与接近正义》，刘俊祥等译，法律出版社 2000 年版，第 5 页。

② 参见联合国网站：Access to Justice, https：//www. un. org/ruleoflaw/thematic－areas/access－to－justice－and－rule－of－law－institutions/access－to－justice/，2023 年 2 月 26 日。

"转向"的提法不太准确，"第三波并未限定要增加非司法手段来处理纠纷。它希望超越法定制度，但绝不是想寻求取而代之的方法"①，他认为将第三波改革主题称为"超越法律教条——处理纠纷及非司法制度"更合适。第三波司法改革将重心从"通过接近司法实现正义"向"通过预防纠纷和多元化解来实现正义"转变，其真正意蕴是"纠纷的预防和多元化解"。在这一语境下，对接近正义中 Who（谁的正义）、What（什么正义）和 How（如何实现正义）三个问题的回答分别是：Who 是指全体社会成员；What 是指人们的权利和利益的实现，包括纠纷解决成本的削减和当事人利益的最大化；How 则是通过纠纷的预防和多元化解机制来实现正义。

在美国，第三波改革着重围绕着 Alternative Dispute Resolution（ADR，通常译为替代性、选择性、非司法性、非诉讼纠纷解决方式）展开。其实，在 1925 年《联邦仲裁法案》通过之前，美国社会对非诉讼的纠纷解决方式是持排斥态度的。即便在此后的一段时期，非诉讼的纠纷解决方式也并没有迅速发展。但在 20 世纪 60 年代出现"诉讼爆炸"（Litigation Boom）的现象后，学者们纷纷开始批判传统的法院审判机制的缺陷，如法律规范（审判规范）与社会规范（道德、习惯、情理等）之间存在矛盾，程序公正与实体公正之间存在矛盾，公平与效率之间存在矛盾，程序设计的高度专门化与当事人参与的常识化之间存在矛盾，规则的确定性、程序的僵化与处理个案所需的灵活性之间存在矛盾，司法判决"要么全有要么全无"（all or nothing）的解决结果与当事人期望之间存在矛盾，案件本身的权利义务关系与复杂的社会关系之间存在矛盾等。② 美国司法部曾警告称，诉讼爆炸"不仅对法院是一个危机"，"对于要求寻求公道的诉讼当事人来说，对人权的要求以及对法治来说都是一个危机"。③ 美国学者弗里德曼认为，面对这场危机，当时曾有七种不同的选择：（1）扩大法院；（2）法院商业事务处理日常化、群众化；（3）院外

---

① ［意］莫诺·卡佩莱蒂：《福利国家与接近正义》，刘俊祥等译，法律出版社 2000 年版，第 14 页。

② 范愉：《非诉讼纠纷解决机制研究》，中国人民大学出版社 2000 年版，第 36 页。

③ 程燎原、王人博：《赢得神圣：权利及其救济》，山东人民出版社 1993 年版，第 431 页。

案件处理日常化、群众化；（4）鼓励和解与妥协；（5）发展院外的有效解决争端的机制；（6）通过法院规则，阻止当事人运用法院解决纠纷；（7）使诉讼费用更加昂贵，以减少诉讼需求。其中第一种选择从未使用过，而其他选择都旨在通过纠纷解决的分流保护法院。① 在这一争论过程中，ADR 得到了美国国会、联邦政府、法院、学术界和广大民众的支持。特别是在 1990 年《民事司法改革法》（ *Civil Justice Reform Act of* 1990，*CJRA* ）的推动下，美国所有的联邦地区法院都制定了"诉讼费用和延迟消减计划"（Expense and Delay Reduction Plan），把发展 ADR 作为民事司法改革的重要组成部分。

在英国，学者们未刻意强调 ADR 机制，而是更加系统地关注纠纷解决的效果和目的。英国学者理查德·莎士肯德从形式正义、实质正义和分配正义的哲学视角深刻地指出，在司法公正基本解决的前提下，如何提升纠纷解决的效率是更为迫切的问题，"为解决法律纠纷，高品质的、更为便宜和公正的方式应该更容易接近正义"②。在此基础上，莎士肯德主张应在三重意义上界定"接近正义"：第一重意义是指，为了妥善解决纠纷，应该提供更为迅捷、便宜和更少争斗（combative）的纠纷解决机制，这既包括对诉讼程序的改良，也包括对非诉讼机制的增设；第二重意义是指，增设一些技术性机制以帮助社会成员避免发生纠纷，纠纷的预防要好过纠纷的解决；第三重意义是指，对法律赋予人们的利益进行更为深刻的洞察，增加社会的福祉。可见，莎士肯德对接近正义是从更为宏大的"纠纷解决学"的视角来观察的。

其他欧洲国家的情况则更为复杂，虽然也涉及 ADR 的讨论，但似乎更加重视诉讼程序机制的改良。例如，在法国存在一种调停人制度，由法院任命的个体指导地区纠纷以友好的方式解决，这实际上是一种法院附设调解的方式。在德国，法官的角色相对灵活，能够积极地主持当事人进行诉讼和解；德国在 1976 年还设立了家事法庭制度，由法院内设的

---

① Lawrence M. Friedman, "Legal Rules and the Process of Social Change", *Stanford Law Review*, Vol. 19, No. 4, April 1967, pp. 786 – 840.

② Richard Susskind, *The End of Lawyers*? New York: Oxford University Press, 2008, p. 230.

家事法庭专门审理家事案件,这些举措也被理解为欧洲接近正义改革的一部分。曾任德国法官的 L. 克雷马甚至宣称,"如果没有这些新改革,接近正义问题在欧洲各国也许会毫无进展"。[①] 但有些欧洲专家对在法院之外创设"更易于接受"的非诉讼机制充满警惕,他们认为,在欧洲人们接受"普通法官"裁判是一项基本权利,人人都渴望正义,如果要求人们通过法院之外的"替代方式"解决纠纷,可能会感到受到强制。只有在纠纷的双方都拥有同等的协商能力,掌握的信息足够充分,否则不宜通过调解等非传统审判的方式解决纠纷。[②] 可见,在对待 ADR 的态度上,英美法系和大陆法系学术界存在明显的认识差异。

(三) 接近正义:超越纠纷解决范畴的宽泛理解

接近正义的理论形成之后,并没有止步于民事司法改革或者纠纷的多元化解领域,而是向着实体法、立法、行政、法律教育、法律宣传等广泛的法律领域改革,甚至向着社会整体公平正义的方向拓展,已不再是民事司法改革的专有主题。

美国学者克里斯汀·帕克主张,接近正义不只发生在司法程序和纠纷解决过程之中,只有在司法正义(courtroom justice)、日常生活中的非正式正义(informal everyday justice)和社会运动(social movement)的交互作用下,接近正义才有可能发生,接近正义的途径"包括法院程序的可接近性,在刑事审判中能够获得充分的法律代表,诸如小额诉讼法庭、行政法庭等更多非正式法律程序的可接近性,以及获得法律建议和公共的法律教育"[③]。赞比亚的帕特里克·马蒂比尼主张,能否实现接近正义取决于三个因素,即实体法、法律机构和法律服务者,实体法的作用是提供规范基础;法律机构的作用是应用和实施法律,如果法律机构本身不正义,再美好的法律文本也无法实现接近正义;法律服务者的作用是

[①] [意] 莫诺·卡佩莱蒂:《福利国家与接近正义》,刘俊祥等译,法律出版社 2000 年版,第 16 页。

[②] [意] 莫诺·卡佩莱蒂:《福利国家与接近正义》,刘俊祥等译,法律出版社 2000 年版,第 18 页。

[③] Christine Parker, *Just Lawyers: Regulation and Access to Justice*, New York: Oxford University Press, 1999, p. 30.

面向大众，如果没有法律服务者，多数人不能有效地利用法律，法律服务者不能接近正义也就意味着接近正义难以实现。① 还有学者认为，接近正义有广义和狭义之分，狭义上主要指法律服务和法律代表，广义上则是指由国家对公民（尤其是贫困者）提供的健康、住房、福利、教育、法律服务等②——这种广义理解显然是受到了福利国家观念的影响，大大超出了法律领域改革的范围了。

三　"接近正义"理论的影响

欧美学术界提出的"接近正义"理论，反映了他们对欧美司法制度弊病的洞察、对司法传统理念的反思和对民事司法改革未来走向的期待。概括来说，欧美传统的司法运行中主要存在诉讼周期长、诉讼成本高、诉讼程序运行高度专业化和民众利用司法不便利等问题，从而造成了贫困者和其他弱势群体无法平等地利用司法，也没有简便易行的其他纠纷解决方式可供选择，不利于人们权利的救济和法律正义的实现。20 世纪70 年代兴起的以接近正义为主题的欧美司法改革的首要任务，就是要消除这些阻碍因素。

根据20 世纪70 年代及之前欧美各国民事司法改革的动向，卡佩莱蒂将接近正义改革归结为三波浪潮：第一波侧重于对贫困者的法律援助；第二波是通过团体诉讼、公益律师来帮助消费者、环境受害者等弱势群体实现扩散利益和集体利益；第三波则强调"超越法律教条"，强调了对纠纷解决过程的程序及相关制度的改革，如法院的非正式决定、小额法庭、替代性纠纷解决方式等。这一概括与其说是新理论的创设，不如说是对欧美社会民事司法改革实践的阶段性总结。接近正义理论提出之后，经由欧美学者广泛而深入的比较法研讨，在20 世纪80 年代以后产生了巨大的影响。例如，1994 年英国司法大臣委任沃尔夫勋爵对民事司法制度进行全面评估，沃尔夫领衔的专家组经过评估提供的改革报告的标题就

---

① Patrick Matibini, *Access to Justice and the Rule of Law*；转引自郭辉《接近正义考》，《澳门法学》2014 年第 12 期。

② David McQuoid-Mason, *Access to Justice and the Role of Law School in Developing Countries*，转引自郭辉《接近正义考》，《澳门法学》2014 年第 12 期。

是 Access to Justice，这直接促成了 1999 年英国《民事诉讼法》的全面修改。在美国、加拿大、澳大利亚等国，也产生了类似的效应。

欧美司法改革的效果如何呢？卡佩莱蒂认为，虽然接近正义是可以实现的，但大多数案件仅仅是部分正义得到了实现，"即使我们努力接近正义，也永远得不到正义……尽管得不到正义，却永远沉浸在接近更高层次的正义的梦想当中"，同时他认为，"对正义的继续研究，乃是人类的尊严"。① 所以，"实现正义"永远是民事司法改革努力追求的理想目标，通过改革不断让民众更易于"接近司法"或"接近正义"，才是 Access to Justice 改革运动的真正价值所在。

第三节　"接近正义"司法改革运动的进展

欧美学者的"接近正义"理论总体上体现了"美国中心主义"的研究思路，重视观察和反思美国的改革实践。美国的民事司法改革具有鲜明的实用主义色彩，其小额诉讼、集团诉讼和 ADR 机制等改革引领了全球司法改革的潮流，但是，也不能忽视英国、加拿大、澳大利亚、法国、德国、日本等国各具特色的接近正义司法改革探索。

一　美国的民事司法改革

1776 年，美国脱离英国殖民统治之后，根据联邦主义构建了联邦和各州相互独立的司法系统。其中，联邦法院系统由联邦最高法院、上诉法院和地区法院三级构成，但长期以来联邦法院同时存在普通法和衡平法两套诉讼程序体系，程序规则极不统一。直到 1934 年美国国会才通过《授权法》授权联邦最高法院制定统一适用于联邦法院系统的诉讼规则，由此产生了 1938 年《联邦民事诉讼规则》。联邦主义不仅体现为联邦和州的分权，也体现为联邦法对州法在价值层面的渗透，换言之，虽然美国各州自行制定本州的民事诉讼法且千差万别，但大多受到了《联邦民

---

① ［意］莫诺·卡佩莱蒂：《福利国家与接近正义》，刘俊祥等译，法律出版社 2000 年版，第 336 页。

事诉讼规则》的影响，特别是在司法文化和关键制度的设计方面。

美国总体上继受了英国的司法文化传统，但也有重要的制度创新，这突出地体现在两大方面：（1）继受了英国传统的"对抗制"（adversary system）司法文化。"对抗制的预设前提是，决定事实真相的最为有效的途径乃是要求各方具有娴熟诉讼技巧的代理律师负起责任，从有利于各自当事人的角度调查事实，提供证据。"① 对抗制的基本特征是：由当事人控制诉讼程序和进行诉讼争斗，当事人严重依赖律师的诉讼技巧，法官仅进行消极裁判，判决遵循"要么全胜、要么全败"（zero sum remedies）的原则。在传统的对抗制下，律师为了己方当事人胜诉几乎可以不择手段，法官则奉行不干预的消极中立主义，这也被称为"司法竞技主义"，由此导致诉讼进程充满了技巧性和胜败诉结果的偶然性，或者说是当事人聘请的律师的诉讼技巧决定了案件的胜败诉结果，这显然背离了案件的事实基础和司法正义的目标。（2）创设了美国特色的"证据发现"程序（discovery）。所谓证据发现，是指在审理前的准备阶段，法律保障当事人通过各种方法能够发现、了解其开庭审理所需的各种证据材料。② 证据发现程序是 1938 年《联邦民事诉讼规则》的一个重大创新，其初衷是克服传统"对抗制"的弊端，让法院判决回归事实真相的基础之上。③ 尽管增设证据发现程序的初衷是好的，但它在司法实践中不仅没有减轻当事人对律师的依赖，而且滋生了律师过度（overuse）和不必要（unnecessary）的滥用证据发现程序的问题，这种现象持续了半个多世纪。1991 年美国时任副总统奎尔（James Dan Quayle）在讲话中坦承，"滥用发现程序是诉讼时间长、诉讼费用高的主要原因"。④ 此外，证据发

---

① 汤维建：《美国民事司法制度与民事诉讼程序》，中国法制出版社 2001 年版，第 243 页。

② 根据《联邦民事诉讼规则》第 5 章的规定，发现证据的方法主要有录取证言（Deposition）、质问书（Interrogatory）、要求自认（Requests for Admission）、要求提供书证物证和勘验土地（Producing Documents, Tangible Things, or Entering onto Land）和身体及精神检查（Physical or Mental Examination）。

③ 美国联邦最高法院在 1958 年的一份判决中强调：证据发现程序的目的在于使审判能够在光明之下进行，即诉讼不应是对立当事人及其律师开展智力竞赛的舞台，而应是追求真实和正当结果的场所。参见 United States v. Proctor & Gamble Co. , 356 U. S. 677, 682.

④ 汤唯建：《美国民事司法制度与民事诉讼程序》，中国法制出版社 2001 年版，第 424 页。

现程序还经常成为律师刁难对方、制造麻烦和实施报复的工具,"对于许多美国人来说,律师不仅是一种邪恶,而且是一种不必要的邪恶"①。

在美国传统司法文化和诉讼制度之下,民众对司法的信任度总体较低,特别是广大中低收入的民众进行诉讼无法摆脱对律师的依赖又无力承担高昂的律师费,难以忍受漫长的诉讼周期,被迫远离司法的现象长期存在。以上是对 20 世纪中期以前美国民事司法文化、制度和实践的粗略描摹,也是其 20 世纪中期以后推进以下四个方面的民事司法改革举措的总体背景。

(一)小额诉讼制度改革,保障底层民众诉诸法院的权利

在世界范围内,美国是最早进行小额诉讼改革探索的国家。小额诉讼(small claims litigation)是指在基层法院层面专设小额法庭或小额诉讼法院,在审理争议标的金额较小的案件时,适用一种简易化的诉讼程序。小额诉讼改革主要是在州的基层法院层面进行的,早在 1913 年俄亥俄州克利夫兰市法院就探索设置了小额法庭,1915 年芝加哥城市法院设立的小额法庭专门审理争议不超过 35 美元的案件,1920 年马萨诸塞州率先在全州范围内推广采用小额诉讼程序。大约到 20 世纪中期,美国大多数州的法院都推动了小额诉讼改革。

如果说对抗制是小额诉讼改革的根本原因,那么证据发现程序的滥用则是小额诉讼迅速发展的催化剂。小额诉讼制度改革的初衷,是克服"冗长、缓慢、诉讼成本高昂"的传统诉讼程序的弊端。总体上看,美国的小额诉讼制度具有以下特点:(1)通常在基层专设小额法庭,审判者可以是职业法官,也可以是临时法官。② 职业法官由选举产生,实行任期制(4—10 年不等)。临时法官则是法院聘请的律师或其他人士,要求参加培训并获得证书。(2)小额法庭审理的案件限于争议标的额较小的案

① Deborah L. Rhode, *Access to Justice*, New York: Oxford University Press, 2004, p. 48.

② 美国各州对小额法庭有多种称谓,伊利诺依州称为 small claims court,亚拉巴马州称为 small claims docket,密西西比州称为 justice court。在纽约州,纽约城民事法院(the civil court of the city)可以适用小额诉讼程序解决 5000 美元以下的小额案件,纽约城以外的地区法院(district court)、城市法院(city court)、村镇法庭(town and village court)也可以适用小额诉讼程序审理争议在 5000 美元或者 3000 美元以下的案件。

件。据统计，2021 年美国 51 个州（含一个联邦直辖特区）设定的小额诉讼争议金额的平均上限是 7374 美元，最低 2500 美元，最高 15000 美元；其中，23 个州设定的上限在 5000 美元以下，4 个州设定的上限在 3000 美元以下（即经济相对不发达的罗得岛州、俄亥俄州、新泽西州、肯塔基州）。① 从案件类型看，通常包括合同、车辆纠纷、房屋租赁、小额钱债、消费服务、财物损害赔偿、邻里纠纷等。（3）小额诉讼程序具有简易性、非对抗性、非正式性，民众无须律师代理即能独立完成诉讼。与正式诉讼程序相比，小额诉讼改革的重点在于简化程序，减少收费，限制律师代理，限制上诉，给予法官更大的程序裁量权，注重调解等，② 追求"不需要法律技巧的简易和效率"③。（4）小额诉讼改革以后，诉讼周期和成本明显降低。以加利福尼亚州为例，2010—2011 财政年度 62% 的小额案件在 70 天内审结，74% 的案件在 90 天内审结。④ 由于限制律师代理，当事人省去了律师费，且法院只收取很少（几美元）或者免收案件受理费，诉讼成本明显降低。

（二）法律援助制度改革，保障贫困者平等利用司法的权利

1965 年，美国总统林登·约翰逊提出了建设"伟大社会"的施政纲领，根据其中"结束贫困"的倡议，美国联邦和各州纷纷成立经济机会局（OEO），为贫困者提供法律援助是其重要职责之一，卡佩莱蒂所称的"接近正义"改革浪潮的第一波正是以此为观察对象的。

但令人遗憾的是，直到 20 世纪 90 年代这一改革的效果并不理想。以纽约州为例，虽然其司法改革项目在全美居领先地位，但仍面临诸多困境。一是民众对法院普遍缺乏信任，在纽约州布鲁克林区的红钩社区，1996 年公众对法院持肯定态度的比例仅为 10%；二是诉讼严重迟延，诉

---

① 数据来源于"美国法律咨询网"，https：//www.freeadvice.com/small－claims－court－links－to－each－state/，2023 年 2 月 20 日。

② B. Yngvesson and Hennessey，"Small Claims，Complex Disputes：A Review of the Small Claims Literature"，*Law and Society Review*，Vol. 9，1975，p. 218，223－224.

③ ［美］杰弗里·C. 哈泽德、米歇尔·塔鲁伊：《美国民事诉讼法导论》，张茂译，中国政法大学出版社 1999 年版，第 173 页。

④ 李俊、王晓婧：《论美国小额法庭制度及其启示》，《甘肃社会科学》2013 年第 6 期。

讼成本攀升;三是当事人平等利用司法的权利缺乏保障,46%的居民无力聘请律师,80%—85%的低收入者的民事司法需求不能得到满足。[①] 由此看来,针对贫困者的法律援助改革任重而道远。

1997 年,时任纽约州法院首席法官的裴迪斯·凯伊(Judiths Kaye)发出倡议,将"确保所有纽约人,特别是低收入者平等地利用司法"作为全州法院最优先的工作,并以"接近正义"为主题掀起了新一轮的司法改革运动。改革的主要举措包括五个方面:一是增设副行政法官职位,专司运用组织杠杆和资源在全州推进接近正义改革项目;二是争取立法机构的资金支持,创设了 6400 万美元的贫困者司法服务基金;三是法院与律师界合作,鼓励全州律师每年为贫困者提供 20 小时公益服务;四是法院成立专门的办公室和网站,为无律师代理的当事人提供法律服务帮助;五是法院与社区、媒体和学校合作,广泛开展法律宣传教育活动。[②] 这些改革举措取得了一定的成效,但离"确保所有人平等利用司法"的改革目标仍然相距甚远。

(三) 推进集团诉讼制度改革,加强扩散利益和公共利益司法保护

在传统社会中,利益与利益主体有明确的对应关系。但随着工业社会、知识经济和金融产业的发展,在产品质量损害、生态环境损害、证券投资和知识产权等领域利益分布呈现扩散性、利益主体呈现模糊性和共享性特征(即出现了扩散利益和公共利益形态),利益与利益主体的对应关系变得不再明晰,甚至根本不存在法律预先规定或公认的利益代表。卡佩莱蒂指出,在福利国家应当保护因违法行为而受影响的人或集团的利益,"但是,被忽视的一点是,组成集团的每一个个人,即使有一系列的诉讼理由,在多数情况下并没有能力为保护自己而付诸行动。其中,知识欠缺和不能负担为解决纷争、寻求个人应得利益及援助所需费用这

---

① 高陈:《接近正义:美国纽约州司法改革项目研究》,中国政法大学出版社 2015 年版,第 74—77 页。

② 高陈:《接近正义:美国纽约州司法改革项目研究》,中国政法大学出版社 2015 年版,第 78—82 页。

两点是很大的障碍"①。随着美国 20 世纪 60 至 70 年代民权运动、环保主义和消费主义等社会运动的兴起，如何为扩散利益和公共利益提供司法救济成了亟待解决的问题。

在此背景下，源于衡平法的集团诉讼制度重新焕发了生机。集团诉讼（class action），是指将人数不确定的、具有同一事实基础或法律关系的当事人拟制为一个集团（class），由该集团中的一人或数人代表整个集团提起诉讼，判决对所有集团成员自动发生效力。虽然美国 1938 年《联邦民事诉讼规则》规定了集团诉讼制度，但仍将集团诉讼作为共同诉讼来对待。20 世纪 60 年代以后，再次引发了推动集团诉讼制度改革的讨论和立法行动。影响较大的立法有三个：一是 1966 年通过对《联邦民事诉讼规则》第 23 条的实质性修订重构了集团诉讼制度，降低了公民在联邦法院提起集团诉讼的门槛，被大多数的州法院参照采用。负责这次修订工作的哈佛大学教授本杰明·卡普兰指出，"完全重建规则的意图是，要比以前更有力地发挥集团诉讼的双重使命：（1）将许多本来独立但重复的案件合并起来，以减少诉讼量；（2）即使以增加诉讼量为代价，也要提供保护群体权利的方式，因为这些群体中的个体没有足够的实力去法院起诉对方"。② 二是纽约州的集团诉讼制度，纽约州在 1848 年率先合并普通法与衡平法程序并设置了集团诉讼制度，1975 年《纽约州民事诉讼法》第 9 条重新修订了集团诉讼条款。三是统一州法委员会 1976 年提出的《统一集团诉讼法》，在北达科他州、艾奥瓦州等州被法院采用。

美国集团诉讼的首要功能，就是保障"小额多数"债权主体接近司法的权利。但它并不完美，学术界就如何对它修改完善长期争论不休。有学者感叹道："我们不知道集团诉讼是好事还是坏事。……但我们知道，人类智慧还未能设计出一种更好的补偿大量分散利益损失的方法。"③

---

① ［意］莫诺·卡佩莱蒂：《福利国家与接近正义》，刘俊祥等译，法律出版社 2000 年版，第 69 页。

② Benjamin Kaplan, "A Prefatory Note：A Symposium Federal Rule 23 - the Class Action", *Boston College Law Review*, Vol. 10, Iss. 3, March 1969, p. 497.

③ Deborah R. Hensler, *Class Action Dilemmas：Pursuing Public Goals for Private Gain*, Santa Monica：Rand, 2000, p. 35.

（四）完善案件管理和 ADR 机制，应对"诉讼爆炸"危机

20 世纪 70 至 80 年代，美国司法出现了诉讼爆炸、诉讼延迟、诉讼成本高昂等系列危机。有学者认为，美国已经成了"诉讼超级大国"，"拥有比世界上任何一个国家都更多的律师、更多的法律和更多的诉讼"①。这促使司法政策制定者不能再局限于具体诉讼制度的修改，开始将重心转向对民事司法制度进行整体检视和系统改革。1990 年，美国国会通过了《民事司法改革法》，其确定的改革目标就是"促进根据案件事实真相精确的裁判案件，监督发现程序，提高对诉讼的管理，并且确保公正、迅速与低成本地解决民事纠纷"②。

始于 1990 年的改革主要包括三方面内容：一是明确了司法制度的目标、现存的问题，以及国会为解决问题而制定的案件管理措施；二是对《美国法典》第 28 卷进行修正，包括制定新的民事司法费用和延期减免计划；三是设置了示范执行程序，即要求 1995 年以前国会应当按法案要求执行诉讼费用和延迟的减免计划，10 个试点法院应强制执行该计划，并在 1995 年 3 月以前向国会提交最终报告。在改革推进过程中，国会还根据实际需要提出了三个修正案，分别是 1993 年修正案、1994 年修正案和 1995 年修正案。在这一轮改革中最具特色的是以下两项改革举措：（1）案件管理制度改革。案件管理（case management），也称为司法流程管理（judicial case-flow management），是为了治理民事司法"堵塞"和"拖延"症结而推行的改革措施。③ 它要求法官改变对抗制下对诉讼不干涉的态度，要求法官从消极的"裁判者"向积极的"管理者"转变，确立管理型司法理念。法官对案件管理的重点是促进案件分流，既包括促进简易程序的适用，也包括替代性纠纷解决机制的选择，分流机制通常由三个相互独立而又密切联系的子程序构成，即甄选程序、解纷程序和

---

① ［美］理查德·L. 马库斯：《诉讼超级大国的恐慌》，参见［英］阿德里安·A. S. 朱克曼主编《危机中的民事司法——民事诉讼程序的比较视角》，傅郁林等译，中国政法大学出版社 2005 年版，第 83 页。

② 齐树洁：《民事司法改革研究》，厦门大学出版社 2004 年版，第 459 页。

③ 陈桂明、吴如巧：《美国民事诉讼中的案件管理制度对中国的启示》，《政治与法律》2009 年第 7 期。

法院审查程序。（2）替代性纠纷解决机制改革。替代性纠纷解决机制（ADR）既包括法院之外的非诉讼纠纷解决方式，也包括附设于法院的审判外纠纷解决方式，其中调解（mediation and conciliation）、仲裁（arbitration）和磋商（consultation）是最常见的 ADR 方法。1990 年《民事司法改革法》倡导全美法院推行 ADR 改革项目，以减少法院审判工作迟延和案件积压问题。可以认为，替代性纠纷解决机制改革是案件管理制度的延伸，二者在法院附设 ADR 领域具有交叉性。

这次改革的效果如何呢？有学者认为，在 1990 年《民事司法改革法》的推动下，联邦法院在实施减少诉讼费用和诉讼延迟计划时面临着一系列的困境，改革的实施情况因地区而异，大多数地区法庭并没有全面推进民事法司法改革。① 兰德司法研究所 1995 年所做的评估也显示，改革效果差强人意，试点地区法院中有 10 个取得了较好的成效，民事积案数量以及诉讼费用有明显下降；但在其他 84 个地区法院中，约 40 个地区法院表示《民事司法改革法》中推动的案件管理和 ADR 制度与之前司法实践中适用的案件管理制度没有本质区别。②

在世纪之交的美国，联邦和州层面的民事司法改革仍在推进。总体上有三个特点：（1）美国国会通过新的立法，在联邦法院系统推行强制性的 ADR 措施。1998 年 10 月，克林顿总统签署了《替代性纠纷解决法》，该法案强制要求联邦法院系统必须在民事诉讼过程中要求当事人考虑 ADR 措施，要求当事人在 ADR 措施种类中作出选择，当然每个法院可以自主发展自己的 ADR 措施体系。该法案对 ADR 的界定是：由中立的第三方以早期评估、调解、小型审判以及仲裁等方式协助当事人磋商、解决纠纷的，法官主导的司法判决程序以外的各种程序。③ 这是世界上第一

---

① Edward F. Sherman，"A Process Model and Agenda for Civil Justice Reform in the States"，*Stanford Law Review*，Vol. 46，No. 6，July 1994，pp. 1553 – 1587.

② Kakalik，J. S.，et al. "Just, Speedy, and Inexpensive? An Evaluation of Judicial Case Management under the Civil Justice Reform Act"，https://www.rand.org/content/dam/rand/pubs/monograph_reports/2007/MR800.pdf. p. 9.

③ 丁保同、王光成：《价值视角的转变与正义模式的演绎——评美国 1998 年〈ADR 法〉》，《西南政法大学学报》2003 年第 3 期。

部系统规范和推动 ADR 改革的立法，也是美国民事司法改革的亮点之一。
（2）美国司法部尝试设立统一的组织协调机构，以统筹落实联邦和州层面的接近正义改革。2010 年 3 月美国司法部开始设置专门的"接近正义办公室"（ATJ），其使命是帮助司法系统有效地实现人人可获得的司法公正，而无论一个人的财富和地位如何。ATJ 的工作并不局限于联邦层面，它广泛地与司法部、联邦机构以及州、地方和仲裁系统合作，其工作原则和宗旨有三个：一是促进正义的可接近性，消除妨碍人们理解和行使其权利的障碍；二是确保公平，为各方提供公平公正的结果，包括那些面临经济和其他不利条件的人；三是提高效率，高效地提供公平公正的结果，避免纠纷解决过程的浪费或重复。① 从 ATJ 发布的工作报告看，其近年来在帮助贫困者、少数族裔、青少年等群体，以及推动立法、政策变革等方面取得了一些进展，但"项目制"的工作方式使改革显得颇为零碎。（3）各州纷纷设立"接近正义委员会"，司法改革主要聚焦于贫困者等弱势群体的平等利用司法的权利保障。例如，纽约州法院 1997 年开始将"确保所有纽约人，特别是低收入者平等地利用司法"列为全州法院最优先的工作。在哥伦比亚特区，直到 2005 年哥伦比亚特区上诉法院才设置"接近正义委员会"，来系统应对面向中低收入群体的法律服务资源的稀缺性问题。在马里兰州，2008 年州法院首席法官才推动设置"接近正义委员会"，以发展、协调和实施民众接近州法院系统的公共政策倡议，消除老年人、青年人、贫困者、性别歧视、无家可归者、移民、被监禁者、语言障碍者接近司法的障碍，着力消除诉讼文化、家庭暴力、社区法律服务资源短缺、法院结构和司法实践中的障碍。② 总体来看，各州在推进司法改革方面拥有很大的自主性，进展程度不一。

二 英国、加拿大、澳大利亚的民事司法改革

英国、加拿大、澳大利亚同属普通法系国家，其司法文化、遭遇的

---

① 关于 ATJ 的工作职责，参见美国司法部网站，https：//www.justice.gov/archives/atj，2023 年 2 月 20 日。

② See Maryland Access to Justice Commission：Interim Report & Recommendations（2009），https：//www.docin.com/p – 1823848047.html，2023 年 2 月 20 日。

司法危机和推行的改革举措都具有相似性。正如澳大利亚学者所言，"在20 世纪 80 年代中期，许多普通法系国家都发布报告认为其民事司法体制遭遇了'危机'，表现为诉讼迟延严重、诉讼成本高昂、诉讼程序过于复杂，以及普通民众难以接近司法。在此后的 20 年里，改革机构担负起了调研和确认民事司法体制存在的问题和提出改革建议的任务，并就'这些问题根源于普通法的民事司法体制这一点达成了一致意见'，它们提出的改革建议也非常相似。许多改革措施正是基于这些建议，即通过立法、法院规则和实施指引推动诉讼程序进行改革"。[①]

（一）英国的民事司法改革

英国的司法制度大约形成于 12 世纪。1154 年亨利二世成为英格兰国王，他在位期间不仅建立了王室法院系统，而且形成了以令状为主的诉讼程序，专业而复杂的诉讼程序也催生了律师职业。英国首相丘吉尔曾评价道："亨利二世的伟大功绩就是他奠定了英国普通法的基础，后人只需在此上面添砖加瓦。它的图案会有所变动，而外形却总是维持不变的。"[②] 从 14 世纪开始，英国"对抗制"的司法传统开始形成。对抗制有三个典型特点：一是裁判者消极中立；二是当事人负责提供证据，并控制着诉讼的进程快慢和强度；三是存在一套精密复杂的诉讼规则，规范审判者和代理律师的行为。[③] 在司法实践中，对抗制滋生了三个严重的问题：（1）诉讼严重迟延。据统计，1994 年英格兰高等法院在伦敦审理的案件从送达传票到开庭平均时限为 163 周，其他地区案件的时限平均为 189 周。[④]（2）诉讼成本高昂。无论是简单的还是复杂的案件，当事人支出的诉讼费用都高得惊人，且诉讼费用与诉讼请求的价值严重不成比例。调查显示，在诉讼请求价值低于 1.5 万英镑的案件中，约 31% 的胜诉一

---

① Bobette Wolski, "Reform of the Civil Justice System Two Decades Past-Implications for the Legal Profession and for Law Teachers", *Bond Law Review*, Vol. 21, Iss. 3, December 2009, p. 192.

② 郭方：《看得见的英国史》，北京大学出版社 2018 年版，第 48 页。

③ Stephan Landsman, "The Rise of The Contentious Spirit: Adversary Procedure in Eighteenth Century England", *Cornell Law Review*, Vol. 75, Iss. 3, March 1990, pp. 500 –501.

④ 刘敏：《接近正义与英国的民事司法改革》，参见公丕祥主编《法制现代化研究》，南京师范大学出版社 2004 年版，第 124 页。

方支出的诉讼费用在 1 万—2 万英镑，其中 9% 的案件的诉讼费用超过 2 万英镑。在 1993 年的一起案件中（Symphony Group plc v Hodgson），原告公司请求法院签发禁令以禁止其雇员（年薪 1 万英镑）从事一项商业交易，虽然诉讼只持续了 9 周，但原告单方的诉讼费用就超过了 10 万英镑。[①]（3）诉讼程序复杂，导致当事人对律师高度依赖，贫困者无力承担高昂的律师费。虽然早在 1494 年亨利七世时期就颁布了"根据正义原则律师应该为穷困人服务"的法案，但法律援助长期停留在律师的慈善和施舍的定位上，直到第二次世界大战后工党政府推行"福利国家"计划之际，英国才建立现代意义上的法律援助制度。但是，由于律师按小时计费，在利益驱动下律师频繁运用法律技巧拖延诉讼，导致政府的法律援助拨款绝大多数转移到了律师手中，给政府带来了沉重的负担。[②] 所以，第二次世界大战后的福利国家计划和法律援助改革并没有根本上解决贫困者接近正义的问题。

在此背景下，一场影响深远的民事司法改革开始启动。1994 年 3 月，英国司法大臣任命上议院常任上诉法官沃尔夫对英格兰和威尔士的民事司法制度进行全面评估。1995 年 6 月，沃尔夫提交了题为"接近正义"的中期报告，1996 年 7 月又提交了题为"接近正义"的最终报告，详细阐述了英格兰和威尔士民事司法制度存在的问题和改革建议。根据沃尔夫的报告，英国面临的民事司法危机可以概括为费用高昂、诉讼延迟和程序复杂，这些危机深深植根于英国的司法文化和司法制度的特质之中，即对抗制诉讼和对律师的严重依赖。随后，英国根据沃尔夫的报告紧锣密鼓地启动了民事司法改革，改革成果集中体现在 1999 年 4 月生效的《民事诉讼规则》（*Civil Procedure Rules*）及其《诉讼指引》

[①] A. A. S. Zuckerman, "Lord Woolf's Access to Justice: Plus ça Change", *Modern Law Review*, Vol. 59, No. 6, November 1996, p. 774.

[②] 1987—1988 年英格兰的法律援助费用拨款为 4.26 亿英镑，但 1993—1994 年快速上涨到了 10.2 亿英镑。这与英国律师的收费方式调整和收费增长不无关系，1974 年事务律师（solicitor）的小时计费约为 25 英镑，但到 1994 年已上升为 185 英镑、有的高达 310 英镑，同期市场零售价格上涨仅 6 倍。参见齐树洁《英国民事司法改革及其借鉴意义》，《河南省政法管理干部学院学报》2001 年第 4 期。

(*Practice Directions*)① 之中。

关于英国的民事司法改革，国内学者已有较为充分的研究，② 下面仅择要介绍改革的指导思想和内容框架。

第一，统一初审法院的诉讼规则，克服"诉讼程序复杂"的弊病。英国的民事法院系统（限于英格兰和威尔士的范围），由郡法院、高等法院（包括后座法庭、衡平法庭、家事法庭）、民事上诉法院和上议院上诉委员会（2009 年 10 月以后从上议院分离出来成为"英国最高法院"）组成。改革前的诉讼程序较为复杂，表现为：郡法院、高等法院均能受理第一审民事案件，但诉讼程序和管辖规则各不相同；高等法院内的后座法庭、衡平法庭、家事法庭适用的诉讼程序也不相同，而且存在不同的诉讼指引；由于程序启动的要求不同，有时当事人的选择错误可能导致致命的后果等。为解决诉讼程序复杂的问题，英国在改革中统一了郡法院、高等法院审理一般民事案件（除家事案件外）的诉讼规则及其指引，这就是 1999 年英国《民事诉讼规则》及其《诉讼指引》。

第二，明确民事司法改革的最高理念，即保障民众的公正审判权。英国学者认为，公正审判权（fair trial rights）是国民宪法上的基本权利，其内涵既包含"接近司法的权利"（right of access to courts），也包括"获得公正审理的权利"（right to a fair trial）；后者包括五个基本要素，即独立和不偏倚的法庭、公正的听审、公开的听审、合理期限的听审以及附理由的判决。③ 英国 1999 年《民事诉讼规则》第 1 章第 1.1 条规定：本规则的首要目标是确保法院能够公正地和以适当的诉讼成本来处理案件，为此要满足 6 个方面的要求：（1）保障当事人双方诉讼平等和充分的参与权；（2）节约诉讼成本；（3）区别争议金额、案件重要性、争讼的复杂性、当事人的财力，采取相应的审理方式；（4）确保案件得到便利、

---

① See CPR – Rules and Directions, https：//www. justice. gov. uk/courts/procedure – rules/civil/rules, 2023 年 2 月 20 日。

② 参见齐树洁《英国民事司法改革及其借鉴意义》，《河南省政法管理干部学院学报》2001 年第 4 期；徐昕《英国民事诉讼与民事司法改革》，中国政法大学出版社 2002 年版等。

③ Richard Clayton and Hugh Tomlinson, *Fair Trial Rights*, London：Oxford University Press, 2001, pp. 26 – 27.

公正地处理;(5)审判资源在不同案件中分配的平衡性;(6)确保本规则、指引和法庭命令得到执行。

第三,革除对抗制积弊,强化诉讼合作与案件管理。沃尔夫在《接近正义》中期报告第三部分"问题及原因"中指出:"对抗制可能鼓励一种对抗式的文化,以至于常常使诉讼程序退化为战场的氛围,而不是适用法律规则的场所",结果必然导致诉讼费用的昂贵,或者不适当、无法预测和不合理的诉讼延迟,因此需要"激进地变革有关法律文化"。① 这就要求对于对抗制下法官消极裁判、不干预主义的传统理念进行变革。改革措施主要包括两个方面:(1)加强当事人诉讼合作。要求当事人之间在诉讼的初期,就应当进行证据交换和合作,并鼓励当事人选择 ADR 方式;当事人和诉讼代理人有义务与法院进行合作,以确保案件获得公正审理;鼓励当事人选定单一共同的专家证人,且法院有权强制使用单一的共同专家。(2)加强法官对案件的管理。法官要从传统上消极的"裁判者"向积极的"管理者"角色转变,重建"管理型司法"理念。根据英国 1999 年《民事诉讼规则》第 26—29 章的规定,在案件的初期阶段,应当根据争议金额、案件重要性、争讼的复杂性的不同,分别适用小额诉讼程序(the small claims track)、快捷审理程序(the fast track)和多轨审理程序(the multi-track);在不同的程序轨道中,法官有权发布相应的指示(case management directions),并在诉讼进程中享有期间控制、程序中止、合并分离、争点管理、庭审保障、成本控制、书面审理、技术运用以及证据主导等广泛的案件管理权限。

第四,重塑纠纷解决理念,重视对诉前预防机制和诉外 ADR 机制的利用。根据沃尔夫《接近正义》报告的设想,诉讼应当作为最后的救济手段,即在耗尽其他能适用、更适当的纠纷解决方式后方可寻求司法救济;当然,当事人在诉前争议解决和替代诉讼的纠纷解决过程中也可以获得法律援助。英国 1999 年《民事诉讼规则》第 1.4 条响应了这一改革设想,鼓励潜在的当事人就有关纠纷在诉前进行早期和充分的信息交流,以避免或减少诉讼;鼓励当事人运用 ADR 方式,尤其是在人身伤害纠纷、

---

① 徐昕:《英国民事司法改革之借鉴》,《法学》2001 年第 5 期。

建设工程纠纷、名誉权纠纷、医疗过失纠纷中引入"诉前议定书"。通过"诉前议定书"不仅能促进当事人进行充分沟通，促进选择 ADR 的解决方式，而且能为后续诉讼程序做好准备、提高效率，未遵守"诉前议定书"的当事人将受到法院在诉讼费用、利息等方面的制裁。

英国学术界和实务界普遍认为，"毋庸置疑，沃尔夫的改革已经改进了民事司法制度，并且取得了实质的成功"①。英国的民事司法改革不仅成为后来加拿大、澳大利亚等国司法改革的样板，而且英国自身在进入21世纪之后仍在深入推进改革，家事审判改革就是一例。鉴于家事案件与一般民事案件迥异的审判机制，英国自1970年开始在高等法院内设置"家事法庭"，负责复杂的家事案件的一审和家事案件的上诉审。家事法庭适用的诉讼程序规则，早期主要有1973年《婚姻诉讼法》、1987年《家庭改革法》、1996年《家庭法》等，到了2010年，英国又根据《家庭法》修改制定了新的《家事诉讼规则》。可以说，2010年《家事诉讼规则》的出台是英国民事司法改革在21世纪的最新进展之一。

（二）加拿大的民事司法改革

加拿大是联邦制国家，联邦和13个省（地区）各有相对独立的司法系统。加拿大关于"接近正义"的理解较为独特，他们把"接近正义"视为法治的重要价值目标，并基于"以人为本"（people-centered）的理念将司法改革与联合国"2030可持续发展倡议及其设定的17个目标"联系起来，将"不使一人掉队"（leave no one behind）的思想融入司法改革之中。② 因此，加拿大倾向于将司法问题视为与住房、就业、教育、医疗问题一样，作为影响个体和整体社会福祉的众多改革议题之一对待，司法改革的重点是保障国民平等接近正义的权利。

加拿大的民事司法改革始于1996年，明显受到了英国民事司法改革的影响和触动。1996年，加拿大律师协会（CBA）设置了"民事司法制

---

① See "Further Findings: A Continuing Evaluation of the Civil Justice Reforms", August 2002, https://webarchive.nationalarchives.gov.uk/ukgwa/+/http://www.dca.gov.uk/civil/reform/ffreform.htm, 2023年2月26日。

② 参见加拿大司法部网站, Our understanding of access to justice, https://www.justice.gc.ca/eng/csj-sjc/access-acces/index.html, 2023年1月25日。

度专责小组"，随后该专责小组发布了一项关于加拿大民事司法体制的调研报告。1996 年以后，加拿大司法部、司法部资助成立的加拿大民事司法论坛（the Canadian Forum on Civil Justice）、加拿大法院行政人员协会（the Association of Canadian Court Administrators）、加拿大司法行政研究所（the Canadian Institute for the Administration of Justice）等机构，纷纷投入到民事司法改革的研究和推动工作之中。

从总体上看，改革前的加拿大民事司法制度也存在诸多问题，即崇尚争斗的对抗制、诉讼费用高昂、诉讼迟延等，在一定程度上影响了国民接近司法的权利。加拿大学者特雷弗·法罗等起草的一份研究报告显示：约半数（48.4%）的加拿大成年人平均每三年都会经历一次民事或家事诉讼，但并不是每一个加拿大人都有能力负担起诉讼费用，因为法律服务费（律师费）昂贵，这项费用通常高达每小时数百加元。即便不走正式的法庭程序，在相关便捷程序（short proceeding）中也要花费成千上万加元。与此同时，政府的法律援助覆盖面较窄，只有那些"极度贫困者"（the very needy）才有机会获得法律援助，而且不能覆盖他们日常遭遇的所有法律问题。①

1996 年，加拿大律师协会民事司法制度专责小组在其报告中提出的改革设想是，建立一种"多元选择"的民事司法制度（a multi-option civil justice system），改革的重点是将对抗性辩论（adversarial contestation）的诉讼程序，重塑为问题解决和纠纷处理型（problem-solving and settlement）诉讼程序，② 亦即要改变法院对判决程序的依赖。具体的改革建议包括八个方面：（1）将各种纠纷解决技术融入法院程序，重视把纠纷解决在诉讼的早期阶段；（2）加强法院对案件流程的监督管理；（3）创建多轨争议解决渠道（multiple tracks），增加争议解决程序的灵活性；（4）改进小额索赔程序和建立快速简化程序，增进民众利用司法的机会；（5）推动

① Trevor C. W. Farrow, "Everyday Legal Problems and the Cost of Justice in Canada: OverviewReport", http://www.cfcj-fcjc.org/a2jblog/everyday-legal-problems-and-the-cost-of-justice-in-canada, 2023 年 2 月 1 日。

② Margaret A. Shone, "Into the Future: Civil Justice Reform in Canada 1996 to 2006 and Beyond", December 2006, http://cfcj-fcjc.org/docs/2006/shone-final-en.pdf, 2023 年 2 月 1 日。

证据发现、证据披露和专家证据等有关的程序改革；（6）推动诉讼激励机制的变革；（7）将审理和判决定位为争议解决的最后手段；（8）推动上诉审程序的改革。报告还认为，这些改革成功与否取决于 13 个目标因素的达成程度，即结果的公正性、程序的公平性、司法的独立性、问责制、透明度、人们的响应性、改革措施的可理解性、司法的可接近性、费用的可接受性、诉讼的及时性、程序的相称性、改革的确定性和诉讼效率。

加拿大学者认为，加拿大的民事司法改革与英国有较多相似之处，均突出了以法院和诉讼规则为中心的改革思路。但也有不同，加拿大的联邦制导致司法改革缺乏统一部署，不同法院辖区的改革进展千差万别。[①] 总体上看取得了一些进展，但仍然存在一些问题。例如，关于多轨争议解决渠道（multiple tracks），主要的改革举措是法院附设的调解机制，调解人可以是列入法院目录的私营部门，也可以是公共机构的雇员或者是高级律师。但是，不同的法院引入调解的时机不同，有的是在诉讼早期阶段（诉答结束），有的较为滞后（证据开示之后）。再如，关于案件管理，法官通过审前会议的方式，在鼓励或便利当事人选择非庭审方式方面发挥了更加积极的作用。一个日益增长的改革趋势是，要求法官通过"诉讼进度表"（scheduling judicial time）更早地介入庭前的争议解决过程。又如，为了降低诉讼成本、增加司法的可接近性，通常的改革举措是改革小额法庭、设置快速便捷的审理程序、早期的证据发现程序、证据开始程序改革、专家证据制度改革、简易判决等。以小额法庭为例，各州的程序设置存在较大区别，其中共性的一点是小额诉讼案件的争议金额上限有提高的趋势，在加拿大律师协会民事司法制度专责小组 1996 年报告中建议的上限是 10000 加元，在安大略省这一上限已经于2001 年从 6000 加元提高至 10000 加元，在阿伯塔省 2002 年从 7500 加元提高至 25000 加元，在新斯科舍省从 15000 加元提高到了 25000 加元。在部分省的小额诉讼程序中，还在推进非法官人士承担裁决或调解任务的

① Margaret A. Shone，"Into the Future：Civil Justice Reform in Canada 1996 to 2006 and Beyond"，December 2006，http：//cfcj－fcjc.org/docs/2006/shone－final－en.pdf，2023 年 2 月 1 日。

改革，但在其他一些省份则对此不予赞同。

（三）澳大利亚的民事司法改革

澳大利亚也是联邦制国家，联邦政府的构建遵循三权分立原则，地方政府包括六个州（state）和两个原居民领地（territory）。联邦法院包括高等法院（High Court of Australia，实际上是最高法院）、联邦法院（Federal Court of Australia）以及巡回法院和家事法院（Federal Circuit and Family Court of Australia）三个层级。每个州或领地都拥有自己的法律和法院体系。澳大利亚的民事司法系统包括联邦、州和领地的许多机构（如法院、申诉专员、律师等）和服务（包括法律咨询、协助、辩护、争议解决和代理等），通过这些机构和服务帮助人们解决民事纠纷，并防止纠纷的发生。

澳大利亚自20世纪70年代就着手法律改革。早在1975年，联邦政府就设立了"法律改革委员会"（ALRC），这是一个为推进法律改革而设置的永久性、全职的咨询性机构，它在运行中只接受联邦总检察长（司法部长）的委托展开调查工作，审视法律并找出可以使法律对每个人更好、更公平的方法。大部分的州和领地也都设置有类似的法律改革机构。2009年1月，根据联邦总检察长麦克勒兰德的命令成立了一个"接近正义特别小组"（Access to Justice Taskforce）；同年9月，该特别小组发表了《联邦民事司法系统中接近正义的战略框架》报告（以下简称《2009年报告》），① 详细回顾了澳大利亚民事司法改革的发展历程、改革理念和主要措施。通过《2009年报告》，可以窥见澳大利亚民事司法改革具有以下两个显著特色。

1. 关于"接近正义"的独特理解

传统上认为，法院是正义的核心"提供者"，因为法院是法律问题的最终裁决者，它能够宣布法律是什么、当事人的权利和义务是什么，并能以法律强制力实现这些权利主张。澳大利亚学者认为，"接近正义"的

---

① "Access to Justice Taskforce, A Strategic Framework for Access to Justice in the Federal Civil Justice System", https：//www. ag. gov. au/legal－system/publications/strategic－framework－access－justice－federal－civil－justice－system，2023 年 2 月 10 日。

司法改革经历了"五波",其中前"四波"改革都是以法院为中心展开的:第一波:将"接近正义"等同于平等地接近法院和获得法律服务(即律师和法律援助)。为此,主要的改革举措是提供财政资金和其他法律援助服务。第二波:"接近正义"改革的重心在于纠正司法系统内部的结构性不平等,亦即通过修改法律、诉讼规则和变革司法实践使司法更易于被民众利用。比如,改进诉讼规则使受害者更易于寻求救济,简化民事诉讼程序,以及通过通俗的语言和社区教育来去除法律的"神秘化"。第三波:强调非正式的正义实现方式(informal justice),及其在预防纠纷发生和升级方面的重要性。主要改革举措是更多地使用非对抗性的、替代性的方式实现正义,如替代性纠纷解决方式。第四波:以竞争性政策(competition policy)为重点,增加正义的可接近性。执行竞争政策的目的是通过市场机制尽可能高效地分配"接近正义"的相关资源,包括司法资源和非司法资源,如通过变革法律职业规则来降低法律服务费用。①

在前"四波"改革的基础上,澳大利亚发展出了一种新的"接近正义"司法改革理念,即接近正义的第五波改革思想。《2009 年报告》指出,社会上的大多数民事纠纷是通过非官方的机构和争议解决机制得到解决的,诉讼从来不是人们解决纠纷的首选方式,只有很少的纠纷进入了法院,进行到法院判决阶段的就更少了。因此,"接近正义"改革不能局限于民众既无法理解也无力负担的司法体制改革,而应当将重点转向"日常正义"(everyday justice)的实现。澳大利亚倡导一种新型的、更加宽泛的"接近正义"改革观,其内涵包括以下几个方面:

第一,改革的受益主体应当是全体国民(即着眼于满足国民的多元化法律服务需求),而不刻意强调对贫困者、弱势群体的救助或援助。

第二,接近的对象不限于法院或司法,也不限于获得律师的法律服务或者其他的纠纷解决机制,而是重在改善和提升整个社会的"日常正义"(everyday justice)。这意味着需要给予人们多样化的法律服务选择,

---

① Christine Parker, *Just Lawyers: Regulation and Access to Justice*, New York: Oxford University Press, 1999, p. 31.

需要为每一项争议提供适当的讨论场所,以及营造促进更少发生争议(无讼)的文化。也就是说,纠纷解决和纠纷预防都在改革框架之内。一个总的要求是,正义的诉求必须要尽可能迅速和便捷地得到处理,至于是通过个人的方式、非正式的方式(如 ADR),抑或是通过正式的方式(如法院),则在所不论。

第三,改革的战略性思路是要推动在"法律信息需求"与"个性化解决方法"之间建立联系,目的是增进民众获得足够的信息、以便对适合自己的"个性化解决方法"做出理性的选择。例如,在家事纠纷处理中,政府可以给当事人提供若干种法律服务选项,包括提供有针对性咨询服务、提供非正式的争议解决方式、提供利用司法的服务等,每种方式都有其优点和缺点,关键是能够让民众获得选择的机会和理性解决争议的能力。

2. 富有特色的非诉讼解决方式

在澳大利亚,非诉讼或者替代性的纠纷解决机制(ADR)具有十分重要的地位。这有其历史的原因,在原住民社区数千年来流行着不通过诉讼解决纠纷的传统,调解被视为是最为古老和有效的纠纷解决方式。[①]但澳大利亚现代意义上的 ADR 制度,则是 20 世纪 80 年代法律改革的产物。1987 年联邦法院在推进"管理型司法"改革之时就将 ADR 纳入了案件管理流程,要求法官更积极地介入诉讼流程管理,促进当事人选择庭审判决之外的调解、和解、仲裁等纠纷解决方式。1991 年《法院调解和仲裁法》对 1976 年《联邦法院法》进行了修改,规定在征得双方当事人同意后,法院可以将诉讼的全部或部分提交仲裁或调解。1995 年,联邦政府授权法律改革委员会对民事司法中的问题展开调查并提出改革建议。1999 年,法律改革委员会在《管理型司法:联邦民事司法制度检视》的报告中建议重塑管理型司法,构建更加便捷、廉价和可接近的法律制度,并认为调解和 ADR 应该被常规化而不应当被当作一种例外。1995 年,澳大利亚联邦层面又设立了"国家替代性纠纷解决机制咨询委员会"(NADRAC),专司向联邦总检察长提供推动 ADR 发展的政策建议。该委

---

① 辜恩臻:《澳大利亚 ADR 的发展与启示(上)》,《仲裁研究》2007 年第 12 辑。

员会在 2006 年《ADR 立法建议》的文件中给 ADR 下了定义，即 ADR 是指法庭判决程序之外的，在第三方协助下争议双方解决法律问题的程序，包括调解（mediation）、调停（conciliation）、仲裁（arbitration）、谈判（negotiation）、会议磋商（conferencing）和中立评估（neutral evaluation）等方式。①

澳大利亚 ADR 制度的一大特色，是由联邦政府机构、行业监察机构、非政府组织、社区、法院等提供多样化的 ADR 服务项目。例如，澳大利亚银行业、电信业等行业监察机构在 1995—1996 年间共处理纠纷 27000 件，1997—1998 年间更是超过了 10 万件。人权与机会均等委员会（HREOC）是联邦政府机构，其在 2001—2002 年间共受理投诉 1298 件，其中 30% 是通过调停的方式解决的。② 澳大利亚法院也是参与 ADR 服务的主体，自 2007 年开始陆续出现一些在社区设置的"邻里司法中心"（Neighbourhood Justice Centre）。以维多利亚州治安法院下设的"邻里司法中心"为例，它虽然是法院，但经常使用调解的方法来解决小额索赔和邻里纠纷，它还面向社区民众提供纠纷解决之外的社会服务，包括心理健康、住房、吸毒和酗酒、经济困难、家庭暴力和无家可归者等咨询和救助服务，邻里司法中心的运行目标就是加强和实现社区正义（the community justice）。③ 此外，澳大利亚还有遍布全国的社区法律中心（CLC），它们是独立于政府的法律组织，旨在为社区提供免费的法律服务。据统计，2007—2008 年，全国的社区法律中心每年提供超过 25 万项受联邦政府资助的法律咨询和信息服务。④

澳大利亚 ADR 制度的另一特色，就是其家事纠纷解决机制。根据 1975 年《家庭法》，澳大利亚在州和联邦层面都设置了家庭法院，这是澳

---

① "National Alternative Dispute Resolution Advisory Council, Legislating for Alternative Dispute Resolution", 2006, p. 24, http：//www. nadrac. gov. au, 2023 年 2 月 15 日。

② 辜恩臻：《澳大利亚 ADR 的发展与启示（上）》，《仲裁研究》2007 年第 12 辑。

③ 参见维多利亚州治安法院"邻里司法中心"网站，https：//www. neighbourhoodjustice. vic. gov. au/about－us/our－story/what－we－do，2023 年 2 月 15 日。

④ "Access to Justice Taskforce, A Strategic Framework for Access to Justice in the Federal Civil Justice System", https：//www. ag. gov. au/legal－system/publications/strategic－framework－access－justice－federal－civil－justice－system，2023 年 2 月 15 日。

大利亚唯一的专门法院系统。根据法律规定,家庭法院内必须设置其他法律从业人员岗位,包括咨询员(counselor)、调解员(mediator)和仲裁员(arbitrator)。澳大利亚法院传统上奉行对抗制,这在家事案件的审判中弊端十分明显。为此,澳大利亚将非诉讼纠纷解决方式写入了 1975年《家庭法》,并将其统称为"初级纠纷解决机制"(primary disputes resolution,PDR)。根据 1975 年《家庭法》第 14 条 E 款的规定,PDR 是在法庭之外解决纠纷的程序和服务,服务内容包括:(1)由从事家庭及儿童业务的律师提供法律咨询服务;(2)由调解员提供调解服务;(3)从事相关业务的仲裁员提供仲裁服务。其中,调解服务的成功率很高,总体成功率为 75%。2006 年 7 月,澳大利亚重新修订了《家庭法》,一个显著的变化是将 PDR 升级为强制性的 FDR(Family Dispute Resolution)。这意味着,如果一个人打算向家庭法院申请签发或者变更养育令(parenting order),他必须先参加 FDR 并取得 FDR 服务提供者出具的证明(涉及家庭暴力、虐待儿童或紧急情况的除外);如果一个人打算申请签发财产令,也必须以参加 FDR 为前提。法律改革委员会的调查报告显示,强制 FDR 在促进纠纷庭外解决方面成效显著,2007 年 7 月至 2008 年 6 月(即强制 FDR 制度实施的第一年)家庭法院收到的终局判决申请比前一年减少了 18%。[①]

三 法国、德国、日本的民事司法改革

(一)法国的民事司法改革

法国现代的司法制度奠基于大革命时期,1789 年《人权宣言》孕育了法国宪法意义上的分权原则,当时确立的"普通法院系统"和"行政法院系统"分离体制延续至今,普通法院又分为民事和刑事两个分支。在拿破仑执政时期,1806 年制定了《法国民事诉讼法典》,同时也构筑了法国的民事法院体系,即在中央设立最高法院,在每三个省设立一个上诉法院,

---

① "Access to Justice Taskforce, A Strategic Framework for Access to Justice in the Federal Civil Justice System", https: //www. ag. gov. au/legal – system/publications/strategic – framework – access – justice – federal – civil – justice – system,2023 年 2 月 15 日。

在每个省设立民事法庭（行使一审管辖权），在基层设置治安法官（审理一审简单案件），这种状况总体上延续至 1958 年。1958 年 10 月，法国制定了新宪法（史称"法兰西第五共和国宪法"），在随即开展的司法改革中改造了民事法院体系，分别以大审法院（tribunal de grande instance）、小审法院（tribunal d'instance）取代了之前的省民事法庭和治安法官。

20 世纪 70 年代的法国也遭遇了民事司法危机，可概括为三个方面：（1）诉讼案件快速增长。其中，1974—1994 年大审法院受案数量从 20.3 万件增长至 64.7 万件，增长了 218%。（2）法官对诉讼缺乏管理。案件经常未经充分准备就进入庭审，当事人经常滥用诉讼权利，导致诉讼程序拖沓冗长。这与法国民诉法崇尚程序自由主义的传统有关，这种传统使法官如同"一只破钟的机件，要让它很快走动起来，就得不断敲打震动它"①，亟待改革。（3）民事司法陷入严重的信任危机，被公众指责"太缓慢、太昂贵、太复杂、太遥远，且经常不确定"②。为此，法国在 1975 年对《民事诉讼法典》进行了重大修订，扩张了法官的权力，完善了审前准备程序。20 世纪 80 年代以后，法国学术界引入了"公平审判"（procès équitable）理论。"公平审判"有两个标准：一是制度标准，即法院依法独立；司法权应独立于执行权；反对偏见。二是程序标准，即公正性；高效性。③ 法国司法部先是在 1982 年提出了旨在提高诉讼效率的三步改革计划，后又于 1989 年出台了《旨在实现人性化的、现代的、有效率的司法》的改革报告，着眼于法官职能的集中化、诉讼程序简化和司法系统的现代化。

20 世纪 90 年代以后，法国的民事司法改革围绕多重主题展开，包括司法效率、纠纷解决多元化、亲民司法、和谐司法等。

1. 提升司法效率的改革措施

根据"公平审判"理论，公平的审判应当是快速的（célérité）、诚信

① ［德］拉德布鲁赫：《法学导论》，米健译，中国大百科全书出版社 1997 年版，第 128 页。

② 周建华：《法国现代调解的发展：传承、借鉴与创新》，《法学家》2015 年第 2 期。

③ Vauchez A, Willemez L. La Justice Face à ses Réformateurs（1980–2006），Paris：PUF, 2007, p. 51.

的（loyauté）、高效的（efficacité）和有效力的（effectivité）。为了提高诉讼效率，主要进行了以下三方面的改革。

一是持续深化审前准备程序改革。在 1971 年之前，法国的审前准备程序是当事人主义的，审前准备法官的作用仅仅是"案卷整理"。根据 1971—740 号改革法令，审前准备程序兼有了促进当事人和解、掌控诉讼进程、过滤当事人的程序性抗辩、先予执行部分诉讼请求、向庭审法官提交案情报告等多重功能。这些改革举措，被 1975 年《法国新民事诉讼法典》全面吸收。1998 年第 1231 号法令进一步增加了审前法官对附带请求和抗辩的审查权力，对无管辖权、诉的合并、实体无效等的抗辩可以直接作出裁定。基于这项改革，法官民事诉讼中的"审前准备"和"实体判决"成为泾渭分明的两个诉讼阶段。2006 年第 4 号改革法令进一步扩张了审前准备法官的权力，"为了实现民事诉讼程序的效率性、快捷性目标……审前准备法官应当对案卷材料有全面的了解，为此，他应当具有更广泛的、新的权力。审前准备法官将成为民事审判过程中的核心要素"①。据此，审前准备法官的权力大致包括四种，即程序促进权、协商发起权、债务预判权和司法裁判权。

二是尝试确立民事诉讼诚实信用原则。当事人滥用诉讼权利是造成诉讼拖延的重要原因，为此法国学者主张引入诚实信用原则，认为诉讼法应是"一部人际关系法和合作的法律，在这里诚信原则保证私人领域、道德领域和社会领域之间的沟通，平衡其中的对抗利益"②。法国司法部在 2004 年改革报告中曾建议将《法国新民事诉讼法典》第 2 条修改为："当事人应当在自己的责任范围内'诚信且积极'促使诉讼程序的完成；他们应当依照规定的形式和期间完成诉讼程序中的行为。"虽然这一建议没有被立法采纳，但据法国最高法院的判例，诚信原则实质上已成为民事诉讼的基本原则。

三是引入电子送达规则。根据 2009 年第 1524 号法令，法国对诉讼程

---

① Circ. Min. Justice, 8 Févr. 2006, n° CIV 2006 – 04 C3/08 – 02 – 2006, NOR：JUS-CO620006C, BO Min Just n°101.

② Boursier M. E., *Le Principe de Loyauté en Droit Processuel*, Paris：Dalloz, 2003, p. 16.

序中的电子诉讼规则作了规定：（1）所有诉讼文书、材料、意见、通知或传唤、报告、笔录和复印件的发送、交付和通告，包括具有执行效力的司法裁判文书的送达，都可以根据法律规定的条件和方式采取电子通信方式进行。（2）法院和其他人员采取上述电子通信方式时，应当事先明确获得收件人的同意，除非法律明确规定不需要具备此形式。① 这与我国 2021 年修订后的《民事诉讼法》第 90 条设定电子送达规则有相似之处。

2. 推动多元化纠纷解决的改革举措

20 世纪 90 年代以后，法国开始对纠纷解决的司法中心主义进行反思。"民事司法的危机促使了国家司法程序之外的替代性纠纷解决方式的发展。……在大多数欧洲国家，法律调整正在面临从强制性法律秩序向协商性法律秩序，独断性调整方式向契约性调整方式的转变。后者则是作为法律中心主义（légicentrisme）衰退和福利型国家（Etat-providence）产生危机的后果，而日益成为契约社会的特征。"② 法国学者期待，通过鼓励 ADR 运用重建非正式化、协商、友好、合意、替代的司法理念，由于仲裁具有裁判化、强制性特征而被排除在外。在改革中，法国相继探索了三种有法国特色的 ADR 机制。

第一种机制：调停（conciliation）。这是根据 1978 年第 381 号法令创设的，最初是指小审法院审理案件过程中由调停员（conciliateur）提供的一种诉讼外的服务，后来逐渐从诉讼外发展到诉讼内，从小审法院扩展到所有法院，演化成了"司法调停员"（conciliateur de justice）。司法调停员由小审法院法官提名，在征询检察长的意见后，由上诉法院的院长颁布为期一年的委任状（最长可延聘 5 年），其法律地位是司法辅助参与人，享受政府给予的补贴。③ 但这项制度未得到法官的积极响应，实施效

---

① 周建华：《法国民事司法改革论纲》，《北京理工大学学报》（社会科学版）2013 年第 6 期。

② Cadiet L.，Clay T.，Jeuland E.，*Médiation et Arbitrage，Alternative Dispute Résolution，Alternative à La Justice ou Justice Alternativeperspectives Comparatives*，Paris：Litec，2005，p. 7.

③ 黄艳、杨兴林：《德国、法国、意大利三国民事诉讼法发展进程对我国民事诉讼制度变革的启发》，《三峡大学学报》（人文社会科学版）2014 年 12 月增刊。

果并不理想。

第二种机制:调解(médiation)。根据 1995 年第 125 号法律和 1996 年第 652 号法令,调解制度被引入《法国新民事诉讼法典》之中。调解与调停不同:(1)虽然二者都是第三方居中促成争议解决方案,但调解员(médiateur)更加积极,他负责向当事人提供一个可行解决的方案,而调停员仅发挥主持和促进双方交流的作用。(2)法官在诉讼中,既可以将案件委托给调解员,也可以委托给调停员,但调停员是免费服务,调解员则要向当事人收取服务费用。(3)司法调停员被视为是司法辅助人员,调解员地位更加独立、不依附于任何司法机关。

第三种机制:协商(la procédure participative)。这是法国在 2012 年创设一种新的 ADR 类型,又称"律师参与下的协商"。它是指在起诉前,争议双方首先签订一个愿意协商解决纠纷的协议,然后在律师的帮助下交换证据材料和商讨解决方案。如果协商成功,则可申请法院赋予该协议强制执行的效力;如果协商不成功,则可以启动向法院起诉的简便快捷程序。

3. 和谐司法的改革举措

2008 年 8 月,法国司法部发布了《和谐司法的合理规划》司法改革报告。为了达到和谐司法的目标,报告提出了两个中心任务:(1)启动"去司法化"(déjudiciarisation)的改革,让法官回归裁判职能本位。亦即将某些不适合用司法程序解决的事项,转由法官以外的人员或法院以外的机构承担。具体要求是:在法官介入之前,尽可能通过调解、调停、协商程序谋求纠纷的解决;为法官组建审判团队,由司法辅助参与人、法官助理和书记员分担法官的非裁判职能;法官回归裁判职能本位。(2)深化 ADR 改革,将当事人置于司法服务的中心地位。此后,法国司法部相继发布了 2010 年第 1165 号《关于民商事案件的调解和口头程序》的法令,2010 年第 1395 号《关于家事纠纷的调解和司法活动》的法令,2012 年第 66 号《关于友好解决纠纷》的法令,以落实改革目标。

4. 亲民司法的改革举措

在法国,人们越来越强调司法是一种公共服务的理念。1995 年 1 月法国司法部在法律改革报告草案中首次提出:"亲民司法的出现是调和法官和法院资源的有效利用以适应案件繁简分流的需求。"① 亲民司法的改革着眼于法院与民众的互动，主要体现在以下三个方面。

其一，为民众提供多种形式的法律服务。例如，在法院系统外，由法院、律师协会、地方政府合作推动设立各种法律服务中心，负责对当事人提供法律咨询和帮助服务。在法院内部，通过设置专门的法官、法律援助办公室、接待室等形式，为提起诉讼的当事人提供诉讼指南等协助服务。后者比较类似于我国法院的"诉讼服务中心"。

其二，创设"邻近法官"制度。根据 2002 年第 1138 号法律，法国在普通法院系统内部创设了新型的"邻近法官"（juge de proximité），主要负责小额诉讼案件的审理，尽可能地采取调解的方式和就地解决纠纷。邻近法官是兼职法官或者非职业法官（juge-citoyen），从有法律实践经验的调解员、自由职业者等群体中选任，后演化为一级特别裁判机构即邻近法院（juridiction de proximité）。由于邻近法院使原本复杂的第一审法院体系更为复杂，与小审法院功能区分不明显，根据 2011 年第 1862 号法律撤销了邻近法院的设置，但在 2019 年新一轮的改革中又以另一种形式延续了下来。

其三，简化一审法院的体系，设置诉讼保障法官。在 2019 年法国民事诉讼法经历了重大改革：2019 年 3 月 23 日的第 2019—221 号法律（司法审判组织强化法）创设了新的法庭和新的法官职能，第 2019—222 号法律（司法改革及规划法）对 2018—2022 年度司法改革规划作了阐明；2019 年 12 月 11 日第 2019—1333 号法令（民事诉讼改革法令）则明确了《法国新民事诉讼法典》的具体修改内容，修订后的内容已于 2020 年 1 月 1 日正式生效。

2019 年改革主要涉及以下四个方面：（1）合并大审法院和小审法院为新的"司法法庭"，统一行使第一审案件的管辖权。如果大审法院、小审法院的驻地不同，则大审法院改为司法法庭，小审法院改为其"邻近法庭"——专司管辖争议金额不超过 1 万欧元的交通事故、债务等小额

---

① 周建华：《法国民事司法改革论纲》，《北京理工大学学报》（社会科学版）2013 年第 6 期。

案件。（2）新设诉讼保障法官，其权限与以前任职于小审法院的法官相对应。从 2020 年 1 月 1 日起，一个司法法庭可配置一名或数名诉讼保障法官，主要审理涉及公共秩序保护的案件，任务是对相对弱势的当事人（如受到监护的成年人、过度负债的个人、消费信贷的借款人、遭受驱逐的房屋承租人等）提供诉讼保障。但是，原告在向诉讼保障法官提起诉讼之前，必须证明其已进行过调解、调停或者协商的尝试。（3）实行律师强制代理制度。2019 年修订后的《法国新民事诉讼法典》第 760 条要求，诉诸司法法庭的双方当事人原则上需聘用律师，但下列情形除外：属于诉讼保障法官的管辖权限的案件；争议金额不超过 1 万欧元的案件；涉及破产程序、扣押劳动报酬的案件。（4）创设书面审理程序。根据诉讼当事人双方的合意，司法法庭审理案件可以全程采取书面审理的方式；但如果法庭经评估认为不合适，或者一方提出开庭审理要求的，仍然采用开庭审理的方式。[①]

（二）德国的民事司法改革

德国统一的司法制度的建立可以追溯到 19 世纪晚期，1871 年德意志帝国建立，1877 年相继颁布了《法院组织法》《民事诉讼法》《刑事诉讼法》《破产法》（合称《帝国司法法》）。德国《法院组织法》依据专业化原则和权力分散原则构建了五种不同的法院体系，即普通法院、劳动法院、行政法院、社会法院和财政法院；其中，普通法院有民事和刑事审判庭。普通法院分为四级，即初级法院（amtsgericht）、州法院（landgericht）、州高等法院（oberlandesgericht）和联邦最高法院（bundesgerichtshof），民事案件原则上实行三审终审，初级法院和州法院都是初审法院，初级法院只管辖标的额较小的案件。可以说，1877 年《法院组织法》《民事诉讼法》奠定了德国民事司法制度的框架基础。

德国民事司法制度在产生时和发展中分别受法国法和奥地利法的较大影响，其发展过程充满了"言词主义与书面主义""快速解决争端与彻底解决争端""当事人主导诉讼与法官主导诉讼"等对立司法理念经年累

---

① 申军:《法国民事诉讼法改革特点》,《人民法院报》2020 年 6 月 5 日第 8 版。

月的斗争。① 德国的司法改革呈现"零散性、持续性、纠结性和反复性"特征，在不同历史阶段着重推动了以下改革。

1. 接近正义：诉讼救助和法院体系改革

"贫困者"难以接近司法的现象，在德国并不突出。这是因为，德国在 20 世纪 20 年代推行的福利国家改革一定程度上化解了这些问题，有学者甚至认为德国才是"接近正义"司法改革的先驱。② 德国对"贫困者"的司法救济权提供了一系列的制度保障：（1）诉权的宪法保障。基于对第二次世界大战期间纳粹暴行的反思，1948 年《德意志人民基本权利法》第 19 条和 1949 年《联邦德国基本法》第 19 条都将诉诸司法救济规定为公民的宪法性基本权利。基本权利受到侵害可以向宪法法院提起诉讼（宪法诉愿），"宪法法院可以确认国家权力对公民基本权利或类似基本权利的损害"③。（2）强制律师代理制度。这一规定最早源于 1877 年《德国民事诉讼法》第 74 条（现行法第 78 条），立法者认为强制律师代理可以让处于劣势的当事人获得平等的"诉讼武器"，并更好地实现实体正义。④ 强制代理并没有给当事人造成沉重的负担，这得益于《德国律师酬金法》设置的律师"法定酬金制"（按争议标的额分段收费）和"比例酬金制"（按件或按诉讼阶段收费，而不像英美律师那样计时收费）。（3）低廉的诉讼费用和诉讼保险保障。德国的诉讼费用包括法院收费和当事人费用，法院收费低廉，且由败诉方承担。由于诉讼费用低廉，加之民众的保险意识较强，培育了繁荣的诉讼保险市场，据统计大约 20% 的诉讼中至少有一方当事人的诉讼

---

① ［德］罗森贝克等：《德国民事诉讼法》，李大雪译，中国法制出版社 2007 年版，第 18 页。

② 德国学者认为，早在 20 世纪 20 年代德国的社会民主主义政府（注：指 1919—1925 年德国社会民主党领导的魏玛共和国）就开始倡导福利国家思想和改革，其间颁布的 1923 年《法院减负法》创设了强制仲裁程序（注：不是 ADR，而是类似于小额诉讼的法院审理程序），"在此意义上说，德国接近正义的运动先于欧美诸国……在各国中是开拓者"。参见［意］莫诺·卡佩莱蒂《福利国家与接近正义》，法律出版社 2000 年版，第 16 页。

③ 刘飞：《德国公法权利救济制度》，北京大学出版社 2009 年版，第 119 页。

④ 陈团结：《德国强制律师代理制度初探——以民事诉讼为视角》，《海峡法学》2018 年第 4 期。

费用是由保险公司支付的。①

　　与国际上"接近正义"改革的主题呼应,德国 20 世纪 70 年代以来推行的以下两项改革,进一步排除了民众向法院起诉的障碍。

　　其一,诉讼救助和紧急律师制度的改革。早在 1877 年《德国民事诉讼法》的第一编第二章中,就规定了当事人享有救助请求权,以帮助无力支付诉讼费用的"穷人"起诉或应诉。20 世纪 70 年代以后,德国先后于 1976 年、1980 年、1994 年、2004 年四次对司法救助制度进行改革。其中,1980 年通过的《诉讼费用救助法》和《对低收入公民提供法律咨询和代理的法律》进行了较为实质性的修改,对"不能负担,或仅能负担一部分,或者仅能分期支付"的,如果其诉讼主张有希望且不是轻率提出的,就可以获得救助,这进一步扫除了公民获得司法救济的费用障碍。在德国,寻求诉讼费用救助相对容易、简便。据统计,自 1980 年《诉讼费用援助法》实施以来,联邦及各州每年用于法律援助的费用约为 5 亿马克。② 此外,对于获得救助的受救助人,如果找不到愿意代理其进行诉讼的律师,审判长可在法院辖区的律师事务所任职的律师中为其选定一名律师(《德国民事诉讼法》第 78 - b 条),此即紧急律师制度。③这样,就保证了贫困者聘请律师的权利。

　　其二,法院体系改革。德国法院体系复杂,各法院的程序规则繁杂,不仅一般民众无法理解而产生困惑,而且容易滋生法院之间的管辖争议。为此,在德国兴起了改革法院体系的讨论,短期改革目标是在全国范围内建立一个服务于所有法院司法事务的行政部门,长期目标是将现有的五个法院体系缩减为两个法院体系,即普通法院(将劳动法院合并在内)和行政法院(主管行政、财政及社会事务),同时制定一部各法院体系统

---

　　① 陈刚:《比较民事诉讼法》(2000 年卷),中国人民大学出版社 2001 年版,第 141—164 页。

　　② 由于诉讼成本较低,公众对法院的信任度较高,当事人在发生争议时普遍乐于向法院提起诉讼,基于此甚至滋生了要不要通过诉讼费用杠杆(提高收费)降低法院办案压力的讨论。参见齐树洁《德国民事司法改革及其借鉴意义》,《中国法学》2002 年第 3 期。

　　③ 王典:《公正与效益的抉择:论民事诉讼中的强制律师代理制度》,《法治研究》2010 年第 1 期。

一适用的程序法。此外，在 1971 年 12 月"第一次司法改革法案"（草案）中还曾提出一个改革设想，即将同为第一审法院的初级法院和州法院予以合并重建，使普通法院系统由四级变成三级。但政府以新建法院成本过高及调动法官困难为由，认为在近期内是不现实的。①

2. 诉讼加速：加强法官职权与集中审理的改革

1877 年的《德国民事诉讼法》深受源自法国的自由主义的影响，奉行绝对的当事人进行主义，当事人掌握诉讼进展的主动权，实行争点和证据随时提出主义，审理彻底贯彻言词辩论原则，法官消极中立、仅负责辩论终结后作出裁判。自由主义诉讼模式产生了不良后果：当事人经常故意拖延诉讼，可以一边确定争点、一边提供证据，导致三番五次地开庭、重复开庭;② 诉讼程序散漫、诉讼周期漫长，法院工作负担沉重。为解决前述问题，受 1895 年《奥地利民事诉讼法》的影响，德国通过改革逐步加强法官的诉讼控制权，诉讼文化从自由主义向社会主义（即社会本位）转向，诉讼模式从辩论主义向协同主义演进。例如，1909 年《德国民事诉讼法》的修订加强了法官的权力，法官有权就事实和法律问题与当事人讨论，并有权采取勘验、传唤证人、要求补充书状等。1915 年的《减轻法院负担条例》突破了言词审理主义、引入书面审理方式，规定经当事人同意，法院可不经言词辩论就作出判决。1924 年的修订进一步弱化了当事人对诉讼的控制权，取消了当事人决定诉讼期限的权利，进一步加强了法官的权力，法官有权驳回当事人逾期提出的攻击防御方法，并显示了集中审理的动向。1933 年的修订确立了当事人的真实义务。③ 通过这些改革，诉讼程序散漫、周期漫长的问题在一定程度上得到缓解。

第二次世界大战以后，随着德国经济的再次繁荣，民事法院案件负

---

① Peter Gottwald, "Civil Procedure Reform in Germany", *The American Journal of Comparative Law*, Vol. 45, No. 4, 1997, pp. 754 - 757.

② 沈达明：《比较民事诉讼法初论》，中信出版社 1991 年版，第 170 页。

③ 丁启明：《德国民事诉讼法百年发展述评》，参见齐树洁主编《东南司法评论》（2015 年卷），厦门大学出版社 2015 年版，第 472 页。

担过重、当事人拖延诉讼、诉讼耗时过多的老问题再次浮现。[①] 为此，1976 年《简化修订法》对民事诉讼法进行了一次大修，涉及 150 多个条款。这次修订突出了两个重点：（1）吸收"斯图加特模式"（Stuttgart Model）的经验，[②] 确立了"集中审理原则"。集中审理原则有三个主要的体现：一是将过往"连续多次开庭"的审理方式改革为"审前准备程序＋一次集中开庭"的审理方式，审前准备可采取"书面准备"方式或者"早期第一次口头辩论（预备庭）"方式，具体由法官酌定。二是明确法官和当事人均负有"诉讼促进义务"，法官负有指定准备期间、要求当事人及时完全陈述的义务，当事人应及时、以集中的方式向法官提出书状和证据。三是强化 1924 年改革以来的失权制度，规定逾期提出的申请、举证质证将被法院排除，经法院询问不予表态将视为自认。（2）扩张适用书面审理和独任制，进一步简化诉讼程序。一方面，在 1915 年改革引入的"以当事人合意的书面审理"基础上，进一步规定也依据法院的职权命令进行书面审理，但应满足以下情形，一是诉讼标的额在起诉时未超过 500 马克不必要律师代理诉讼，二是当事人一方由于距离遥远或由于其他重要原因而不能出庭。另一方面，在 1974 年改革引入的独任法官审理的基础上，进一步扩张独任审理的适用范围，一是适用于案件在事实上或法律上都没有特殊困难的，二是诉讼案件里没有原则性法律问题的。有学者在 1997 年撰文指出，自 1976 年改革以来州法院的普通程序仅持续6 个月左右，较大争议的案件作出判决需要 9 个月左右，[③] 改革取得了惊人的成就。

在 1877—1976 年的百年间，德国民事司法改革的主轴是"提高效率"。原来在资产阶级革命之后形成的自由主义诉讼文化、当事人主义

---

① ［英］阿德里安·A. S. 朱克曼：《危机中的民事司法》，傅郁林等译，中国政法大学出版社 2005 年版，第 221 页。

② 斯图加特模式以 20 世纪 70 年代韦因可夫、波埃两人的论文为基础（前者的论文题为《为什么以及如何进行司法改革》，后者的论文题为《走向言词辩论的集中》，都力求以集中原则对民事诉讼制度进行改革），经过斯图加特州法院的改革尝试产生了"斯图加特模式"。参见章武生、杨严彦《德国民事诉讼制度改革之评析》，《比较法研究》2003 年第 1 期。

③ Peter Gottwald, "Civil Procedure Reform in Germany", *The American Journal of Comparative Law*, Vol. 45, No. 4, 1997, p. 761.

（辩论主义）诉讼模式、证据随时提出主义、言词审理原则、合议制原则等，已经被社会本位的诉讼文化、协同主义诉讼模式、证据失权制度、书面审理制度、独任审理制度所取代或者突破。在效率低下的司法现实面前，革命时期的司法理想不得不低头，司法理念随着时代发展不断更新迭代。

3. 案多人少：繁简分流与优化法院审级功能的改革

20 世纪 80 年代以来，德国出现了民事案件起诉数、上诉数"双高"现象。1965 年初级法院受理一审案件 27.6 万件，到了 1980 年增加至 32.8 万件，1988 年是 35.7 万件，1995 年达到了 41.8 万件。[①] 另据统计，德国普通法院系统受理的新案数量在 1991 年是 163 万件，到 1995 年已上升至 217 万件，四年间增长了 33%。[②] 而据 1990 年的统计，州法院的一审案件有 55.4% 提起上诉，初级法院的一审案件（尽管在法律上对上诉有较多限制）上诉率也达到了 35.9%。[③] 与此同时，随着 20 世纪 90 年代德国经济的不景气，政府无力增加法官或其他司法人员岗位，司法资源无法满足日益增长的诉讼要求。"案多人少"的矛盾导致诉讼迟延的现象再次出现，1994 年第一审程序通常事件平均审理时间超过 190 天，家事事件约 300 天。[④] 这些问题诱发了德国新一轮的民事司法改革运动。在 1990—2011 年系列改革中，主要突出了以下几个主题。

第一，深化民事诉讼"繁简分流"改革。目前，德国形成了第一审民事案件分别进入州法院程序、初级法院程序和小额诉讼程序的繁简分流体系。具体来说：（1）州法院程序与初级法院程序的分流。两种程序的区别是，初级法院是一种更加简化的程序，这表现在：一是初级法院管辖诉讼标的额不超过 5000 欧元的案件（1990 年《司法简化法》

---

① ［英］阿德里安 A. S. 朱克曼：《危机中的民事司法》，傅郁林等译，中国政法大学出版社 2005 年版，第 204 页。

② ［德］米夏埃尔·施蒂尔纳：《德国民事诉讼法学文萃》，赵秀举译，中国政法大学出版社 2005 年版，第 625 页。

③ 齐树洁：《德国民事司法改革及其借鉴意义》，《中国法学》2002 年第 3 期。

④ 沈冠伶：《展望新世纪之德国民事程序法》，《月旦法学杂志》1999 年第 52 期。

取消了财产性争议和非财产性争议的划分标准);二是实行独任法官审理;三是不实行强制律师代理;四是诉讼程序简化(如起诉和答辩方式简化、言辞辩论准备方式简化、传唤期限缩短、传唤方式简化、履行行为的判决加速);五是法官承担更多的指示和教导义务。[①](2)在初级法院管辖的案件中,进行通常程序与小额诉讼程序分流。德国的小额诉讼程序,最初源于根据1923年《程序加速规定》创设的具有紧急措施性质的强制仲裁程序,以应对第一次世界大战后德国发生经济危机、众多小额债权人(低于50金马克的财产性请求)的司法需求,法律赋予初级法院在这种程序中可以裁量简化审理程序。经过20余年试用,根据1950年的《帝国统一法》将其纳入了当时的《德国民事诉讼法》第510(c)条之中。但1976年《简化修订法》废除了这一程序,取而代之的是当时《德国民事诉讼法》第128条第3款,仅允许初级法院法官在审理诉讼标的额低于500马克的案件时,可依职权决定采用书面审理方式。1988年,德国联邦参议院基于"费用相当原理"主张恢复重建小额诉讼程序,最终经由1990年《司法简化法》而被引入《德国民事诉讼法》第495(a)条之中。目前,德国的小额诉讼程序具有如下特点:一是仅适用争议标的额不超过600欧元的案件;二是独任法官审理;三是法官可裁量决定审理程序的简化;四是原则上采用书面审理,但当事人要求开庭的必须开庭审理;五是判决书不必记载案件事实和判决理由。

第二,完善法院审级职能定位。德国民事诉讼实行三审终审制,初级法院和州法院是第一审法院(初审),州法院和州高级法院为第二审(控诉审),联邦最高法院为第三审(上告审)。根据2001年《民事诉讼改革法》,德国对不同审级的功能定位进行了重要改革:(1)强化联邦最高法院的公益维护功能,即仅负责"解释法律、发展法律和保障司法统一"[②]。改革前,联邦最高法院兼有保障个体权利和维护公共利

---

① 张丽:《德国民事一审程序繁简分流研究》,硕士学位论文,南京大学,2014年,第6—7页。

② 李大雪:《二战后德国民事诉讼法之改革研究》,博士学位论文,西南政法大学,2007年,第40页。

益的功能，对于争议超过 6 万马克（3 万欧元）的案件、经州高等法院许可后均可以提起第三审上诉（上告），但大量无原则性法律争议的案件挤占了联邦最高法院的宝贵司法资源，同时低于法定金额的重大法律争议案件无缘提起第三审。在 2001 年的改革中，一方面取消了争议标的额标准、改为完全许可上告制；另一方面扩大了许可上告的范围（包括州高等法院、州法院的二审判决），弱化了联邦最高法院的个案权利保护功能，强化了其维护公共利益的功能。（2）强化第二审法院的错误控制功能定位。改革前，对于上诉利益额超过 1500 马克（约750 欧元）的案件均可以提起上诉，二审法院需要对案件事实和法律重新审理，允许当事人提出新的证据。针对二审上诉率较高的问题，有学者主张将上诉利益额从 1500 马克提高到 2000 马克，或者采用上诉许可制，或者将二审案件集中到州高等法院，但这种建议未被采纳。① 2001年的修改中，一方面将上诉利益额从 1500 马克改为 1200 马克（600 欧元），同时规定，低于该额度的案件如有原则性意义或进行第二审有助于法制的发展与统一，经第一审法院同意也可以上诉；另一方面，增设上诉理由的限制（上诉必须标明一审判决违法与应被撤销的因果关系），增加规定二审法院原则上须受第一审法院事实认定的约束，限制二审中提出新的攻击防御方法。（3）强化第一审法院的纠纷解决功能，这涉及第一审判决外纠纷解决的改革。

第三，加强判决外纠纷解决机制。德国缺乏非诉讼纠纷解决的传统，20 世纪 70 年代以来提出在现有的和解、调解和仲裁之外探索新的机制，但效果并不显著。司法改革重点还是围绕和解、调解展开的：（1）强制和解。德国早期实行任意和解制度，1924 年代之以强制和解制度，1950 年又废除强制和解、改为"友好解决"。为鼓励促成庭外和解，1994 年 6 月颁布的《费用修正法》规定律师促成当事人达成庭外和解的，可在法定的全额律师费外再多收取 50% 的"和解费"。2001 年改革中又借鉴德国劳动法院调解机制的经验，在《德国民事诉讼法》第 278 条中增设了强制性的"和解辩论"和"庭外

---

① 齐树洁：《德国民事司法改革及其借鉴意义》，《中国法学》2002 年第 3 期。

调解"机制。① （2）调解。2012 年 1 月德国颁布了《促进调解及其他诉讼外冲突解决程序法》，该法将"调解"界定为一种秘密性与框架性的程序，即冲突各方在一名或多名调解员的帮助下，以自愿和独立承担责任为前提，通过融洽和睦的调停力求解决他们之间的冲突。② 与此配套，《德国民事诉讼法》第 253 条第 3 款修改了起诉书的撰写要求，增加了在起诉时是否要选择调解或其他诉讼外纠纷解决方式作为前置程序的陈述。立法者希望通过立法，改变德国法律文化中浓厚的辩争色彩。

（三）日本的民事司法改革

日本的法律发展史几乎就是一部"法律移植"的历史，在明治维新前大部分日本人"除了唐律、明律以及大清律例之外，几乎不知道有法律"③。近代以来，日本经历了三次大规模的司法改革：第一次始于 1868 年明治维新，明治政府效仿德国制定了《民事诉讼法》《刑事诉讼法》《裁判所构成法》，构建了近代日本的司法体系。第二次始于 1945 年，日本政府根据联合国司令部的指示制定了新宪法，其对民事诉讼制度最直接的影响就是在第 32 条明确规定了"不得剥夺任何人接受法院裁判的权利"。根据 1947 年《裁判所法》，废止了明治时期确立的行政裁判制度，将审判权统一收归法院（日语称"裁判所"），实行"五种四级三审制"的审判体系。④ 这一时期的日本司法制度开始融入美国法元素。第三次始于 20 世纪末的小泉纯一郎政府时期，1999 年 6 月日本国会通过的《司法改革审议会设置法》拉开了司法改革的序幕，而实质性的改革活动集中于 2002—2004 年。

---

① 亦即在正式开庭审理前，必须首先进行和解辩论程序。达成和解的，终结诉讼；未达成和解的，直接进入开庭审理；双方均未到庭参加和解辩论的；裁定停止诉讼；只有一方到庭的直接进入开庭审理程序；当事人接受法院外调解建议的。裁定停止诉讼；未接受的；转入开庭审理程序。参见［德］Astrid Stadler《德国民事诉讼法的最新发展》，季立刚、陈倩译，载何勤华主编《外国法制史研究》，法律出版社 2002 年版，第 231 页。

② 张泽涛、肖振国：《德国〈调解法〉述评及其启示》，《法学评论》2013 年第 1 期。

③ ［日］信夫清三郎：《日本政治史》（第 2 卷），上海译文出版社 1988 年版，第 299 页。

④ "五种"法院，即最高法院、高等法院、地方法院、家庭法院和简易法院。法院系统分为"四级"：最高法院 1 个，高等法院在大城市设置（共 8 个），地方法院、家庭法院同级（共 50 个），简易法院共 438 个。法院审理案件实行三审终审制，各级法院一律兼理民、刑事案件，其中家庭法院专门审理家庭案件和少年犯罪案件，在简易法院由独任法官处理轻微的案件。

为从宏观上勾勒日本民事司法改革的样貌，下面着重从三个方面进行介绍。

1. 民事诉讼法的"去法典化"

日本继承了大陆法系的法典化传统，1890 年的《日本民事诉讼法》是日本历史上第一部民事诉讼法典，同时期还制定有《拍卖法》《人事诉讼程序法》，共同构成了日本的民事程序法体系。这些法律除在 1926 年进行过一次大的修订外，整体上延续了下来。1948 年，日本进行了一次以"排除职权主义、强调当事人主义"为主题的重要修订。① 此后，日本民事诉讼法的修订呈现"去法典化"特征，即采取制定单行法的方式推行渐进式改革，《日本民事诉讼法》中除判决程序以外的内容被逐渐掏空。

第一波：创设家庭法院和家事程序法。第二次世界大战后日本对民法典中亲族法、继承法全面修订，配套建立了家事审判制度。1947 年制定了《家事审判法》，1948 年创设了家庭法院。通过修订原《人事诉讼程序法》，将原来归地方法院管辖的人事诉讼案件（如要求夫妇同居案件、亲权和财产管理权的丧失及失权取消案件、禁治产和准禁治产案件等）划归家庭法院管辖。新设的家事审判程序属于非讼程序，贯彻法官职权主义、不公开审理主义。家事审判程序创设的初衷是：家庭内部纠纷以严格诉讼程序和判决方式解决并不合适，不如让法院站在监护人的立场行使裁量权，利用职权查明案件，根据实际情况予以解决。② 2011 年5 月，日本国会制定了新的《家事事件程序法》取代原《家事审判法》，新法已于 2013 年 1 月生效。制定新《家事事件程序法》的目的是，通过淡化家事审判的职权主义色彩和加强当事人权利及程序保障，来实现非讼程序的现代化。

第二波：民事执行法单独立法。日本的民事执行规范原来规定于《日本民事诉讼法》的第 6 编。1979 年，日本将《拍卖法》与民事诉讼

---

① 修订内容主要包括：创设以违宪为由的特别上告和特别抗告制度，废除职权主义质证、引证证人交叉询问（cross examination）制度，创设变更判决制度等。总体上看，受美国民事诉讼观念影响较大。

② ［日］山木户克己：《家事审判法》，有斐阁 1958 年版，第 1 页。

法第 6 编合并，在此基础上制定了独立的《民事执行法》，该法于 1980
年 10 月生效，并在 1998 年、2003 年进行了修订。独立立法的考量是，
日本原来将民事执行程序视为审判程序的延续，这种源自民事诉讼主要
是给付之诉类型的认识已不符合时代发展要求，因为除法院作出的给付
判决外，公证证书和解调书、调停调书等多种法律文书也可以作为执行
根据。①

第三波：民事保全法单独立法。日本的民事保全规范，原来规定于
《日本民事诉讼法》第 6 编强制执行之下的"第 4 章假扣押和假处分"。
但保全程序不仅仅是强制执行的附属性程序，它逐渐发展成为"快速权
利救济程序"，具有了独立的意义。日本于 1989 年制定了独立的《民事
保全法》，自 1991 年 1 月施行。

第四波：创设知识产权法院。2003 年 7 月，日本修订了民事诉讼法，
知识产权一审案件归大阪、广岛、福冈、高松、东京五个地方法院集中
管辖，上诉审则归 2004 年成立的东京高等法院的 4 个审理知识产权案
件的专门部门管辖。2004 年 6 月日本国会通过了《知识产权高等法院
设置法》，2005 年 4 月在东京高等法院知识产权部的基础上设立知识产
权高等法院（作为东京高等法院的特别分部），对知识产权案件上诉案
件集中管辖。虽然没有制定独立的知识产权诉讼程序，但实现了法院系
统的变革。

此外，20 世纪 90 年代初的民事诉讼法修订也值得关注。1990 年日本
启动了民事诉讼法的全面修订工作，1996 年完成了修订，修订内容自
1998 年 1 月起施行。这次修订的主要目的是：加快民事诉讼进程，为小
额权利人提供便捷的程序，并扩充最高法院的违宪审查功能和统一法律
解释功能。② 修订主要包括四个方面：一是完善了争论焦点及证据整理程
序，在审前准备阶段设置法院主导下的"准备性口头辩论""辩论准备程
序"和"书面准备程序"三种准备程序，以提高开庭审理的效率。二是

---

① ［日］竹下守夫：《日本民事诉讼法的修订经过与法制审议会的作用》，《清华法学》
2009 年第 6 期。

② ［日］福山达夫：《日本民事诉讼法的历史沿革与新法典》，丁相顺、丁培和译，参见陈
光中、江伟主编《诉讼法论丛》，法律出版社 2004 年版，第 505—507 页。

扩充当事人证据收集程序，增加当事人照会制度（以书面形式要求对方对案件有关事实进行回答）。三是在简易程序之外，创设小额诉讼程序特则，对于争议标的额 30 万日元以下的案件可以一次开庭审理、当即作出判决，且实行一审终审（可以提出异议、但不得提出上诉）。① 四是完善向最高法院上诉的制度，除了违反宪法和绝对上告理由外，对涉及法律原则性问题的重要案件实行裁量上诉制度。

2. 判决外的纠纷解决机制

第二次世界大战以后，日本的司法被描述为"小司法"或"20% 司法"，亦即司法制度只起到所期许作用的 20%。这突出表现在日本的法律从业人数很少，1999 年从业人员只有 2.24 万人（含法官 2926 人，私人律师 17268 人）。② 同时，通过法院判决程序解决的案件数量也比较少，"诉讼爆炸"的现象在日本从未发生。日本全国法院审理的案件（含行政诉讼、人事诉讼）在 1990 年为 24 万件，1995 年为 42 万件，1998 年以后总体稳定在 50 万件左右（其中简易法院审理的约占 60%，地方法院约占 30%，高等法院和最高法院分别约占 5% 和 5%）；家庭法院审理的案件数呈逐渐上升趋势，1995 年约 30 万件，2000 年约 40 万件，2005 年约 50 万件，2009 年约 60 万件，2013 年约 70 万件，2016 年增至 83 万件。③

日本为什么成为一个少案国家呢？主流的观点认为，这与日本的国民性有关，即日本社会传统上习惯于将纠纷交由具有较高社会地位的人处理，而处理争议的人并非作出明确的是非判断，而主要采用调停的手段解决纠纷。在这种文化氛围下，日本的判决外纠纷解决机制（ADR）较为发达。日本学者认为，ADR 是指狭义司法之外的纠纷解决过程，分

---

① 创设小额诉讼程序的动机在于，"民事诉讼一方面需要具备处理大规模且复杂的事件的能力，另一方面则又需要处理零星细小的事件。不平衡、繁杂的程序，造成了法院躲避小额诉讼的现象，对此应采取防止的措施。对于小额诉讼的悉心照顾，可使国民与司法在真诚的意义上相互联系，培育国民的司法根基"。参见 ［日］三月章《日本民事诉讼法》，汪一凡译，五南图书出版有限公司 1997 年版，第 394 页。

② 付贤国：《危机中的民事审判》，《贵州民族学院学报》（哲学社会科学版）2006 年第 3 期。

③ ［日］三木浩一：《日本的民事司法状况——以分析统计资料为中心》，参见陈凡龙译，张卫平主编《民事程序法研究》（第 20 辑），厦门大学出版社 2019 年版，第 119—123 页。

为司法式、行政式和民间式等类别;诉讼是狭义的司法,而包括 ADR 的司法被称为广义司法。① 日本的司法 ADR 较为发达,这主要是指调停制度。民事纠纷的调停,包括简易法院的司法型调停(99% 的是向简易法院提出调停申请)和家庭法院的司法型调停,此外,还有各种行政机关设置的多类型行政型调停,以及民间团体设置的民间型调停。日本的调停制度与欧美调停制度(conciliation)不同,是介于欧美型调停与民事诉讼之间的形态,比如,日本的调停调书与判决具有同等效力、调停程序可转为审判程序等。日本的调停制度发挥了很大的作用,调停数自1995—2003 年从 13 万件快速增长至 60 万件(超过当年民事判决数量),但此后逐渐降低至 5 万件以下(不及民事诉讼案件的 1/10);家事调停数长期稳定在 13 万件左右。②

3. 世纪之交的民事司法改革

1999 年 6 月,日本国会通过了《司法改革审议会设置法》,拉开了司法改革的序幕。2001 年 11 月,日本制定了《司法制度改革推进法》,基于该法形成了为期三年的司法改革计划,在 2002 年至 2003 年间公布了一系列改革举措。从总体上看,这场改革是基于利益集团的游说和外部压力,最终由日本政府以政治力量推动的综合性改革。

第一,关于法学教育、法律职业的改革。在日本律师联合会 1990 年倡议的司法改革中,囊括了司法考试、法学教育、法律职业等多个方面,核心是推动“法曹一元制”(即英美式的法律职业共同体)改革,解决从检察官、律师、大学教授中任命法官的问题。为此,2002 年日本国会首先修改了《关于法律代理的法律》,赋予代理知识产权案件和司法文书的法律工作者以诉讼代理权;同年通过了《关于法科大学院的教育与司法考试等相互结合的法律》,奠定了法科大学院等新的法律职业者培养制度的法律基础。2003 年又修改了《民事调停法》《家事调停法》,创设了律师任官制度,即律师可被任命为民事、家事案件的调停法官。2004 年又

---

① 〔日〕井上匡子:《日本的司法制度改革和市民社会作用——解决纠纷的替代性程序和市民的司法参与》,《太平洋学报》2007 年第 8 期。

② 〔日〕三木浩一:《日本的民事司法状况——以分析统计资料为中心》,陈凡龙译,参见张卫平主编《民事程序法研究》(第 20 辑),厦门大学出版社 2019 年版,第 121—122 页。

修改了《律师法》，将律师营业的许可制改为申请制，制定了新的律师报酬标准。

第二，适应市场经济运行的改革。在这方面，日本遭遇了内外两重压力。在内部，日本财经界认为，确立个人自由、个人自己负责的市场经济体制，司法改革不可或缺。在外部，20 世纪 90 年代，美国与日本签订了《日美经济结构协议》，要求日本实行新自由主义的政策，开放市场，放宽行政限制，调整司法制度。① 为此，日本除了通过改革增加服务市场经济的法律从业人员以及根据 2004 年《知识产权高等法院设置法》设置符合市场经济运行要求的知识产权高等法院之外，还进行了两项改革：一是于 2003 年制定了新《仲裁法》，完全参照联合国国际商业交易委员会（UNCITRAL）1985 年制定的"国际商事仲裁模范法典"，为国际国内商事纠纷的解决提供符合市场经济发展要求的程序机制。二是于 2004 年制定了《促进利用审判外纷争解决程序法》，以使纠纷当事者更容易地选择符合其解决纠纷的程序。

第三，提升诉讼效率的改革。日本民事诉讼数量不多，但司法效率也不高。1990 年日本律师联合会发布报告称，民事纠纷的处理远不能适应国民的需要，特别是诉讼的拖延已到了令人无法忍受的程度。② 据日本最高法院 1999 年的统计，地方法院审理一审民事案件平均耗时 9.4 个月，有争议案件的处理则平均为 21 个月。为此，日本进行了以下改革：（1）根据 2003 年《促进审判迅速化的法律》等改革法令推动了两项具有核心意义的改革，一是扩大简易法院管辖诉讼标的额的上限，从 90 万日元提高至 140 万日元；二是为使诉讼程序迅速进行，创设"计划审理"制度。③（2）根据 2004 年《综合法律援助法》，自 2006 年设立日本司法援助中心，在全国各地的法院所在地和缺少律师的地区设立事务所，负责为市民提供有助于解决纠纷的法律信息，对无力聘请律师的市民提供诉讼服务，支援受害人及家属等。此外，2004 年还修改了《关于民事

① 范纯：《当代日本司法制度改革评析》，《日本学刊》2007 年第 3 期。

② ［日］大川真郎：《司法改革》，朝日新闻社 2007 年版，第 19 页。

③ 唐力：《有序与效率：日本民事诉讼"计划审理制度"介评》，《法学评论》2005 年第 5 期。

诉讼费用的法律》，规定民事诉讼费用由败诉方负担。

总体来看，日本 2002—2003 年的司法改革创新度不高，看似轰轰烈烈、目标宏大，但由于律师联合会、司法书士会、法院系统、政党等各种势力之间意见对立，将改革目标和理念降低到容易达成妥协的水平，是这次改革的一个显著特点。在 2004 年之后，后续相关改革仍在推进，如 2018 年 7 月日本国会通过了《民法及家事案件程序法修订案》，适应老龄社会的发展增加了保护配偶居住权利等内容。

第 二 章

司法为民：当代中国的民事司法改革

20 世纪 70 年代以来，在欧美国家掀起以"接近正义"为主题的民事司法改革运动的同时，中国也在轰轰烈烈地推动以"司法为民"为主题的司法改革。在比较法的研究中，考察不同国家的法律制度并从中汲取经验是常见的做法，但在涉及国家治理的公法和司法领域应当审慎，因为公权力的运作方式更多地受一国政治法律文化传统的影响，"不加批判地接受不适当的形式将会扼杀制度的精神实质"①。中国"司法为民"司法观的形成历史悠久，贯穿了党领导下的民事司法的早期探索、制度形成和改革发展的全过程。立足中国丰富多彩的改革实践，总结以"司法为民"为特征的司法改革实践逻辑和理论范式，对于科学推进民事司法改革具有重要意义。

第一节 "司法为民"的理论展开

"司法为民"是根据中国共产党"立党为公、执政为民"的执政理念，在 21 世纪初的司法改革探索中逐渐凝练形成的改革主题。② 在党的十八大以后，进一步发展成为"努力让人民群众在每一个司法案件中都

---

① ［德］米夏埃尔·施蒂尔纳:《德国民事诉讼法学文萃》，赵秀举译，中国政法大学出版社 2005 年版，第 14 页。

② 2003 年 8 月 24 日，肖扬院长在全国高级法院院长会议上提出"司法为民是新世纪人民法院工作的宗旨"。参见庄会宁《开创司法为民新境界——访最高人民法院院长肖扬》，《瞭望新闻周刊》2003 年第 41 期。

感受到公平正义"的司法改革价值目标，进一步丰富了司法为民的价值意蕴。"司法为民"司法观的思想渊源主要有两个：一是中国传统文化中的"民本"思想；二是中国共产党早期就形成的"群众路线"和"为人民服务"的政治理念。

一 "司法为民"司法观的历史生成

（一）传统的"民本"思想是"司法为民"的文化基因

一个国家的国家治理理论和司法理念，总是与其政治文化和政治体制相关联的。正如习近平总书记所言，"每一种法治形态背后都有一套政治理论，每一种法治模式当中都有一种政治逻辑，每一条法治道路底下都有一种政治立场"。① 在中国古代，"民本"思想源远流长，蕴含着丰富的重民爱民、利民富民、忧民抚民思想。② 但是，由于时代的局限，中国古代的民本思想是在维护君主统治的前提下，在讨论"君民关系"命题时产生的一种重视人民力量的思想，尚未发展出现代意义上"人民当家作主"或"司法为民"的政治法律理念。尽管如此，也不能否认其作为当代"司法为民"思想的文化基因的作用。

到了 20 世纪初，在清末政治改良运动、特别是辛亥革命后的政治实践中，思想家们才开始大力倡导"Democracy"（一般译为民主、民权），出现了中国"民本"思想与西方"民主"思想的交汇。③ 不过，在这一时期的"民主"或"民权"思想中，所谓的"'民'一般理解为官绅，而非普通民众"④。这种"精英主义"或"贤人政治"的民主观，虽以削

---

① 中共中央文献研究室：《习近平关于全面依法治国论述摘编》，中央文献出版社 2015 年版，第 34 页。

② 王德新：《齐鲁法律文化研究：国家与社会治理创新的传统智慧》，知识产权出版社 2022 年版，第 195—200 页。

③ 如梁启超认为，儒家主张的"以民为本""民惟邦本"不仅含有"民有""民享"的思想，而且包含"为民"的价值取向，进而认为民本与民权具有共通性。参见邢益强《从民本到民权的创造性接转——梁启超晚年民权思想之一面》，《武汉大学学报》（哲学社会科学版）2007 年第 4 期。

④ 王世柱、李栋：《从"民主"到"人民民主"——中国近代民主观念嬗变的考察》，《政法学刊》2015 年第 3 期。

弱君权或君主专制为主要目标，但与平民百姓没多大关系。

真正将人民大众作为"民主"主体的思想，产生于新民主主义革命时期。1917 年俄国十月革命后，李大钊敏锐地捕捉到了一种"新民主"（庶民主义或平民主义）模式，他于 1918 年 11 月在《新青年》上发表的《庶民的胜利》一文中大声疾呼"民主主义战胜，就是庶民的胜利"①。1919 年 7 月 14 日，毛泽东在《湘江评论》创刊号上将民本主义、民主主义、庶民主义有机联系起来，他强调："（世界）什么力量最强？民众联合的力量最强……各种对抗强权的根本主义，为'平民主义'（德莫克拉希，一作民本主义、民主主义、庶民主义）。"② 经过"五四运动"和"新文化运动"的洗礼，1921 年中国共产党在上海成立，此后领导中国工人阶级、农民阶级等劳苦大众经过艰苦卓绝的革命战争取得了新民主主义革命的胜利。在 1949 年新中国成立的前夕，毛泽东在《论人民民主专政》一文中畅想了未来新中国的政权性质，他指出，基于过去的经验我们应当实行人民民主专政，"人民是什么？在中国，在现阶段，是工人阶级，农民阶级，城市小资产阶级和民族资产阶级"③。新中国成立后，作为"人民当家作主"和"人民主权"意义上的平民主义民主在中国焕发了勃勃生机。

（二）"司法为民"思想的产生与发展

"司法为民"思想是在中国共产党领导下形成的人民政法传统的基本内涵之一。1959 年 5 月，董必武指出："我们党从井冈山建立革命政权的时候起，就有了自己的政法工作。人民政法工作和军事工作、经济工作、文教工作一样，在党中央和毛主席的领导下，从民主革命到社会主义革命，逐步积累起丰富的经验，形成了自己的优良传统。"④ 具体来说，"司法为民"思想是党的"群众路线"和"为人民服务"政治理念在司法领域中延伸。

---

① 姜佑福：《五四新文化运动中的马克思主义社会政治哲学——以 1919 年前后〈新青年〉杂志为中心的批判性考察》，《天津社会科学》2015 年第 2 期。

② 中共中央文献研究室：《毛泽东早期文稿》，湖南人民出版社 2013 年版，第 201 页。

③ 《毛泽东选集》（第四卷），人民出版社 1991 年版，第 1475 页。

④ 《董必武法学文集》，法律出版社 2001 年版，第 423—424 页。

1. 党的"群众路线"与"为人民服务"思想的历史生成

关于"群众路线"的权威定义，是《中国共产党章程》"总纲"部分的阐述，即"党在自己的工作中实行群众路线，一切为了群众，一切依靠群众，从群众中来，到群众中去，把党的正确主张变为群众的自觉行动"①。群众路线是党的根本工作路线，也是党领导下的包括司法工作在内的一切工作的根本路线。

中国共产党从建党伊始，就强调自身区别于一般"研究性的小团体"，要求党"从小团体变为群众的党，要能做到从思想的团体变为行动的团体，要能做到从支部基础的工作到大的群众行动"②。1927 年以后随着革命形势的变化，党的工作重心从城市转向农村并着手军队建设。1929 年 9 月在《中央给红军第四军前委的指示信》中首次出现了"群众路线"的提法，指出"关于筹款工作，亦要经过群众路线，不要由红军单独去干"③。大约到了 1933 年，"群众路线"在党内已经成为正式化和约定俗成的称谓。④ 1943 年 6 月毛泽东在《关于领导方法的若干问题》一文中指出，"在我党的一切实际工作中，凡属正确的领导，必须是从群众中来，到群众中去"。⑤ 这一表述的出现，标志着党的"群众路线"在内涵上趋于成熟和定型。1981 年 6 月，党的十一届六中全会通过的《关于建国以来党的若干历史问题的决议》强调："群众路线是毛泽东思想的活的灵魂"，"群众路线，就是一切为了群众，一切依靠群众，从群众中来，到群众中去"⑥。在 1982 年党的十二大修改《党章》时，又增加了"把党的正确主张变为群众的自觉行动"的表述。从此，"党的群众路线"发展成了一个有完整表述、系统内容、深刻内涵和实践意义的党的工作路线的理论。

---

① 编写组：《二十大党章修正案学习问答》，党建读物出版社 2022 年版，第 16 页。

② 中央档案馆：《中共中央文件选集》（第二册），中共中央党校出版社 1989 年版，第 180 页。

③ 王德木：《周恩来最早提出"群众路线"的概念》，《毛泽东思想研究》1992 年第 2 期。

④ 李华：《"群众路线"：概念、内涵及其历史演变》，《党史研究与教学》2014 年第 1 期。

⑤ 《毛泽东选集》（第三卷），人民出版社 1991 年版，第 899 页。

⑥ 中共中央文献研究室：《关于建国以来党的若干历史问题的决议注释本》，人民出版社 1985 年版，第 9 页。

　　"为人民服务"是党的根本宗旨，也是马克思主义政党理论中国化的产物。马克思和恩格斯在《共产党宣言》中强调，共产党人"没有任何同整个无产阶级的利益不同的利益"，"无产阶级的运动是绝大多数人的、为绝大多数人谋利益的独立的运动"①。在中国革命和社会主义建设过程中，"为人民服务"与"群众路线"相伴而生、不断发展，共同构成了司法领域"司法为民"思想的理论来源和政治基础。

　　在革命战争年代，党领导下的军事斗争主要服务于民权保障。1929年1月，毛泽东、朱德在《红四军司令部布告》中提出："红军宗旨，民权革命。"② 到了延安时期，为人民服务的思想逐渐成熟。1944年9月毛泽东在《为人民服务》的演讲中指出："我们这个队伍完全是为着解放人民的，是彻底地为人民的利益工作的"，"因为我们是为人民服务的"。③ 1945年4月，毛泽东在党的七大的政治报告中强调："全心全意地为人民服务，一刻也不脱离群众；一切从人民的利益出发，而不是从个人或小集团的利益出发。"④ 同样是在党的七大上，"全心全意为人民服务"被作为党的宗旨写入了《中国共产党章程》，沿用至今。

　　新中国成立后，特别是改革开放以来，如何与时俱进地贯彻为人民服务的宗旨成了一个重要的时代命题。2001年7月1日，在中国共产党建党80周年大会上的讲话中，江泽民同志将"三个代表"概括为党的指导思想。2003年7月1日，胡锦涛总书记在讲话中强调："'三个代表'重要思想的本质是立党为公、执政为民，学习贯彻'三个代表'重要思想必须以最广大人民的根本利益为出发点和落脚点。"⑤ 党的十八大以来，"全心全意为人民服务"的思想进一步丰富和发展，增加了"以人民为中心"的思想内涵。2021年7月1日，习近平在庆祝中国共产党成立100

---

　　① 《马克思恩格斯选集》（第一卷），人民出版社1995年版，第285、283页。

　　② 《毛泽东军事文集》（第一卷），军事科学出版社、中央文献出版社1993年版，第51页。

　　③ 《毛泽东选集》（第三卷），人民出版社1991年版，第1004页。

　　④ 《毛泽东选集》（第三卷），人民出版社1991年版，第1094页。

　　⑤ 中共中央文献研究室：《十六大以来重要文献选编》（上），中央文献出版社2005年版，第369页。

周年大会上的讲话中进一步强调："新的征程上，我们必须紧紧依靠人民创造历史，坚持全心全意为人民服务的根本宗旨，站稳人民立场，贯彻党的群众路线，尊重人民首创精神，践行以人民为中心的发展思想。"① 至此，群众路线的工作方针、全心全意为人民服务的宗旨和以人民为中心的发展思想形成了有机统一的整体。

2. "司法为民"的早期实践、理论提出和新近发展

"司法为民"是贯穿于党领导下的革命战争、社会主义建设和改革开放全过程的一条思想红线，经历了早期实践、理论提出和新近发展等若干发展阶段。

早在中国共产党初创时期，就提出了改革司法制度、服务于人民利益的政治主张。例如，在 1922 年《中国共产党第一次对于时局的主张》和 1923 年《中国共产党党纲草案》中均明确主张，"改良司法制度，废止肉刑及死刑"；② 后者还倡导要免除人民群众的诉讼手续费——这是中国共产党最早的关于司法工作的指导意见。在毛泽东等领导的湖南农民运动期间，也提出了在诉讼中维护农民权益的司法主张。在 1927—1936 年的工农民主政权时期，苏维埃临时中央政府相继颁布了《裁判部暂行组织及裁判条例》等司法文件，开始探索建立司法机关和裁判制度。1932 年梁柏台在《司法人民委员部一年来的工作》中指出："司法机关过去在苏区是没有的，是中央政府成立之后的创举。在司法上，每种工作都是新的创造和建设。"③ 这一时期的司法制度建设和实践，体现了鲜明的"人民司法"理念。例如，《裁判部暂行组织及裁判条例》第 13 条规定："法庭由工人组织而成，裁判长或裁判员为主审，其余二人为陪审员。"

陕甘宁边区政府时期，对人民司法机关和司法制度进行了"试验性"

---

① 习近平：《在庆祝中国共产党成立 100 周年大会上的讲话》，《人民日报》2021 年 7 月 2 日第 1 版。

② 赵晓耕、沈玮玮：《革命时期党对法院工作的指导及影响》，《人民法院报》2015 年 7 月 1 日第 5 版。

③ 姜佩杉：《中央苏区：人民司法巩固红色政权》，《人民法院报》2021 年 5 月 31 日第 4 版。

探索，形成了有别于国民党政府的司法理念和司法制度特色。这一时期，司法工作贯彻党的"群众路线"，这被视为党领导下的"政法工作的生命线"，它要求司法官员办理案件不应拘泥于法律形式，要把实现人民群众的利益作为司法工作的出发点和归宿。毛泽东明确要求，司法"不要只靠专问案子的推事、裁判员，还是一条规律：任何事都要请教群众"①。在司法实践经验的基础上，孕育出了特色鲜明的"马锡五审判方式"。1944 年，谢觉哉曾对其做过如下评价，马锡五同志的审判方式通过"召集群众，大家评理，政府和人民共同断案，真正实现了民主，人民懂得了道理，又学会了调解，争讼就会减少"②。有学者认为，"马锡五审判方式"与其他审判方式区别的关键，在于"群众是否参与调解和判决"③。曾任陕甘宁边区高等法院副院长的马锡五自己也明确说："国民党反动派所经常采用的审判方式是高高在上的坐堂问案的方式，我们所采用的审判方式是群众路线的审判方式。"④ 除此之外，这一时期还对人民陪审员制度、信访制度、人民调解制度等进行了探索实践，既是群众路线的重要表现形式，也践行了人民司法和司法为民的精神。

新中国成立后，在党的人民民主专政思想的指引下，人民司法理念得到了空前的强调。在新中国成立前夕，就已经从政治上、司法上做了充分的理论阐述工作。1948 年 9 月，毛泽东在西柏坡召开的中共中央政治局扩大会议上提出，新中国"是人民民主专政，各级政府都要加上'人民'二字，各种政权机关都要加上'人民'二字"⑤。1949 年 2 月，中共中央发布了《关于废除国民党的六法全书与确定解放区的司法原则的指示》，要求打碎国民党的司法机关和司法制度，在解放区"凡属伪司法系统的伪高等分院、地方法院、县司法处以及监狱看守等机关，一律取消……须代之以新的司法机构"；在司法工作中，"在人民新的法律还

---

① 《谢觉哉传》，人民出版社 1984 年版，第 91 页。

② 王定国等：《谢觉哉论司法民主》，法律出版社 1996 年版，第 320 页。

③ 刘全娥：《陕甘宁边区司法改革与"政法传统"的形成》，博士学位论文，吉林大学，2012 年，第 106 页。

④ 邱水平：《在政法工作中始终坚持党的群众工作路线》，《红旗文稿》2013 年第 19 期。

⑤ 巨力：《人民是主人》，《求是》2019 年第 19 期。

没有系统地发布以前，应该以共产党的政策及人民政府与人民解放军已发布的各种纲领、法律、条例、决议作为根据"①。1949 年 9 月 29 日中国人民政治协商会议第一届全体会议通过的《共同纲领》第 17 条规定："废除国民党反动政府一切压迫人民的法律、法令和司法制度，制定保护人民的法律、法令，建立人民司法制度。"1949 年 12 月颁布了《中央人民政府最高人民法院试行组织条例》和《中央人民政府最高人民检察署试行组织条例》，新中国的人民司法机关建设由此拉开帷幕。新中国第一任最高人民法院院长沈钧儒强调："人民司法工作，是依靠人民、便利人民、为人民服务的工作，人民司法工作者应该全心全意为人民服务；因而群众路线是人民司法的一个基本问题。"② 由于诉讼立法工作滞后，这一时期的司法工作主要还是延续了陕甘宁边区政府时期的司法政策。1958 年 8 月，毛泽东在北戴河中央政治局扩大会议上指出："解决民事案件还是'马青天'（马锡五）那一套好，调查研究，调解为主，就地解决。"③ 1963 年 7 月，第一次全国民事审判工作会议正式确立了"调查研究、调解为主、就地解决"的十二字方针。1964 年，又将其发展为"依靠群众、调查研究、就地解决、调解为主"的十六字方针。直至 1982 年《民事诉讼法（试行）》和 1991 年《民事诉讼法》的制定，完成了民事司法制度化的历史性任务。

在世纪之交，我国的民事审判工作遇到了一些新问题，深化民事司法改革、凝聚改革主题就提上了议事日程。2000 年 2 月，江泽民在广东考察工作时提出了"三个代表"重要思想，"总结我们党七十多年的历史，可以得出一个重要的结论，这就是：我们党之所以赢得人们的拥护，是因为我们党在革命、建设、改革的各个时期，总是代表着中国先进生产力的发展要求，代表着中国先进文化的前进方向，代表着中国最广大人民的根本利益，并通过制定正确的路线方针政策，为实现国家和人民

---

① 赵晓耕、沈玮玮：《革命时期党对法院工作的指导及影响》，《人民法院报》2015 年 7 月 1 日第 5 版。

② 《沈钧儒文集》，人民出版社 1994 年版，第 661 页。

③ 高岭：《马锡五的故事》，《人民法院报》2007 年 11 月 10 日第 3 版。

的根本利益而不懈奋斗"①。2001 年 1 月 4 日，时任最高人民法院院长肖扬在当天全国高级法院院长会议上提出，"公正和效率是新世纪人民法院的工作主题"。2003 年 7 月 1 日，胡锦涛总书记在庆祝建党 82 周年的讲话中强调："'三个代表'重要思想的本质是立党为公、执政为民，学习贯彻'三个代表'重要思想必须以最广大人民的根本利益为出发点和落脚点。"② 2003 年 8 月 24 日，肖扬院长在全国高级法院院长会议上的讲话中发出了"用'三个代表'重要思想统领人民法院工作，牢固确立、全面落实司法为民思想"的号召，强调"司法为民是新世纪人民法院工作的宗旨"③，并就司法为民的内涵、要求、特征进行了系统的阐述。这是法院系统首次明确提出"司法为民"的主张，是对过去几十年来党的"群众路线"和"为人民服务"的宗旨在司法领域贯彻实践经验的总结，也是 21 世纪中国统一规划部署的司法改革活动的指导思想。④

党的十八大以来，随着中国特色社会主义进入新时代，又形成了习近平法治思想，"司法为民"的思想内涵也得到了进一步丰富和发展。2012 年 12 月 4 日，习近平总书记在参加"首都各界纪念现行宪法公布施行 30 周年大会"上首次提出："努力让人民群众在每一个司法案件中都能感受到公平正义。"⑤ 此后，"努力让人民群众在每一个司法案件中感受到公平正义"相继被载入 2014 年党的十八届四中全会通过的《中共中央关于全面推进依法治国若干重大问题的决定》和 2017 年党的十九大报告中。最高人民法院认为，实现习近平总书记提出的"努力让人民群众在

---

① 江泽民：《论"三个代表"》，中央文献出版社 2001 年版，第 2 页。

② 中共中央文献研究室：《十六大以来重要文献选编》（上），中央文献出版社 2005 年版，第 369 页。

③ 佚名：《司法为民是根本》，《人民法院报》2003 年 8 月 25 日第 1 版。

④ 根据《中国司法改革》白皮书的介绍：早在 20 世纪 80 年代，中国就开始了以强化庭审功能、扩大审判公开、加强律师辩护、建设职业化法官和检察官队伍等为重点内容的审判方式改革和司法职业化改革。从 2004 年开始，中国启动了统一规划部署和组织实施的大规模司法改革，司法改革走向整体统筹、有序推进的阶段。从 2008 年开始，中国启动了新一轮司法改革，司法改革进入重点深化、系统推进的新阶段。参见中华人民共和国国务院新闻办公室《中国的司法改革》，《人民日报》2012 年 10 月 10 日第 22 版。

⑤ 胡云腾：《论理解与践行"努力让人民群众在每一个司法案件中都能感受到公平正义"的几个问题》，《中国青年社会科学》2020 年第 1 期。

每一个司法案件中都感受到公平正义"的目标，最根本的就是牢牢坚持司法为民、公正司法。[①] 这一论述，为"司法为民"思想赋予了更加明确的价值指向，即公平正义。

二　"接近正义"与"司法为民"的理论置换

如果说欧美民事司法改革的主题是"接近正义"，那么中国民事司法改革的主题则是"司法为民"。"司法为民"与"接近正义"可否进行理论置换？二者有哪些相同之处，又存在哪些差异呢？

（一）中外司法改革的孕育背景：有同有异

改革前，中国和欧美国家的司法制度都是经由革命的洗礼而形成的。但是，革命后形成的司法文化和司法理念迥异，虽然各自的民事司法制度在运行实践中遭遇的问题有相似之处，但差异也十分明显，这直观地反映在各自司法改革的理念和重点举措上。

在欧美国家，新兴的资产阶级经由 18 世纪反封建、反贵族特权的革命相继掌握国家政权，随后在政治上确立了法治方略、限制公权的思想和分权制衡的政治机制，在经济上确立了私权神圣、合同自由的制度，在文化上经由启蒙运动塑造了自由主义和理性主义的传统。在司法领域，基于法治之下私权自治和诉讼当事人理性自主的司法哲学，形成了当事人控制诉讼程序、双方当事人在争斗中对法官权力形成制约、法官消极裁判的诉讼制度，这种诉讼制度在英美法系体现为"对抗制"模式（司法竞技主义），在大陆法系体现为当事人主义模式（诉讼自由主义或辩论主义）。20 世纪 80 年代以来，当不少中国学者将欧美的"法官消极中立、当事人主义诉讼模式、法院消极裁判"等司法理念奉为法治和司法的基本规律而极力倡导之际，殊不知，欧美的司法文化和司法制度已经遭遇了严重的危机，并通过声势浩大的"接近正义"司法改革运动对其进行了重大修正。欧美的司法危机，在本书第一章中已作详述，此处仅择要作以下几点概括。

---

① 周强：《努力让人民群众在每一个司法案件中都感受到公平正义》，《人民法院报》2013年 7 月 23 日第 1 版。

第一，普通民众接近法院的权利受阻，司法公正价值目标的实现受制。尤其是在英美法系国家，充斥着"竞技主义"的对抗制诉讼模式将胜诉机会建立在诉讼技巧之上，这背离了根据事实和法律保护权利的司法目标；同时，高度专业化、技巧化的诉讼程序导致当事人对律师产生严重的依赖，高昂的律师费和诉讼费超出了广大中低收入民众的承受范围，使他们被迫远离司法。所以，欧美"接近正义"改革的主要任务之一，就是通过政府的法律援助让贫困者有机会接近法院、打得起"官司"，以消除其司法形式上的机会均等所掩盖的实质不公平问题。

第二，"法官消极中立"的司法理念偏差，导致诉讼迟延的现象失控。由于过度强调法官消极中立，当事人完全控制了诉讼程序的进行权，诉讼推进缓慢、诉讼迟延的现象不可避免。为此，不得不通过改革强化集中审理主义，主要改革措施就是通过完善审前准备程序以推进诉讼加速。但受传统的当事人主义（辩论主义）司法理念的影响，当事人主导的审前准备程序再次加剧了诉讼迟延问题，为此，不得不通过进一步的改革控制当事人对审前准备程序的滥用，并适度加强法官对案件流程的介入权和管理权，"管理型司法"理论应运而生。

第三，"诉讼爆炸"的现象普遍滋生，使司法文化和司法制度的不适应性得以充分暴露。一方面，法治主义的嬗变滋生了"好讼"文化，大量案件涌入法院滋生了"诉讼爆炸"危机；另一方面，欧美传统的"判决主导型"的司法制度难以消解"诉讼爆炸"的困境，不得不通过改革增设或改进简化的诉讼程序，并加强法官对"案件的早期解决""合意解决"和"繁简分流"的管理。在改革中，法官消极裁判的"判决主导型"司法理念逐步让位于法官积极管理的"纠纷解决型"司法理念。

第四，"法院中心主义"的纠纷解决观，遭遇空前的挑战。在"诉讼爆炸"的情势下，法院外的纠纷解决渠道从不被认可到备受青睐，从鼓励当事人自愿选择到一定程度上强制适用，"接近正义"的内涵和重心逐渐从"通过法院实现正义"向"通过多元解纷方式实现正义"转变。在澳大利亚，其"接近正义"改革中还萌生了"日常正义"（Everyday Justice）的苗头，即强调从源头上预防纠纷，并通过构建广泛覆盖社区民众的法律服务网络实现日常生活中的公平正义。

在中国，中国共产党领导工人和农民等阶级经由 20 世纪前半期的反帝、反封建革命取得了胜利，随后在政治上确立了人民民主专政的政权。在漫长的革命战争和社会主义建设过程中，在经济上探索确立了社会主义公有制，在思想文化上确立了群众路线和为人民服务的宗旨，它要求司法官员办理案件不要拘于法律形式，而要把更好地维护人民群众的利益作为司法工作的出发点和归宿。特别是在陕甘宁边区政府时期孕育的"马锡五审判方式"，凸显了"司法为民"的政策理念。新中国成立后，经过长期的实践检验，于 20 世纪 80 年代初步实现了人民政法传统的法制化，标志是 1982 年《民事诉讼法（试行）》的颁布实施。但在改革开放的过程中，随着市场经济的繁荣发展和依法治国方略的导入，形成于改革开放初期的民事司法制度遭遇了一系列新问题，引发了以"司法为民"为主题的新一轮民事司法改革。这些问题，也可以简要概括如下。

第一，在司法实践中，出现了"立案难""申诉难""执行难"等问题。在人民政法传统中，"便利人民群众诉讼"是一个基本指导思想，体现为司法中"不拘于坐堂问案形式""设置人民法庭""巡回审理""就地办案""依靠群众"等。但随着民事诉讼的制度化，出现了起诉条件高、个别法院对起诉条件作实体审查，甚至违法不受理案件以及申请再审的条件不合理、申请再审困难、生效法律文书执行困难等问题。这些问题，是我国 2007 年《民事诉讼法》修改、2015 年立案登记制改革和1999 年以来破解"执行难"系列改革的主要诱因，改革的指导思想就是让司法更好地为民服务。

第二，"法官积极能动"的司法理念，在理论和实践中遭遇了困境。在人民政法传统中，法官办案不拘于处分原则、辩论主义、既判力等欧美流行的诉讼法理，以追求"案结事了""群众满意"的效果为目标，因此，要求法官在诉讼中扮演积极能动的"纠纷解决者"角色。但这种传统自 20 世纪 80 年代末期开始遭遇了两重挑战：在理论层面，顺应市场经济体制改革和法治理念发展，中国诉讼法学者介绍和导入欧美诉讼法理的思潮异常活跃，极力倡导从"法官职权主义"向"当事人主义"的民事诉讼模式转型，导入了处分原则、辩论主义、既判力等诉讼法理，20

世纪 90 年代一度出现了质疑法院调解正当性的争论①。在实践层面，经济纠纷案件的数量快速增长，法官办案工作负荷增大，传统的"马锡五审判方式"出现了不适应性，② 法院在实践中自发地发起了"强化当事人举证责任"的改革议题，这与学术界倡导的当事人主义诉讼模式不谋而合。始于 20 世纪 80 年代末期的"强化当事人举证责任"的改革尝试，诱发了民事审判方式改革不断向纵深发展，沿着"强化当事人举证责任—庭审方式改革—审判方式改革—审判制度改革—诉讼制度改革—司法制度改革"的轨迹不断推进。③ 这里存在一个有意思的现象：在 20 世纪 80 年代，当欧美国家在"接近正义"改革运动中大力推动"法官消极中立"向"管理型司法"转变，推动"判决主导型"司法向"纠纷解决型"司法转变之际，我国的民事司法改革似乎在沿着相反的方向发展（即向欧美的传统司法理念学习）。一个相对合理的解释或许是，两种司法制度的初始状态是处于两个极端，一个过于强调"法官消极中立裁判"，一个过于强调"法官积极能动调解"，最终分别以"接近正义"和"司法为民"为主题的改革向中间靠拢。

　　第三，司法权运行机制不科学，影响了司法公正和司法公信力。通常认为，司法权运行中的主要问题是司法行政化、地方化。2002 年 11 月党的十六大报告指出："推进司法体制改革，社会主义司法制度必须保障在全社会实现公平和正义。"2014 年《中共中央关于全面推进依法治国若干重大问题的决定》指出："必须坚持法治建设为了人民、依靠人民、造福人民、保护人民，以保障人民根本权益为出发点和落脚点"，"公正是法治的生命线。……必须完善司法管理体制和司法权力运行机制，规范司法行为，加强对司法活动的监督，努力让人民群众在每一个司法案件

---

①　参见季卫东《法制与调解的悖论》，《法学研究》1991 年第 5 期；李浩：《民事审判中的调审分离》，《法学研究》1996 年第 4 期；景汉朝：《经济审判方式改革若干问题研究》，《法学研究》1997 年第 5 期等。

②　在马锡五式的审判方式之下，法院的审判流程通常包括"谈话→全面调查取证→调解→内部研究→开庭审理→宣判"六个步骤。在案件数量快速增加的情况下，法官全面调查收集证据在时间上、精力上难以保障，当时法官的业务能力也不能适应当庭举证、质证和认证的需要。参见王德新《诉讼文化冲突与民事诉讼制度的变革》，知识产权出版社 2017 年版，第 159 页。

③　景汉朝、卢子娟：《经济审判方式改革若干问题研究》，《法学研究》1997 年第 5 期。

中感受到公平正义"①。此后，司法责任制改革、司法权运行机制改革、巡回法庭和跨域管辖改革、法院审级职能定位改革等举措相继推出，聚焦"努力让人民群众在每一个司法案件中感受到公平正义"的价值目标。

第四，民事案件数量快速增长，司法效能和程序不够简化问题突出。这里之所以使用"效能"而不是"效率"，是因为中国民诉法上设置了严格的"审限制度"，加之法院内部考评等内部压力传导机制，使得我国相较于欧美国家，民事案件的审理周期并不太长、诉讼迟延现象不太严重。但是，在民事案件数量快速增长的情势下，法官审判工作负荷的增大、人民日益增长的多元化司法解纷需求的叠加，推动了三个方面的司法改革举措的出台：一是通过法官员额制、审判团队建设、案件管理制度等改革，提升法院审判的工作效能；二是简化诉讼程序、优化审判资源配置，通过增设或优化小额诉讼程序、简易程序、督促程序等，落实民事诉讼"繁简分流"改革任务；三是构建宏观的纠纷预防和解决制度体系，通过以"纠纷预防为先、非诉机制挺前、司法最终解决"为主旨的改革举措，实现纠纷的早期预防与纠纷解决的诉讼外分流。

（二）司法改革的价值目标：公平正义

与欧美的"接近正义"司法改革主题相比，中国司法改革的"司法为民"主题的价值指向似乎不那么鲜明。实际上，这是价值观念差异所造成的错觉。

在欧美的法治语境中，解决争议和实现正义的传统途径是"诉诸司法"，因此，"接近正义"的原始含义是接近司法、通过司法裁判实现正义。而在中国传统文化中，"正义"与"司法审判"没有这种直接联系，"正义"与"天理"相通居于超然的位置，"司法"只是实现"正义"的渠道之一，而且不是主要渠道。在党领导下的人民政法传统中，司法具有了鲜明的人民属性，即"人民的司法、为人民利益服务"。这显然是受了马克思主义政党理论和价值观念的深刻影响，马克思主义的价值理论认为："所谓'价值'，就是指主客体之间的一种特定的关系，即主体与

---

① 《中共中央关于全面推进依法治国若干重大问题的决定》，《人民日报》2014年10月29日第1版。

客体之间的意义关系。"① 有学者进一步解释:"某种事物或现象具有价值,就是该事物或现象对个人、阶级或社会具有积极的意义,能满足人们的某种需要,成为人们的兴趣、目的所追求的对象。"② 从这种意义上说,司法机关和司法程序运行是不是"为人民利益服务",就决定了这种司法程序对人民群众来说是否有价值。在中国司法改革过程中,虽然也注入了司法公正、公平正义的价值诉求,但改革的底层逻辑还是人民群众是否满意,所以,即便导入公平正义的价值目标,也还是更偏好于"努力让人民群众在每一个司法案件中'感受到'公平正义"的表达方式,在这里"人民群众满意"与"人民群众感受到公平正义"具有了联通关系。

进一步言之,虽然中国和欧美的民事司法改革都将公平正义作为终极的价值目标,但在保障"谁的"(Who)公平正义、实现"什么样"(What)的公平正义的认识逻辑上,显然存在差异。

1. 关于保障"谁的"公平正义

在欧美国家,"人人享有法律面前的平等正义"(equal justice under law)思想由来已久。但正如本书第一章所述,建立在理性主义和自由主义基石上的欧美传统司法制度,以"机会平等"的程序正义价值观为支撑。这种人人"机会平等"的司法正义观,对于拥有财富的富人和社会强势群体而言是真正的平等,但它忽视了对贫困者等弱势群体的司法保障,掩盖了弱势群体因无力承担巨额诉讼成本、无力支付高昂的律师费,又不能自行应对高度专业化的诉讼活动而导致无法诉诸司法的实质上的不平等。所以,以政府加强对"贫困者"的法律援助和司法救助为切入点,欧美国家掀起了"接近正义"司法改革的第一波浪潮。

在当代中国,基于"司法为民"的人民政法传统,民事司法制度从建立之初就强调其人民属性,强调便利人民群众进行诉讼的原则,在立法中反对艰涩难懂的专业化语言,在程序设计上尽可能简化和简便易行,

---

① 李德顺:《价值论——一种主体性的研究》(第3版),中国人民大学出版社2020年版,第6页。

② 杨耕:《关于马克思价值理论的再思考》,《江汉论坛》2018年第11期。

这就降低了当事人进行诉讼对律师的依赖，加之法律援助和司法救助制度持续发展，因此"贫困者"等弱势群体打不起"官司"的问题并不十分突出，或者说不是中国式司法改革的主要动因。中国式司法改革要解决的真正的问题在于，由于中国现代意义上的法治和司法理论起步较晚，法治经验相对欠缺，由此造成在诉讼程序准入条件设计的合理性、法官行使权力的规范性、司法权运行的科学性等方面存在不足。所以，中国式司法改革的服务面向是"人民大众"，改革的重心在于"优化程序设计和司法权运行体制"，改革的目标是"努力让人民群众在每一个司法案件中感受到公平正义"。

2. 关于实现"什么样"的公平正义

在欧美国家，关于正义的理解向来众说纷纭，有英国古典的自然正义观、美国的正当程序正义观、边沁的功利主义正义观、波斯纳的以促进效率为核心的正义观等。但在法治语境下，欧美国家在"无救济即无权利，有权利必有救济"这一点上还是达成了最基本的共识。在此前提下，在"接近正义"改革运动中就"接近什么"出现了四个梯次演进的正义观念：（1）在欧美司法的传统观念上，"接近法院"就是"接近正义"，保障贫困者"接近法院"的权利也就顺理成章成了"接近正义"改革的第一波浪潮。（2）随着改革的深入，导入了公正审判权的理论。这对诉讼程序的公开、公正、效率等品格提出了更多要求，诉讼程序优化就成了改革重点。（3）随着改革的进一步发展，"司法中心主义"的救济观向"多元解纷并存"的救济观转变，典型表现就是程序选择权理论和替代性纠纷解决机制（ADR）改革的兴起。在此改革语境下，纠纷是否通过诉讼解决不是最重要的，最重要的是纠纷尽早得到妥善解决。（4）从新近改革趋势看，"纠纷解决型"救济观进一步向"纠纷预防型"救济观转向。即通过广泛的法律服务、法律教育等手段，让人们在社区和日常生活中充分了解自己的权利，用理性的行动预防和早期化解纠纷，以实现日常生活中正义。

在中国司法改革决策者的语境中，对司法公平正义的理解也具有层次性和多义性：（1）最大多数人民群众的满意，是司法制度、司法活动和司法改革的公正性的根本判断标准。这是中国司法制度的"人民性"

所派生的结论，也是中国司法改革的价值导向。（2）正义的实现不过度依赖司法程序，是一项历史悠久的司法传统。在中国古代社会，向来追求一种无需法律的德治或道治的秩序。在儒家看来，在国家治理中"德礼为政教之本，刑罚为政教之用"①，在纠纷处理上更加倚重家族和乡里调解机制②。在新中国成立前后，具有社区居民自治色彩的人民调解在纠纷解决方面发挥的作用，比法院的作用还要大。（3）法院追求"案结事了"的司法效果，形成了调解主导型的司法文化。这种源于儒家"无讼"文化的司法理念认为，法院在审理案件时做出判决是最后的但不是优先的选择，通过调解达到案结事了的效果才被认为是更好的或者公正的司法。或者说，司法正义隐含在纠纷的调处化解过程中，而不是非黑即白的判决中，法院的作用是为争议双方提供了一个具有公信力的交涉平台，并对解纷方案的达成进行积极促成。（4）司法正义引领社会正义，并与社会正义融为一体的总体正义观。2014 年《中共中央关于全面推进依法治国若干重大问题的决定》指出："公正是法治的生命线。司法公正对社会公正具有重要引领作用，司法不公对社会公正具有致命破坏作用。"③如果说司法是纠纷解决的最后一道防线，那么司法正义也是社会正义的最后一道防线。

有两个问题值得关注：首先，学术界倡导的司法正义或程序正义理论，与社会上普通民众的认知有一定的差异。20 世纪 80 年代以来，中国诉讼法学界关于司法正义或程序正义的理论演绎，更多是受欧美司法文化和程序正义思想的影响。但在基层民众的认知中，实质正义、报偿正义和通过调解达成"一揽子解决方案"的正义思想，并未显著淡化。这也是在司法改革过程中，证据失权制度饱受质疑、涉诉信访和再审程序虽受质疑但仍有生命力的重要原因。其次，中国和欧美国家在司法改革

---

①　《唐律疏议·名例》谋反条之疏议。

②　例如，南宋官员刘克庄在审理德兴县董党诉立继事一案中，虽然查明了本案是非曲直，但因是继母与养子之间的争讼，事关伦常，所以劝令董党"亦宜自去转恳亲戚调停母氏，不可专靠官司"。参见《后村先生大全集》卷一九三《德兴县董党诉立继事》。

③　《中共中央关于全面推进依法治国若干重大问题的决定》，《人民日报》2014 年 10 月 29 日第 1 版。

中所追求的公平正义价值目标，貌似雷同，但内在的发展逻辑却迥然不同。中国的民事司法制度遵循"多元解纷—司法解纷—案结事了—人民满意—社会正义"的逻辑建构，这种司法文化源远流长，当代司法改革的重心在于"找回传统并进行创新"和"适应法治发展优化公正司法机制"。在欧美国家，其传统的民事司法制度遵循的是"法院中心主义"和"判决中心主义"，其在司法改革中除了重视贫困者"接近司法"权利的保障外，司法理念逐渐从"判决中心"向"合意解决"、从"法院中心"向"多元解纷"、从"纠纷解决"向"纠纷预防和早期化解"转向，其改革的方向恰是中国传统司法的优势领域。

（三）司法改革的理论体系：开放杂糅

从严格意义上说，欧美司法改革的"接近正义"与中国司法改革的"司法为民"都不能称为逻辑严谨的理论体系，相反，都具有开放性、杂糅性特征。但由于它们对改革内容具有极度包容性和对改革方向具有明确指引性，因此分别成了各自民事司法改革最具宏观概括意义的指导思想。

在欧美国家，包括卡佩莱蒂在内的诸多学者并未刻意对"接近正义"进行理论界定，他们把重点放在了对司法实践进行观察和对改革议题进行推广方面。就欧美各国政府而言，"接近正义"不是其指导民事司法改革活动的唯一理论，各国对"接近正义"理念的接受程度和推行的具体改革举措差异很大。

首先，"福利国家"与"接近正义"的竞合。在20世纪70年代"接近正义"理论产生之前，对贫困者提供法律援助的改革是在"福利国家"的名义下进行的。所谓"福利国家"，一般认为是"一种由国家通过立法来承担维护和增进全体国民基本福利职能的政府行为模式"[1]。早在20世纪20年代的魏玛共和国时期，德国社会民主党领导的政府就开始倡导福利思想和改革，其间还在1923年颁布了《法院减负法》，为贫困者诉诸法院提供救助和诉讼便利。第二次世界大战结束后，英国工党1945年在其《让我们面向未来》的竞选纲领里首次提出"福利国家"的概念，

---

① 孙林、黄日涵：《政治学核心概念与理论》，天津人民出版社2017年版，第97页。

1948 年工党政府宣布率先建成了"从摇篮到坟墓"式的福利国家，英国第二次世界大战后的法律援助制度被政府视为"'福利国家'计划的第二只手臂（第一只手臂为国家医疗服务制度——笔者注）"①。20 世纪 50 年代以后，欧美国家相继宣布本国已建成福利国家。其中，美国总统约翰逊 1965 年提出了建设"伟大社会"的施政纲领，发出了"结束贫困"的倡议，根据《1964 年经济机会法》还成立了经济机会局（OEO），其职责之一就是为贫困者提供法律援助。正是基于对美国经济机会局的法律援助项目的观察，卡佩莱蒂提出了"接近正义"的概念并将法律援助改革称为"接近正义"改革的第一波浪潮。因此，对贫困者的法律援助既是"福利国家"理念下的一项改革举措，也是"接近正义"理念下的改革举措，体现了两种改革理念的竞合。后来，为什么"接近正义"取代了"福利国家"成了司法改革的主旨呢？究其原因，一是"接近正义"与欧美传统司法文化中"人人享有法律面前的平等正义"的价值观念更能衔接，更能为司法改革提供价值目标指引；二是因为"接近正义"的表达具有开放性，能够容纳法院体系改革、诉讼程序改革、替代性纠纷解决机制改革等更加丰富的改革议题。

其次，各国对"接近正义"理论接纳程度不一。20 世纪 70 年代产生的"接近正义"理论，在以英国为代表的英联邦国家影响最深。20 世纪 90 年代以后，英国、加拿大、澳大利亚等纷纷以"接近正义"为主题出台了一系列民事司法改革举措，其中在澳大利亚迄今已经发展出了"接近正义"的五波改革浪潮。但在美国，除了部分州接纳了"接近正义"的提法并开展了相关改革之外，联邦层面的民事司法改革法案并没有使用"接近正义"的表达，而是在不同时期分别聚焦贫困者法律援助、集团诉讼制度改革、证据开示程序改革、ADR 立法等。这与美国司法奉行的实用主义哲学有关，"实用主义的方法……是确立方向的一种态度，这个态度不是去看最先的事物、原则、范畴和假定是必需的东西，而是去

---

① G. Slapper and D. Kelly, *The English Legal System*, London ： Cavendish Publishing Limited, 1999, p. 446.

看最后的事物、收获、效果和事实"①。在欧洲大陆的法国、德国等大陆
法系国家，虽然学术界积极参与了相关讨论，但在政府推动的民事司法
改革方案中并没有刻意使用"接近正义"这一表达，而是使用了更加多
样化和具有本国特色的用语，如法国更加倾向于使用"公正审判权"的
表达，德国的程序加速和简化更多依赖"费用相当原理"。尽管如此，由
于改革措施和追求的效果相似，将美国、法国、德国等国家的民事司法
改革归于"接近正义"主题之下亦无大碍，这恰恰体现了"接近正义"
理论的开放杂糅特性。

在中国，司法制度是在党的领导下建立起来的，司法改革也是在党
的领导下逐步展开的。因此，"司法为民"与其是说是一项司法理论，不
如说是党的"群众路线"和"为人民服务"的宗旨在司法领域中的具体
运用和展开。"司法为民"的提法虽然出现较晚，是 2003 年 8 月最高人
民法院为贯彻党的"三个代表"重要思想和"立党为公，执政为民"的
施政理念而在司法领域提出的一个改革口号，但它与革命战争年代党领
导下对人民司法制度的探索有着直接的传承关系。无论是始于 20 世纪 80
年代末期的民事审判方式改革，还是 21 世纪陆续系统开展的民事司法改
革，也无论每一项改革针对的具体问题、改革举措和具体目标，总体上
都能涵盖在"司法为民"的指导思想之下，这也体现了中国"司法为民"
改革理论的开放性和杂糅性特征。

第二节 "司法为民"与中国当代民事司法制度的形成

在党领导下的人民司法制度探索的历史进程中，进行过三次大规模
的司法改革，即 20 世纪 40 年代陕甘宁边区时期的司法改革、新中国成立
初期的司法改革和始于 20 世纪 80 年代末期的民事审判方式改革，中国当
代的民事司法制度，就是在这些改革中不断调整、完善和发展的。

---

① 张乃根：《西方法哲学史纲》，中国政法大学出版社 1993 年版，第 249 页。

一 陕甘宁边区时期的司法改革

中国共产党领导下对司法制度建设的探索，始于20世纪30年代的中华苏维埃共和国时期。这一时期，"从司法的价值观、制度规范到司法实践，中国苏维埃根据地的司法制度可以说全方位仿效了苏联的司法制度"①。到了陕甘宁边区政府时期，在国共合作的大环境下，1937年7月陕甘宁边区政府被改组为国民政府辖下的一个地方政府，与此同时开始进行大规模的试验性司法改革探索，大致分为"正规化"和"人民性"两个阶段。

（一）第一阶段：司法正规化改革

在边区司法实践的早期阶段，最突出的问题是司法中存在"游击作风"。其主要表现有：法院机构不健全，非司法机构亦能捕人审讯；成文法不健全，判决多依据习惯；审理上存在游击作风，案件无卷宗可查；司法人员专业素养不高，不能满足司法工作需要；司法干部匮乏，办案迟缓等。对此，社会层面和司法机关内部都有批评的声音，1941年4月《陕甘宁边区政府工作报告》在总结三年来边区的司法工作时指出："因为司法人才的幼稚，成文的法令尚少，虽然在新民主主义政治的笼罩下，却未能建设起新民主主义成文的与深入的司法制度……因为没有成文法，轻点重点，可以意为。个别地方发现不尊重人民自由权利的事，司法机关未能彻底纠正。"② 为此，1941年10月召开的陕甘宁边区第一届司法会议就肃清司法的"游击作风"、加快司法"正规化"建设提出了明确要求。大会主席团主席张曙时在开幕式上强调："游击作风，已经不适合现在，现在一切需要正规化。"③ 由此拉开了边区政府司法正规化改革的帷幕。

---

① 刘全娥：《陕甘宁边区司法改革与"政法传统"的形成》，博士学位论文，吉林大学，2012年，第28页。

② 薛永毅：《司法正规化改革的先声：1941年陕甘宁边区第一届司法会议》，《人民法院报》2022年3月18日第5版。

③ 薛永毅：《司法正规化改革的先声：1941年陕甘宁边区第一届司法会议》，《人民法院报》2022年3月18日第5版。

　　在 1941—1943 年，边区政府出台了一系列的司法正规化改革举措：
（1）完善了一审法院的建设，到 1942 年 4 月在边区的四个行政分区
（所在地的县）均设立了地方法院，未设立地方法院的县设立司法处。
（2）充实了司法干部，重视司法人员的专业化，选聘了一批有法律专业
背景和文化知识的干部。（3）着手起草法院组织法（县司法处、高等法
院分庭、政府审委会组织条例等）、诉讼程序法（刑事诉讼条例草案、民
事诉讼条例草案、刑民事调解条例、复判条例、审限条例等），在边区法
律不健全的情况下，允许法院审判中参照国民政府的法律规定。早在
1938 年，时任陕甘宁边区高等法院院长的雷经天就在《陕甘宁边区的司
法制度》一文中指出："边区高等法院去年七月间才成立。是遵照国民政
府司法制度，执行司法工作的任务；同时，它也是承受过去苏维埃政权
时代司法制度的革命传统"，[1]　边区法院"遵行南京政府颁行之一切不妨
碍统一战线的各种法令章程"[2]。（4）甚至出现了参照国际惯例，主张司
法去行政化和实行三审终审的改革思想。如李木庵在担任边区高等法院
院长期间（1942—1943 年），"从审判独立和司法的专业性出发，他主张
在司法审判中推事自己负责，不需要向院长负责；主张建立检察机关并
与审判机关分离，实行三级三审制"[3]。

　　边区政府为总结司法工作的经验教训，自 1943 年 7 月开始对司法系
统进行整风和检查工作，出现了质疑司法正规化改革方向的意见。1943
年 12 月边区政府组织召开了司法工作检讨会议，时任边区政府秘书长的
李维汉批评司法正规化的一些改革举措"是把国民党的司法路线当成我
们的路线"，所以，"司法系统的工作是要来一个革命的，从国民党化，

---

　　①　雷经天：《陕甘宁边区的司法制度》，载西北五省区编纂领导小组、中央档案馆合
编《陕甘宁边区抗日民主根据地·文献卷》（下），中共党史资料出版社 1990 年版，第
163—164 页。

　　②　按照国共建立抗日民族统一战线的合作计划，中共领导的中央政府司法部改为"陕甘宁
边区高等法院"。参见西北五省区编纂领导小组、中央档案馆编《陕甘宁边区抗日民主根据地·
文献卷》（上），中共党史资料出版社 1990 年版，第 207 页。

　　③　刘全娥：《陕甘宁边区司法改革与"政法传统"的形成》，博士学位论文，吉林大学，
2012 年，第 93 页。

回到无产阶级共产党化"①。在 1944 年 2 月的边区政府工作报告中，明确回应了"我们需要什么样的正规化"和"边区司法的两个原则"问题，即"我们需要正规化，但我们所需要的是新民主主义的新型的正规化，适合于边区政治发展与边区人民需要的正规化"；边区司法工作必须建立在两个原则之上，一是"司法与行政一致，司法机关受政府直接领导"，二是"司法机关审理案件，必须要根据边区政府的政策、法令，照顾边区人民的实际生活，不抄袭旧型法律"②。至此，边区政府时期的司法正规化改革告一段落。

（二）第二阶段：司法大众化改革

边区政府在对司法正规化改革"踩刹车"的同时，开始了对司法大众化的改革探索，改革的重要成果就是"马锡五审判方式"。"马锡五审判方式"不是马锡五的个人发明，而是以马锡五为代表的边区优秀司法工作者的集体智慧的结晶，其突出特点是强调审判中的群众参与、注重调解方法的运用、注重司法人员的职权调查研究。

首先，马锡五审判方式贯彻了党的群众路线，是边区政府着意发掘和推广的典型。1943 年 4 月，时任陇东分区专员的马锡五被任命为边区高等法院陇东分庭庭长，开始审理案件。1943 年 6 月，边区政府颁布了《陕甘宁边区民刑事件调解条例》，开始推行"调解为主，审判为辅"司法政策。1943 年下半年到 1944 年年初，马锡五审理的几起案件产生了广泛的影响，受到边区高等法院院长雷经天、边区政府秘书长李维汉、边区参议会副议长谢觉哉等领导人的关注。1944 年 1 月，边区政府在年度工作总结报告中开始提出普及调解和提倡马锡五的审判方式。1944 年 3 月 5 日，毛泽东在中共中央政治局会议上谈到干部工作作风问题时指出，"也有好的首长，如马专员会审官司，老百姓说他是'青天'"③。1944 年 3 月 13 日《解放日报》以"马锡五审判方式"为题，介绍了马锡五审理

---

① 刘全娥：《陕甘宁边区司法改革与"政法传统"的形成》，博士学位论文，吉林大学，2012 年，第 95 页。

② 陕西省档案馆、陕西省社会科学院：《陕甘宁边区政府文件选编》（第 7 辑），档案出版社 1988 年版，456 页。

③ 《毛泽东文集》（第三卷），人民出版社 1996 年版，第 97—98 页。

的 3 个典型案例。① 1944 年 4 月 28 日，谢觉哉向毛泽东介绍了马锡五审判方式的特点和作用，"马锡五同志的审判方式正是如此，召集群众，大家评理，政府和人民共同断案，真正实现了民主，人民懂得了道理，又学会了调解，争讼就会减少"②。1944 年 5—7 月，中外记者参观团曾访问陕甘宁边区，边区政府向记者介绍了边区的司法特点，即"审判与调解、法庭与群众相结合的审判方式（马锡五方式）"③。1944 年下半年边区高等法院连续发布指示，确定了"调解为主，审判为辅""调解是诉讼的必经程序""调解的数字，作为干部的政绩标准"等几大审判原则和办法④。

其次，马锡五审判方式扎根于边区的社情民意，是司法大众化改革的重要成果。马锡五审判方式是集体智慧的结晶，对其作出贡献的司法人员典型代表有马锡五、石静山、奥海清等。其中，马锡五在被任命为边区高等法院陇东分庭庭长之前，没有司法工作的经历，但有丰富的革命经验、很强的工作能力和善于联系群众的工作作风，1943 年 1 月，还曾因督导陇东运盐成绩突出获得毛泽东亲笔题写的"一刻也不要离开群众"的奖状。⑤ 石静山先后为庆阳县裁判员、陇东分庭推事，奥海清历任志丹县乡长、区长、裁判长，二人在 1943 年边区司法工作的年终考核中都获得优秀。⑥ 马锡五等三人有一个共同特点，都是土生土长的边区人，熟悉边区的社情民意。20 世纪 40 年代，陕北地区仍具有传统乡土社会的典型特点：从社会结构看，这是一个以血缘和地缘关系为基础的"差序格局"的社会，利益关系是建立在"私人关系"基础之上的；从社会流动性看，这是一个人口较少流动的熟人社会，"面子"和人情观念受到特别的重视；从与外界交往看，这是一个过着自给自足的自然经济生活的、

---

① 张希坡：《马锡五审判方式是人民司法工作的一面旗帜》，《人民法院报》2009 年 8 月 11 日第 5 版。

② 王定国等：《谢觉哉论司法民主》，法律出版社 1996 年版，第 320 页。

③ 李维汉：《回忆与研究》（下），中共党史资料出版社 1986 年版，第 612 页。

④ 习仲勋：《贯彻司法工作的方向》，《解放日报》1944 年 11 月 5 日第 1 版。

⑤ 陕甘宁边区财政经济编写组、陕西省档案馆：《抗日战争时期陕甘宁边区财政经济史料摘编》（第八编），陕西人民出版社 1981 年版，第 744 页。

⑥ 侯欣一：《从司法为民到人民司法——陕甘宁边区大众化司法制度研究》，中国政法大学出版社 2007 年版，第 149 页。

相对封闭的社会，大都市里发生的现代化变革在这里几乎闻所未闻；从社会治理看，乡规民约、风俗习惯是最主要的社会规范，这是一个远离政府有效统治的民间社会。在 20 世纪前半期，国民党政府虽然在形式上完成了对全国的统一，但"始终没能把国家力量真正贯彻到基层社会，也就无力完成现代化的政治准备"①。与此相反，熟悉边区社情民意的马锡五等人，则通过实践探索找到了适合本土文化的审判方式。

最后，马锡五审判方式是被推崇的审判方式，但不是当时唯一的审判方式。与其他审判方式区别的关键在于"群众是否参与调解和判决"②。据统计，1944—1945 年上半年陇东分庭共处理案件 47 件，其中法庭判决的 14 件，在群众中公开判决的 4 件，经过群众判决的 9 件，调解的 20 件。③ 司法过程中的群众参与，对司法人员的个人能力、当地民情和案件特点有较高的要求，不是每个司法人员，也不是每一起案件都适合运用马锡五审判方式。从实践情况看，当时司法人员在大量案件中并没有运用马锡五审判方式。在边区政府推广马锡五审判方式的过程中，出现了批评与照搬两种错误认识。1945 年 12 月，边区司法界强调，"我们提倡马锡五审判方式，是要求学习他的群众观点和联系群众的精神，这是一切司法人员都应该学的；而不是要求机械地搬用他的就地审判的形式。因为任何形式是要依具体情况和具体需要来选择的"④。

总之，以"马锡五审判方式"为代表的司法大众化改革，奠定了新中国诉讼法制的经验基础，其"对以血缘和地缘为基础的调解手段的重视、对地方话语权威的整合、为民做主的思想、息讼的目的追求，显然是利用了传统法律文化资源中的形式，而融合了近代法治的民主、公正、

---

① 潘伟杰等：《组织重构：乡村现代化的社会基础》，《南京社会科学》1998 年第 9 期。

② 梁云鹏：《浅析革命根据地诉讼制度中的群众路线》，《延安大学学报》（社会科学版）2008 年第 5 期。

③ 《陇东分庭 1945 年司法工作总结材料》（1945 年 9 月 24 日），转引自刘全娥《陕甘宁边区司法改革与"政法传统"的形成》，博士学位论文，吉林大学，2012 年，第 106 页。

④ 《王子宜院长在边区推事审判员联席会议上的总结报告》，转引自刘全娥《陕甘宁边区司法改革与"政法传统"的形成》，博士学位论文，吉林大学，2012 年，第 111 页。

效益等内容"①。因此，说新中国的法律传统形成于陕甘宁边区政府时期亦不为过。

二　新中国成立初期的司法改革

在中华人民共和国成立前夕，根据 1949 年 9 月 29 日中国人民政治协商会议通过的起临时宪法作用的《共同纲领》第 17 条的规定，新中国将"废除国民党反动政府一切压迫人民的法律、法令和司法制度，制定保护人民的法律、法令，建立人民司法制度"。1949 年 12 月，根据《中央人民政府最高人民法院试行组织条例》和《中央人民政府最高人民检察署试行组织条例》，新中国正式启动了人民司法机关的建设工作。但在 1951 年年底到 1952 年 10 月的"三反""五反"运动中，发现司法机关存在大量的"旧司法人员"、运用"旧司法观点"危害人民群众利益的情况，于是在 1952—1953 年开展了一场全国范围的司法改革运动。

（一）改革的背景

1950 年 6 月，党的七届三中全会召开以后，党中央和中央人民政府为了恢复国民经济，适时调整了工商业中的公私、劳资、产销关系，调整后资本主义工商业发展迅速。但在"增产节约"运动中，发现政府机关贪污、浪费、官僚主义现象严重滋长，典型的如 1951 年 11 月发现的刘青山、张子善案件。1951 年 12 月 1 日，中共中央下发了《关于实行精兵简政、增产节约、反对贪污、反对浪费和反对官僚主义的决定》，把"三反"（反贪污、反浪费、反官僚主义）作为贯彻精兵简政、增产节约这一中心任务的重大措施。在"三反"运动中，又揭发出资产阶级不法分子同国家机关中的贪污分子密切勾结、从事犯罪活动的严重情况，1952 年 2 月"五反"（反行贿、反偷税漏税、反盗骗国家财产、反偷工减料、反盗窃国家经济情报）运动从各大城市开始，到 1952 年 10 月"三反""五反"运动结束。

在"三反""五反"运动中，发现了司法机关办案中"旧法观点和

---

① 刘全娥：《陕甘宁边区司法改革与"政法传统"的形成》，博士学位论文，吉林大学，2012 年，第 99 页。

旧司法作风还没有清除，影响革命法制以及党和国家的政策不能很好贯彻实施"，造成这种现象的原因是，"建国初期，很多人民司法机关和其他法律工作部门，在政治上、组织上和思想上存在着严重不纯的现象，当然更主要的是各级人民法院。当时全国绝大多数的人民法院，是在军事胜利迅速发展的形势下，派少数干部接管了原来的旧法院而建立起来的，对于原有的旧司法人具采取了包下来的政策……许多人民法院特别是大中城市和省级以上的人民法院，审判人员中的旧司法人员还占有很大的比重"①。例如，在上海市人民法院，旧司法人员占审判人员总数的80%，在其他省级人民法院一般也在60%以上。在江西省，截至1952年10月，在全省各级法院1075名司法人员中，旧司法人员382人（约占干部总数36.13%），这些人主要集中在审判岗位上，在全省202名审判员中占80%以上。其中，南昌市人民法院11个审判员中旧司法人员有9个；九江分院5个审判员中有4个是旧人员；九江县人民法院3个审判人员，1个是伪警察、1个是伪保长、1个是汉奸并当过伪军官，成分复杂。江西省人民政府委员会认为，不仅审判大权掌握在旧司法人员手里，而且他们中行为不端、思想陈旧、作风轻浮的也不在少数，"有的勾结不法资本家与黑律师，贪赃受贿，出卖案情；有的荒淫无耻，嫖妓宿娼，强奸妇女，胡作非为，在群众中造成极坏的影响。在思想上，这些人存在着满脑袋严重的旧法观点和旧法作风，他们既没有革命立场、敌我不分，又无群众观点，与劳动人民毫无感情。在工作作风上，处理案件时对敌人不恨，对劳动人民不热爱，它们常以'未遂''初犯''年龄''职务犯罪''自卫''成分''时效'等借口为地主、反革命、不法资本家开脱罪责。对案件不调查、不研究，孤立判案，主观臆断，以感情代替事实，坐堂问案，重口供不重证据，刑讯逼供，机械程序，不告不理，理而不决，决而不行，甚至告也不理，舞文弄墨，法言法语，颠倒是非"②。在陕西省法院系统，司法改革前共有司法干部899人，其中，旧司法人员与旧人员324人（占36%），42人是敌党团骨干分子，他们办案中普遍

---

① 陶希晋：《论司法改革》，《法学研究》1957年第5期。
② 欧阳武：《开展全省司法改革运动的报告》，《江西政报》1952年第10期。

存在"单纯坐堂问案""官无悔判""不告不理""告也不理""重口供不重证据""刑讯逼供""为结案而办案，不讲效果""孤立办案，不结合中心任务""民、刑分家""法言法语、陈词滥调"等各种反动的旧法观点与衙门作风。①

在此背景下，党中央逐渐形成了推动以"两清"（清理旧司法人员、清理旧司法观点）为核心主题的司法改革的认识。1952 年 4 月，董必武主持召开政务院政法分党组干事会时指出，"从这次'三反'中看，有计划有步骤地改造全国司法机关，应作为我们当前的中心工作"。同年 6 月，董必武根据华东视察组的报告再次指出，"清除旧司法人员出司法机关，是我们必须解决的一个严重问题"。② 7 月，中共中央同意了董必武、彭真联名以政务院政法分党组干事会的名义提交的关于司法改革的报告，标志着司法改革的正式开始。8 月 31 日，中共中央下发了《关于进行司法改革工作应注意的几个问题的指示》，强调"这次司法改革运动，必须从清算旧法观点入手，最后达到组织整顿之目的"③，为改革指明了重点和步骤阶段。

（二）改革的成效

始于 1952 年的司法改革，聚焦"清理旧司法人员、清理旧司法观点"，落脚于组织建设、思想建设、制度建设和作风建设。这次改革是中华人民共和国成立初期诸多民主改革运动之一，在那个新生政权危机四伏、亟待巩固的年代，这次改革中充斥着革命斗争意识，并借助于政治权力和政治话语强力推进。这也是一次全国范围内政治运动式的改革，从 1950 年 7 月开始到 1953 年年底基本结束，改革对人民司法队伍纯化、人民司法观点统一发挥了重要作用。

以旧司法人员的清理、惩处为例：华东区作为最早开展司法改革运

① 毛凤翔：《三年多来法院工作基本情况——陕西省人民法院毛凤翔院长在陕西省第二届司法会议上的报告》，《陕西政报》1953 年第 7 期。

② 董必武传撰写组：《董必武传》（下），中央文献出版社 2006 年版，第 785—786 页。

③ 崔敏：《1952 年"司法改革"运动的回顾与反思》，参见孙琬钟、杨瑞广编《董必武法学思想研究文集》（第 13 辑），人民法院出版社 2014 年版，第 127 页。

动的大行政区,① 到 1953 年 9 月底,华东区各级法院共处理司法干部
2424 人,其中法办者 141 人,开除者 56 人,转业者 1546 人,送学改造
者 571 人,退休者 110 人;同时调入干部 2105 人,其中工人农民 726
人。② 在中南区的江西省采取了先行试点的办法,1952 年 9—11 月试点结
束,参加试点的 5 个法院的司法干部共计 150 人,改革中需法办、清洗、
转业、训练、调换工作者 44 人(约占 29%)。③ 在西北区的陕西省,清
除旧司法人员和旧人员 132 人,补充了老干部、工农积极分子、青年和妇
女知识干部等 117 人。④ 当然,对旧司法人员并没有一律清退,而是采取
了区别对待的政策。根据司法部 1953 年全国范围的统计数据,改革中共
清除旧司法人员 5000 余人(约占全国法院系统司法人员总数的 22%);
改革后仍留在人民法院工作的旧司法人员共计 2369 人,其中审判工作岗
位的计 1142 人,"这些是思想较进步的或者已有了一定改造可以继续工
作的"⑤。

　　值得注意的是,1952 年司法改革主要在法院系统进行,但也波及法
学教育系统。正是在这一时期,全国法律院系进行了大调整,包括北京
大学在内的一批大学的法律系被撤销,全国法学院校从 1949 年的 53 所降
为 1953 年的 6 所(即中国人民大学、东北人民大学、北京政法学院、华
东政法学院、西南政法学院、中南政法学院),但北大法律系于 1954 年
又被恢复,形成了后来中国法学界常说的"五院四系"格局。与此同时,
一批法学教授受到批判、调离岗位。法学院系的裁撤和法学教师的离岗,
给中国法治人才的培养和法治事业的发展造成了极大的困境,直到改革

---

　　①　在新中国成立初期,全国划分为五大行政区(东北区、西北区、华东区、中南区、西南
区)和一个中央直属行政单位,其中,华东区包括上海市、南京市、山东省、浙江省、福建省、
苏南苏北、皖南皖北等地。

　　②　崔敏:《1952 年"司法改革"运动的回顾与反思》,参见孙琬钟、杨瑞广编《董必武法
学思想研究文集》(第 13 辑),人民法院出版社 2014 年版,第 127 页。

　　③　江西省司法改革委员会:《关于司法改革试点工作的总结报告》,《江西政报》1952 年第
11 期。

　　④　毛凤翔:《三年多来法院工作基本情况——陕西省人民法院毛凤翔院长在陕西省第二届
司法会议上的报告》,《陕西政报》1953 年第 7 期。

　　⑤　陶希晋:《论司法改革》,《法学研究》1957 年第 5 期。

开放后才有所好转。1978 年中国的法学教育全面恢复，1977 年、1978 年两届招生的本科生 1299 人、硕士生 228 人、博士生 1 人，到 1988 年已增加至本科生 28325 人、硕士生 3847 人，10 年间招生人数增长了 20 倍；法学院校也从 1983 年的 90 余所增加至 1988 年的 250 余所，① 为改革开放培养了大量法治人才，也为 20 世纪 80 年代以后的民事审判方式改革和司法改革提供了人才支撑。

三　始于 20 世纪 80 年代的民事审判方式改革

1978 年 12 月，党的十一届三中全会提出了"加强社会主义民主，完善社会主义法制"的施政纲领，我国的民主法制建设迎来了春天。邓小平在讲话中指出："为了保障人民民主，必须加强法制。必须使民主制度化、法律化，使这种制度和法律不因领导人的改变而改变，不因领导人的看法和注意力的改变而改变。……应该集中力量制定刑法、民法、诉讼法和其他各种必要的法律……并且加强检察机关和司法机关，做到有法可依，有法必依，执法必严，违法必究。"② 1978 年颁布了新《宪法》，1979 年公布了《刑法》《人民法院组织法》等七部法律，人民法院的组织体系很快得到恢复。1979 年 9 月，全国人大常务委员会组织成立了"民事诉讼法起草小组"，经过两年多的努力完成了立法起草工作，并于 1982 年 3 月 8 日审议通过了《中华人民共和国民事诉讼法（试行）》，1982 年 10 月 1 日开始实施。至此，新中国的民事司法制度第一次全面建立起来。

（一）1982 年《民事诉讼法（试行）》的成就与不足

新中国成立后，长期以来人民政法传统只是以党的纲领、方针、政策等形式表现出来。但 1982 年《民事诉讼法（试行）》对人民政法传统进行系统的立法确认，第一次实现了人民政法传统的法制化，立法成就斐然。主要表现有：

第一，从立法精神看，传承了司法为民的政法传统。当时的学者一

---

① 徐显明等：《改革开放四十年的中国法学教育》，《中国法律评论》2018 年第 3 期。
② 《邓小平文选》（第二卷），人民出版社 1994 年版，第 146—147 页。

般认为，"全心全意为人民服务，一切从人民利益出发，是党和国家工作的出发点，也是民事诉讼之法的出发点"①。《民事诉讼法（试行）》处处体现便利人民、依靠人民、团结人民、为了人民的群众路线精神：一是确立了着重调解的原则。"它的最大特点是发扬人民司法工作的优良传统——着重调解。"② 二是确立了巡回审理、就地办案制度。三是为了便利人民诉讼，立法还规定基层人民法院及其派出法庭审理简单的民事案件可以适用"简易程序"。四是为了便利人民诉讼，还把人民调解委员会规定在民事诉讼法里，"突出地表明了我国司法工作的人民性，体现了刘少奇同志在 50 年代中期倡导的人民司法工作'三道防线'的第一道防线的思想"③。

第二，从立法技术看，采用了便利人民的立法技术。《民事诉讼法（试行）》遵循"简而不漏"的原则制定，总条文数只有 205 条，比欧美国家民诉法的条文数要少得多；从立法语言看，尽量使用通俗易懂的文字表述，便于人民群众理解。④ 为了便于人民群众理解和掌握，《民事诉讼法（试行）》还避免规定烦琐的诉讼程序，"在审判制度、审判程序上，是便利人民，还是刁难人民，是无产阶级与资产阶级两种诉讼制度的根本区别之一"；"剥削阶级国家的诉讼程序往往是追求形式上的'完备'、程序上的烦琐、手续上的严苛"，如国民党司法机关要求起诉递交起诉状、不同书状的写法不同，审判程序设置的审级过多（三审终审）等，这些都被批判为是故意"刁难人民"；我国《民事诉讼法（试行）》实行两审终审，可以口头起诉，法院实行巡回审理、就地审判等，因此，"必然也是我国民事诉讼法有别于一切资产阶级国家民事诉讼法的显著特点"⑤。

第三，从立法期待看，彰显了服务于党的中心工作的传统。在民事诉讼中，司法审判为党和国家的中心工作服务的特征非常明显。如张友

---

① 曹漫之：《排除干扰 严格实施民事诉讼法》，《法学》1982 年第 4 期。
② 冯尔泰：《坚持群众路线与法制原则的统一》，《法学》1982 年第 4 期。
③ 李波人：《便利人民诉讼是我国民事诉讼法的基本特征》，《法学杂志》1982 年第 1 期。
④ 张玲元：《我国"民事诉讼法（试行）"的特点》，《政法论坛》1982 年第 2 期。
⑤ 张玲元：《我国"民事诉讼法（试行）"的特点》，《政法论坛》1982 年第 2 期。

渔认为，"在我们社会主义国家，民事纠纷反映的是人民内部矛盾。我们希望在人民内部不发生纠纷或少发生纠纷。希望人民少打官司，最好是不打官司 。……既不能做到'无讼'，就必须做到'便讼'，以免人民群众因进行诉讼而误时失事，加重经济负担，耽误生产和工作"①。可见，民事诉讼立法和诉讼运行服务于改革开放、服务于保障社会主义现代化建设的顺利进行。

第四，从司法哲学看，坚持了实事求是的思想路线。把马克思主义的唯物主义思想直接应用于诉讼法中，特别是在诉讼证据领域，是人民司法的一项传统。在《民事诉讼法（试行）》中，实事求是的思想路线主要有如下体现：一是规定"人民法院应当按照法定程序全面地、客观地收集、调查证据"（第56条），便于弄清事实真相。二是法院认定事实不能单凭当事人陈述，当事人的承认与事实不符的，不能据以认定案件事实；拒绝陈述，证据充分的也可以认定事实。三是诉讼中坚持有错必纠，设置了发达的审判监督程序，各级法院都要接待人民群众来信来访。总之，人民法院审判案件，"要实事求是地查明争议事实的本来面目，要看实质，而不只是看形式，这是我国民事诉讼法（试行）最本质的一个特点"②。

不过也要注意到，在《民事诉讼法（试行）》起草之际，中国处于一种非常特殊的国内和国际形势之中。一方面，在法学理论方面坚持马克思主义的法学理论，对欧美资本主义法律制度和法学理论持批判态度；另一方面，中苏政治关系并没有根本改善，当时大规模借鉴苏联的立法经验也是不可想象的。在对域外立法经验进行借鉴较为谨慎的情况下，坚持从中国国情出发和从人民政法传统中寻求经验支持，就成了立法起草的根本指导思想。这也造成立法起草者的视野相对狭窄，因而对政法传统的继承和对实践经验的总结倚重有余，对司法规律和现代诉讼理念认知肤浅，使得立法的科学性、法理性、前瞻性显得不足。主要表现有：

第一，诉讼法学理论研究滞后，对立法提供的支持有限。在当时，

---

① 张友渔：《论我国民事诉讼法的基本原则和特点》，《法学研究》1982年第3期。
② 柴发邦：《我国民事诉讼法（试行）的独特风格》，《人民司法》1982年第5期。

实体法与程序法的关系是学术界研讨的为数不多的几个诉讼法理问题之一，讨论这一问题的实际意义是在民法典迟迟不能出台的情况下，能否先行制定民事诉讼法？当时的学者主要从马克思的经典论述中寻找依据，却经常得出相反的结论。马克思曾说："审判程序和法二者之间的联系如此密切，就像植物的外形和植物的联系，动物的外形和血肉的联系一样。审判程序和法律应该具有同样的精神，因为审判程序只是法律的生命形式，因而也就是法律的内部生命的表现。"① 有学者据此认为，实体法与程序法是"主从关系""母子关系"；也有学者认为，马克思的结论是实体法、程序法"应当具有同样的精神，而不存在什么'主从'或者'母子'关系"②。除了这些引经据典的争论之外，学术讨论的广度和深度是有时代性欠缺的。

第二，在政治话语主导的环境下，对现代诉讼法理存在误解。中国对源自欧美的司法和诉讼理论、向来是持批判态度的，这在1952年司法改革中表现尤为突出，以既判力理论为例，"在新中国，法院生效判决具有既判力这样的观念是完全缺失的，'一案不再理''官无悔判'早被当作一种反动的司法作风将其扫地出门。……而作为人民法院的一项重要工作和人民司法工作的一个重要方面，案件复查历来也颇受重视"③。基于这种理念设计的再审制度和信访制度，导致生效裁判的稳定性极差，翻来覆去地再审和涉诉信访极大损伤了司法的公信力，也带来诉讼效益低下的后果。

第三，改革开放导致社会变革加速，民事诉讼立法的前瞻性不足。在1979—1982年《民事诉讼法（试行）》起草之际，我国的改革开放刚刚起步，经济运行总体上是计划经济，经济纠纷案件相对较少。但是，1982—1991年间，中国改革开放推进得很快，社会主义商品经济繁荣发展，给整个社会带来了巨大的变化。其中一个突出的问题是，起诉到法院的经济纠纷案件大量增加。据统计，1979—1982年四年间，全国法院

---

① 《马克思恩格斯全集》（第一卷），人民出版社1956年版，第178页。

② 杨荣新：《应尽快颁布施行民事诉讼法》，《政法论坛》1981年第2期。

③ 何永军：《人民司法传统的表达与实践：1978—1988》，参见徐昕编《司法的知识社会学》，厦门大学出版社2008年版，第55页。

受理的一审经济案件只有 4.9 万件；而到了 90 年代，每年全国各级法院受理的一审经济纠纷案件都有六七十万件。① 商品经济的繁荣发展带来了人们权利意识和经济案件数量的快速增长，这是 1982 年《民事诉讼法（试行）》制定之初所未预料到的，实践中法院办案负荷增大，传统审判方式出现了不适应性，这为 20 世纪 80 年代的民事审判方式改革埋下了伏笔。

（二）1987 年以后"民事审判方式改革"的兴起

自 20 世纪 80 年代开始，我国经济领域的改革逐步深化。1982 年，党的十二大正式提出"计划经济为主、市场经济为辅"的改革目标。1984 年，党的十二届三中全会正式提出"社会主义经济是公有制基础上的有计划的商品经济"的论断。1987 年，党的十三大正式提出社会主义有计划商品经济的体制应该是"计划与市场内在统一的体制"的论断。1992 年 10 月，党的十四大报告正式提出"我国经济体制改革的目标是建立社会主义市场经济体制"。1993 年，党的十四届三中全会作出了《关于建立社会主义市场经济体制若干问题的决定》，此后我国经济体制改革开始朝着社会主义市场经济的方向大踏步前进，在极大地解放社会生产力的同时促进了人们权利观念和法律意识的增强，民事经济纠纷日益增多并大量涌入法院，原有的民事诉讼制度出现了一系列的不适应性问题，亟待通过改革予以解决。

首先，经济体制改革催动民事经济案件数量激增，要求推动民事审判方式改革。

1982 年，《民事诉讼法（试行）》施行后，法院审判实践中仍然延续了诞生于陕甘宁边区时期的"马锡五式的审判方式"。在马锡五审判方式之下，当时法院的审判流程通常包括"谈话→调查→调解→内部研究→开庭审理→宣判"六个步骤；从诉讼理念看，重视司法过程中的法院职权干预，在"人民司法为人民"的精神宣导下，宣扬法院主动走到田间地头解决纠纷，广泛走访调查周围群众，全面调查收集证据，耐心地对当事人做说服教育工作，追求尽量以调解的方式审结案件。在法官就是

---

① 顾昂然：《谈谈民事诉讼法的补充和修改》，《人民司法》1991 年第 6 期。

"青天""父母官"的观念下，法官包办一切的观念十分流行，这就造成了"当事人动动嘴、法官跑断腿"的现象。

随着民事、经济案件数量的急剧增加，传统的马锡五审判方式的不适应性开始显现。据统计，1981年全国法院受理一审民事经济纠纷案件约68.9万件，其中经济纠纷约1.5万件；1985年一审收案数约为1981年的1.6倍，其中经济纠纷约为1981年的15.2倍；1989年一审收案数约为1981年的3.6倍，其中经济纠纷约为1981年的46.7倍（见图2-1）。到了20世纪80年代中期，随着民事经济案件几倍、几十倍的增长，繁重的"调查走访、收集证据"任务经常压得基层和中级人民法院喘不过气来。正是在这种背景下，各地法院纷纷自发地开展了"强化当事人

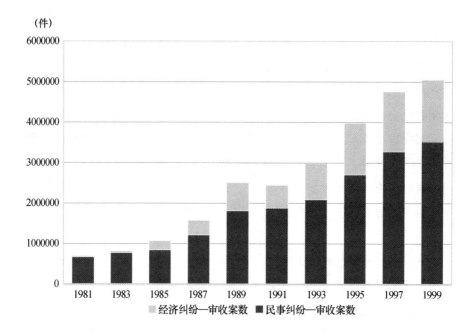

图2-1　1981—1999年全国法院民事经济一审案件增长趋势①

① 如无特别注明，本书关于人民法院收案数量的统计数据，均来源于最高人民法院编写的《人民法院司法统计历史典籍（1949—2016）》，中国民主法制出版社2017年版。

举证责任"的讨论和改革尝试，① 以便给不堪重负的法院减压、减负，民事审判方式改革由此拉开帷幕。围绕"强化当事人举证责任"的讨论和改革探索经验，部分地被 1991 年《民事诉讼法》所采纳。②

其次，一大批民事实体法相继出台，要求程序法做相应的配套修改。

1982 年，我国《民事诉讼法（试行）》起草之际，民事实体法只有《婚姻法》（1981 年 1 月）和《经济合同法》（1981 年 12 月）。1982 年以后，我国先后制定了继承法、涉外经济合同法、技术合同法、专利法、商标法、著作权法等一大批法律。特别是 1986 年制定了《民法通则》，法律所调整的民事关系的范围越来越大，过去没有或者很少发生的案件由无到有、由少到多，如抵押、承包纠纷，无因管理、不当得利纠纷，知识产权纠纷等。1984—1991 年，法院受理的民事经济案件每年以 21% 的幅度增长，婚姻案件所占比例由过去的 70% 以上逐步下降到 50% 左右；财产权益案件的比例逐年上升，债务案件收案数已上升到第二位，仅次于婚姻案件；过去很少发生的案件，如因损害名誉权、肖像权、姓名权引起的精神损害赔偿案件，不仅从无到有，而且日益增多。③ 这就要求程序法必须做好相应的衔接。例如，在 1991 年民事诉讼法修改过程中，增加了民法通则规定的宣告失踪、宣告死亡的特别程序等。

最后，民事司法实践中出现了一些新问题，也积累了一些经验，需要修改诉讼法。

《民事诉讼法（试行）》实施期间，我国民事司法实践中出现了"告状难""管辖乱""审判难""申诉难""执行难"等一系列妨碍当事人诉

---

① 较早讨论强化当事人举证责任的文献资料主要有：江西省高级人民法院的毛端稚：《经济审判应当强调当事人的举证责任》，《人民司法》1987 年第 7 期；大连市中级人民法院的严经：《经济纠纷案件审判方式应变革》，《人民司法》1987 年第 11 期；广州市中级人民法院研究室：《应当强调民事诉讼当事人的举证责任》，《人民司法》1987 年第 11 期。在广州中院的文章中谈到，"1986 年年底以前收案因证据不足至今年 8 月无从下判的案件有 271 件，其中积压两年以上的案件占 31.5%。其原因固然是多方面的，但其中因当事人提出的主张难以查证核实而延误办结期限不能不说是一个重要方面"。

② 比较 1982 年《民事诉讼法（试行）》第 56 条 1991 年《民事诉讼法》第 64 条可以发现，法院的任务发生了变化，由原来的"全面地、客观地收集和调查证据"，修改为"全面地、客观地审查核实证据"。

③ 人民司法编辑部：《民事审判工作的深刻变化》，《人民司法》1991 年第 4 期。

讼权利行使的问题。有些问题，最高法院已经制定了司法解释予以应对，但需要把这些解释上升到法律层面；有些问题迟迟没有得到妥善解决，需要通过立法来解决。

第一，"告状难"。"告状难"是人民群众反映较为强烈的一个问题。这里既有法院工作的不足，存在一些"人情案""关系案""抽屉案""口袋案"等不良现象；也有法院和群众对法院主管的范围认识不清，而产生了一些误解。[①] 为了解决这一问题，1991 年民事诉讼法修改过程中，一方面明确了法院主管的范围，规定"公民之间、法人之间、其他组织之间以及他们相互之间因财产关系和人身关系提起的民事诉讼"（第 3 条），属于法院主管的范围；另一方面完善了起诉的程序，规定"人民法院对符合本法第一百零八条的起诉，必须受理"（第 111 条），还规定"认为不符合起诉条件的，应当在七日内裁定不予受理。原告对裁定不服的，可以提起上诉"（第 120 条），将"告状难"问题纳入上级法院的监督之下。

第二，"管辖乱"。商品经济的发展使得社会利益格局发生了深刻的变化，为了保护本地企业和经济的快速发展，出现了较为普遍的地方保护主义。王汉斌副委员长在民事诉讼法修正草案说明中指出，"有些地方法院受地方保护主义影响，对合同纠纷案件，不属于自己管辖的，也抢着受理争管辖"[②]。为解决这一问题，1991 年民事诉讼法修改过程中，增设了"合同案件的协议管辖制度"（第 25 条）、"管辖权异议制度"（第 38 条）。

第三，"审判难"。实践中不少当事人不但不配合法院的审判活动，还肆意妨害法院的审判工作，导致审判工作难以正常开展。"在人民法院审理民事案件过程中，有的当事人拒不到庭，有的伪造、毁灭证据，有的将已被查封、扣押的财产予以转移，有的甚至冲击、大闹法庭，阻碍司法工作人员执行职务，等等，使人民法院审判工作不能顺利进行甚至

---

① 高洪宾：《保护当事人的诉讼权利是民事诉讼法的首要任务》，《人民司法》1991 年第 7 期。

② 王汉斌：《关于〈中华人民共和国民事诉讼法（试行）〉（修改草案）的说明》，《中华人民共和国国务院公报》1991 年第 13 期。

不能进行。"① 为了维护司法权威和诉讼秩序，1991 年民事诉讼法修改过程中，增加规定了"拘传""缺席判决""按撤诉处理"，以及一系列对妨害诉讼的行为的强制措施。

第四，"执行难"。人民法院执行难的问题始见于 80 年代中期，在经济审判和执行中最为突出。据统计，经济纠纷案件判决后未能执行的，1985 年、1986 年为 20% 左右，1987 年上升到 30% 左右，有的省高达 40% 以上。1988 年 4 月，最高法院工作报告中首次提到了执行难问题，"经济审判工作中最突出的问题是判决难以执行"，虽然各地法院采取了措施，扭转了"重审判、轻执行"的观念，"但执行难的状况仍在继续发展"②。为了解决实践中存在的"执行难"问题，1991 年民事诉讼法修改过程中，除增加了妨害执行行为的强制措施，还在执行程序中补充规定了一些新的执行措施。

（三）1991 年以后"民事审判庭方式改革"的纵深发展

始于 20 世纪 80 年代末期的"强化当事人举证责任"的讨论和改革尝试，无意间成了中国民事司法制度全面改革的"导火索"。从改革逻辑来看，最终沿着"强化当事人举证责任—庭审方式改革—审判方式改革—审判制度改革—诉讼制度改革—司法制度改革"的轨迹不断向纵深推进。

这是因为，"强化当事人举证责任"的一个后果是，原来主要由法院收集的证据现在转而主要由当事人自行收集和提供了，怎么保障当事人提供的证据的真实性、可信性呢？于是，各地法院在推动"强化当事人举证责任"的改革举措之后，不可避免地要探索"当庭质证"的问题。当事人当庭质证之后，要不要当庭认证、当庭判决？这就需要开展以"当庭举证、当庭质证、当庭认证、当庭判决"为主要内容的"庭审方式改革"。但在当时，合议庭认定事实、作出判决通常要"先内部研究，报

---

① 王汉斌：《关于〈中华人民共和国民事诉讼法（试行）〉（修改草案）的说明》，《中华人民共和国国务院公报》1991 年第 13 期。

② 郑天翔：《最高人民法院工作报告——1988 年 4 月 1 日在第七届全国人民代表大会第一次会议上》，《中华人民共和国最高人民法院公报》1988 年第 2 期。

庭长、院长和审判委员会决定"①，庭审方式改革必然要求"强化合议庭职责"，必然对过去"审者不判、判者不审"的现象进行改革，这样，"庭审方式改革"就进一步发展成为法院"审判方式改革"②。

在审判方式改革中，为了克服传统民事审判中"先调查后开庭、先定后审"等庭审走过场的问题，一些法院在改革中又走进了"一步到庭"的误区③，这连锁性地引发对审前准备程序④、民事诉讼模式⑤、民事证据制度⑥等一系列问题的讨论，产生了对"民事诉讼制度"进行整体改革的需求，民事审判方式改革遂演进为民事诉讼制度的全面改革。

有关民事审判方式和诉讼制度改革的讨论，不可避免地会触及审判组织、审判主体的相关问题，于是在学术界引发了"审判委员会存废"⑦的大讨论，引爆了"复转军人进法院"⑧的议题，进而在 2000 年前后引发了法律专业人才选拔机制（法律职业资格考试）改革的议题。随着 21 世纪的到来，中国民事审判方式改革的议题逐渐转换为司法制度和体制

---

① 黄松有：《渐进与过渡：民事审判方式改革的冷思考》，《法学研究》2000 年第 4 期。

② 参见辜汉福、刘永盛《市场经济与经济审判方式改革》，《法学》1993 年第 10 期；涂文忠：《民事审判方式改革的价值目标及其实现》，《法商研究》1995 年第 5 期；景汉朝、卢子娟：《经济审判方式改革若干问题研究》，《法学研究》1997 年第 5 期等。

③ 参见王栋《当前"一步到庭"审判方式存在的问题及改进思路》，《山东审判》1997 年第 2 期；周永萍：《谈审理前准备程序的改革：兼评一步到庭》，《中央政法管理干部学院学报》1998 年第 5 期等。

④ 参见陈桂明、张锋《审前准备程序比较研究》，《诉讼法论丛》1998 年第 1 期；占善刚：《完善民事诉讼审前准备程序之构想》，《现代法学》2000 年第 1 期等。

⑤ 参见王韶华《试析民事诉讼中超职权主义现象》，《中外法学》1991 年第 2 期；左卫民：《实体真实、价值观和诉讼程序——职权主义与当事人主义诉讼模式的法理分析》，载《学习与探索》1992 年第 1 期；张卫平：《当事人主义与职权主义》，《外国法学研究》1993 年第 1 期；田平安：《我国民事诉讼模式构筑初探》，《中外法学》1994 年第 5 期；江伟、刘荣军：《民事诉讼中当事人与法院的作用分担——兼论民事诉讼模式》，《法学家》1999 年第 3 期。

⑥ 参见陈一云《证据学》，中国人民大学出版社 1991 年版；樊崇义：《客观真实管见》，《中国法学》2000 年第 1 期；陈瑞华：《从认识论走向价值论》，《法学》2001 年第 1 期；易延友：《证据法学的理论基础——以裁判事实的可接受性为中心》，《法学研究》2004 年第 1 期等。

⑦ 参见陈桂明《审判独立新论——以民事诉讼为重点的研究》，《河北法学》1996 年第 3 期；苏力：《基层法院审判委员会制度的考察及思考》，《北大法律评论》1998 年第 2 期；周盛盈：《审判制度改革：司法制度改革的突破口》，《中国律师》1998 年第 3 期；贺卫方：《适时取消"审判委员会"》，《中国改革》1999 年第 5 期等。

⑧ 龙宗智：《评贺卫方〈复转军人进法院〉一文》，《法学》1998 年第 6 期。

改革议题。

第三节　21 世纪的中国民事司法改革

1987 年对于中国民事司法改革是具有特殊意义的一年。一方面，1987 年部分地方法院基于审判实践的需求，开始自发酝酿以"强化当事人举证责任"为主题的审判方式改革；另一方面，1987 年 10 月党的十三大报告指出，"经济体制改革的展开和深入，对政治体制改革提出了愈益紧迫的要求"①，改革方向包括"实行党政分开""进一步下放权力""改革政府工作机构""加强社会主义法制建设"等七个方面，在法制建设方面强调了"保障司法机关依法独立行使职权"的内容。两条改革主线最终在"司法体制和司法制度改革"领域进行了汇聚，并在新时代向着"全面依法治国"视野下的司法领域的系统性改革转向。

一　21 世纪中国司法改革的演进历程

1997 年，党的十五大报告在深化政治体制改革的基础上，首次明确提出"推进司法改革"。报告指出："继续推进政治体制改革，进一步扩大社会主义民主，健全社会主义法制，依法治国，建设社会主义法治国家。""推进司法改革，从制度上保证司法机关依法独立公正地行使审判权和检察权，建立冤案、错案责任追究制度。加强执法和司法队伍建设。"② 根据党的十五大报告精神，1999 年 3 月第九届全国人大二次会议将"依法治国"的基本方略载入宪法，1999 年 10 月最高人民法院印发的《人民法院五年改革纲要》（以下简称《一五纲要》）明确指出"人民法

---

① 党的十三大报告对政治体制改革的背景作出了如下判断："我国现行的政治体制，是脱胎于革命战争年代而在社会主义改造时期基本确立的，是在大规模群众运动和不断强化指令性计划的过程中发展起来的。它不适应在和平条件下进行经济、政治、文化等多方面的现代化建设，不适应发展社会主义商品经济。"参见赵紫阳《沿着有中国特色的社会主义道路前进——在中国共产党第十三次全国代表大会上的报告》（1987 年 10 月 25 日），《党的建设》1987 年第 11 期。

② 江泽民：《高举邓小平理论伟大旗帜，把建设有中国特色社会主义事业全面推向二十一世纪——在中国共产党第十五次全国代表大会上的报告》，《党建研究》1997 年第 10 期。

院的改革是我国司法改革的重要组成部分",该报告在深刻分析司法地方保护主义、司法行政化、司法人员专业化等问题的基础上认为"人民法院的改革势在必行",并从进一步深化审判方式改革、建立符合审判工作规律的审判组织形式、科学设置法院内设机构、深化法院人事管理制度改革、加强和完善法官交流和轮岗制度、加强法院办公现代化建设以提高效率、加强制度建设保障司法公正廉洁七个方面设置了法院改革的具体任务及其改革目标。在司法改革的宏观语境下,人民法院改革的《一五纲要》在落实政治体制改革、推进司法改革方面具有承上启下的关键意义,标志着司法改革开始进入实质化阶段。

2001—2003 年,中央层面围绕"司法体制改革"提出了一系列新构想,确定了中国在 21 世纪前十年司法体制改革的基调。2001 年 1 月时任最高人民法院院长的肖扬在全国高级法院院长会议上指出,"公正和效率是新世纪人民法院的工作主题"。2003 年 8 月,肖扬院长在全国高级法院院长会议上的讲话中进一步指出,"司法为民是新世纪人民法院工作的宗旨"①,并就司法为民的内涵、要求、特征进行了系统的阐述。而在这一时期,党中央也着手司法改革的具体部署工作。2002 年 10 月,党的十六大报告中首次将"司法改革"的用语调整为"司法体制改革",明确将其纳入政治体制改革的范畴,并对"推进司法体制改革"作了总体部署。2003 年 4 月,中共中央政法委员会向中共中央报送了《关于进一步推进司法体制改革的建议的请示》,2003 年 5 月,中共中央决定在中央直接领导下成立由中央政法委员会、全国人大内务司法委员会、政法各部门、国务院法制办及中央编制办的负责人组成的中央司法体制改革领导小组,全面领导司法体制改革工作。中央司法体制改革领导小组于 2004 年年底形成了《中央司法体制改革领导小组关于司法体制和工作机制改革的初步意见》,提出了 10 个方面 35 项司法改革任务。该文件经中央批准下发后,最高人民法院、最高人民检察院、中华人民共和国公安部、中华人民共和国司法部相继成立了本部门的司法改革领导小组,并分别出台了《人民法院第二个五年改革纲要》《关于进一步深化检察改革的三年实施

---

①　佚名:《司法为民是根本》,《人民法院报》2003 年 8 月 25 日第 1 版。

意见》等文件。根据 2007 年党的十七大报告提出的"深化司法体制改革"的要求,2008 年 11 月中共中央政治局原则通过了《中央政法委员会关于深化司法体制和工作机制改革若干问题的意见》,之后,最高人民法院和最高人民检察院也相继宣布了各自的改革方案。

　　2012 年党的十八大以来,随着中国特色社会主义进入新时代,司法体制改革也进入了全面布局和深化推进的新阶段。党的十八大报告首次在"政治发展道路和推进政治体制改革"的标题下对"全面推进依法治国"做专门论述,首次将"法治"提升到"治国理政的基本方式"的高度,要求"进一步深化司法体制改革,坚持和完善中国特色社会主义司法制度,确保审判机关、检察机关依法独立公正行使审判权、检察权"①。2014 年 10 月,党的十八届四中全会通过了《中共中央关于全面推进依法治国若干重大问题的决定》,从治国理政方式转型的角度对"全面推进依法治国"作出总体战略部署,实现了对"司法体制改革"传统论述的超越,提出全面推进依法治国的总目标"是建设中国特色社会主义法治体系,建设社会主义法治国家"②。该决定第四部分以"保证公正司法,提高司法公信力"为主题,在强调司法公正对于法治、对于社会公正的关键性意义的基础上指出"必须完善司法管理体制和司法权力运行机制,规范司法行为,加强对司法活动的监督",以达到"努力让人民群众在每一个司法案件中感受到公平正义"的司法效果。该决定还围绕完善确保依法独立公正行使审判权和检察权的制度、优化司法职权配置、推进严格司法、保障人民群众参与司法、加强人权司法保障和加强对司法活动的监督六个方面,对司法改革进行了系统性和战略性部署。从中可以发现两个重要的转换,一是在"全面推进依法治国"和"科学立法、严格执法、公正司法、全民守法"的宏观语境下,司法领域的改革仅是法治改革中的一环,在司法改革中将"公正"赋予了最高价值目标的地位;二是"司法体制改革"不再是改革的中心主题,其仅仅是"优化司法职

---

　　①　胡锦涛:《坚定不移沿着中国特色社会主义道路前进,为全面建成小康社会而奋斗——在中国共产党第十八次全国代表大会上的报告》,《求是》2012 年第 22 期。

　　②　《中共中央关于全面推进依法治国若干重大问题的决定》,《人民日报》2014 年 10 月 29 日第 1 版。

权配置"项下的一个内容，司法改革的重心向司法管理体制、司法权运行机制、司法权监督机制等多领域多视角扩散。

如果说 2003 年"司法体制改革"用语的提出和"中央司法体制改革领导小组"的成立，是对当时法学界和实务界关于"司法改革"议题的热烈关注的回应，开始将司法体制改革置于政治体制改革的高度，并着眼于中国基层司法机关层出不穷的改革探索的政治合法性的话①；那么，2014 年《中共中央关于全面推进依法治国若干重大问题的决定》则实现了这一逻辑的根本性转换，开始在"治国理政的基本方式"和"全面推进依法治国的基本方略"的全局性视野下探讨司法领域深化改革的深层次问题，改革的最终目的则是"司法为民"即"努力让人民群众在每一个司法案件中感受到公平正义"，在改革过程中逐渐形成了习近平法治思想中的司法改革理论。

二 习近平法治思想中的司法改革理论

党的十八大以来形成的司法改革理论，是习近平法治思想的重要组成部分，对民事司法改革、刑事司法改革等具有宏观指导意义。概括来看，这一理论体系包括以下六个方面的核心内容。

第一，司法改革的价值论。习近平法治思想中的司法改革理论，具有鲜明的人民性，形成了为了人民、人民参与和人民满意前提下的价值目标体系。习近平总书记指出，必须坚持人民司法为人民，保障人民参与，并由人民评判改革成效，"司法体制改革成效如何，说一千道一万，要由人民来评判，归根到底要看司法公信力是不是提高了。……把解决了多少问题、人民群众对问题解决的满意度作为评判改革成效的标准"②。在此前提下，形成了公正、效率、人权等改革价值目标体系。例如，关于司法公正。习近平总书记始终将公正视为司法的最高价值目标加以强调，"司法是维护社会公平正义的最后一道防线。公正是司法的灵魂和生

---

① 万毅：《转折与展望：评中央成立司法改革领导小组》，《法学》2003 年第 8 期。
② 习近平：《论坚持全面依法治国》，中央文献出版社 2020 年版，第 147 页。

命"①。可以说,党的十八大以来推行的所有改革举措,无论是宏观的司法管理体制、司法权运行机制、司法职业制度改革,还是《领导干部干预司法活动、插手具体案件处理的记录、通报和责任追究规定》等具体举措,都是围绕司法公正而展开的。而司法是否公正的最终评价标准是人民群众是否满意,"要努力让人民群众在每一个司法案件中都感受到公平正义,决不能让不公正的审判伤害人民群众感情、损害人民群众权益"②。再如,关于司法效率。针对审判实践中日益突出的案多人少的矛盾问题,习近平总书记认为不仅要加强诉源治理、减少纠纷进入法院的数量,也要优化诉讼程序制度的设计,"要深化诉讼制度改革,推进案件繁简分流、轻重分离、快慢分道"③。又如,关于人权保障。习近平总书记重新解释了"权利救济"观,认为人权司法保障状况是一面反映人权保护水平的镜子,把"完善人权司法保障制度"确立为深化司法体制改革的重要方面。④

第二,司法改革的方法论。一国司法制度总体上属于政治上层建筑的范畴,司法改革不能脱离一个国家的政治体制、基本国情和文化传统,因此,改革首先要解决走什么路、由谁领导、改革要解决什么问题,以及如何与时俱进不断创新发展等问题。正如习近平总书记强调的:"每一种法治形态背后都有一套政治理论,每一种法治模式当中都有一种政治逻辑,每一条法治道路底下都有一种政治立场。"⑤ 因此,司法改革必须坚持党的领导和正确的政治方向,"党的领导是社会主义法治的根本保证,坚持党的领导是我国社会主义司法制度的根本特征和政治优势。深化司法体制改革,必须在党的统一领导下进行,坚持和完善我国社会主义司法制度"⑥。习近平总书记还强调,深化司法体制改革需要借鉴人类

① 习近平:《论坚持全面依法治国》,中央文献出版社 2020 年版,第 147 页。
② 习近平:《论坚持全面依法治国》,中央文献出版社 2020 年版,第 205 页。
③ 习近平:《论坚持全面依法治国》,中央文献出版社 2020 年版,第 248 页。
④ 习近平:《论坚持全面依法治国》,中央文献出版社 2020 年版,第 60 页。
⑤ 中共中央文献研究室:《习近平关于全面依法治国论述摘编》,中央文献出版社 2015 年版,第 34 页。
⑥ 习近平:《论坚持全面依法治国》,中央文献出版社 2020 年版,第 147 页。

法治文明的有益成果，但在根本上必须从社会主义初级阶段的基本国情出发，"评价一个国家的司法制度，关键是看是否符合国情、能否解决本国实际问题"①。深化司法改革，既需要传承中华优秀传统文化，也要遵循司法规律，与时俱进进行技术创新与制度创新相结合，"要遵循司法规律，把深化司法体制改革和现代科技应用结合起来，不断完善和发展中国特色社会主义司法制度"②。

第三，司法管理体制改革论。在司法改革的框架体系中，司法管理体制改革居于基础性、统领性地位，成为改革中备受关注的问题。习近平总书记深刻把握司法规律和中国国情，作出了一系列重要判断和论述。其一，针对党的十八届三中全会提出的"推动省以下地方法院、检察院人财物统一管理"体制改革，习近平总书记指出，"我国是单一制国家，司法权从根本上说是中央事权"，因此司法机关人财物本应由中央统一管理和保障；但"考虑到全国法官、检察官数量大，统一收归中央一级管理和保障，在现阶段难以做到，这次改革主要推动建立省以下地方法院和检察院法官、检察官编制统一管理制度"③。其二，针对党的十八届四中全会提出的"探索设立跨行政区划的人民法院和人民检察院，办理跨地区案件"的改革举措，习近平总书记指出，"这有利于排除对审判工作和检察工作的干扰、保障法院和检察院依法独立公正行使审判权和检察权，有利于构建普通案件在行政区划法院审理、特殊案件在跨行政区划法院审理的诉讼格局"④。其三，针对党的十八届四中全会提出的"最高人民法院设立巡回法庭，审理跨行政区域的重大行政和民商事案件"的改革举措，习近平总书记指出："这样做，有利于审判机关重心下移、就地解决纠纷、方便当事人诉讼，有利于最高人民法院本部集中精力制定司法政策和司法解释、审理对统一法律适用有重大指导意义的案件。"⑤

---

① 习近平：《论坚持全面依法治国》，中央文献出版社 2020 年版，第 59 页。

② 《习近平对司法体制改革作出重要指示强调　坚定不移推进司法体制改革　坚定不移走中国特色社会主义法治道路》，《人民日报》2017 年 7 月 11 日第 1 版。

③ 习近平：《论坚持全面依法治国》，中央文献出版社 2020 年版，第 62 页。

④ 习近平：《论坚持全面依法治国》，中央文献出版社 2020 年版，第 100 页。

⑤ 习近平：《论坚持全面依法治国》，中央文献出版社 2020 年版，第 99—100 页。

第四，司法权运行机制改革论。司法权是一种国家公权力，但又与行政权、立法权不同，司法权的运行如果不遵循司法规律，就无法实现司法公正和让人民群众满意的改革目标。围绕让司法权运行符合司法规律和权力运行规律，党的十八大以来主要进行了以下改革探索：其一，着力解决司法权运行行政化的问题，推行司法责任制改革。针对过往"司法行政化问题突出，审者不判、判者不审"的问题，习近平总书记多次强调，"要抓住司法责任制这个牛鼻子，深入研究司法责任制综合配套改革方案，加快构建权责一致的司法权运行新机制"①。为此，党的十八届三中全会审议通过的《中共中央关于全面深化改革若干重大问题的决定》提出的一个核心改革举措就是"完善主审法官、合议庭办案责任制，让审理者裁判、由裁判者负责"，保障法官独立办案并对办案结果负责的工作机制畅通。其二，着力解决司法权滥用的问题，建立责任追究制度。2015 年《最高人民法院关于完善人民法院司法责任制的若干意见》、2017 年《最高人民检察院机关司法责任制改革实施意见（试行）》、2019 年《最高人民法院关于深化人民法院司法体制综合配套改革的意见——人民法院第五个五年改革纲要（2019—2023）》和 2020 年中共中央办公厅印发的《关于深化司法责任制综合配套改革的意见》，持续聚焦了这一个改革议题。其三，加强对司法权的制约和监督，推进制度化建设。习近平总书记反复强调，"要聚焦人民群众反映强烈的突出问题，抓紧完善权力运行监督和制约机制，坚决防止执法不严、司法不公甚至执法犯法、司法腐败"②。党的十八大以来，监察制度改革、领导干部干预司法插手具体案件责任追究等制度的建立，即是对这一问题的有效回应。

第五，司法机关职能改革论。深化司法机关职能改革，是新时代对司法改革提出的更高层次、更高质量的改革要求。2019 年，习近平总书记在中央政法工作会议上指出，"政法系统要在更高起点上，推动改革取得新的突破性进展，加快构建优化协同高效的政法机构职能体系"③。这

①　习近平：《论坚持全面依法治国》，中央文献出版社 2020 年版，第 234 页。
②　习近平：《论坚持全面依法治国》，中央文献出版社 2020 年版，第 248 页。
③　习近平：《论坚持全面依法治国》，中央文献出版社 2020 年版，第 248 页。

些改革体现在三个层次上：其一，在不同司法机关之间的职能关系上，要求"健全纪检监察机关、公安机关、检察机关、审判机关、司法行政机关各司其职，侦查权、检察权、审判权、执行权相互配合的体制机制等"①。其二，在同一司法系统上下级机关之间的职能关系上，要求优化各自的职能定位。例如，关于法院审判的审级制度的完善，2014年党的十八届四中全会提出的改革目标是：一审重在解决事实认定和法律适用；二审重在解决事实法律争议、实现二审终审；再审重在解决依法纠错、维护裁判权威。根据改革不断深化的需要，2021年5月中央全面深化改革委员会审议通过了《关于完善四级法院审级职能定位改革的方案》，2021年9月最高人民法院印发了《关于完善四级法院审级职能定位改革试点的实施办法》，确立了以下改革目标：基层人民法院重在准确查明事实、实质化解纠纷；中级人民法院重在二审有效终审、精准定分止争；高级人民法院重在再审依法纠错、统一裁判尺度；最高人民法院监督指导全国审判工作、确保法律正确统一适用。目前，这项改革正在不断推进中。其三，在一个司法机关内部，不断推动内设机构和人员分类管理的改革走向深化。习近平总书记指出："要推进政法机关内设机构改革，优化职能配置、机构设置、人员编制，让运行更加顺畅高效。"②

第六，司法职业制度改革论。古语曰："徒法不能以自行。"在依法治国的时代，迫切需要一批高素质、专业化的法律职业人才。实践表明，没有高素质的司法专业人才，就无法保障司法公正和司法公信力。在20世纪90年代末期"复转军人进法院"、山西某法院"三盲院长"等舆论事件的推动下，为了解决我国原有的律师资格、法官资格和检察官资格考试极不统一的问题，我国推动了法律职业人才选拔考试制度改革，2001年通过修改《法官法》《检察官法》《律师法》正式建立了国家统一司法考试制度。在进入全面依法治国的新时代以后，法治建设对正规化、专业化、职业化的法律人才提出了更高的要求。2014年党的十八届四中

---

① 习近平：《坚定不移走中国特色社会主义法治道路 为全面建设社会主义现代化国家提供有力法治保障》，《求是》2021年第5期。

② 习近平：《论坚持全面依法治国》，中央文献出版社2020年版，第248页。

全会提出,要建设高素质法治专门队伍,全面推进法院队伍正规化、专业化、职业化建设,提高法官的职业素养和专业水平。此后,2014 年最高人民法院发布了《人民法院第四个五年改革纲要(2014—2018 年)》,将推动以司法人员分类管理为核心的人事制度改革作为一项重要任务,在 2016—2017 年间全国法院系统完成了员额制改革的任务。2018 年司法部根据法律人才正规化、专业化、职业化建设需要,对司法考试制度再次进行改革,建立了国家统一法律职业资格考试制度。与此同时,司法系统还推动了司法人员依法履职和职业保障制度改革,习近平总书记强调:"要给予特殊的关爱,做到政治上激励、工作上鼓劲、待遇上保障、人文上关怀,千方百计帮助解决各种实际困难,让干警安身、安心、安业。"①

三 民事司法改革的主要议题与展开逻辑

进入 21 世纪以后,特别是党的十八大以来,民事司法改革成为国家治理体系和治理能力现代化宏观战略下的一项改革任务。具体来说,"全面推进依法治国"是新时代"国家治理体系和治理能力现代化"的子系统,"司法改革"是"全面推进依法治国"的子系统,"民事司法改革"是"司法改革"的子系统。这一时期的民事司法改革议题众多,此处仅按照时间顺序作概括性描述。

(一)21 世纪初期关于《民事诉讼法》修改的呼声

到了 21 世纪初期,要求对 1991 年颁行的《民事诉讼法》进行修改的呼声已经较为响亮。在 2001 年 4 月召开的"纪念民事诉讼法颁行 10 周年学术研讨会"上,有学者就提出了修改民事诉讼法的建议。② 之后,修法的声浪逐渐高涨。在 2002 年 11 月中国法学会诉讼法学研究会年度学术会议上,与会代表即普遍认为"修改现行民事诉讼法势在必行"③。从修

---

① 习近平:《论坚持全面依法治国》,中央文献出版社 2020 年版,第 249 页。
② 郭士辉:《民事诉讼法的修改应提上日程——纪念民事诉讼法颁行 10 周年学术研讨会综述》,《人民法院报》2001 年 4 月 18 日第 3 版。
③ 叶青、王超、王刚:《中国法学会诉讼法学研究会 2002 年年会综述》,《法学》2002 年第 12 期。

改的必要性看，除了市场经济、依法治国大的时代背景外，民事审判方式改革的推进与民事诉讼中诸多原则和制度出现不协调，现代科学技术的迅猛发展要求民事诉讼法进行回应，诉讼外纠纷解决机制与诉讼制度存在不协调之处，民事审判方式改革产生了司法解释泛滥需要通过修法予以吸收等，是当时学术界较为共性的认识。从修改的具体主张看，当时学者的主张主要包括：（1）调整民事诉讼法的指导思想，如进一步弱化职权主义、强化当事人主义等；（2）清理民事诉讼立法中的基本原则；（3）完善证据立法；（4）制定单独的强制执行法；（5）破产程序和海事特别程序法应当单独立法；（6）修改再审制度；（7）赋予检察机关公益诉讼职权；（8）简易程序规定过于简单，应进一步完善等。与此同时，在最高人民法院起草的"民事诉讼程序改革报告"中也呈现对民事诉讼法系统修改的倾向，主要围绕简易程序的完善、民事证据规则的完善、三审终审制的倡导、再审制度改革与取消检察抗诉制度、民事执行立法等几个议题。① 尽管学术界和实务界修法呼声颇高，但直到 2007 年才迎来了《民事诉讼法》的第一次修改。

除了呼吁对《民事诉讼法》进行系统修改外，这一时期还有两项单独的立法议题值得关注。

其一，起草和制定"证据法"。在立法"宜粗不宜细"的指导思想下，1991 年《民事诉讼法》中涉及证据运用的只有 12 个条文（第 63—74 条），尽管最高人民法院在民事审判方式改革过程中出台了一些司法解释丰富了证据规范，如 1992 年最高人民法院《关于适用〈中华人民共和国民事诉讼法〉若干问题的意见》中有 9 个条文，1998 年最高人民法院《关于民事经济审判方式改革问题的若干规定》中有 30 个条文，但还是远不能满足审判实践的需要。在此背景下，各地法院纷纷探索制定本法院的证据规则。从 1998 年湖南省高级人民法院发布的《经济纠纷诉讼证据规则（试行）》算起，到 2001 年各地法院出台的地方性证据规则已有

---

① 该研究报告是以最高人民法院民事诉讼法调研小组的名义完成的，是最高人民法院立项的重点调研课题，在一定程度上代表了最高人民法院的意见。参见最高人民法院民事诉讼法调研小组《民事诉讼程序改革报告》，法律出版社 2003 年版。

数十部之多，如 1999 年 9 月 1 日广东省高级人民法院发布的《广东省民事、经济纠纷案件庭前交换证据暂行规则》、2000 年 7 月 4 日合肥市中级人民法院发布的《民事诉讼证据规则（试行）》、2001 年 6 月 13 日上海市高级人民法院发布的《上海法院调查令实施规则》、2001 年 7 月 12 日山东省高级人民法院《民事诉讼证据规则（试行）》、2001 年 9 月 17 日北京市高级人民法院发布的《办理各类案件有关证据问题的规定》等。与此同时，学术界围绕证据立法的讨论热情高涨，出现了多个版本的"证据法学者建议稿"①。但是，证据法并没有纳入全国人大的立法规划，随着 2002 年最高人民法院《关于民事诉讼证据的若干规定》（83 个条文）的实施，有关证据立法的研究热情逐渐冷却下来。

其二，起草和制定"民事强制执行法"。对制定民事强制执行法的学术讨论，源于实践中长期存在的"执行难"问题。早在 1987 年的全国法院工作会议上，就首次对"执行难"问题进行了专门讨论。之后，"执行难"几乎每年都出现在最高人民法院的"两会"工作报告中。为了解决"执行难"问题，中共中央于 1999 年 7 月下发了《关于转发〈中共最高法院党组关于解决人民法院"执行难"问题的报告〉的通知》，此后在全国范围内先后开展了多次规模较大的集中清理执行积案活动。从 1999 年开始，最高人民法院就着手起草"强制执行法（草案）"，到 2011 年已完成了"强制执行法草案（第 6 稿）"。与此同时，学术界也加强了对强制执行立法的研究，出现了"专家建议稿"②。但是，立法机关一直未将民

---

① 当时，有不少学者主张制定统一的证据法典。例如，毕玉谦教授 2000 年 5 月主持了国家社会科学基金项目，最终成果《中国证据法草案建议稿及论证》由法律出版社 2003 年出版，该建议稿共分七章，即第一章"总则"、第二章"证据的可采性"、第三章"证据与证据方式"、第四章"举证时限与证据交换"、第五章"证据保全"、第六章"证明"、第七章"附则"，共计236 条。再如，江伟教授 2001 年主持了教育部人文社科基金项目，最终成果《中国证据法草案建议稿及立法理由书》（第四稿）由中国人民大学出版社 2004 年出版，该建议稿共分六章，即第一章"通则"、第二章"证据"、第三章"证明负担分配及承受"、第四章"证明标准与证据判断"、第五章"法律责任"、第六章"附项"，共 184 条。

② 例如，在杨荣馨主编的《〈中华人民共和国强制执行法（专家建议稿）〉立法理由、立法例参考与立法意义》（厦门大学出版社 2011 年版）中，就主张将《民事诉讼法》的执行程序编单独立法，以克服执行难顽症，全面促进执行工作。该建议稿将"强制执行法"分为八编、三十四章、三百六十六条。

事执行立法纳入立法规划，使民事强制执行立法成了一个长期悬而未决的"烂尾工程"。

（二）2007 年《民事诉讼法》的第一次修改

为了呼应理论界和实务界的立法修改呼声，第十届全国人大常委会于 2003 年 12 月将《民事诉讼法》的全面修改纳入了"五年立法规划"。在此之后，学术界围绕民事诉讼法修改的众多议题进行了热烈研讨，标志性的成果就是中国人民大学江伟教授主持的"民事诉讼法修改建议稿"①，这标志着中国民事诉讼法学理论研究繁荣发展已经到了可以反哺民事诉讼法全面修改的程度。

但是，全国人大常委会一直未能实质性启动《民事诉讼法》的修改工作，直到第十届全国人大任期届满的最后一年即 2007 年，才仓促启动立法修改工作。2007 年 10 月 28 日，第十届全国人大常委会第三十次会议审议通过了《关于修改〈中华人民共和国民事诉讼法〉的决定》，共19 条修正案，除删除"企业法人破产还债程序"之外，此次立法修改只聚焦了两个议题，一是修改了再审程序以解决"申诉难"，二是修改了执行程序以解决"执行难""执行乱"。

这次修改招致了理论界的批评：一是修法仓促上阵，因为十届人大常委会次年（2008 年 3 月）就到期了，故在 2007 年 10 月临时上阵，有完成任务的功利主义和部门利益的考虑；二是修法的民主性不够，仅仅在人大常委会表决前临时召集诉讼法学界的"三老一小"（江伟、杨荣新、刘家兴、陈桂明）四人开了一个短暂的讨论会，未经学术界充分参与和讨论；三是修法的科学性不足，且不论民事经济审判方式改革以来涉及的数十个热点议题未涉及，修正案中为数不多的十九个条文也存在偏差等。② 2007

---

① 2003 年 11 月，江伟等人向中国法学会诉讼法学研究会年会提交了"民事诉讼法学者修改建议稿草稿"。2005 年，该专家建议稿修改到了第三稿，并由人民法院出版社出版。参见江伟《〈中华人民共和国民事诉讼法〉修改建议稿（第三稿）及立法理由》，人民法院出版社 2005 年版。

② 参见赵钢《仓促的修订、局部的完善——对关于修改〈中华人民共和国民事诉讼法〉的决定的初步解读》，《法学评论》2008 年第 1 期；蔡虹：《民事诉讼法修改与民事检察监督》，《山东警察学院学报》2008 年第 1 期；陈桂明：《再审事由应当如何确定——兼评 2007 年民事诉讼法修改之得失》，《法学家》2007 年第 6 期；张卫平：《再审事由构成再探讨》，《法学家》2007 年第 6 期。

年《民事诉讼法》第一次修改存在的种种问题，为后续再次进行立法修改埋下了伏笔。

（三）党的十八大以来的民诉法修改和民事司法改革

2010 年，全国人大常委会再次将全面修改民事诉讼法纳入立法规划。2012 年党的十八大以来《民事诉讼法》又经历了四次修改：（1）2012 年 8 月 31 日，第十一届全国人大常委会第二十八次会议决定修改《民事诉讼法》，共 60 条修正案，涉及诚实信用原则、公益诉讼、小额诉讼、第三人撤销之诉、司法确认调解协议的特别程序等广泛的新原则、新制度和新程序，修改后的《民事诉讼法》共四编 27 章 284 个条文。（2）2017 年 6 月 27 日，第十二届全国人大常委会第二十八次会议决定修改《民事诉讼法》，只涉及一个条款，即在第 55 条第 2 款增加规定检察机关的公益诉权。（3）2021 年 12 月 24 日，第十三届全国人大常委会第三十二次会议决定修改《民事诉讼法》，这次修改新增 7 个条文，修改调整 26 个条文，其中 20 处实质性的修改均与民事诉讼程序繁简分流改革试点工作经验的吸纳有关。这次修改可谓是聚焦"繁简分流"改革的"专项小修"，修改内容在学术界和社会各界引起了热烈的讨论和争鸣。① （4）2022 年 12 月 27 日，由最高人民法院起草的"民事诉讼法修正草案"初次提请全国人大常委会会议审议，随后向社会公开征求意见，这次修改的重点是涉外民事诉讼程序，但也涉及较多国内民事诉讼程序的内容，共涉及 29 个条文，其中新增条文 16 条，修改条文 13 条。② 2023 年 9 月 1 日，第十四届全国人民代表大会常务委员会第五次会议通过了《关于修改〈中华人民共和国民事诉讼法的〉决定》，修改调整了 26 个条文，主要涉及涉外民事诉讼程序、特别程序和虚假诉讼的惩治等

---

① 据不完全统计，2021 年 11—12 月各地学术组织围绕民事诉讼法修改举行的研讨会超过 20 场，如中国法学会民事诉讼法学研究会、复旦大学司法与诉讼制度研究中心、河南省法学会民事诉讼法学研究会、陕西省法学会民事诉讼法学研究会、西南政法大学民事诉讼法学科、黑龙江省法学会诉讼法学研究会等都组织了相关专题研讨会。

② 《民事诉讼法（修正草案）征求意见》，中国人大网，http：//www.npc.gov.cn/flcaw/more.html，2023 年 1 月 5 日。

内容，自 2024 年 1 月 1 日起生效。①

值得注意的是，党的十八大以来关于民事司法改革的众多举措，有些已通过立法修改被纳入了《民事诉讼法》之中，有些仍然只体现在司法解释和有关改革文件中。归纳来看，主要有以下七大改革议题：

第一，立案登记制改革。2014 年党的十八届四中全会通过的《关于全面推进依法治国若干重大问题的决定》明确指出：改革案件受理制度，变立案审查制为立案登记制，对人民法院依法应该受理的案件，做到有案必立、有诉必理。从改革背景看，一是呼应了 20 世纪 70 年代以来世界范围内诉权保障宪法化的趋势，二是重点解决我国司法实践中有案不立、有诉不理、拖延立案、增加门槛等"立案难"的问题，切实保障人民群众的诉权。2015 年以后，随着中央深化改革领导小组《关于人民法院推行立案登记制改革的意见》、最高人民法院《关于人民法院登记立案若干问题的规定》等改革文件的实施，立案登记制改革全面铺展开来，取得了显著成效。②

第二，民事诉讼"繁简分流"改革。我国 1991 年《民事诉讼法》分别设置了普通程序和简易程序，本身就体现了"繁案精审、简案快审"的精神。但是，随着地方法院遭遇的"案多人少"的矛盾日渐突出，原有的简易程序在发挥"简案快审"的功效方面不能满足审判实践需要。于是，一些地方法院开始自发探索小额速裁程序改革，最早的探索是 1995 年深圳市罗湖区法院成立的"小额钱债法庭"，随后又于 2001 年 7 月成立全国第一家"速裁法庭"，试图在不突破立法的前提下，通过优化审判资源配置达到快速审结小额纠纷案件的目的。③ 地方法院的自发探索引起了最高人民法院的注意，2011 年 3 月最高人民法院印发了《关于部分基层人民法院开展小额速裁试点工作的指导意见》，开始在北京、上海、广东等 13 个省市的 90 个基层法院开展小额速裁试点工作，试点经验部分被吸收进 2012 年《民事诉讼法》修正案中。但是，案多人少的问题

---

① 《全国人民代表大会常务委员会关于修改〈中华人民共和国民事诉讼法的〉的决定》，《人民日报》2023 年 9 月 2 日第 4 版。

② 张晨：《全国法院平均当场立案率达 95.7%》，《法治日报》2022 年 8 月 2 日第 3 版。

③ 参见谭建伟等《"3122"审案更快更廉洁》，《深圳法制报》2003 年 5 月 14 日第 1 版。

没有明显缓解,根据全国人大常委会的授权,最高人民法院于 2020 年 1 月印发了《民事诉讼程序繁简分流改革试点方案》和《民事诉讼程序繁简分流改革试点实施办法》,在全国范围开展了为期两年的改革试点工作,试点经验被吸收进了 2021 年《民事诉讼法》的修正案中。

　　第三,矛盾纠纷多元化解机制改革。进入 21 世纪,随着中国经济的快速发展,在社会转型和制度变革加速的特定时期出现了新旧矛盾集中爆发的现象,从机制上妥善处置和合理引导纠纷的多元化解十分迫切。2014 年党的十八届四中全会通过的《关于全面推进依法治国若干重大问题的决定》明确指出,要健全社会矛盾纠纷预防化解机制,完善调解、仲裁、行政裁决、行政复议、诉讼等有机衔接和相互协调的多元化纠纷解决机制。这一决定为矛盾纠纷多元化解提供了改革的顶层设计指引,引发了多领域的改革探索:(1)中央和地方协同推进。在中央层面,2015 年 12 月中共中央办公厅、国务院办公厅印发了《关于完善矛盾纠纷多元化解机制的意见》,2019 年 10 月党的十九届四中全会通过的《中共中央关于坚持和完善中国特色社会主义制度、推进国家治理体系和治理能力现代化若干重大问题的决定》再次强调"完善社会矛盾纠纷多元预防调处化解综合机制,努力将矛盾化解在基层",明确改革探索的方向和工作重心;在地方层面,2015 年《厦门经济特区多元化纠纷解决机制促进条例》开启了该领域地方立法的先河,随后山东省(2016 年)、黑龙江省(2017 年)、福建省(2017 年)、安徽省(2018 年)、四川省(2019 年)、辽宁省(2020 年)、江西省(2021 年)、上海市(2021 年)等相继出台了地方立法,探索将矛盾纠纷化解在基层的本地模式。(2)诉讼与非诉讼机制相互衔接。一方面,经过 2010 年《人民调解法》的制定和 2012 年《民事诉讼法》的修改,以立法的形式探索了司法确认调解协议的新机制,打通诉讼和非讼衔接机制;另一方面,最高人民法院在 2019 年 2 月发布的《人民法院第五个五年改革纲要(2019—2023)》中提出探索以"源头预防为先,非诉机制挺前,法院裁判终局"为核心的诉源治理新实践,以"一站式"纠纷解决的诉讼服务中心为载体,经过三年多的努力,到 2022 年 3 月已建成世界上联动资源最多、在线调解最全、服务对象最广的一站式多元纠纷解决和诉讼服务体系，① 走出了一条中国特色司法为民之路。

第四，家事审判方式改革。改革开放以来，经济纠纷案件的快速增长一直是立法和司法关注的重点，我国一方面以财产案件的审判为本位塑造了民事诉讼的理念和制度，另一方面家事审判长期依附和混同于财产案件的审判机理，难以体现家事审判的特殊规律性。② 与欧美国家纷纷设置专门的家事法院、适用专门的家事审判程序不同，我国的家事审判程序长期处于缺位状态。为此，2016 年 5 月最高人民法院宣布在全国 118个中级和基层法院开展为期两年的家事审判方式和工作机制改革试点工作。至 2018 年这项改革告一段落。

第五，检察公益诉讼改革。检察机关在民事诉讼中的角色定位是什么？这是民事司法改革中的一个重要问题。自 1996 年以来，河南、山西、福建、山东、贵州、江苏、江西等省的检察机关先后以法律监督机关的身份，在国有资产保护、公共环境利益的维护等方面提起了一系列的公益诉讼，取得了良好的社会效果。③ 但在我国 2012 年修改《民事诉讼法》时，虽增设了民事公益诉讼条款，但没有明确检察机关的公益诉权。2015 年根据全国人大常委会的授权，最高人民检察院开始推动全国检察系统在生态环境和资源保护、国有资产保护、国有土地使用权出让、食品药品安全等领域开展提起公益诉讼试点工作。④ 根据试点经验，2017 年修改后的《民事诉讼法》在第 55 条第 2 款中增加规定了检察公益诉讼条款，为检察公益诉讼提供了立法依据。近年来，随着我国《民法典》《英雄烈士保护法》《未成年人保护法》《妇女权益保障法》等一系列法律的

---

① 周强：《最高人民法院工作报告——2022 年 3 月 8 日在第十三届全国人民代表大会第五次会议上》，《中华人民共和国全国人民代表大会常务委员会公报》2022 年第 2 期。

② 王德新：《家事审判改革的理念革新与路径调适》，《当代法学》2018 年第 1 期。

③ 王德新：《环境公益诉权及其程序保障——以检察机关提起环境公益诉讼为视角》，《甘肃理论学刊》2011 年第 3 期。

④ 参见《全国人民代表大会常务委员会关于授权最高人民检察院在部分地区开展公益诉讼试点工作的决定》（2015 年 7 月 1 日第十二届全国人民代表大会常务委员会第十五次会议通过）、《人民检察院提起公益诉讼试点工作实施办法》（2015 年 12 月 16 日最高人民检察院第十二届检察委员会第 45 次会议通过）。

制定和修改,检察机关公益诉讼的范围在改革中不断拓展。

第六,人民陪审员制度改革。20世纪80年代,针对司法实践中人民陪审员"陪而不审"的现象,出现了取消人民陪审员制度的声音。到了20世纪90年代以后,有关陪审制度存废或完善的论争日趋激烈。此后几年,不少人大代表、政协委员连续向全国人大和最高人民法院提出立法议案和建议。2004年8月,全国人大常委会审议通过了《关于完善人民陪审员制度的决定》,对人民陪审员参与审判的案件范围、人民陪审员的任职资格、遴选程序和在诉讼中的权利义务等问题作了完善规定。2013年党的十八届三中全会通过的《中共中央关于全面深化改革若干重大问题的决定》指出:要广泛实行人民陪审员制度,拓宽人民群众有序参与司法的渠道。2014年党的十八届四中全会通过的《关于全面推进依法治国若干重大问题的决定》进一步指出:完善人民陪审员制度,保障公民陪审权利,提高人民陪审制度公信度,逐步实行人民陪审员不再审理法律适用问题,只参与审理事实认定问题。此后,根据中央深改组审议通过的《人民陪审员制度改革试点方案》和全国人大常委会授权,2015年4月最高人民法院、司法部印发了《人民陪审员制度改革试点方案》,开始在全国50个中级、基层人民法院开展人民陪审员制度改革试点工作。2018年4月,全国人大常委会审议通过了《人民陪审员法》,对人民陪审员的任职资格、权益保障、遴选程序、参与审理的形式和条件等问题作了详细规定。2021年7月1日,习近平总书记在庆祝中国共产党成立100周年大会上的讲话中指出,要"践行以人民为中心的发展思想,发展全过程人民民主"[①]。2022年10月,党的二十大报告把发展全过程人民民主确定为中国式现代化本质要求的一项重要内容,强调全过程人民民主是社会主义民主政治的本质属性。当前,人民陪审员制度作为司法领域践行全过程人民民主理论的重要形式,在改革探索中仍在不断创新发展。

第七,基本解决执行难改革。为解决"执行难"问题,虽然早在1999年就产生了制定单独的民事强制执行法的讨论,人大代表也反复提

---

① 习近平:《在庆祝中国共产党成立100周年大会上的讲话》,《人民日报》2021年7月2日第1版。

出相关立法议案，但是立法机关一直未将民事执行立法纳入立法规划。未纳入立法规划的一个重要理由就是理论研究不充分、立法时机不成熟，立法机关在审议相关议案时多次表示"一并研究"（2008）、"一并认真研究"（2009）、"一并加以研究"（2010、2011）、"继续研究"（2012）、"认真研究"（2015、2016）。① 在立法进展缓慢的情况下，法院系统不得不通过制定大量司法解释和推行改革试点来解决民事强制执行中的问题。2014年党的十八届四中全会通过的《关于全面推进依法治国若干重大问题的决定》指出，要切实解决执行难，依法保证胜诉当事人及时实现权益。据此，"切实解决执行难"被列为全面依法治国的目标任务之一。2016年3月，最高人民法院院长周强在"两会"工作报告中承诺，要"用两到三年时间基本解决执行难问题"②。随后，最高人民法院印发了《关于落实"用两到三年时间基本解决执行难问题"的工作纲要》，经过三年的努力，最高人民法院在2019年"两会"工作报告中宣告"基本解决执行难"这一阶段性目标如期实现。此后，为全面推进"切实解决执行难"，2019年8月"民事强制执行法"被正式列入全国人大的立法计划。2022年6月，《中华人民共和国民事强制执行法（草案）》首次提请十三届全国人大常委会第三十五次会议审议，并向社会公开征求意见。

---

① 黄忠顺：《中国民事执行制度变迁四十年》，《河北法学》2019年第1期。
② 周强：《最高人民法院工作报告》，《人民日报》2016年3月21日第2版。

第 三 章

立案登记制改革:民事诉权的程序保障

　　中国的立案登记制改革,既是基于司法实践中"立案难""立案工作不规范"问题的驱动,也受学术界围绕"起诉与受理"制度持续进行理论反思的影响,最终由中央在制度顶层设计层面提出改革目标、全国法院遵循"自上而下"的逻辑进行改革部署。2014 年 10 月,党的十八届四中全会决定:"改革法院案件受理制度,变立案审查制为立案登记制,对人民法院依法应该受理的案件,做到有案必立、有诉必理,保障当事人诉权。"2015 年以后,立案登记制改革正式拉开帷幕。但我国的立案登记制与西方国家的立案登记制仍有重要区别,对立案登记制改革与案件数量攀升、虚假诉讼防治等关系问题时常引发争议,需要理性看待。

第一节　立案登记制改革的背景

　　立案登记制改革前,在司法实践中民众起诉时常遭遇一些障碍,"起诉难""受理难"的问题一度备受社会关注。与此同时,我国学术界也在诉权理论研究过程中,提出了变"立案审查制"为"立案登记制"的呼吁。

一　立案审查制及其存在的问题

(一) 立法中设置的起诉条件较高

　　学术界认为,民事案件起诉难、受理难的原因之一,是我国《民事诉讼法》设置的起诉条件门槛较高。根据我国 1991 年《民事诉讼法》第

108 条的规定，当事人的起诉必须符合以下四个条件：（1）原告是与本案有直接利害关系的公民、法人和其他组织；（2）有明确的被告；（3）有具体的诉讼请求和事实、理由；（4）属于人民法院受理民事诉讼的范围和受诉人民法院管辖。第 109、110、111 条还对起诉的形式要件和否定性要件作了明确规定。第 112 条是关于法院立案工作的规范，要求法院在审查后，认为起诉符合条件的应 7 日内立案，认为不符合起诉条件的应 7 日内裁定不予受理，对不予受理的裁定可以上诉。

有学者认为，"民事诉权要件不同于民事诉权行使要件。严格地说，前者是就'拥有'的层面来说的，而后者是从'行使'的层面来说的"。① 我国 1991 年《民事诉讼法》第 108 条至第 111 条的规定，实际上是诉权行使要件。要求原告起诉时"须与本案有直接利害关系"，不能容纳诉讼担当的情形，且容易让法院产生在起诉阶段对利害关系进行实质审查的倾向。另外，要求起诉时"有明确的被告"，起诉状须载明"证据和证据来源，证人姓名和住所"等规定，是将应由实体审理的事项提前到了起诉与受理阶段，对诉权的行使构成了制度性妨碍。有学者批评，我国的立法实际上是把起诉要件（诉讼程序开始的要件）与本案判决要件（法院作出实体判决的要件）混淆在一起了，法院在审查起诉阶段便开始对实体要件的审查，这就导致了立法规定的起诉条件的"高阶化"。②

（二）法院在实践中存在实质审查现象

在立案登记制改革前，法院在实践中多采取"立案审查制"。最高人民法院 1997 年 4 月印发的《关于人民法院立案工作的暂行规定》第 4 条规定："人民法院对当事人提起的诉讼，依法进行审查，符合受理条件的应当及时立案。"在实践中，当事人向法院提起诉讼首先要递交起诉状，起诉状是当事人利益诉求的文本载体，而且就诉讼程序而言，起诉状是法院最早接触的诉讼资料，是启动诉讼程序的端点。③ 不过，提交起诉状并不意味着诉讼程序的开始。法院收到起诉状后，不仅要对起诉状进行

---

① 江伟等：《民事诉权研究》，法律出版社 2002 年版，第 168 页。
② 张卫平：《起诉条件与实体判决要件》，《法学研究》2004 年第 6 期。
③ 许尚豪、瞿叶娟：《立案登记制的本质及其建构》，《理论探索》2015 年第 2 期。

形式审查,还经常对诉讼主体资格、法律关系、诉讼请求、诉讼证据、管辖权等进行实质审查,然后再决定是否受理。前述实践中的做法,被称为"立案审查制"。

在立案审查制下,一方面,法院在起诉阶段提前对须经开庭实体审理的事项进行审查,事实上,进一步抬高了起诉门槛,造成了民众起诉难、立案难的感知;另一方面,法院作出受理或立案决定前尚未进入诉讼程序,当事人进行程序性和实体性辩论的权利无从得到程序保障,[①] 加之部分法院不立案也不签发不予受理的裁定的不规范做法,容易滋生侵害当事人诉权的现象。

(三) 对社会转型时期出现的特殊案件不予立案

进入 21 世纪,我国处在社会急剧转型时期,各种新类型社会矛盾以诉讼案件的形式进入法院,各地法院对起诉后能否立案的审查尺度把握的标准不一,这也会导致对一些特殊案件作出不予立案处理的情况。在实践中,不予受理的理由主要包括当事人不适格、事实理由不足、管辖不合法等情形,也包括当事人的起诉是否符合司法政策这一隐性情形。例如,对于一些敏感的、涉及利益广泛的、年代久远的案件,法院并非不想立案,而是出于追求更好的纠纷解决效果的考虑鼓励当事人选择非诉讼的方式化解纠纷,但由于法院的态度与跟当事人沟通不到位,容易让当事人产生了"立案难"的印象。

在部分地方法院,也存在将案件的社会影响、裁判和执行的难易程度等作为判断能否立案的因素。有时,法院在立案时还可能受到外部因素的影响,如行政机关的影响、特定政策的影响等。一些案件即使属于法院管辖,但是法院在考虑其是否涉及国家安全、社会稳定、司法效果等因素时,往往采取谨慎立案或者尽量不立案的态度。例如,在上市公司虚假信息侵权纠纷案件中,我国法院对此类案件的处理先后经历了"驳回起诉—暂不受理—有条件受理—进一步扩大受理"的政策调整过程,这种处理方式的转变呈现明显的流动性而非政治性特征。[②] 不仅是对

---

①　江伟、杨剑:《民事诉讼法修改的若干问题》,《法学论坛》2005 年第 3 期。

②　张卫平:《起诉难:一个中国问题的思索》,《法学研究》2009 年第 6 期。

个案处理方式存在流动性，有些地方还存在通过规范性文件对某些类型案件一律不予立案的做法。如1998年河南省高级人民法院出台了《关于暂不受理涉及非法集资和传销纠纷的通知》，2003年广西壮族自治区高级人民法院下发了《关于当前暂不受理几类案件的通知》等，一度对传销纠纷、集资纠纷、集团诉讼、征地拆迁纠纷、政府主导企业改制中拖欠职工工资纠纷、"两会一部"与农户间的纠纷、葬坟纠纷等采取审慎立案的态度，不利于弱势群体诉权的保障。

（四）基于内部考核需要在特殊时期不予立案

为了激励地方法院和法官的工作效率和质量，法院系统内部存在考核机制，将年度案件结案率、上诉率、改判率、信访率等纳入考核指标体系。考核的初衷是好的，但也导致每到年末法官不得不加班加点"赶案子""清理未结案"，给地方法院和办案法官造成巨大的工作压力。在工作压力之下，部分法院会采取在年末一个月左右的时间少立案、不立案，或者以各种理由暂停立案的现象。这种考评机制的存在，推动了地方法院和法官为了工作利益而暂不立案的现象，是民众反响较为强烈的起诉难、受理难的重要原因之一。

二　围绕立案登记制的学术争论

司法实践中出现的"起诉难"问题，引起了学术界对"立案登记制"的关注。中国人民大学的江伟教授从2003年着手组织起草民事诉讼法修改专家建议稿，明确提出以"立案登记制"代替"立案审查制"，亦即只要当事人提出符合法律要求的起诉状，法院就应当立案，立案之后再审查是否符合起诉条件。[①]

多数学者赞成实行立案登记制，理由是：（1）立案登记制有利于弥补立案审查制的缺陷，缓解"起诉难"的问题；（2）立案之后再审查是否符合起诉条件，通过诉讼中的辩论机制更有利于查明起诉条件是否符合的问题，避免立案前直接裁定不予受理造成"抽屉案件"的发生；

---

① 江伟：《民事诉讼法典专家修改建议稿及立法理由》，法律出版社2008年版，第213—216页。

（3）立案登记制顺应了诉权宪法化的发展趋势，能够为民众诉讼权利提供更加有力的保障。

但也有学者表达担忧和反对意见，其理由包括：（1）起诉难的认知有误，即便存在也并非立法制度出了问题，而是司法运行层面出了问题，只需纠正立案工作的不规范就能解决问题，无须进行制度改革；（2）如果实行立案登记制，可能滋生大量的虚假诉讼，反而不利于对诉权的真正保护；（3）如果实行立案登记制，可能诱发人们滥诉，导致诉讼案件数量激增，使法院不堪重负。[①]

由于存在争议，全国人大在 2007 年和 2012 年两次对《民事诉讼法》修订时都没有对立案登记制作出明确回应。不过，在 2012 年修订《民事诉讼法》时除将第 112 条的条文序号修改为第 123 条之外还有两点值得关注，一是条文中增加了"人民法院应当保障当事人依照法律规定享有的起诉权利"的表述，二是对符合条件的起诉从"应当受理"改为"必须受理"。从这两个条文表述的变化来看，2012 年《民事诉讼法》修订事实上采纳了反对者的意见，即认为对起诉难问题应着重从司法运行层面予以解决，无须改采立案登记制。

第二节 立案登记制改革的进展与成效

一 立案登记制改革的探索历程

（一）早期议论阶段

受司法为民的政法传统影响，我国司法机关向来重视对人民群众起诉便利性的保障。"便于群众诉讼，便于法院审判"的"两便原则"是革命战争年代形成的一项司法工作原则，[②] 最初体现为陕甘宁边区时期的"马锡五审判方式"，以"深入群众、调查研究、调解为主、就地解决"为典型特征。1990 年 8 月，最高人民法院召开全国法院告诉工作座谈会，

[①] 姜启波：《人民法院立案审查制度的必要性与合理性》，《人民法院报》2005 年 9 月 21 日第 B01 版。

[②] 侯欣一：《陕甘宁边区司法制度、理念及技术的形成与运作》，《法学家》2005 年第 4 期。

这是首次专门研究告诉工作、解决群众"告状难"问题的会议。① 这次会议指出，人民群众告状难的问题依然存在，要继续做好告诉工作。2002年，最高人民法院召开第十八次全国法院工作会议，针对社会转型时期出现的新型、敏感案件问题强调指出："要深入研究新型案件的受理问题，慎重处理敏感案件立案问题，把好审判的第一关，切实保护当事人的诉权。"② 但受多种因素的影响，司法实践中人民群众感受到的"起诉难""立案难"问题并没有得到有效解决。

大约从 2003 年开始，学术界开始关注立案登记制改革问题。但截至2013 年年底，在中国知网以"立案登记制"为主题也仅能检测到 13 篇文献，相关讨论处于曲高和寡的状态。就学术界提出的立案登记制改革方案来看，主要存在以下几种：（1）激进式改革方案。2006 年 11 月，江伟教授在其"民事诉讼法修订专家建议稿第四稿"中主张变"立案审查制"为"立案登记制"，从根本上解决"立案难"的问题。其所主张的立案登记制是：当事人向法院提交起诉状，法院不得拒绝接收；对于当事人的起诉状，法院不进行实质审查，符合形式要求就应当立案。③（2）渐进式改革方案。徐昕教授认为，引进国外的立案登记制难以解决我国的"立案难"问题，并且可能滋生诉讼权利滥用的现象。更适合的做法是改进和完善现行的立案审查制，在适当降低起诉条件的同时，更为关键的是要确保法院严格执行起诉条件的规则。④ 法院系统的人士则普遍认为，激进式改革方案不可取，即便要改革也要一步一步来，防止诉讼量激增给法院审判工作造成破坏性影响。⑤

（二）顶层设计阶段

2014 年 10 月 23 日，党的第十八届四中全会在北京召开，这是中国

---

① 刘嵘：《加强和改进告诉工作　认真解决群众告状难——全国法院告诉工作座谈会在京召开》，《人民司法》1990 年第 10 期。

② 肖扬：《大力推进人民法院各项工作　为全面建设小康社会提供有力司法保障——在第十八次全国法院工作会议上的报告》，《中华人民共和国最高人民法院公报》2003 年第 1 期。

③ 夏敏：《"立案登记制"能否穿越现实屏障》，《中国审判》2007 年第 1 期。

④ 徐昕：《解决"立案难"要立足中国国情》，《中国审判》2007 年第 1 期。

⑤ 徐昕、廖永安、苗有水：《"立案登记制降低起诉门槛，旨在保护诉权"：质疑与回应》，《人民法院报》2007 年 6 月 5 日第 5 版。

共产党历史上第一次专门研究法治建设的中央全会。这次会议专门研究了法治建设还存在许多不适应、不符合的问题，如司法体制不完善、司法职权配置和权力运行机制不科学、人权司法保障制度不健全等。①

党的第十八届四中全会一个重大成果就是通过了《中共中央关于全面推进依法治国若干重大问题的决定》，在其第四部分"保证公正司法，提高司法公信力"中，明确了"让人民群众在每一个司法案件中感受到公平正义"的司法改革目标，也制定了"改革法院案件受理制度，变立案审查制为立案登记制，对人民法院依法应该受理的案件，做到有案必立、有诉必理，保障当事人诉权"的对策方案。在中央统一部署和推动下，从法院工作角度担忧改革可能引发诉讼案件激增的顾虑被打消，切实保障人民群众诉权的思想得到强化。从某种意义上说，立案登记制改革是"接近正义"司法改革的中国版本，虽然与欧美国家相比所消除的民众诉诸司法的障碍不同，但改革精神有相通之处。从 2014 年年底开始，我国的立案登记制改革很快进入了全面落实阶段。

（三）全面落实阶段

2014 年 12 月 18 日，为贯彻落实党的十八届四中全会精神，最高人民法院制定了《关于适用〈中华人民共和国民事诉讼法〉的解释》。其中第 208 条规定：对符合起诉条件的，应当当场登记立案；当场不能判定是否符合起诉条件的，应当接收起诉材料。

2015 年 4 月 1 日，中央深化改革领导小组召开第十一次会议，审议通过了《关于人民法院推行立案登记制改革的意见》（以下简称《立案意见》），对立案登记的受案范围、立案条件和流程作出了规定。会议明确了立案登记制的重点是改进工作机制，加强责任追究。

2015 年 5 月 1 日，立案登记制改革正式进入全面实施阶段，标志就是《最高人民法院关于人民法院登记立案若干问题的规定》（以下简称《登记规定》）开始生效实施。《登记规定》共 20 条，要求全国各地各级人民法院受理的一审民事起诉、行政起诉和刑事自诉，一律实行立

---

① 习近平：《关于〈中共中央关于全面推进依法治国若干重大问题的决定〉的说明》，《理论学习》2014 年第 12 期。

案登记制。强调凡是符合法定起诉条件的，必须做到有案必立、有诉必理，充分保障当事人诉权。《登记规定》还对实行立案登记制的范围、起诉条件、审查标准、立案工作流程等作了具体规定。

二　立案登记制改革的主要内容

（一）明确立案登记的范围

在中央深化改革领导小组审议通过的《立案意见》和最高人民法院的《登记规定》中，对立案登记制度作了详细的规定。从宏观上看，立案登记制改革涉及民事立案、刑事立案、行政立案、执行立案和国家赔偿立案等方面。其中，就民事诉讼立案而言，要求对"与本案有直接利害关系的公民、法人和其他组织提起的民事诉讼，有明确的被告、具体的诉讼请求和事实依据，属于人民法院主管和管辖的案件"应当登记立案。同时，对于属于以下四种情形的案件明确规定不予登记立案：一是违法起诉或者不符合法定起诉条件的；二是诉讼已经终结的；三是涉及危害国家主权和领土完整、危害国家安全、破坏国家统一和民族团结、破坏国家宗教政策的；四是其他不属于人民法院主管的所诉事项。

（二）规范立案登记的程序

根据中央深化改革领导小组审议通过的《立案意见》和最高人民法院的《登记规定》的规定，在实行立案登记制以后，法院对于当事人起诉应当作三种处理，处理程序体现了司法为民精神，即无论是否满足受理条件，一律先行接受诉状；不能判断是否符合受理条件的，一律先行立案；禁止对起诉进行实质性审查，禁止在法律之外设定额外的立案审查条件。

第一，对于符合起诉形式条件的起诉，当场登记立案。所谓符合起诉形式条件，是指当事人提交的起诉状符合法律要求的要素，即载明原告、被告的身份信息，描述具体的诉讼请求和所根据的事实与理由，载明证据和证据来源信息。对于符合前述条件的起诉，一律接收诉状，当场登记立案。

第二，对于不符合起诉形式条件的起诉，实行一次性全面告知和补正。亦即，此时法院负有释明义务，应当以书面形式一次性全面告知应当补正的材料和期限，在指定期限内经补正符合法律规定条件的，人民法院应当登记立案。同时，无论是否符合起诉的形式条件，法院都应当接收诉状和起诉材料，并必须向当事人出具收到材料的书面凭证、载明收到日期。

第三，对于明显不符合起诉法定条件的，应当依法出具裁定书裁决不予受理，并载明理由。禁止不收材料、不予答复、不出具法律文书。当事人不服的，应当保障当事人的上诉权的行使。对于法院不能当场确定是否符合法律规定的，在规定期限内予以立案；规定期限内仍不能作出明确判断的，应当先行立案。同时，禁止地方法院在法律规定之外自行设定额外的受理条件，全面清理和废止不符合法律规定的立案"土政策"。

（三）严格制裁违法滥诉

立案登记制改革过程中，立案审查制改为立案登记制，立案实质审查改为立案形式审查，立案审查要求降低可能会滋生违法滥诉现象的发生。立案登记制改革的初衷是解决人民群众起诉难的问题，是保护有真正司法救济需求的民众的诉权权益，但不应当鼓励违法滥诉、虚假诉讼、恶意诉讼等扰乱诉讼秩序和侵害他人合法权益的现象滋生。

为此，中央深化改革领导小组审议通过的《立案意见》在推行立案登记制的同时，根据《民事诉讼法》规定的诚实信用原则，在第五部分"制裁违法滥诉"之中对于虚假诉讼、恶意诉讼等违法行为也设置了惩治性规范。例如，对于当事人之间假冒他人提起诉讼，或者恶意串通的，法院应当驳回其诉讼请求；对于暴力、威胁司法工作人员执行职务的，法院应予以罚款、扣留；对于违法围攻、干扰人民法院的，应由公安机关依照《治安管理处罚法》处罚；当事人的涉诉违法行为构成犯罪的，依法追究其刑事责任。

三　立案登记制改革的实施效果

（一）民事立案数量呈逐步上升趋势

观察立案登记制改革的成效，重点应放在对"起诉难""立案难"问题的解决效果方面，放在对人民群众诉权保障的效果方面，全国法院立案数量的增加情况是一个重要的观察指标。但是，观察法院立案数量的增加量，需要扣除随着经济社会发展进入法院的案件年度正常增长数量。

据统计，自 2008 年全国法院受理第一审民事案件突破 500 万件以后，到 2014 年一直保持快速增长态势。其中，2008 年约为 541 万件，2014 年约为 830 万件，平均每年增长约 48 万件，年均增长率约 8.8%（见表 4 - 1）。2015 年 6 月 9 日，最高人民法院召开新闻发布会，宣布立案登记制改革一个月以来全国法院共登记立案 113.27 万件，同比增长 29%，当场登记立案率达 90%。① 从立案登记制改革的长期效果来看，2015 年全国法院受理第一审民事案件首次突破 1000 万件、达到约 1009 万件，2020 年增长到约 1313 万件，年均增长约 60.7 万件（见表 4 - 1）。对比 2015 年立案登记制改革前后全国法院受理第一审民事案件数量的增长情况，可以发现改革后每年增长的绝对量增加了约 12 万件。从民事立案绝对数量的增长来看，人民群众提起的民事诉讼被法院受理的情况有明显改善，在解决"起诉难""立案难"问题方面取得明显成效。

（二）切实保障了当事人的诉权

立案登记制改革对保障当事人诉权发挥了重要的作用，规范了法院立案行为，制约了随意提高立案审查标准或者随意不立案的行为。首先，立案登记制度强调除特殊情况外，"一律接收诉状"，保护当事人依法无障碍行使诉权；其次，立案登记制度强调"当场立案"，简化了立案程序，有利于实质上降低审查的标准，增加诉讼程序启动的可能性，保护了当事人的诉权；最后，立案登记制度使得立案时间点提前，避免了立案阶段的拖延。对于无法满足起诉条件的，应当在七日内作出裁决书，而且实行一次性全面告知与补正，这也体现了对当事人起诉权的保护。

统计数据显示，2015 年立案登记制改革一个月内，法院当场登记立案率达到 90%。最高人民法院 2015 年度工作报告中指出："对依法应当受理的案件，做到有案必立、有诉必理。自立案登记制度施行以来，当

---

① 李华斌、孙若丰：《最高人民法院通报实施立案登记制改革首月情况立案数过百万当场立案率超九成》，《中国审判》2015 年第 12 期。

场立案登记的比例高达 95%，基本解决立案难的问题，为人民群众依法维护自身权益敞开大门。"① 最高人民法院的司法改革白皮书显示，立案登记制改革以来，各地法院普遍简化立案程序，采取立案告知书、一次性补正清单、限时答复等方式，努力保障当事人一次性成功立案。北京市法院系统还建立了立案监督和投诉机制，仅 2016 年就接待和处理不立案投诉 1300 余人次。截至 2018 年年底，全国法院当场登记立案率超过 95%。②

（三）促进了民事立案和服务保障机制的完善

立案登记制对法院的诉讼服务提出了更高的要求，这不仅关乎改革成效，也是司法为民的应有之义。在机构设置层面，立案登记制改革后，各地逐渐建成了诉讼服务大厅、诉讼服务网站、12368 热线"三位一体"的诉讼服务中心，精准对接群众多元化的诉讼请求。在制度层面，《登记意见》规定了一系列具体的诉讼便民措施：其一，实行书状补正要求的一次性告知，在对书状不符合形式要件进行释明的同时，以书面形式一次性全面告知当事人应当补正的材料与期限；其二，强化立案服务措施，推行网上立案、预约立案、巡回立案等便民措施。立案登记制度的实施，促进了一套更加科学的诉讼服务保障机制的产生，这不仅能节约当事人的诉讼成本，满足当事人的诉讼请求，也提高了法院的办案效率和化解纠纷的能力。

第三节　立案登记制改革的学理争议与前瞻

一　中国立案登记制的形式与实质

（一）立案登记制与立案工作规范化

司法是社会公平正义的最后一道防线，法院不能违法拒绝收案、拒绝审判。为解决立案环节的选择性司法现象，中国自 2015 年开始正式推

---

① 周强：《最高人民法院工作报告——2016 年 3 月 13 日在第十二届全国人民代表大会第四次会议上》，《人民日报》2016 年 3 月 21 日第 2 版。

② 最高人民法院：《中国法院的司法改革（2013—2018）》，人民法院出版社 2019 年版，第 27 页。

行立案登记制改革，其本质是法院的一场自我革命，核心在于通过改革解决法院立案工作不规范、损害当事人诉权的问题。立案登记制改革并非否定法院对起诉条件的审查功能，也不是降低法院可受理案件的条件，更不是将立案程序简化为单一的登记手续，而是要求在立案程序中实现诉权与职权之间的平衡。①

在党的十八届四中全会提出改"立案审查制"为"立案登记制"后，中央深化改革领导小组审议通过了《立案意见》，最高人民法院也相继发布了《关于适用〈中华人民共和国民事诉讼法〉的解释》和《登记规定》。从这些文件来看，并非要取消《民事诉讼法》规定的起诉条件，也并非要取消法院对起诉条件的审查，重点在于规范法院的立案工作程序、消除对起诉条件进行不当的实质审查，甚至随意不受理案件的审判行为。最高人民法院立案登记制改革课题组对此也作出过明确的澄清，即立案登记制的核心是依法保障当事人的诉权，着重解决有案不立、有诉不理的情形，不能全盘否定立案审查在案件分流方面的重要意义。②

在起诉条件未发生制度性变化的前提下，立案审查制只是发生了一些变化，但是要怎样收案、怎样立案、怎样审查才是问题关键所在。首先，除了法律规定的情形之外，法院对当事人提交的诉状要一律接受，不得拒收。其次，对人民法院依法应该受理的案件，要做到有案必立、有诉必理，保障当事人的诉权。所谓"依法应当受理的案件"，是应当具有法律意义和审理价值的案件，不具备法律意义和审理价值的案件，不能通过诉讼的方式解决。③ 最后，案件符合登记要件而被登记立案后，是否符合诉讼要件也是法院审查的关键之一。只有符合了诉讼要件，案件才能真正成为可审案件。

（二）起诉要件与诉讼要件的关系

对于我国民事诉讼法规定的起诉条件，在大陆法系国家一般分解为

---

① 陆永棣：《从立案审查到立案登记：法院在社会转型中的司法角色》，《中国法学》2016年第2期。

② 最高人民法院立案登记制改革课题组：《立案登记制改革问题研究》，《人民司法》2015年第9期。

③ 陆永棣：《从立案审查到立案登记：法院在社会转型中的司法角色》，《中国法学》2016年第2期。

"起诉要件"和"诉讼要件"，分两个阶段进行审查。所谓起诉要件，是指诉的适法提起所必须具备的条件，一般仅为形式要件。在大陆法系国家，起诉要件通常包括三个方面：（1）起诉的法定形式。（2）必要记载事项。（3）诉讼费用。当事人的起诉符合起诉要件的，法院应当登记立案，诉讼程序即正式开始。所谓诉讼要件，是指法院在登记立案后，对本案实体争议问题进行审理并作出实体判决所需具备的前提条件和要件。① 诉讼要件一般包括当事人能力、诉的利益、法院管辖权等，法院对登记立案后、实体判决前要继续审查诉讼要件是否满足，"如果法官确认（原告）所提起的诉不合法的理由存在，则他应当以所谓的诉讼判决的形式驳回诉；具有实体性质的判决，即所谓的实体判决根本就不会发生"②。

　　前述起诉要件与诉讼要件区分审查处理的思想，在德日民事诉讼立法中均有体现。例如，根据《德国民事诉讼法》的规定，起诉以书状的送达进行。德国法上的起诉实际上包括起诉状的递交和送达，两个环节的完成才能构成一个完整的起诉行为。起诉状只要符合法定的形式要件（即符合"起诉要件"），法院就应当予以送达。在日本民事诉讼中，诉的提起通常以当事人向法院提交诉状这种书面的方式来进行。③ 原告向法院起诉后，法院依法分配给特定的法官或者合议庭，由该法官或合议庭审判长就是否缺乏必要的记载事项等进行审查，这种审查不涉及实质上的审查。一般情况下，只要当事人所提交的诉状符合日本民事诉讼法中关于起诉状的形式要件的规定，并且也履行了相关的手续之后，诉讼程序便开始。日本民事诉讼法中的诉讼要件，一般包括法院对案件的审判权和管辖权、当事人必须具备诉讼能力、诉讼标的特定且有诉的利益等。④

　　我国《民事诉讼法》规定的"起诉必须符合的条件"，即前文所述的法院对原告、被告、诉讼请求和管辖的要求，与大陆法系的"诉讼要件"

---

　　① 耿宝建：《立案登记制改革的应对和完善——兼谈诉权、诉之利益与诉讼要件审查》，《人民司法（应用）》2016 年第 25 期。

　　② ［德］汉斯·约阿希姆·穆：《德国民事诉讼法基础教程》，周翠译，中国政法大学出版社 2005 年版，第 70 页。

　　③ ［日］新堂幸司：《新民事诉讼法》，林剑锋译，法律出版社 2008 年版，第 145 页。

　　④ 姜启波、李玉林：《案件受理》，人民法院出版社 2008 年版，第 86 页。

基本等同；我国《民事诉讼法》规定的"起诉应当向人民法院递交起诉状，并按照被告人数提出副本"等，更贴近于大陆法系的"起诉要件"。大陆法系国家大多将实质性的审查要件归入诉讼要件，在诉讼成立并进入审理阶段后进行审查。虽然最高人民法院立案登记制改革课题组早在改革初期就提出要将"登记要件"与"诉讼要件"做出区分，[①] 但《民事诉讼法》关于"起诉应当符合的条件"的表述仍然存在"起诉要件"与"诉讼要件"混同的状态。所以，今后应进一步强化只要符合形式要件即应予以登记立案的改革思想，慎用不予受理的裁定；如果法院认为存在不符合前述"诉讼要件"的情形，也宜首先登记立案，在诉讼程序中引入当事人双方就诉讼要件展开程序辩论的机制，经辩论确认确实不符合的，再予裁定驳回起诉。

二 立案登记制与虚假诉讼、诉权滥用的防范

（一）虚假诉讼、诉权滥用的实践动向

在社会转型时期，社会矛盾纠纷复杂多样，如果各种矛盾纠纷都进入司法途径，法院恐怕无法承载这样的压力。立案登记制的实施让诉讼门槛降低，一些当事人趁机滥用诉讼权利，这样就会使诉权保障与司法有限性之间产生不可避免的冲突，冲击法院的正常司法审判活动。因此，立案登记制改革过程中，应当在当事人诉权保障与防止滥诉、解决人案矛盾及有效利用司法资源之间寻求合理的平衡。[②]

在实践中，广义的滥用诉权主要包括以下几种：当事人明知不存在具体诉权仍提起诉讼、恶意诉讼、虚假诉讼、不按照要求随意诉讼等，其中最为普遍发生的是恶意诉讼和虚假诉讼。恶意诉讼通常是指一方当事人带有主观上的恶意，想借助于诉讼的方式，让对方的名誉受损或者受到诉累；虚假诉讼则是指当事人出于不正当的目的，勾结串通、虚构事实，以损害他人利益、满足自己的利益的方式进行诉讼。任由滥用诉

---

① 最高人民法院立案登记制改革课题组：《立案登记制改革问题研究》，《人民司法》2015年第9期。

② 徐昕、廖永安、苗有水：《"立案登记制降低起诉门槛，旨在保护诉权"：质疑与回应》，《人民法院报》2007年6月5日第5版。

权的现象滋长，不仅会浪费司法资源，扰乱正常的司法秩序，还会侵害对方当事人以及第三人的合法权益。因此，对于虚假诉讼、诉权滥用的行为要加强法律的规制。

对滥诉的规制一直是民事诉讼法学研究的重点课题。只有平衡诉权保护和制裁的关系，才能增强司法公信力，保障公民的合法权益。① 民事诉讼法确立诚实信用原则后，也包含了禁止诉讼权利滥用的内涵，滥诉的规制被提升到立法精神的高度，但如何平衡好对诉权的保障和对滥诉的规制则是讨论的热点。为了平衡好这一问题，需要在法律和司法解释修订中进一步细化操作性规则，完善相关的发现机制和审查机制。在我国立案登记制改革的逻辑中，改革并不是要彻底取消法院的审查权，只是要规制登记立案前的实体审查行为；对于涉嫌滥用诉权、虚假诉讼的起诉，适宜在登记立案后、开庭审理前，通过引入程序性辩论机制进行重点调查。无论是诚实信用原则，还是违反民事诉讼法的强制措施，抑或是严重违法构成虚假诉讼罪，都需要在民事诉讼程序中设置完善的违反滥诉行为的发现机制、辩论机制和审查机制。

（二）立案登记制的配套改革举措

司法是维护公平正义的最后一条防线，司法途径是化解纠纷的最后手段，但并不是首要手段，也不一定是最佳选择。社会纠纷的主体类型是多元的，纠纷形成的原因复杂多样，司法并不一定适合处理全部问题。因此，矛盾纠纷的化解途径应该是多元的。例如，在基层社会治理中，习惯、道德、舆论等"软法"发挥着重要作用，而法院审理案件更多的是援引国家制定法，这就可能与一般民众的生产生活习惯不符。通过调解、和解、仲裁等非诉讼方式解决矛盾，能够更快、更妥当、更彻底地化解矛盾纠纷。反之，如果法院对超出其解纷能力的案件作出判决，对纠纷本身的解决并无实益，反而会减损法院的公信力。② 这也是中央深化改革领导小组在《登记意见》中提出"立案登记制要健全相应的配套机制"的真正原因。

---

① 王猛：《民事诉讼滥诉治理的法理思考》，《政治与法律》2016 年第 5 期。

② 杨会新：《从诉之效力位阶看民事案件受理制度》，《比较法研究》2016 年第 3 期。

立案登记制改革的配套机制包括：其一，健全多元化纠纷解决机制。实施立案登记制后，法院接收的案件数量迅速增长，但实行登记立案并不等于鼓励所有纠纷都通过诉讼解决。立案登记制应当与多元化纠纷解决机制相结合，要进一步完善调解、仲裁、行政裁决、行政复议等的衔接，为群众提供更多灵活、便捷的纠纷解决方式。其二，建立完善的庭前准备程序，推行繁简分流、先行调解工作机制。探索建立庭前准备程序，目的是明确原告、被告诉求，归纳争议焦点，促进纠纷通过调解、和解、速裁和判决等方式获得高效解决。其三，强化立案服务措施。加强人民法院诉讼服务中心和信息化建设，运用互联网实现诉讼服务中心公开化、信息化。推行网上立案、预约立案、巡回立案，为当事人行使诉权提供便利。不过，前述关于配套机制建设的思想只是框架性的，如何在实践探索中不断优化并上升到制度层面，还需要进一步创新探索。

三　立案登记制与法院"案多人少"问题的化解

（一）立案登记制与非诉机制挺前的关系

立案登记制改革推行后，法院收案数量有明显的增长趋势，但员额法官的数量相对稳定，法院案多人少的矛盾突出。立案登记制改革不是导致案件数量增长的根本原因，在立案登记制改革之前法院收案数量就长期处于增长态势，不能因案件数量的增长反过来否定立案登记制改革。但是，如何化解法院的人案矛盾却是不得不回应的问题，非诉讼纠纷解决机制成为一个重要突破口。

2019 年 1 月，习近平总书记在中央政法工作会议上明确指出，要"坚持把非诉讼纠纷解决机制挺在前面，从源头上减少诉讼增量"[1]。与诉讼相比，非诉纠纷解决机制在化解矛盾纠纷方面具有独特优势。首先，非诉纠纷解决的双方当事人基于双方自愿而选择该机制，合意解决的成功率也会更高。其次，相比于法院裁判的依据单一，非诉纠纷解决能够灵活适用各种社会规则来解决纠纷，妥善处理社会发展出现的新问题。再次，非诉纠纷解决的成本费用较低，而且大多以协商、非对抗的方式

---

[1] 田立文：《牢记使命　苦干实干谱写新篇章》，《人民法院报》2019 年 4 月 11 日第 5 版。

进行，能够节约成本和时间。最后，非诉纠纷解决的程序较为便捷灵活，并不像诉讼要严格经历各种程序，并且当事人可以选择适合案件的解决方案，满足各方需求。

把非诉讼纠纷解决机制挺在前面，既体现了科学构建分层衔接的纠纷解决体系的原理，也是深化司法体制改革、破解"诉讼爆炸"难题的现实需求。这要求我们必须健全多元化的纠纷解决体系，加快非诉讼纠纷解决方式和机制建设，详见本书第四章的讨论。

（二）立案登记制与诉前调解的关系

在民事司法改革中，把非诉讼纠纷解决机制挺在前面，并不意味着法院可以置身事外。由于各种原因，在我国市场经济改革和社会转型时期各种新旧矛盾纠纷频发，但同一时期却未能建立健全非诉讼的纠纷解决机制，导致当事人遇到纠纷习惯性地到法院起诉。如果法院在立案环节不加以引导，大量案件将登记立案后正式进入诉讼程序，这显然无助于法院人案矛盾的化解。所以，立案登记制不能登记立案了事，法院在立案环节合理引导当事人运用多元方式解决纠纷，是健全多元化纠纷解决机制的重要一环。其中，最为重要的是诉前调解机制。

所谓诉前调解，是指人民法院收到诉状后，对权利义务明确或争议不大的纠纷，在征得当事人同意的情况下暂缓立案，并将纠纷交由诉前调解人员进行调解的一种程序，如果调解不成再由人民法院进行立案。诉前调解具有三个显著的特征：一是自愿性，不仅调解方式的选择、调解过程应当当事人自愿，达成调解协议也应当当事人自愿。二是开放性，参与诉前调解的主体可以是自然人，也可以是组织；可以是当事人的亲戚朋友、村居干部，也可以是律师、妇联、工会以及其他专业的机构。三是衔接性，诉前调解一旦破裂，无须当事人申请，法院自动转入诉讼程序；而一旦达成调解协议，既可以根据起诉者的要求作出不予立案的处理，也可以根据当事人的申请直接进入司法确认调解协议特别程序，还可以根据当事人的意愿在登记立案后根据调解协议签发调解书。

近年来，各地法院不断探索的"诉讼服务中心"和"一站式"纠纷解决平台就是一个有益的模式。最高人民法院在 2023 年 2 月 15 日召开的全国法院一站式建设优秀改革创新成果新闻发布会上发布的信息表明，

2022 年诉前调解成功案件 895 万件，同比增长 46.6%；2022 年 9000 多家人民法庭入驻调解平台，在线对接派出所、司法所、街道办、村委会等基层治理单位，实施就地预防化解纠纷。① 实践表明，诉前调解与立案登记制的配套实施，在破除司法资源有限和烦冗程序的局限方面发挥了一些作用。基于对实践经验的总结，有不少学者建议诉前调解应当制度化，通过修改民事诉讼法提供更具操作性的程序设计；诉前调解组织和调解程序如何与诉讼程序有机衔接，也需要在制度上理顺。

但有一个问题值得反思，即对于诉前调解和诉前纠纷的多元化解来说，到底谁才是责任主体？换言之，法院在其中应当扮演什么角色，承担什么功能？从当前各地法院诉讼服务中心和一站式纠纷解决平台运行情况看，异常忙碌和疲于应付已成为常态，这一实践探索也许存在方向性偏差。无论从欧美"接近正义"司法改革运动，还是从中国"司法为民"的司法改革来看，越来越倾向于将法院塑造为"纠纷解决机关"。即便如此，法院的纠纷解决功能主要还应当在诉讼程序之内，重心在于促进纠纷在诉讼中达成合意解决方案。诉前纠纷化解不是法院应当承担的功能，也是法院无力承担的功能。法院承担的功能应当限于以下两个方面：（1）法院以立案庭或诉讼服务中心为工作载体，在立案环节加强引导当事人选择合适的纠纷解决方式，同时在组织建设上加强与其他民间纠纷解决机构的对接。但诉前纠纷化解职能，今后宜逐渐从法院剥离，走向独立运作的社会化运营模式。（2）法院应当通过创新的程序机制，诸如司法确认调解协议、证据保全、财产保全、行为保全等，加强对非诉讼纠纷解决机构开展纠纷解决工作的支持。同时，完善对非诉讼纠纷解决结果的司法确认机制，促进非诉讼机制的健康发展。

---

① 乔文心：《三分之一纠纷诉前化解，人民法院一站式建设实现跨越式发展》，《人民法院报》2023 年 2 月 16 日第 1 版。

第 四 章

多元解纷机制改革：
应对"诉讼爆炸"的基本策略

改革开放以来，全国法院受理民事案件数量持续增长，到 20 世纪 90 年代呈现"诉讼爆炸"的态势。案件数量的激增导致法院审判工作不堪重负，人少案多的人案矛盾较为突出。为此，中国在民事司法改革中采取了三项针对性的改革举措：一是推行法官员额制改革，着力解决部分法院审判工作中人浮于事、效率低下的问题；二是推进多元解纷机制改革，促进民事经济纠纷向诉讼外分流；三是推进繁简分流改革，优化诉讼程序供给和程序运行机制，提高诉讼效率。其中，构建民事纠纷多元解决机制成为应对案多人少问题的主要举措，体现了独特的中国式改革逻辑。

第一节　多元解纷机制改革的时代背景

多元解纷机制，又称矛盾纠纷多元化解机制、多元化纠纷解决机制，是指在一个社会中由各种不同性质、功能和形式的纠纷解决方式相互协调互补所共同构成的纠纷解决系统。中国的多元解纷机制改革有独特的背景和内在逻辑，更加注重纠纷解决的系统性、协调性，注重挖掘纠纷解决的传统资源并进行创新。

一　"枫桥经验"：多元解纷机制改革的传统资源
中国的多元解纷机制改革与重视纠纷"事后解决"的欧美 ADR 改革

有显著的不同。中国在改革中更加重视"纠纷预防"理念，并将其纳入基层社会治理和国家治理体系之中，不断发掘着"枫桥经验"的时代内涵。"枫桥经验"，是指 20 世纪 60 年代浙江省诸暨市枫桥镇干部群众探索的基层社会治理经验，以"发动和依靠群众坚持矛盾不上交、就地解决，实现捕人少、治安好"为特征。① 1963 年经由毛泽东同志批示后把"枫桥经验"向全国推广。2013 年 10 月，习近平总书记就坚持和发展"枫桥经验"再度作出重要批示。

2014 年，党的十八届四中全会通过的《中共中央关于全面推进依法治国若干重大问题的决定》指出，"健全社会矛盾纠纷预防化解机制，完善调解、仲裁、行政裁决、行政复议、诉讼等有机衔接、相互协调的多元化纠纷解决机制"，这是"多元化纠纷解决机制"首次在中央文件中出现，标志着相关改革正式进入中央决策层面。② 2015 年 12 月，中办、国办印发了《关于完善矛盾纠纷多元化解机制的意见》，开始谋划对多元解纷机制进行顶层设计。2016 年 6 月，最高人民法院发布了《关于人民法院进一步深化多元化纠纷解决机制改革的意见》，从法院审判工作视角对相关改革的工作目标、基本原则、制度建设、程序安排等内容进行了细化规定。

2019 年 2 月，最高人民法院发布了人民法院第五个五年改革纲要，并指出深化多元解纷机制改革，就应当"创新发展新时代'枫桥经验'，完善'诉源治理'机制，坚持把非诉讼纠纷解决机制挺在前面，推动从源头上减少诉讼增量"③。"枫桥经验"形成半个世纪以来，基层矛盾在不断变化，为了满足与时俱进的多样化需求其内涵也在不断发展，但其"依靠群众、化解矛盾、维护稳定"的精神内核一直未变，并融入新时代诉源治理和多元解纷机制改革中，为社会大治理体系的构建提供"养

---

① 戴大新：《追溯、廓疑与前瞻——新时代坚持和发展"枫桥经验"的若干探讨》，《公安学刊》（浙江警察学院学报）2018 年第 1 期。

② 胡仕浩：《多元化纠纷解决机制的中国方案》，《中国应用法学》2017 年第 3 期。

③ 《最高人民法院关于深化人民法院司法体制综合配套改革的意见——人民法院第五个五年改革纲要（2019—2023）》，《人民法院报》2019 年 2 月 28 日第 2 版。

料"①。"诉源治理"强调源头预防为先、非诉机制挺前,是我国多元解纷机制改革的重要内容。"枫桥经验"已成为社会基层治理中独具中国特色的样板,为新时代多元解纷机制改革提供了经验启示。

二　"诉讼爆炸":多元解纷机制改革的司法背景

"诉讼爆炸"用于描述一段时间内诉讼案件急剧增多的法律现象。改革开放以来,随着商品经济的繁荣发展,进入法院的民事经济案件数量持续增加。特别是20世纪90年代以来,随着市场经济体制改革的不断深化和依法治国方略的实施,民众权利意识逐渐觉醒,导致社会转型时期各种矛盾以法律纠纷的形态涌入法院。统计显示(见表4-1),1980年全国法院民商事一审案件收案数为56万余件,1985年突破百万,并在之后的14年里持续增加,至1999年首次突破500万件。21世纪前十年,全国法院民商事一审案件的收案数增长相对平缓。2013年之后,全国法院民商事一审案件的收案数开始猛增,到2015年全国法院民商事案件一审收案数总量首次突破了1000万件。数据表明,自改革开放以来我国一审收案数总体上处于持续增长的态势,此外二审案件数和再审案件数量对法院系统带来的压力也是不容小视的。

随着"诉讼爆炸"现象的出现,法院工作中人少案多的"人案矛盾"日渐突出。"人案矛盾"是一个描述法院办案法官数量与法院受理案件数量之间存在结构性差距的概念。从1981年到2017年的近四十年的时间里,全国各级法院法官数量仅增长约2倍,法官数量增幅较同时期全国法院一审收案数增长幅度比例失衡。"人案矛盾"的实践困境倒逼法院系统推进变革,但一味地增加法官数量显然不是解决问题的正确思路,推动多元解纷体制改革提上了议事日程。因为正如波斯纳所言:"在任何社会,最大量的纠纷一定是通过立法、行政这类政治行动,通过仲裁、调解、互惠甚至相互忍让等社会机制,以及在现代工商社会通过保险这类

---

① 吴锦良:《"枫桥经验"演进与基层治理创新》,《浙江社会科学》2010年第1期。

市场机制予以回应的，不可能指望法院大包大揽。"① 至此，多元解纷机制改革被委以应对"诉讼爆炸"和"案多人少"问题的重任。

表 4 - 1　　　　全国各级法院受理民商事一审案件数量增长情况②　　单位：件

年份	收案数	年份	收案数
1980	565679	2001	4615017
1981	673926	2002	4420123
1982	778941	2003	4411489
1983	800516	2004	4332727
1984	924103	2005	4380095
1985	1073086	2006	4385732
1986	1310762	2007	4724440
1987	1579675	2008	5412591
1988	1968745	2009	5800144
1989	2511017	2010	6090622
1990	2444113	2011	6614049
1991	2448178	2012	7316463
1992	2600936	2013	7781972
1993	2983677	2014	8307450
1994	3437465	2015	10097804
1995	3982454	2016	10762124
1996	4613788	2017	11373753
1997	4760928	2018	12449685
1998	4830284	2019	13852052
1999	5054889	2020	13136436
2000	4710123	2021	16612893

① ［美］理查德·波斯纳：《各行其是：法学与司法》，苏力、邱遥堃译，中国政法大学出版社 2017 年版，译序，第 4 页。

② 数据来源：最高人民法院：《人民法院司法统计历史典籍（1949—2016）》（民事卷），中国民主法制出版社 2017 年版；并参照最高人民法院历年工作报告、全国法院司法统计公报。

表4-2　　　　　　　全国各级人民法院法官数量变动情况①　　　　单位:人

年份	法官数	年份	法官数
1981	60439	2001	240000
1982	76906	2002	210000
1983	83688	2003	194622
1984	88135	2004	190961
1985	95247	2005	189116
1986	99820	2006	约19万
1987	117647	2007	约18.9万
1988	119529	2008	约18.9万
1989	—	2009	约19万
1990	131460	2010	约19.3万
1991	138459	2011	—
1992	—	2012	195028
1993	—	2013	约19.6万
1994	—	2014	约19.6万
1995	—	2015	—
1996	—	2016	—
1997	—	2017	约12万
1998	—	2018	—
1999	—	2019	—
2000	—	2020	约12.8万

三　观念转变:多元解纷机制改革的社会背景

新中国成立初期,中国整体上处于较为落后的计划经济和熟人社会状态,相较于"打官司",调解更受人们青睐。改革开放之后,特别是20世纪90年代以来,随着市场经济的发展、依法治国的深化以及人民群众权利意识的觉醒,通过诉讼维权的观念开始被人们广为接受。

进入21世纪之后,经济的高速发展带来了社会剧烈转型,社会矛盾

---

① 数据来源:相应年份的《中国法律年鉴》和最高人民法院年度工作报告,部分年度的数据不详。

纠纷的解决如果过度倚重司法渠道，会给社会的总体秩序和经济健康发展的环境带来不稳定因素。从司法作用的有限性原理来看，放任诉讼爆炸不仅无助于权利的救济，还会侵蚀道德、舆论、习惯等发挥社会调控作用的合理空间。"纠纷解决的过程并不是法律实证主义者所强调的通过三段式的逻辑机械适用的过程，而是规则的制定者与规则的接受者、规则的接受者与规则的接受者之间的相互沟通、对话和交流的过程。"① 从人民群众民主意识的增强来看，人民群众有积极参与国家和社会治理的愿望，特别是"共治、共享"的基层社会治理理念逐渐被广泛接受。从国家和社会治理体系、治理能力创新视角看，"管制型"和"放任型"治理已经不能适应时代发展要求，传统民间调解制度的运行环境发生了重大变化，仅依靠法院一家来解决复杂多样的社会纠纷效果也十分有限。最高人民法院曾在"五五改革纲要"中提到，以"国家主导、司法推动、社会参与、多元并举、法治保障"② 的现代纠纷解决理念正在全社会形成。

第二节　多元解纷机制改革的逻辑与成效

多元解纷机制改革以社会治理理论为指导，以多元共治为特点，改革是多主体、多维推进的。基于此，有必要从主体的角度，从横向和纵向两个角度来观察多元解纷机制改革的推进逻辑。

一　横向：多主体同时发力、协调统一

（一）综治部门：多元解纷机制的牵头和组织协调者

多元解纷机制改革是一个全局性、系统性、综合性的改革，涉及众多的执行主体，既包括党委、政府，也包括司法机关，还有村（居）民委员会等基层组织等。其中，综治组织扮演着统筹协调、牵头负责的

---

① 李拥军、郑智航：《主体性重建与现代社会纠纷解决方式的转向》，《学习与探索》2012年第11期。

② 《最高人民法院关于深化人民法院司法体制综合配套改革的意见——人民法院第五个五年改革纲要（2019—2023）》，《人民法院报》2019年2月28日第2版。

作用。

1991年2月,中共中央、国务院在《关于加强社会治安综合治理的决定》中要求各级政府成立"社会治安综合治理委员会",负责总体规划本地区、本部门的社会治安综合治理工作。1991年3月,中央社会治安综合治理委员会成立,与中央政法委合署办公。2011年5月,中央社会治安综合治理委员会、最高人民法院等16家单位联合下发了《关于深入推进矛盾纠纷大调解工作的指导意见》,强调各级综治委及其办公室在党委和政府的领导下,具体负责矛盾纠纷大调解工作的组织、协调、检查和督办工作,重点加强对县(市、区)、乡镇(街道)矛盾纠纷大调解工作平台的协调指导。2015年12月,中办、国办印发了《关于完善矛盾纠纷多元化解机制的意见》,明确了综治部门在矛盾纠纷多元化解机制建设中的综合协调地位,要求其在党委和政府的领导下切实做好调查研究、组织协调、督促检查、考评、推动等工作,发挥县(市、区、旗)、乡镇(街道)、村(社区)综治组织的中心作用,推动人民调解、行政调解、司法调解协调联动,促进调解、仲裁、行政裁决、行政复议、诉讼等的有机衔接。

2018年3月,中共中央印发《关于党和国家机构改革方案的说明》,不再设立中央社会治安综合治理委员会,有关职责交由中央政法委承担,由中央政法委的基层社会治理局与综治监督局共同承担"统筹好政法系统和相关部门的资源力量,形成问题联治、工作联动、平安联创的良好局面"的责任。2019年1月18日,中共中央印发的《中国共产党政法工作条例》第11条规定,省、市、县、乡镇(街道)社会治安综合治理中心是整合社会治理资源、创新社会治理方式的重要工作平台,由同级党委政法委员会和乡镇(街道)政法委员负责工作统筹、政策指导。无论是机构改革之前的各级综治委还是改革之后的中央政法委与省、市、县、乡四级社会治安综合治理中心,在多元解纷机制构建过程中都发挥着组织协调的作用。各地各级综治中心成立时间不一,但一般都重视整合公安、司法行政、民政等部门资源,搭建"一站式"纠纷解决平台。例如,2022年山东省潍坊市潍城区在当地综治中心的牵头协调下,人民调解委员会等11个单位和组织集中办公、集成服务,形成"一体化运作、一站式受理、一揽子解决、一条龙服务"的工作流程。该中心成立 6 个月就调处各类矛盾纠纷 390 余起，调解成功率超过 98%。① 目前，各地省、市、县、乡四级综治中心已逐步成为提高社会治理水平的"枢纽"平台。

（二）司法机关：多元解纷机制的参与者和积极促进者

在 2005 年 10 月最高人民法院发布的"二五改革纲要"中，就提出要建立多元化纠纷解决机制。人民法院不仅是纠纷解决的司法权主体，还要积极促进诉讼与非诉讼纠纷解决机制的有效衔接，指导各类非诉纠纷解决主体提升业务能力和水平。因为，"多元化纠纷解决机制的最基本的理念是强调诉讼与非诉讼、国家司法制度与社会制度、国家权力与社会自治、国家救济与社会救济之间的相互配合与协调，最终达到纠纷的有效化解"。② 在多元解纷系统的构建过程中，人民法院在程序衔接、主体衔接、效力保障三个方面发挥着"黏合剂"的作用。

首先，加强诉讼与非诉解纷的程序衔接。仲裁与诉讼、调解与诉讼之间的程序衔接，是多元解纷机制改革的重要一环。其中，仲裁与诉讼的衔接包括商事仲裁与诉讼的衔接、劳动争议仲裁与诉讼的衔接，以及农村土地承包仲裁与诉讼的衔接。在司法支持仲裁的大格局之下，一方面要强化或裁或审、一裁终局的商事仲裁基本制度，加强法院对仲裁保全申请、仲裁裁决执行申请的支持力度，另一方面要完善对仲裁裁决进行司法审查的程序规则。在劳动争议仲裁与诉讼衔接上，通过扩大先予执行的适用范围等措施，加强对劳动仲裁的程序支持。在农村土地承包仲裁与诉讼的衔接上，人民法院应充分尊重当事人的选择权，进一步保障当事人仲裁中的合法权益。民间调解与诉讼之间的程序衔接，经由 2012 年对《民事诉讼法》修改，增设了人民调解协议司法确认的特别程序。经过实践探索，2021 年 12 月全国人大再度修改《民事诉讼法》，将确认的范围从"人民调解组织调解达成的协议"扩张至所有"经依法设立的调解组织调解达成的协议"，加大了对民间调解权威性的司法支持

---

① 肖家鑫：《山东加强综治中心建设，完善矛盾纠纷多元化解机制》，《人民日报》2022 年 6 月 8 日第 10 版。

② 梁瑾：《建构多元化纠纷解决机制的法理解析》，《山西经济管理干部学院学报》2012 年第 9 期。

力度。

其次，促进诉讼与非诉解纷的主体衔接。2008 年 9 月，最高人民法院就诉讼与非诉讼相衔接的矛盾纠纷解决机制向中央提交专题报告，中央原则同意分三步走的改革思路，即第一步由最高人民法院出台诉调对接的司法解释；第二步由中央出台鼓励多元解纷机制发展的政策文件；第三步通过立法固化改革成果。2009 年 7 月，经中央批准，最高人民法院印发了《关于建立健全诉讼与非诉讼相衔接的矛盾纠纷解决机制的若干意见》。2012 年修改后的《民事诉讼法》增设的第 122 条规定"当事人起诉到人民法院的民事纠纷，适宜调解的，先行调解"，这为诉前调解和诉调对接初步提供了立法依据，但具体如何开展工作仍缺乏经验。同样是在 2012 年，最高人民法院发布了《关于扩大诉讼与非诉讼相衔接的矛盾纠纷解决机制改革试点的总体方案》，在全国范围内确定了北京市朝阳区法院等 42 个改革试点法院。此后着重进行了两个方面的改革探索：(1) 成立"诉调对接中心"。截至 2018 年年底，全国各级法院设置专门的诉调对接中心 2701 个，专门工作人员 13793 名，建立特邀调解组织 18206 个。① 2019 年，随着法院系统的两个"一站式"（建设一站式多元解纷机制、一站式诉讼服务中心）工作的推进，诉调对接中心建设的质和量又有明显提升。截至 2020 年年底，全国法院共设置专门的诉调对接中心 3835 个，专门工作人员 29921 名，3000 多个基层法院指导 80 万个人民调解组织、400 万人民调解员的业务工作，每年人民调解组织化解纠纷近 1000 万件。② (2) 聘任特邀调解员。2012 年修改后的《民事诉讼法》第 95 条对特邀调解作出了概括性的规定，2016 年最高人民法院《关于人民法院特邀调解的规定》较为系统地规定了特邀调解的原则、人员及调解的流程等方面的内容。至 2019 年全国法院共建立特邀调解组织 2.2 万个，特邀调解员 7 万人，当年立案前委派调解 325.3 万件，调解成功 118.1 万件，调解成功率 36.3%；立案后委托调解 60.2 万件，调解成

---

① 李阳：《多元解纷：平安中国亮丽名片》，《人民法院报》2019 年 9 月 17 日第 4 版。

② 何方：《诉前调解工作应进一步制度化、规范化》，http://www.rmzxb.com.cn/c/2021 - 07 - 21/2909815.shtml，2023 年 3 月 20 日。

功 38.4 万件，调解成功率 63.9%；通过特邀调解分流法院一审案件数达 19%。①

最后，保障诉讼与非诉解纷的效力衔接。制约非诉解纷机制发展的根本原因，是非诉解纷机构不够权威、形成的解纷方案的法律效力不强。例如，传统上民间调解协议仅具有合同效力，当事人有反悔再诉的可能，"弃调转诉"的现象并不鲜见。2004 年 8 月，最高人民法院印发了《关于人民法院民事调解工作若干问题的规定》，首次以司法解释的方式规定了司法确认调解协议的程序。2010 年 8 月，《人民调解法》从立法上明确了人民调解协议的效力，规定了调解协议的司法确认程序。2011 年 3 月，最高人民法院出台了《关于人民调解协议司法确认程序的若干规定》。2012 年《民事诉讼法》修改时进一步吸收和巩固司法改革的成果，在特别程序章节中增加了司法确认调解协议效力的内容，从诉讼立法层面为非诉机制的发展提供法律依据。2021 年在对《民事诉讼法》修改中再次完善拓宽司法确认调解协议程序的适用范围，强化了诉讼与非诉解纷的衔接机制。

（三）基层组织：新时代"枫桥经验"的探索者和实践者

2018 年，中共中央、国务院在《关于实施乡村振兴战略的意见》中强调，提升基层组织的自治能力关乎社会治理能力现代化的水平。据民政部统计，截至 2021 年年底全国基层群众性自治组织共计 60.6 万个，其中村委会 49 万个、居委会 11.7 万个。② 基层组织作为社会治理的"神经末梢"，能够深入社区形成"网格化"的治理格局，在将纠纷防患于未然、化解于萌芽方面有着独特的优势。

近年来，各地基层组织面对新时代社会治理中的新情况不断探索形成升级版的"枫桥经验"，构建网格状社会治理体系。例如，山东日照探索了"全民网格员"的做法，将全市划分为 4743 个基础网格，配备网格员 5676 名，聘请 1300 多名法律工作者担任网格"法管家"，树立基层法

---

① 李少平：《发挥司法职能作用，提升多元解纷水平，打造新时代"枫桥经验"法院升级版》，《人民法院报》2018 年 11 月 9 日第 5 版。

② 民政部：《2021 年民政事业发展统计公报》，https：//www.mca.gov.cn/article/sj/，2023 年 3 月 25 日。

治示范典型 103 个,广泛发动群众参与基层社会治理。① 而在整个山东省,截至 2020 年 11 月,城乡共划分基础网格 16.8 万个,实现基层社区全覆盖,网格员总数达到 27.5 万人。② 重庆的"三级和议"改革措施,从和议员到村支委会,再到乡镇街道,形成自下而上、层层过滤机制,将矛盾纠纷化解在基层。上海金山曾提出创建非诉社区的口号,其中吕巷镇就建立了"镇—村居—宅埭"分层递进的纠纷解决机制,将矛盾化解阵地前移、触角延伸、资源下沉,构建了层层递进、协调联动的工作网络。

(四)专业组织:构建大调解格局和化解纠纷的必要补充

专业组织能够广泛联系社会各阶层,代表不同的利益群体,擅长处理群体内的利益纠纷。据民政部统计,截至 2021 年年底,全国登记的社会组织共约 90.2 万个,其中社会团体约 37.1 万个,民办非企业单位约 52.1 万个,基金会 8877 个。③ 这些社会组织不仅能弥补政府公共服务的不足,也是公民自我管理的一个有效路径。

近年来,社会矛盾纠纷呈现专业化、立体化、复杂化的发展态势,这就要求,在多元解纷机制改革过程中充分发挥专业组织的作用。2016 年,司法部等四部委联合下发的《关于推进行业性专业性人民调解工作的指导意见》指出:"推进行业性、专业性人民调解工作,是适应经济社会发展、化解新型矛盾纠纷的迫切需要,是维护群众合法权益、促进社会公平正义的必然要求,是创新社会治理、完善矛盾纠纷多元化解机制的重要内容。"最高人民法院在《关于人民法院进一步深化多元化纠纷解决机制改革的意见》中要求:"积极推动具备条件的商会、行业协会、调解协会、民办非企业单位、商事仲裁机构等设立商事调解组织、行业调解组织……完善调解规则和对接程序,发挥商事调解组织、行业调解组织专业化、职业化优

---

① 姜东良:《日照健全网格化管理体系推进社会治理创新》,《法治日报》2020 年 12 月 31 日第 8 版。

② 张珈玮:《山东网格化服务打通社会治理"最后一公里"》,http://sd.dzwww.com/sd-news/202011/t20201127_7155271.htm,2023 年 3 月 25 日。

③ 民政部:《2021 年民政事业发展统计公报》,https://www.mca.gov.cn/article/sj/,2023 年 3 月 25 日。

势。"专业组织按其功能为可划分为两大类：一类是专业从事纠纷解决工作的专门性组织，如行业调解组织、商事调解组织、律师调解组织等。另一类是具有附带性纠纷解决功能的组织，如工会、共青团、妇联、消协等。这类调解组织，可以根据争议双方的申请开展调解活动，但更通常的方式是与司法机关合作以诉前调解的方式开展调解工作。

二　纵向：中央顶层设计与地方试点探索并行

在多元解纷机制改革中，中央以出台立法、政策的方式推动多元解纷的系统构建，注重从宏观上促进多元化解纷程序机制之间的衔接。例如，2004 年 8 月最高人民法院印发的《关于人民法院民事调解工作若干问题的规定》，2010 年全国人大常委会通过的《人民调解法》，2011 年 3 月最高人民法院出台的《关于人民调解协议司法确认程序的若干规定》，2012 年和 2021 年全国人大常委会对《民事诉讼法》的修改，2015 年 12 月中办、国办印发的《关于完善矛盾纠纷多元化解机制的意见》，2016 年 6 月最高人民法院发布的《关于人民法院进一步深化多元化纠纷解决机制改革的意见》和《关于人民法院特邀调解的规定》，2017 年 11 月最高人民法院与司法部在《关于开展律师调解试点工作的意见》中要求在北京、黑龙江、上海等 11 个省（直辖市）试点，2018 年 12 月最高人民法院和司法部又在《关于扩大律师调解试点工作的通知》中要求到 2019 年年底争取每个县级行政区域都有律师调解工作室。这些措施的出台和实施，集中体现了中央层面关于促进多元解纷机制改革的智慧。

多元解纷机制的改革探索并不全是"自上而下"的，也有地方立法先行先试的例子。例如，早在 2005 年 10 月，厦门市人大常委会就通过了《关于完善多元化纠纷解决机制的决定》。2012 年年底，最高人民法院司改办在厦门调研时指出，希望厦门继续先行先试、发挥特区地方立法权的优势。2015 年 4 月 1 日，厦门市人大常委会审议通过了《厦门经济特区多元化纠纷解决机制促进条例》，这是全国第一部促进多元解纷机制发展的地方性法规。① 此后，一些地方相继出台了地方性法规，如《山东省

---

① 李明哲：《多元化纠纷解决机制的地方立法探索》，《法律适用》2015 年第 7 期。

多元化解纠纷促进条例》（2016 年 10 月）、《黑龙江省社会矛盾纠纷多元化解条例》（2017 年 10 月）、《福建省多元化解纠纷条例》（2017 年 11 月）、《安徽省多元化解纠纷促进条例》（2018 年 11 月）、《武汉市多元化解纠纷促进条例》（2019 年 5 月）、《四川省多元化解纠纷促进条例》（2019 年 11 月）等，2020 年以后，吉林、辽宁、海南、河北、上海等地陆续制定了相关地方法规。

需要指出的是，制定和修改涉及民事、国家机构的基本法律的权力属于全国人大及其常委会，地方立法无法突破立法权限的限制，而更多是发挥着政策指引、本地部署和工作促进的作用。例如，《山东省多元化解纠纷促进条例》第 18 条规定，当事人可以依法自主选择下列纠纷化解途径：（1）和解；（2）调解；（3）行政裁决；（4）行政复议；（5）仲裁；（6）诉讼；（7）法律、行政法规规定的其他途径。第 19 条规定，鼓励和引导当事人优先选择成本较低、对抗性较弱、有利于修复关系的途径化解纠纷。第 32 条规定，社会治安综合治理部门和政府其他有关部门、人民法院、人民检察院、调解组织、仲裁机构应当加强协调配合，推动程序衔接，促进纠纷多元化解。从这些条文的描述来看，更多是鼓励性、倡导性、引导性规范，更像是工作指引或者政策引导，缺乏法律规范应有的强制性。这种改革思路更加重视对多元解纷文化的养成和政府工作的引导，与美国、日本、澳大利亚等国以"ADR 法"等国家基本法的形式强力推进改革的思路有明显的差异。

第三节　多元解纷机制改革的问题与展望

一　多元解纷机制改革的问题

（一）多元解纷主体职能定位模糊

多元解纷机制改革是系统性的社会治理工程，涉及众多主体之间的协作互动。按照"完善党委领导、政府负责、社会协同、公众参与、法治保障"的指导思想，改革中如何处理好各解纷主体之间的关系、明确各自的职能定位至关重要。在改革实践中，容易出现职能交叉、角色错位、推诿扯皮的现象。

以律师调解组织为例，无论是 2015 年中办、国办的《关于完善矛盾纠纷多元化解机制的意见》，还是 2017 年最高人民法院、司法部的《关于开展律师调解试点工作的意见》以及 2018 年《关于扩大律师调解试点工作的通知》，都对鼓励和规范律师参与重大复杂矛盾纠纷化解提出了明确要求。但是，对律师调解的定位却一直不甚明确，律师事务所或律师是不是依法设立的调解组织或调解员？律师是中立的调解员还是代表一方利益的代理人？律师调解是公益服务还是市场化运行？对前述问题，至今没有明确的法律依据，因律师调解的定位模糊导致其难以长期持续发展。

再如，人民调解组织的定位也存在一定的模糊之处。司法部出台了加强行业性专业性人民调解工作的意见，其中指出全国专业性调解组织已经多达 3 万多个，人民调解员近 13 万人。人民调解组织无限扩大，那么商事调解、行业调解等其他调解组织的范围势必会被压缩。质言之，由于各个解纷主体之间定位模糊，人民调解也已成泛化态势，这就大大压缩了其他调解组织的优势。不仅如此，多元解纷主体定位模糊、职责不清导致"类行政化"已成为基层自治组织的常态。如人民调解委员会、综治中心、司法部门、村（居）民调解委员会之间没有厘清彼此的关系，一套人马、几个牌子已经成为常态，制约了各自功能的发挥。

（二）多元解纷机制缺乏配套保障

构建多元解纷机制，是一个系统化的工程，需要一系列配套措施的保障。实践中，由于配套保障措施不到位，导致改革时常出现雷声大、雨点小的现象。

首先，欠缺人才保障机制。例如，调解是多元解纷机制改革中的重头戏，但调解的人才保障机制的欠缺已成为阻碍调解工作专业化的重大障碍。一是担任调解员的门槛较低，专业化水平较低。有调研表明，人民调解和劳动争议调解员队伍中，基层调解员多由无法律专业背景的人员担任，其中村干部担任调解员的近乎半数。① 二是调解员的培训管理制

---

① 许庆永：《乡土人民调解员的功能错位与回归——基于安丘、单县的实地调查》，《学术交流》2016 年第 2 期。

度不到位。在基层实践中,人民调解员的培训是空洞化的,法律专业知识、心理学专业知识、社会学专业知识等培训内容不到位,调解技巧等专业培训不规范,未能形成专业的、严格的管理培训制度。三是调解员监管不到位。调解工作的专业化程度、成功转化率,与调解员的素质有密切的联系。然而,调解工作由于具有民间性、群众性等特征,容易造成调解的虚化、泛化、利益化等问题。基层人民法院对调解的监督手段主要是进入司法确认程序的事后监督,事前的指导和过程管理几乎是缺位的。

其次,欠缺立法规范保障。当前,我国行业调解、商业调解、工会调解等多元解纷机制的运行,总体上仍缺乏完善的法律规范保障。关于调解的方式、秘密信息的披露、调解的时限等众多内容,我国的立法无论是从数量还是质量上都与实践需求存在较大的差距。[①] 不仅如此,我国部分调解组织缺乏独立性,非诉解纷机制运行过程有较为强烈的行政化色彩。这容易使调解的中立性受到质疑,成为阻碍调解工作发展的重要原因之一。

最后,欠缺经费保障机制。在任何改革中,经费保障都是至关重要的。在现阶段,政府拨款与政府购买服务是解决经费问题的两个主要措施。但在实践中,存在保障标准太低、保障范围不足等问题。政府财政保障与法院、司法部门补贴等措施,并不能从根本上满足调解组织自我成长、自我发展的需要。由于经费保障机制的欠缺,还会使调解组织在开展工作时处处受限,难以保证中立性、独立性。

二　多元解纷机制改革的展望

在我国,多元解纷机制改革已经经历了从探索试点到全面推广、从基层实践到理论总结、从不成熟向逐渐成熟的发展过程。在现阶段,我国多元解纷机制改革应当持续深化发展,提高社会认同,完善立法保障,提高解纷现代化水平。

---

① 熊跃敏、周扬:《我国行业调解的困境及其突破》,《政法论丛》2016 年第 3 期。

（一） 加强多元解纷的顶层设计和法治保障

当前，全国范围内已经形成了人民调解、商事调解、行业调解、仲裁、公证等多种解纷机制并存的格局。从纠纷解决理念出发，"诉讼万能主义"已然不再，"国家主导、司法推动、社会参与、多元并举、法治保障"的现代纠纷解决理念已经树立。① 从地方立法探索实践出发，近年来地方尝试性立法已经为多元解纷机制立法提供了样板。多元解纷机制改革从试点到推广，当前已经积累了较为丰富的经验。但各种形式的纠纷解决方式仅在其适用领域内单线的、独立地发挥作用，存在碎片化的问题。考虑到多元解纷机制改革的系统性、整体性、协同性，有必要进行顶层设计，通过立法使得多元解纷方式的运行更加有序、高效、规范。

今后，围绕多元解纷机制既要进行综合性立法，也应当进行专门性立法。其中，综合性立法应当重视统筹协调，以明确解纷主体的职能定位，确定各个解纷方式的性质、适用范围、程序衔接、监督评估、保障机制等为立法重点内容。专门性立法则应当针对具体的解纷方式，加强各种非诉纠纷解决方式的程序保障。以商事调解为例，商事调解立法应当明确商事调解的定位，明确商事调解组织的职责权限、调解员的选任与培训，确定调解开始、中止和结束的程序机制。此外，还应对调解效力、调解保障、收费原则，以及调解的市场化运行机制等方面作出规定。专门性立法是"点"，综合性立法则是"线"，点与线的交织才能保障多元解纷机制的运行真正地获得法治的保障。

（二） 加快多元解纷的信息化进程和提质增效

在"互联网＋"的大背景之下，通过在线技术手段解决纠纷的方式应运而生。特别是随着电子商务的发展，在线纠纷解决机制（online dispute resolution，ODR）逐渐发展成为多元化纠纷解决机制中不可或缺的一"元"。

在早期阶段，在线纠纷解决机制仅仅被视为多元解纷机制的信息化载体。因此，以解决电子商务纠纷为主要内容的 ODR 的主要发展路径就是将线下调解、仲裁、协商等解纷方式信息化。但是，随着互联网技术

---

① 龙飞：《论国家治理视角下我国多元纠纷解决机制建设》，《法律适用》2015 年第 7 期。

的发展,大数据所发挥的作用远不止如此。国外的一些 ODR 平台不仅仅可以将 ADR 模式以科技的手段运用到网络环境,还具有计算机辅助交涉的功能。美国跨国电子商务平台 eBay 就利用 ODR 平台将电子商务各方的争议量化,再利用专门的计算机程序,辅助争议各方达成一个符合各方利益的综合解决方案。在中国,ODR 平台主要包括三大类:一是企业自我管理纠纷解决平台;二是综治部门牵头的矛盾纠纷多元化解平台;三是人民法院的在线调解平台。这些平台不仅仅具有在线解纷的功能,还兼有智能评估生成法律报告、智能咨询和法律服务等功能。由此可见,ODR 平台具有独立于 ADR 的特征,但又不仅是解纷手段的电子载体。有学者认为:"世界 ODR 的发展呈现出多元化的趋势,不仅限于司法系统之外的纠纷解决平台,而是将司法系统之外的在线纠纷解决平台和在线法院平台联通起来,充分整合资源,交由一个核心系统管理,汇聚所有的数据和软件,建立全方位立体化的纠纷解决体系。"① 今后在改革中,应当进一步推动 ODR 平台的整合、数据的整合,利用大数据为司法决策、社会治理提供科技支撑。信息化程度关系国家治理、社会治理现代化水平,互联网背景下的信息手段不应当仅仅局限于纠纷的事后解决,还应当以数据为依托,分析把握群众需求、预估未来趋势进而制定相应的预防对策,实现纠纷的事先预防。

---

① 龙飞:《中国在线纠纷解决机制的发展现状与未来前景》,《法律适用》2016 年第 10 期。

第 五 章

繁简分流改革：
优化司法资源配置的改革探索

2019 年 1 月，习近平总书记出席中央政法工作会议并发表重要讲话，指出"要深化诉讼制度改革，推进案件繁简分流、轻重分离、快慢分道"。① 为我国民事诉讼繁简分流改革确定了基本方向。之后，经全国法院系统为期两年的改革试点，繁简分流改革试点经验于 2021 年 12 月修改《民事诉讼法》时融入了立法之中。繁简分流改革缘起于法院审判工作中遭遇的"案多人少"的人案矛盾，与西方国家遭遇的"诉讼爆炸"的司法危机有相似之处，在改革思路上既有相似之处也有中国特色。从系统性观点看，繁简分流改革仅是解决"案多人少"问题的出路之一而不是全部；从繁简分流改革来看，既要注重民事审判的提速增效，又要注重当事人程序权利的保障，激活"休眠"的督促程序。

第一节 繁简分流改革的时代背景

20 世纪 90 年代中期，随着民事案件大量涌入法院，原有低效的审判工作难以满足新时代人民群众多样化的司法救济需求。为此，我国开始了旨在对民事诉讼"提速升效"的一系列改革，这些改革集中回应了以下三个方面的需求。

---

① 习近平：《论坚持全面依法治国》，中央文献出版社 2020 年版，第 248 页。

一　化解法院审判工作中"案多人少"的矛盾

随着我国市场经济的发展,法院民事审判工作中"案多人少"逐渐成为一个突出的问题。"案多人少"矛盾的原因是多方面的。从外部来看,社会转型时期社会结构和利益关系的调整是案件增多的重要原因。贫富差距增大、人口流动加剧等现代化自有的特点,使传统的纠纷解决机制开始失灵。诉讼成本的降低、社会信任的减少以及陌生人社会的建立等原因,也使人民群众的法治观念得到进一步觉醒,越来越多的人开始寻求通过司法解决纠纷。案源的增多,不可避免地造成了审判工作的沉重负担。据统计,自 2002 年以来,我国各级法院受理的民事一审案件数量从 442 万件增至 2021 年的 1661.2 万件,增长了约 3.8 倍。2013—2022 年,全国法院结案量年均增长 11%,法官人均办案量从 2013 年的 65.1 件增至 2021 年的 238 件。[①] 从内部来看,近年来我国推行的相关司法改革如立案登记制度降低了诉讼门槛,使得民事纠纷(特别是简单、小额争议)能够更容易进入到诉讼程序之中。与此同时,2014 年开始的法官员额制改革要求法院入额法官不得超过全体在编干警的 39%[②],审判人员的减少加剧了司法资源的紧张程度。此外,我国法官的"非审判负担"较重,法律事务和行政事务交杂不清,非审判事务挤占法官较多时间,进一步增加了审判工作压力。面对日益严峻的人案矛盾,法院系统形成了两种主要解决路径:其一,在外部畅通多元化纠纷解决机制,将能在诉讼外解决的纠纷尽量化解在法院立案之前,从而实现案件的外部分流。其二,在内部不断完善程序适配机制,实现审判资源的优化配置和高效利用,通过简案快审、繁案精审、繁简分流,追求缓解法院审判工作压力的效果目标。

二　优化审判资源配置,提高审判工作效率

如何提升诉讼效率,是一个世界性的难题。从民事司法制度发展史

---

① 张晨:《全国法院结案量年均增长 11% 的背后》,《法治日报》2023 年 1 月 12 日第 6 版。

② 张海燕:《法院"案多人少"的应对困境及其出路——以民事案件为中心的分析》,《山东大学学报》(哲学社会科学版)2018 年第 2 期。

中可以看出，仅靠增加法院审判人员数量，显然不是解决"案多人少"问题最有效的办法。从诉讼程序的角度出发，通过简化一些繁杂的手续使案件的需求与诉讼程序相匹配，是更为可行的方法。

我国《民事诉讼法》在 1991 年颁布之初即规定了简易程序，体现了朴素的繁简分流的思想。如何进一步调整民事诉讼程序、提高审判效率，一直是困扰人民法院工作的一个重大难题。纵观大陆法系国家民事诉讼制度的发展历程，可以发现程序分类的不断精细化是其共同趋势。我国诉讼程序的分类相对简单，我国民事诉讼法从制定之初一直采用"普通程序—简易程序"的二元结构，即使 2012 年小额诉讼程序正式进入民事诉讼立法，其定位也是简易程序的再简化，属于简易程序的一部分。从逐年严峻的司法资源和司法需求之间的矛盾即可看出，这种粗疏的程序分类不能满足针对不同类型的案件进行差异化审理的实践需求。在程序资源配置不科学的情况下，即使试图通过诉前调解、多元化纠纷解决等方式分流案件压力，法院依然难以摆脱"积案如山"的状况。而近年来推行的繁简分流改革的逻辑：通过诉讼程序的细化构建多层次诉讼制度体系，根据案件事实、法律适用、社会影响等因素选择适用适当的审理程序，做到该繁则繁、当简则简、繁简得当，努力以较小的司法成本取得较好的法律效果，从而"在既定的司法资源条件下将司法裁判数量最大化"[1]。

三 贯彻司法为民，进一步推动深化司法体制改革

"司法体制改革必须为了人民、依靠人民、造福人民。"[2] 这是习近平总书记在不同场合多次强调的理念。改革开放以来，"司法行政领域的公民的民主意识、法治意识、权利意识及法治参与意识日益增强"[3]，个人权利意识的强化使得越来越多的社会主体从不愿"打官司"变得越发依赖通过司法解决纠纷。但是，不同案件类型的当事人的司法需求存在差

---

① 刘练军：《法院科层化的多米诺效应》，《法律科学》（西北政法大学学报）2015 年第 3 期。

② 习近平：《论坚持全面依法治国》，中央文献出版社 2020 年版，第 147 页。

③ 刘哲等：《我国司法领域科技创新战略需求研究》，《合作经济与科技》2022 年第 9 期。

异，有的追求效率，希望速审；有的追求公正，希望精审。如何在诉讼爆炸的年代保障人民群众日益多样化的司法需求，是现代化国家必须要回答的问题。解决纠纷是法院的基本职能，而审判结果的公正和高效才能真正实现纠纷的彻底解决，维护社会秩序的稳定。

正如英国的一句法律谚语所言："迟到的正义为非正义。"司法程序分类如果过于简单，就不能满足当事人在不同案件中多样化的诉讼需求。我国早在20世纪80年代中后期就开始进行民事审判方式改革，尽可能地节约当事人主张实体和程序权利的诉讼成本，以满足人民群众日益增长的多元化司法需求。但是，既有的改革并没有从根本上优化诉讼程序设计，进入21世纪以后特别是2019年以来，以"繁简分流"为主题的改革才又重新提上了议事日程。

第二节　繁简分流改革的进展与成效

一　繁简分流改革的实践逻辑

我国对"繁简分流"改革的探索始于20世纪90年代。一些地方法院根据审判实践需要开始探索民事审判方式的改革和审判程序的简化，其直接目的就是加快审理速度、提高审判效率和减轻审判压力。此后，遵循着"试点—修法—再试点—再修法"的改革逻辑不断推进，[1] 改革进程大体上可以划分为以下三个阶段。

（一）地方法院自发探索阶段

民事诉讼繁简分流改革，最初始于地方法院在民事审判方式改革中的自发探索。随着基层法院受理的案件数量增多，繁案简案混杂审理不仅浪费审判资源，也使审判人员工作压力越来越大。1992年，北京市海淀区人民法院率先尝试改革，即调整民事审判组织，选调"二审二书"（即2名审判员、2名书记员）4名人员组成"简易民事案件审判组"，专门审理比较简单和容易解决的民事案件，对"繁简分流"进行试点探索。1993年2月，该院全面推行试点经验，正式成立简易民事案件审判组，

---

[1]　王德新：《小额诉讼的功能定位与程序保障》，《江西社会科学》2022年第1期。

专门审理简易民事案件，提出了不少具有创新意义的繁简分流举措。① 此后，山东省淄博市临淄区人民法院、江苏省宜兴市法院系统、福建省法院系统，河南省、黑龙江省以及广西壮族自治区等的基层法院，也纷纷开始自发地探索简易程序提升诉讼效率。② 地方法院对简易程序适用机制此起彼伏的自发探索，引起了最高人民法院的关注。2003 年，最高人民法院颁布了《关于适用简易程序审理民事案件的若干规定》，对简易程序的禁止适用情形、起诉与答辩、程序适用异议、庭前先行调解、开庭审理中的程序以及宣判与文书送达等作了更加具体的规定，统一规范和指导各地法院对简易程序的适用。

在这一阶段，法院开始初次应对"案多人少"问题，改革的思路是通过简化程序达成快速审理、快速结案的效果，改革的重心在于探索简易程序的扩张适用，聚焦的领域是一审简单易调的民事案件。

（二）最高人民法院统一组织改革试点阶段

虽然地方法院对简易程序的扩张适用的探索取得了一些成效，但地方法院所遭遇的"案多人少"矛盾并未得到根本缓解。2011 年 3 月，最高人民法院印发了《关于部分基层人民法院开展小额速裁试点工作的指导意见》，将小额速裁程序作为改革民事诉讼简易程序的一种新形式，开始在北京、上海、广东等 13 个省市的 90 个基层法院开展小额速裁试点工作，深入挖掘简易程序简易、便利、快速化解纠纷的诉讼功能，推进民事诉讼"繁简分流"的新探索。经过一年的试点，2012 年《民事诉讼法》修正时首次增设小额诉讼程序条款（第 162 条），即"基层人民法院和它派出的法庭审理事实清楚、权利义务关系明确、争议不大的简单的民事案件，标的额为各省、自治区、直辖市上年度就业人员年平均工资

---

① 北京市海淀区人民法院：《改革民事审判方式新举措——繁简分流》，《人民司法》1993 年第 8 期。

② 参见从军《临淄调整法官配置加强程序管理》，《人民法院报》2001 年 4 月 5 日第 2 版；蒋文强：《宜兴法院构建速裁机制》，《人民法院报》2002 年 10 月 28 日第 2 版；林忠明：《福建法院不断推进司法改革》，《人民法院报》2002 年 2 月 19 日第 1 版；冯铭琦、李君刚：《西华案件繁简分流显优势》，《人民法院报》2002 年 2 月 4 日第 4 版；王立新等：《富裕找准繁简分流突破口》，《人民法院报》2002 年 12 月 15 日第 2 版；莫学平：《桂平平均结案周期四十五天》，《人民法院报》2002 年 10 月 19 日第 3 版。

30%以下的,实行一审终审。"但该条中小额诉讼程序的规定较为原则,除一审终审外,小额诉讼程序与简易程序的规定没有任何不同。立法规定的粗疏必然导致实践运行中的困难,小额诉讼程序进入立法以后的一段时间内的适用率并不高。例如,2013年,重庆法院共新收各类一审民商事案件237803件,其中标的金额符合小额诉讼程序条件的案件有178337件,占总量的七成以上(74.99%),但实际以小额诉讼程序立案的只有12448件,仅占标的金额符合小额诉讼程序条件案件的6.98%。① 2013年,广东省民事一审案件中标的额为2011年度广东省就业人员年平均工资30%以下(13546元)的案件约为176896件,占37.86%。其中,适用了小额诉讼程序审理的为17329件,仅占9.80%,占全部民事一审案件的比重为3.71%。② 2013年至2015年5月31日期间,北京市各法院小额诉讼程序的年平均适用率仅为12.5%,其中2013年度为11.2%,2014年度为13.5%,2015年度(截至5月31日)为12.9%。③ 在其他地区,小额诉讼程序的适用情况也并不理想。小额诉讼程序在实践中遇冷,促使中央决策层开始从更宏观的制度体系视角进一步部署"繁简分流"改革。④

(三)中央统筹推进"繁简分流"改革阶段

2019年1月,习近平总书记在中央政法工作会议上指出:"要深化诉讼制度改革,推进案件繁简分流、轻重分离、快慢分道。"为民事诉讼制度改革指明了方向。2019年5月,中共中央办公厅印发《关于政法领域全面深化改革的实施意见》,将"推进民事诉讼制度改革"确定为重大改革任务。

2019年12月,第十三届全国人大常委会第十五次会议作出《关于授

---

① 白昌前:《小额诉讼程序适用的现实困境及应对——以重庆法院为例》,《西南政法大学学报》2015年第1期。

② 廖万春:《广东高院关于小额诉讼制度实施情况的调研报告》,《人民法院报》2014年5月8日第8版。

③ 陆俊芳等:《我国小额诉讼制度运行的困境与出路——以北京市基层法院的审判实践为蓝本》,《法律适用》2016年第3期。

④ 王德新:《小额诉讼的功能定位与程序保障》,《江西社会科学》2022年第1期。

权最高人民法院在部分地区开展民事诉讼程序繁简分流改革试点工作的决定》，授权在全国 15 个省（区、市）的 20 个城市开展试点工作，具体试点办法由最高人民法院牵头制定。据此，2020 年 1 月最高人民法院印发《民事诉讼程序繁简分流改革试点方案》和《民事诉讼程序繁简分流改革试点实施办法》（以下简称《试点实施办法》），为期两年的试点工作正式启动。2021 年 2 月，最高人民法院院长周强在全国人大常委会会议上作了《最高人民法院关于民事诉讼程序繁简分流改革试点情况的中期报告》，系统阐述了试点工作一年来的成效。同年 10 月，全国人大常委会启动了民事诉讼法的第四次修正工作。此次修法将改革试点中的多项探索和经验纳入修法内容，对简易程序、小额诉讼程序、独任制适用范围以及司法确认程序等作了不同程度的完善。但是，立法修正的完成并不意味着繁简分流改革探索的终结，如何使现行的立法内容在实践中达到预期的效果，仍然需要在未来探索。

二 繁简分流改革的成效

虽然各地法院关于繁简分流改革的进度不一、各有侧重，但从实证数据来看取得了一定的成效，实现了审判资源的优化配置，提高了审判质效，一定程度上减轻了法院系统的工作负担，也满足了人民群众多元化的司法需求。

（一）通过完善简易和小额诉讼程序，实现"简案快审"的效果

2021 年 12 月关于《民事诉讼法》的修改共调整 26 个条文，其中 20 处与繁简分流改革有关，突出了修法鲜明的目的性。关于简易程序和小额诉讼程序的修改重点在于进一步释放其便捷、高效、一次性解纷等制度优势。从改革试点情况中也可以看出，繁简分流改革在一定程度上激活了小额诉讼程序。

2021 年《民事诉讼法》修改涉及简易程序和小额诉讼程序的内容主要有以下几点：（1）缩短了简易程序最长审限。修改前简易程序的最长审限为 6 个月，修改后缩短为 4 个月。（2）小额诉讼程序适用的案件类型限定为"金钱给付"案件。（3）扩大了小额诉讼程序的适用范围。小额诉讼程序的适用标的额上限，从本省市区上年度就业人员平均

工资的 30% 提高到 50%，同时明确了六种不适用小额诉讼程序的例外情形。(4) 进一步保障当事人的程序选择权。新增当事人合意选择适用模式，规定对标的额超过 50% 但在 2 倍以下的，允许当事人双方约定适用小额诉讼程序。(5) 仍然将小额诉讼程序规定在简易程序一章，小额诉讼程序作为简易程序再简化的定位未改变。从实证调研结果看来，此次简易和小额程序的修改更加凸显"简案快审"的效果。比如，根据《最高人民法院关于民事诉讼程序繁简分流改革试点情况的中期报告》，从 2020 年 1 月到 2021 年 2 月，各试点法院共适用简易程序审结案件 207.98 万件，简易程序适用率达到 63.8%，平均审理期限 48 天，较法定审限缩短 42 天。[①] 北京市朝阳区人民法院 2022 年 1—8 月，审结一审民商事案件 51013 件；其中，适用小额诉讼程序和简易程序结案的有 27252 件，占一审民商事案件总数的 53.42%；小额诉讼程序平均审理用时较法定审限缩短三分之一，简易程序平均审理用时较法定审限缩短一半。[②] 山东省济南市法院系统 2021 年适用简易程序（含小额诉讼程序）审结案件 90382 件，适用率达 95.28%。[③] 2022 年上半年，重庆市法院系统适用小额诉讼程序审理案件 9.4 万件，适用率达 92.9%。[④] 在其他地区，"简案快审"的效果总体上也有体现。

（二）扩大独任制适用范围，以缓解人案矛盾

根据修订前的《民事诉讼法》，只有适用简易程序的案件可以独任审理。2021 年修改后的《民事诉讼法》实现了独任制与简易程序的解绑，主要体现在三个方面：第一，在第 40 条中增加规定："基层人民法院审理的基本事实清楚，权利义务关系明确的第一审民事案件，可以由审判员一人适用普通程序独任审理。"将独任制的适用扩大到特定类型案件的

---

① 周强：《最高人民法院关于民事诉讼程序繁简分流改革试点情况的中期报告》，《人民法院报》2021 年 3 月 1 日第 1 版。

② 北京市朝阳区人民法院：《深化民事诉讼程序繁简分流改革实现"大体量"法院办案模式提档升级》，《人民法院报》2022 年 9 月 26 日第 3 版。

③ 闫继勇等：《济南：繁简分流改革硕果累累》，《人民法院报》2022 年 1 月 24 日第 6 版。

④ 刘洋等：《重庆：上半年适用小额诉讼程序审案 9.4 万件》，《人民法院报》2022 年 8 月 30 日第 1 版。

普通程序，推动审判组织形式与案件类型灵活精准匹配，适应基层人民法院办理的案件类型多样的工作实际。第二，在第41条中增加规定，在双方当事人同意的前提下，第二审法院审理案件也可以适用独任制，在合理控制二审独任制适用范围的基础上，推动二审案件繁简的分流，防止所有案件"平均用力"，以充分发挥缓解人案矛盾的作用。在赋予独任制更多适用空间的同时，修改后的《民事诉讼法》规定了不能适用独任制的六类案件（第42条），为独任制的扩张划定了底线。第三，在第43条中赋予了诉讼当事人异议权，但最终是否准许的裁定权仍然掌握在法官手中。修改后的《民事诉讼法》自2022年1月开始实施，截至2022年8月，四川省成都市武侯区人民法院一审普通程序独任制的适用率稳步提升，平均审理期限66.36天，改判发回重审约0.15%，服判息诉率约90.12%，一审普通程序简化的效能得以充分释放。① 山东济南市法院系统2021年适用独任制审结一审民商事案件91608件，适用率达96.57%，平均审理周期37.32天；济南中院适用独任制审结二审案件9233件，适用率达88.23%，平均审理周期31.33天，实现了"质""效"同步提升。② 此外，江苏无锡、河南濮阳、湖北武汉等地的法院也相继落实独任制的扩大适用，其中，濮阳中院2022年1—9月共审结二审民事案件2296件，二审独任审理568件，适用率为24.74%，平均审理天数23.77天，仅1件进入再审。武汉市2020年一、二审独任制适用率分别为87.66%和23.43%。③

从以上数据可以看出，独任制的扩张适用对于提高审判效率，缓解法院审判工作压力具有明显效果。但同时，合议制扩张适用可能带来的危害也不容忽视。从修法的内容来看，独任制的修改并未完全采纳《试

---

① 四川省成都市武侯区人民法院：《科学适用独任制普通程序促进办案质量效率双提升》，《人民法院报》2022年9月30日第3版。

② 闫继勇等：《济南：繁简分流改革硕果累累》，《人民法院报》2022年1月24日第6版。

③ 参见河南省濮阳市中级人民法院《构建"三精"管理模式确保二审独任制落实见效》，《人民法院报》2022年9月28日第3版；江苏省无锡市中级人民法院：《构建精准化规范化工作机制稳步推进二审独任制适用》，《人民法院报》2022年9月26日第3版；王田甜等：《武汉民诉改革：多点突破》，《人民法院报》2021年2月22日第6版。

点实施办法》中的相关规定,体现出更加谨慎的态度,而这样的谨慎是必要的。独任制的适用虽然能达到提速增效、节约司法资源的效果,但也容易弱化普通程序与简易程序的区分,动摇合议制的基础制度地位。未来如何优化独任制的适用,仍是改革中需要进一步探索的问题。

(三) 优化司法确认调解协议程序,促进民间调解机制的利用率

司法确认调解协议程序是民事诉讼法规定的一种特别程序,是指根据当事人的申请,由法院对当事人达成的民间调解协议进行自愿性、合法性审查,并依法赋予其强制执行力。司法确认调解协议程序在2012年修法时正式被纳入《民事诉讼法》。根据当时的规定,申请司法确认调解协议,需由双方当事人依照人民调解法等法律向基层法院提出,适用范围限定为人民调解协议。然而,受案范围的限定制约了多样化民间调解组织化解纠纷机能的发挥。

2021年修改《民事诉讼法》时,扩大了司法确认调解协议程序的受案范围,将其他依法设立的调解组织促成的调解协议纳入司法确认的范围之内。立法的修改,为消费者协会、妇联等依法设立的其他具有调解职能的组织参与社会纠纷化解提供了有力的司法保障。对于促进民间调解机制的利用率,方便当事人便捷、低成本地解决纠纷,使纠纷止于诉前,缓解人民法院案多人少矛盾发挥了积极作用。[1] 通过实证数据可以看出,司法确认调解协议程序的优化提升了诉前调解机制功能的发挥。如浙江省杭州市中级人民法院近年来先后与十余家单位共建诉前调解合作机制,截至2020年年底全市法院诉前委派律师调解、行业调解、专职调解等共计13万余件,其中成功化解4.9万余件,化解率为37.6%,司法确认公信力得到进一步提升。[2] 四川省简阳市人民法院2020年裁定确认调解协议640件,确认调解协议有效率超过97.19%,同比提升11.23个百分点。[3] 2021年修法之后,天津市河北区人民法院动员多样化的民间组织开展调解工作,推动商会组织对接民营企业纠纷,交警支队、保险行

---

① 刘敏:《论优化司法确认程序》,《当代法学》2021年第4期。

② 余建华、王方玲:《杭州:推进繁简分流跑出时代速度》,《人民法院报》2021年5月10日第6版。

③ 王鑫等:《四川简阳法院创新司法确认模式》,《人民法院报》2021年4月16日第4版。

业协会对接道路交通纠纷，区劳动人事争议仲裁委员会对接劳动纠纷。2022 年 1—8 月，通过"调解组织 + 司法确认"方式，有效化解纠纷 313 件，司法确认有效率 100%，平均确认周期仅为 2.37 天。[①] 诉前调解机制是分流案件、化解纠纷的重要途径，民事司法确认程序作为链接诉讼与非讼制度的通道，担负着引领社会力量参与纠纷解决以此引导案件分流、实现缓解法院工作压力的功能，此次修法使其适用范围进一步扩大，推动更多民间组织参与进调解机制之中，无疑能够更好地发挥其应然功能。

第三节　繁简分流改革中的争议及其解决

结合 2021 年《民事诉讼法》的修正内容及其实施效果分析，民事诉讼程序繁简分流改革成效显著，但繁简分流改革本身以及繁简分流的实施仍然存在一些问题，进一步优化司法改革的任务依然艰巨。

一　"繁案精审"与程序保障的强化

"繁案精审"作为繁简分流机制改革中不可或缺的一部分，具有重要的现实意义。然而，梳理近年来的相关改革文件和改革实践，不难看出改革突出了"简案快审"的重点。例如，2021 年 10 月公布的《中华人民共和国民事诉讼法（修正草案）》对民事诉讼法做出了 16 处调整，但绝大部分都聚焦于"简案快审"，几乎未涉及"繁简分流"中的"繁案精审"的程序机制。在司法实践中，基于提高办案效率等动机，大多数法院也将改革着力点放在"简案快审"的程序简化方面，对"繁案精审"的关注较少，忽略了对复杂案件当事人的程序保障问题。然而，与简单案件相比，复杂案件事实错综复杂、权利义务争议大，在审理过程中更加需要加强程序保障。因此，在繁简分流的改革进程中，如何通过优化普通程序设计以保障"繁案精审"是重要的改革议题。

---

① 天津市河北区人民法院：《优化司法确认制度助力多元解纷提质增效》，《人民法院报》2022 年 9 月 26 日第 3 版。

（一）"繁案精审"对加强程序保障的需求

法谚曰:"正义不仅要实现,而且要以看得见的方式实现。"对于复杂案件,加强程序保障,才能使当事人真正信任审判,达到化解纠纷的效果。与简易程序相比,"普通程序的内容更具系统性和完整性,从起诉到判决的整个过程以及审判过程中特殊情况的处理都做出了尽可能明确、具体和全面的规定"①。然而,在当前"繁简分流"改革实践中,繁案精审的程序保障力度不够。

从繁简分流划分标准来看,法院对繁案和简案的划分依据主要来自《民事诉讼法》第160条关于适用简易程序的规定。繁简案件分案过于主观,程序精准适配难以保障。在实践中,有些基层法院往往把受理的案件无论繁简全部先适用简易程序,在审限内不能结案的,再转为普通程序。据统计,全国基层法院所审理的民事案件中适用简易程序的比例曾经高达80%—90%。② 从分案时间来看,当前我国是在立案阶段对案件进行繁简区分,由于未进行实质性审理,程序识别错误在所难免。简单案件适用普通程序审理不会发生损害当事人程序权利的结果,因此,2015年之后《最高人民法院关于适用〈中华人民共和国民事诉讼法〉的解释》（以下简称《民诉法解释》）第260条明确规定:"已经按照普通程序审理的案件,在开庭后不得转为简易程序审理。"但是误把繁案适用简易程序或者小额程序的情形,无论是出于法官能力的考虑还是当事人的程序保障,都需要再次进行分流。然而,在实践中这种程序转换机制的执行情况并不理想。

除了前述两个方面外,进一步优化普通程序的设计以更好贯彻"繁案精审"理念,也是深化改革不容回避的问题。具体而言,以下三个方面的程序保障不可或缺,即当事人证据搜集权的保障、当事人公正审判权的保障以及无效判决的程序救济。

---

① 赵泽君、赵雁雨:《"民事普通程序简便审"不可取》,《法制与经济》（上旬刊）2011年第7期。

② 袁定波、郭文青:《基层法院八成民事案件适用简易程序》,《法制日报》2012年11月2日第1版。

（二）加强当事人证据收集权的保障

在司法改革进程中，必须防范"格式化下的非正义"现象，即片面强调当事人的举证责任，却没有为当事人调查收集证据的权利提供有力的程序保障。随着我国审判方式改革的推进，民事诉讼当事人的举证责任得以明确。《民事诉讼法》第 67 条规定，"当事人对自己提出的主张，有责任提供证据"。《民诉法解释》第 90 条规定，当事人对争议事实应当承担举证责任以及未能提供证据或者证据不足应承担的不利诉讼后果。然而，举证责任明确的同时，当事人的证据收集权未能得到充分的保障。虽然，经过 2019 年最高人民法院对《关于民事诉讼证据的若干规定》的修正，当事人调查取证权的保障得到了一定的强化，但在司法实践中仍存在当事人调查取证困难、因举证能力不足而败诉等问题。

进一步加强对当事人证据搜集权的保障，有利于增加当事人对判决结果正当性的信任度，减轻法院的信访工作压力，更好地保障司法公正。具体来说，可以从几个方面加强对当事人证据搜集权的程序保障：（1）完善庭前证据交换制度；（2）细化非法证据排除规则；（3）完善证人出庭作证保障机制，如健全证人出庭经济补助制度，明确不予补助的例外情形，明确补助的支付方式；（4）完善律师调查取证制度；（5）完善当事人调查取证救济机制等。

（三）加强当事人公正审判权的保障

1948 年联合国的《世界人权宣言》第 10 条最早出现"公正审判权"这一概念，其内容主要包括审判独立、公开审判、辩护权以及无罪推定原则等。此后，随着时代的发展，公正审判权的内涵不断扩展。目前，公正审判权作为一项被国际广泛承认的基本人权，在许多国际性法律文件中都有明确规定。例如，联合国《公民权利和政治权利国际公约》第 14 条最为典型，规定了被追诉人所享有的法庭面前人人平等、审判独立、审判公开、被推定无罪等 15 项具体的诉讼权利。

我国《宪法》也有体现公正审判的条款，表现为"法律面前人人平等""审判独立""审判公开"等原则。随着司法改革的深入推进，公正审判的理念也深入体现于各部门法的规定中。"繁案精审"以维护正义、化解纠纷为本质功能，这就要求当事人的公正审判权应当得到充分的程序保障。从审判者角度,法庭应当保证庭审公正、公开、独立以及诉讼当事人地位平等,这是公正审判的基本内涵,同时应当按照法定程序制作和保存审理笔录,此为法院是否依照法定程序审判的主要证据。从保障当事人的防御性权利角度,当事人应当充分享有:申请法官回避的权利,不受非法缺席判决的权利,庭审过程中充分辩论的权利,举证、质证的权利,以及不被强迫、胁迫和解的权利等。从保障当事人的救济性权利角度,当事人应享有对审判及裁定不服的上诉权、审判过程中的反诉权、对回避决定不服的申请复议权、申请保全和发出支付令以及撤回申请等权利。围绕这些方面,我国民事诉讼普通程序的设计还有进一步优化和精细化的空间。

(四) 完善无效判决的程序救济

"有权利必有救济"是一项基本法理,"没有救济可依的权利是虚假的,犹如花朵戴在人的发端是一种虚饰"①。从诉讼行为论的视角看,法院的审判行为亦是一种有诉讼法意义的行为,也存在有效或无效的问题。无效判决是指法院作出的判决违反生效条件,不能发生判决本来效果的情形。② 我国关于无效判决的规定体现在《民事诉讼法》第 117 条、207条之中。其中,第 117 条规定了二审法院对于上诉案件的四种判决结果,其中包括"原判决遗漏当事人或者违法缺席判决等严重违反法定程序的,裁定撤销原判决,发回原审人民法院重审"。而"严重违反法定程序"的具体情形则规定在《民诉法解释》之中,包括审判组织的组成不合法、应当回避的审判人员未回避、无诉讼行为能力人未经法定代理人代为诉讼以及违法剥夺当事人辩论权利四种情形。第 207 条则规定了人民法院依当事人申请应当再审的 13 种情形,其中包括了主要证据未经质证、审判组织组成不合法、应当回避的审判人员未回避、违法缺席判决、违法剥

---

① 程燎原、王人博:《赢得神圣——权利及其救济通论》,山东人民出版社 1998 年版,第 368 页。

② 在英美法系,法院缺乏对人管辖权,存在诉讼欺诈,是判决无效的法定理由。在大陆法系,判决组织不合法,判决的做出评议规则,缺乏对人管辖权,判决内容不明确或者事实上不能给付等,是判决无效的法定理由。参见王德新《民事诉讼行为理论研究》,中国政法大学出版社 2011 年版,第 283—287 页。

夺当事人辩论权利等程序违法情形。对于审判过程中法官的程序性违法行为，法国、意大利等大陆法系国家设立了诉讼行为无效制度。该制度所探究的诉讼行为无效问题是大陆法系民事诉讼行为理论体系的重点之一，以当事人权益受到侵害的违法行为为程序性制裁对象，具有明显的权利救济色彩。

诉讼行为无效制度的完善，有助于规范法院民事诉讼行为和保障当事人诉讼权利。针对判决无效情形，可以从以下几方面保障诉讼当事人的程序权利：（1）保障当事人申请法官回避的权利。法律规定"被申请回避的人员在人民法院作出是否回避的决定前，应当暂停参与本案的工作。"因此，对于相关人员应暂停而未暂停工作的，所作的诉讼行为应认定为无效。（2）保障当事人诉求由合法的审判组织进行审判。对于违法适用简易程序、小额诉讼程序或者独任审理以及"形合实独"所做出的诉讼行为应认定为无效。（3）保障当事人不受非法缺席审判的侵害。我国《民事诉讼法》规定了三种可以缺席判决的情形，除法定情形外法官非法剥夺当事人知情权进行缺席判决的诉讼行为，应认定为无效。（4）充分保障诉讼当事人的陈述、辩论权。我国《民事诉讼法》规定了当事人及其诉讼代理人有发言答辩以及相互辩论的权利，在庭审中应防止法官限制当事人的发言及答辩时间、随意打断当事人及其代理人发言以及省略各方当事人做最后陈述意见的权利。

二 "简案快审"与基本的程序保障

我国现阶段"繁简分流"改革探索以简化程序、降低司法成本和缩短诉讼周期为重心，在此过程中如何保障程序简化不损害当事人基本的程序权利是必须慎重对待的问题。从成本与收益的角度，如果"简案快审"造成的错误裁判结果会消耗更多的司法成本，那么这样的制度就达不到改革的真正目的。因此，在"简案快审"的改革过程中必须简化程序、不减损当事人的基本程序权利的保障。

（一）效率与公正关系的辩证

如何协调和平衡公正价值和效率价值，是"繁简分流"改革进程中无法回避的问题。我国当前进行的民事诉讼司法改革带有明确的目的性，即进一步优化司法资源配置，提高诉讼效率，以化解"案多人少"问题。改革前我国民事诉讼程序不够细化，案件与程序不适配，造成了司法资源的浪费，小额诉讼、简易诉讼程序的完善的目的就在于构建多层次诉讼制度体系，提高诉讼效率，同时减少法院和诉讼当事人的司法诉讼成本。基于维护正义、保障人民群众诉讼权利的需求，追求诉讼效率是应有之义，但如果一味盲目追求结案速度而不是案件的公正结果，导致程序进一步弱化、虚化，则不仅不能提升诉讼效率，还会对民事诉讼制度的发展、程序正义观念的形成造成不利影响。公正是司法永恒的价值追求，我国民事司法改革的基本价值目标就是"努力让人民群众在每一个司法案件中感受到公平正义"。在改革过程中如何平衡公正和效率的关系对于把握正确方向具有重要作用，始终将对公正的追求放在第一位，在公正审判的基础上实现效率的提升。

（二）当事人程序选择权的保障

程序选择权，是指"立法者及法官对于程序关系人，就关涉该人利益、地位、责任或权利义务之程序利用及程序进行，赋予相当之程序参与权及程序选择权，借以实现、保障程序关系人之实体利益及程序利益"①。换言之，当事人作为诉讼程序的主体，诉讼程序的制定者（立法者）和运作者（法官）应当保障其有权选择不同的程序来转换自己的利益。

从世界范围看，不论是实行当事人主义诉讼模式还是实行职权主义诉讼模式的国家和地区，当事人在诉讼中都享有不同程度的程序选择权，主要包括三种模式，即合意适用模式，此种模式下当事人享有较高选择权；半强制适用模式，即当事人在一定范围内享有选择权；强制适用模式，即当事人既没有程序选择权也没有提出异议的权利。我国2021年修改后的《民事诉讼法》对于简易程序和小额程序都采用的是半强制适用模式。其中，第160条规定对于事实清楚、权利义务关系明确、争议不大的简单民事案件，由基层人民法院及其派出法庭根据规定适用简易程序。对于不符合上述规定的案件，当事人也可以自主约定适用简易程序。第

---

① 邱联恭：《程序选择权论》，台湾三民书局2000年版，第33—35页。

165 条规定对于小额诉讼按照法定标的额划分进行划分，法定标的额以下的简单金钱给付民事案件由法院强制适用，法定标的额以上当事人可约定适用。同时，还规定了小额诉讼的禁止适用情形（第 166 条）以及当事人对程序适用的异议权（第 169 条）。基于对审判结果公正的保障，可以从以下几个方面加强对当事人的程序选择权的保障：（1）当事人依自己的意愿决定采用何种程序的权利，当前诉讼法只规定了当事人约定适用简易程序和小额诉讼程序的权利，基于当事人程序选择的自由，普通程序也应当纳入当事人约定适用的范围；（2）当事人对于法律强制适用简易程序的异议权，基于当前案件繁简划分规则的主观性，有很多并不简单的案件被强制适用简易程序，且案件的转化完全由法官掌控，基于当事人的权利保障，应当赋予诉讼当事人对简易程序强制适用的异议权；（3）对于小额诉讼法定标的额程序适用的异议权，坚持小额诉讼为了当事人的立场，对于法定标的额以下的案件也应当允许当事人选择适用其他程序。

（三）当事人基本程序权的保障

民事诉讼"繁简分流"的改革宗旨是提高司法效率，节约司法资源，由此产生的简易程序和小额程序在立法设计上趋向简化便捷，让简易案件法官的权力被进一步强化，法官拥有了比普通程序更大的自由裁量的空间。可以说，简易程序的简便快捷是以牺牲当事人的部分程序保障为代价的。法是一门平衡的艺术，简易程序具有程序的简化性，只有充分赋予和保障当事人基本的诉讼权利，才能实现效率和公正的平衡。

民事诉讼基本程序权利保障的原则主要包括两方面的内容，即"当事人具有获得司法救济并要求公正适时审理的权利"[1]。"一种真正现代司法审判制度的基本特征之一必须是，司法能够有效地为所有人接近，而不仅仅是在理论上对于所有人可以接近。"[2] 在简化程序的适用过程中，对基本程序的保障则是保证审判公正的有力手段，程序的简化不能牺牲正当程序的价值。具体来说，简易程序中当事人基本的程序保障应当包

---

[1] ［意］莫诺·卡佩莱蒂：《当事人基本程序保障权与未来的民事诉讼》，徐昕译，法律出版社 2000 年版，第 12 页。

[2] ［意］莫诺·卡佩莱蒂：《当事人基本程序保障权与未来的民事诉讼》，徐昕译，法律出版社 2000 年版，第 40 页。

括以下几种：（1）当事人起诉后案件及时得到受理的权利，即获得司法救济的权利，这是基本程序保障的应有之义；（2）诉讼程序公开，获得法庭独立、公开审判的权利，如离婚案件、涉及商业秘密案件等案件，当事人可选择是否公开审理的权利；（3）当事人的知情权与参与权，告知诉讼当事人适用简易程序或小额程序的规定，保障当事人在庭审中有充分的质证和辩论机会。

三　督促程序的"休眠"与"激活"

督促程序的本质是在当事人无实质争议纠纷中，让债权人以简速程序获得具有执行效力的支付令。[①] 督促程序与诉讼程序相比，具有周期短、诉讼费用低、程序简约的特点，能不进行法庭实质审理而使债权人迅速获得执行根据，具有分流民事纠纷、节省司法资源、提高程序效率的功能，理应成为我国应对"案多人少"的一个重要举措。督促程序起源于德国，此后在奥地利、日本等国以及我国的台湾地区都普遍引入。我国自1991年《民事诉讼法》引入督促程序后，该程序在实践中却呈现基本"休眠"的情况，适用率很低，未能实现督促程序的预期效果。

（一）督促程序的适用现状

督促程序在我国的适用呈现以下特点：第一，督促程序空置，适用率低。实践中存在大量符合督促程序适用条件的民事纠纷，但是却没能进入督促程序。据2017—2021年最高人民法院公布的《全国法院司法统计公报》统计，2017年全国法院新收申请支付令案件数量为45756件，占2017年新收民事一审案件约0.4%；2018年为46091件，约占0.37%；2019年为59726件，约占0.43%；2020年为87848件，约占0.67%；2021年为105479件，约占0.63%。[②] 究其原因，与债权人不愿适用督促程序有关。根据我国法律规定，督促程序以当事人未申请财产保全为适用条件，债权人担心债务人转移财产使自己的权益受到损害是阻碍债权

---

① 张海燕：《督促程序的休眠与激活》，《清华法学》2018年第4期。

② 最高人民法院官网，http：//gongbao.court.gov.cn/ArticleList.html？serial_no=sftj，2023年3月7日。

人选择督促程序的一个重要原因。同时，一旦督促程序终结，债权人之前付出的成本都将归零，即使督促程序转入诉讼程序并且债权人获得胜诉，债权人为此付出的费用也得不到补偿。因此，从当事人的视角看，直接选择进入诉讼程序其效率和成本都要优于督促程序。第二，债务人的异议率高，支付令的生效率低。我国法律关于债务人异议的规定仅为形式审查，与大部分大陆法系国家地区相同，不需要另行询问当事人，但在实践中基层法院的做法仍处于只要债务人提出异议即终止督促程序，致使督促程序未能发挥其实际作用。

（二）督促程序适用的实践需求

虽然实践中督促程序呈现近乎"休眠"的状态，但是法院民事一审案件立案数量却逐年增加。根据"中国裁判文书网"进行不完全统计，2016 年全国法院受理的一审民事案件为5976380 件，从 2016—2020 年案件数量持续增加，2020 年达到 11364159 件。大量的新增民事案件中是否有督促程序的适用空间呢？根据数据可以看出，从 2017 年到 2021 年合同纠纷案件不断增长，其中民间借贷纠纷案件、金融借款合同案件、小额借款合同案件都有不同比例的增长。根据法律规定，督促程序的适用条件为请求给付金钱、有价证券，没有实体权利义务争议的案件，因此，三类案件数量增长表明了督促程序仍有大量的适用空间，但是，督促程序的适用率却上升缓慢，说明督促程序需要合理改造。

表 5 - 1　　全国法院受理的一审民事案件数量（2016—2021 年）①　　单位：件

年份	一审基层民事案件	民间借贷纠纷	金融借款合同	小额借款合同	督促程序案件
2016	6304485	1097061	465891	20952	24287
2017	8930407	1666103	611474	14321	41055
2018	10297799	1963163	676762	26442	44952
2019	11960049	2177033	801498	43499	59277
2020	11364159	1797914	891378	51974	82934
2021	7896366	1203524	702162	42918	70878

① 中国裁判文书网：https://wenshu.court.gov.cn，2023 年 3 月 7 日。

（三）督促程序的合理改造

督促程序的"休眠"由来已久，对于如何激活督促程序，学术界提出了多样化的方案。例如，吴英姿教授将督促程序定义为略式程序，提出督促程序的矫正与补全方法应该包括：提高申请支付令的证据要求及其证明标准、健全督促程序的财产保全制度、保障被申请人的知悉权以及对支付令异议被驳回后的异议权、为错误支付令配备完善的事后救济途径。[①] 张海燕教授认为，激活督促程序的具体路径应当建基于充分尊重当事人程序选择权、均衡配置主体之间的权利义务关系以及遵循纠纷解决的比例原则等。[②] 具体措施则应从改变督促程序与诉前财产保全程序之间关系、完善对债权人支付令申请和债务人支付令异议的审查、加快推动督促程序的电子化进程、发挥法院主动性以及建构督促程序激活后的保障制度等方面着手。章武生教授认为，督促程序的完善不能仅限于本身，还必须同时改革完善相关制度，规制债务人对异议权滥用的现象，具体为增设建议判决制度，改变诉讼费分担制度，由败诉方承担更多费用负担，建立不良信用记录制度，加大对逃避执行者的制裁力度；从督促程序本身出发，首先仍需要建立异议审查制度，限制债务人异议权的使用条件，改革支付令申请费的标准和负担方法，最后增加督促程序和普通程序的衔接条款。[③]

总体来看，在进一步深化民事诉讼"繁简分流"改革的视角下，实现督促程序的"激活"应重点把握以下几点：（1）推进督促程序的电子化改革。传统模式下的督促程序办理需要耗费大量的人力物力，电子督促程序的建立能充分发挥电子信息的优势，在节约司法资源同时实现办理效率的提升、事半功倍。（2）规范债务人申请支付令和债务人对支付令异议的审查。支付令异议滥用是督促程序沦为空谈的重要原因之一，落实基层法院对支付令异议的形式审查、增加滥用支付令惩戒机制是提升支付令作用的有效手段之一。（3）完善督促程序与诉前财产保全的关

[①] 吴英姿：《督促程序性质重识与规则补正——由实践与规范脱节现象入手》，《苏州大学学报》（法学版）2021 年第 3 期。

[②] 张海燕：《督促程序的休眠与激活》，《清华法学》2018 年第 4 期。

[③] 章武生：《督促程序的改革与完善》，《法学研究》2002 年第 2 期。

系。这也是学者们共同关注的问题之一。督促程序打草惊蛇致使债务人转移财产是债权人不选择督促程序的重要原因之一，解决该问题对提高督促程序适用率具有重要作用。（4）拓宽错误支付令的救济途径。根据当前的法律规定以及相关司法解释，已经生效的支付令的撤销途径有且仅有一条，即《最高人民法院关于督促程序若干问题的规定》第11条，由人民法院院长发现并提交审判委员会讨论决定后，裁定撤销支付令。在实践中，由法院院长发现的概率极低，随着督促程序的激活，适用督促程序的案件数量必然增加，如果仅靠目前的规定难以达到当事人权利的保障的目的。

第 六 章

在线诉讼方式改革：
信息技术革命的司法回应

我们当前正处在信息技术革命的时代，信息技术改变了人们的生活方式、生产方式、消费方式，也改变了人们的争议解决方式。回顾历史可以发现，1969 年互联网才在美国产生，1994 年中国才链接进入互联网，截至 1996 年年底中国的互联网用户仅有 20 万人，1997 年以后中国的互联网业务才进入快速发展阶段。中国法院的信息化建设正是起步于这个阶段，并在 2018 年以后随着互联网法院的设立有了质的飞跃，2020年以来，迅速进入全国范围的普及应用阶段，在线诉讼从"纸上谈兵"进入了制度化建设的"快速轨道"。在线诉讼的普及速度过快，以至于学术界尚未对其展开充分的讨论，推进在线诉讼改革的同时必须加强其与传统诉讼法理的衔接和诠释工作。

第一节　在线诉讼兴起的时代背景

一　在线诉讼的界定

在线诉讼，亦称电子诉讼、线上诉讼、网上诉讼，是指法院、当事人以及其他诉讼参与人利用互联网技术和移动技术，通过法院的诉讼平台实施在线诉讼行为的诉讼方式。① 我国 2021 年修改后的《民事诉讼法》

① 张卫平：《在线诉讼：制度构建及法理——以民事诉讼程序为中心的思考》，《当代法学》2022 年第 3 期。

第 16 条新增"等效原则",确认了在线诉讼活动与线下诉讼活动具有同等效力。

关于在线诉讼,目前学界的认知并不完全一致。有的学者采用列举式,将在线起诉、在线立案、在线庭审、在线取证、电子送达等一系列在线诉讼程序均归为在线诉讼。① 按照其观点,在线诉讼并非仅将互联网视为诉讼的工具、简单机械地将传统民事诉讼活动照搬到互联网平台之上,而是有别于传统诉讼程序、具有其自身特点的新型诉讼方式。不同于以往信息技术在个别诉讼环节的应用,作为新型诉讼方式的在线诉讼是全过程的在线诉讼。在线诉讼中,法官、当事人和其他诉讼参与人脱离传统的"剧场化司法",由"面对面"改为"屏对屏",在诉讼平台所设立的虚拟的"场"中实施诉讼行为。这种新型的诉讼方式对传统的民事诉讼理论造成了一定程度的冲击,互联网本身所具有的虚拟性使得在线诉讼在程序规范的需求上与传统民事诉讼的程序规范存在张力。有的学者则认为,现阶段的在线诉讼不过是互联网技术在法庭上的展现,具体表现为通过电子联络方式进行的、文件档案为电子介质的诉讼。② 各个诉讼环节从现实的法庭转移到了虚拟的场域,法院与双方当事人通过在线的方式进行交流联络。按照其观点,在线诉讼的表现形式发生变化,但本质却没有改变。目前的在线诉讼可能仅作为疫情期间维持正常司法秩序的手段,是线下诉讼的替代方案。随着疫情形势的好转,大多数诉讼参与人仍会将线下诉讼作为首选。有的学者从民事诉讼智能化的角度,提出我国目前的在线诉讼制度是"智慧法院"建设的一个阶段,在线诉讼的立法尝试为智慧法院的建设拉开序幕。③ 所谓"智慧法院",是指诉讼程序的智能化,它将云计算、大数据、人工智能等技术进一步与司法结合,实现法院的智能化运行与管理,确保审判体系现代化。实现智能化诉讼的第一步是将诉讼程序转移到线上,继而在在线诉讼的基础上将先进的互联网科技如云计算、区块链等技术与司法有机结合,实现智能

---

① 王福华:《电子法院:由内部到外部的构建》,《当代法学》2016 年第 5 期。
② 周翠:《德国司法的电子应用方式改革》,《环球法律评论》2016 年第 1 期。
③ 周翠:《德国司法的电子应用方式改革》,《环球法律评论》2016 年第 1 期。

法院的建设目标。在世界范围内,最有代表性的是德国,其将在线诉讼称作"电子司法",并通过《电子司法法》建立起一套独立的电子司法制度。而英国则认为,在线诉讼是更便捷的纠纷解决手段,诉讼当事人所需要的并非法院的实体而是纠纷解决服务,在处理在线诉讼和线下诉讼的关系时,不必过分拘泥于传统的诉讼构造而限制了在线诉讼的便利功能。[①]

显然人们对于在线诉讼的认知存在差异,但并不影响在线诉讼方式越来越深入和普遍地介入到我国司法程序之中的趋势。在5G迅猛发展和新冠疫情冲击的背景下,对在线诉讼方式及其相关的发展背景、理论研究、法律规制进行梳理,对推动我国民事司法改革的发展具有重要意义。

二 在线诉讼方式兴起的时代背景

随着互联网技术的蓬勃发展,人们的生产生活普遍信息化,信息技术已然成为这个时代的主题。以万物互联、云计算、区块链、大数据等为代表的信息技术革命正重塑着人类社会的面貌,其不仅改变了人类的生活方式,也同样对传统的法律制度提出了挑战,在线诉讼方式便是司法领域对信息技术发展的回应。

(一)电子商务的蓬勃发展是在线诉讼实践探索的原动力

随着互联网技术的发展,电子商务在中国快速成长起来。1999年,电子商务在国内崭露头角,市场规模只有不到4亿元;2011年,电子商务的网购规模达到了8060亿元,短短的12年间增长了2000余倍。[②]电子商务的爆炸式增长在大大拉动国内GDP的同时,也导致大量的电子商务纠纷案件涌入法院。电子商务纠纷不同于一般纠纷,其交易发生于电子商务平台,许多证据都依托互联网存在,加之网络当事人之间普遍地域间隔较远,给当事人提起诉讼造成了诸多阻碍。为了适应互联网的发展,解决激增的电子商务纠纷,2015年有"电子商务之都"之称的杭州率先在西湖、滨江、余杭三家基层法院和杭州市中级人民法院设立电子商务

---

① 马林冰:《英国远程庭审的现状与前景》,《人民司法》2021年第25期。
② 侯丽萍、蔡映朵、许红敬:《电商发展道阻且长》,《消费电子》2013年第1期。

网上法庭，探索在线审理，实现当事人"足不出户"解决纠纷。2017年，杭州互联网法院正式挂牌成立，其秉持"网上案件网上审"的办案原则，通过互联网审判实践探索在线诉讼程序规则，为我国的在线诉讼程序建设提供了宝贵的实践经验。

（二）缓解"案多人少"的司法困境是在线诉讼的现实需要

与电子商务纠纷这一新型纠纷一同出现的，还有法院遭遇的"案多人少"困境。大量的电商纠纷涌入法院，给法院带来了沉重的审判工作压力，"案多人少"成为目前中国司法所面临的主要矛盾之一。面对"案多人少"的矛盾，构建多元化纠纷解决机制成为司法改革的重要任务之一，而在线纠纷解决机制（Online Dispute Resolution，ODR）对于解决"案多人少"的矛盾也发挥着重要的作用。最高人民法院于2016年6月29日公布的《关于人民法院进一步深化多元化纠纷解决机制的改革意见》第15条提出：建立创新在线纠纷解决方式，根据"互联网＋"战略要求，推广现代信息技术在多元化纠纷解决机制中的运用。自此，ODR在全国范围内开始正式推广应用。

广义的ODR包括法院主导的司法ODR和法院系统外的非司法ODR，在线诉讼作为司法ODR的一部分，依托互联网技术和移动技术，作为一种有助于提升司法效率的诉讼方式出现在中国的司法实践中。[1] 据统计，截至2020年年底，杭州、北京、广州三家互联网法院全流程在线审结的互联网案件共21.11万件，在线庭审平均用时28分钟，案件平均审理周期约61天，相比传统的线下诉讼模式，分别节约时间约为3/4和1/5。[2] 由此可见，在线诉讼比传统的线下诉讼方式在司法效率上更具优势，其大大降低了诉讼成本，是缓解我国"案多人少"司法困局的必要技术手段。

（三）新冠疫情是在线诉讼发展的"助推器"

2020年年初暴发的新冠疫情极大地改变了人们的生产和生活模式，

---

[1] 左卫民：《中国在线诉讼：实证研究与发展展望》，《比较法研究》2020年第4期。

[2] 李少平：《人民法院互联网司法的建设与发展》，《人民法院报》2021年9月16日第5版。

也改变了司法的运行方式。由于疫情管理与防控的需要，疫情风险地区的法院无法组织当事人开展线下诉讼，部分诉讼活动不得不转由线上进行，这使得疫情期间在线诉讼方式的适用率大大增加。在 2020 年新冠疫情发生之前全国多数法院的在线诉讼适用率几乎为零，在疫情暴发之后，在线诉讼在这些法院的应用几乎一夜之间实现了从"零"到"有"再到"多"的突破；① 普通司法工作者与当事人对在线诉讼的认识程度和接受程度相比疫情前也有了提高，在线诉讼的适用范围明显变广。

虽然有学者调查显示，在后新冠疫情时代，相比疫情初期全流程在线诉讼的爆发式激增，在线诉讼的适用率将渐渐趋于一个低水平的稳定值，在线诉讼是一种为了疫情防控而不得已采取的权宜之计。但新冠疫情的暴发无疑切实地成了在线诉讼程序适用的助推器，其进一步推动了全过程在线诉讼在全国范围内的适用，加速了在线诉讼程序的理论与实践探索。

（四）在线诉讼是司法回应互联网发展的自我革新

马克思曾言："一切划时代的体系的真正内容都是由于生产这些体系的那个时期的需要而形成起来的。"② 信息技术革命带给人类社会的不只有机遇，更有对传统社会秩序的挑战。在互联网技术革命的浪潮中，我国拥有阿里巴巴、腾讯、字节跳动等众多具有全球影响力的互联网大厂，在互联网技术及通信技术的应用领域位居世界前列。近年来，"元宇宙"概念的提出更是为人们构建起了未来互联网发展的蓝图，互联网已经成为现代社会必不可少的元素。

党的十八大以来，党中央将互联网发展作为推进改革开放和现代化建设的重要支撑。习近平总书记指出，"没有信息化就没有现代化"，要"善于运用互联网技术和信息化手段展开工作"③。在信息时代，人们的生活重心逐渐从线下转移到线上，信息技术改变了人们的生活方式，所产生的纠纷也呈现出新的特征。因此，传统司法亦不能"固守线下"，而是

---

① 左卫民：《后疫情时代的在线诉讼：路在何方》，《现代法学》2021 年第 6 期。

② 《马克思恩格斯全集》（第 3 卷），人民出版社 1960 年版，第 544 页。

③ 习近平：《决胜全面建成小康社会　夺取新时代中国特色社会主义伟大胜利》，《人民日报》2017 年 10 月 19 日第 2 版。

需要积极地迎合互联网技术的发展，探索司法与互联网技术的融合方式。互联网时代对司法工作提出了前所未有的要求与挑战：如何将互联网技术运用于司法实践中？传统的民事诉讼原则能否适用于互联网司法？如何更好地利用司法解决网络纠纷？如何建立互联网司法、智慧法院……这些问题都亟待解决。依托互联网技术探索在线诉讼制度，便是我国司法实践主动与互联网技术融合所迈出的重要一步。

第二节　中国在线诉讼的探索与法律规制

一　在线诉讼探索的实践经验

为了适应信息化对司法提出的挑战，我国自 20 世纪末期就已经着手进行司法信息化建设，最高人民法院先后开展了法院信息化 1.0—4.0 四个阶段的信息化建设。

（一）法院内部信息化建设与在线诉讼初探阶段

1995 年 8 月，南京市中级人民法院率先开始建设法院计算机网络系统，并于 1996 年 5 月投入使用，这是全国第一套法院计算机应用系统。此后，上海法院系统于 1997 年年底全部完成了网络系统建设，北京、广东、海南、辽宁、河南等地的法院相继开展信息化建设。① 2001 年 12 月《最高人民法院关于民事诉讼证据的若干规定》第 56 条明确作出规定，对于证人确有困难不能出庭的，经人民法院许可，证人可以提交书面证言或者视听资料或者通过双向视听传输技术手段作证。2002 年 10 月，最高人民法院在济南召开的全国法院信息化建设工作会议上要求，全国法院要积极推进信息化建设，"要按照统一的规划要求，结合各地的实际情况，以审判流程管理为中心，以审判信息及其他法院工作信息为重点，构建法院系统统一的信息化网络"②。2007 年 1 月，福建省沙县法院首次

---

① 程文：《司法踏上网络快车——最高人民法院信息化建设侧记》，《中国计算机用户》1999 年第 15 期。

② 王世心、张志华：《大力加强信息化建设提高法院现代化水平》，《人民法院报》2002 年 10 月 22 日第 1 版。

以 QQ 视频庭审的方式审理了一起跨国离婚案件。① 2011 年 9 月,杭州西湖区法院探索开展网上立案、网上咨询、网上在线调解等在线诉讼活动。2014 年 12 月,电子商务诉讼指导中心在杭州成立。2015 年 4 月,浙江省高级人民法院确定由西湖、滨江、余杭三家基层法院和杭州市中级人民法院开展电子商务网上法庭试点。2016 年,前述四家法院便实现了各个诉讼环节均于线上进行的全过程在线诉讼。② 2016 年 5 月,《中国法院信息化第三方评估报告》指出,中国法院已基本建成了以互联互通为主要特征的人民法院信息化 2.0 版,实现了对审判执行、司法人事和司法政务三类数据的集中管理。

（二）"智慧法院" 建设与互联网法院探索阶段

2016 年,最高人民法院发布了《人民法院信息化建设五年发展规划(2016—2020)》,正式提出法院信息化 3.0 版建设方案。此后,我国法院信息化建设的重心也开始转移到"智慧法院"的建设上来,其标志就是互联网法院的成立和互联网司法概念的提出。2017 年 8 月,我国首家互联网法院——杭州互联网法院正式挂牌成立。最高人民法院院长周强在杭州互联网法院挂牌仪式上首次提出"互联网司法"的概念,强调"要积极探索互联网司法新模式、新经验,为全球互联网治理作出积极贡献"③。2018 年 9 月,北京、广州互联网法院相继设立,最高人民法院颁布的《关于互联网法院审理案件若干问题的规定》明确规定互联网法院可以采取在线方式审理案件。2019 年 12 月,最高人民法院发布《中国法院的互联网司法》白皮书,指出要"大力推进在线诉讼机制建设,完善在线诉讼规则",并"探索全流程在线诉讼"④。

（三）后疫情时代在线诉讼规则日渐成熟阶段

新冠疫情暴发后,为了兼顾疫情防控与司法需要,在线诉讼的方式

---

① 卓泽渊:《QQ 视频审案司法也时尚》,《人民论坛》2007 年第 4 期。

② 陈辽敏:《电子商务网上法庭的探索和实践》,《人民法院报》2016 年 10 月 16 日第 8 版。

③ 本报评论员:《人民法院互联网司法建设迈入全新阶段》,《人民法院报》2022 年 10 月 14 日第 1 版。

④ 《最高法发布〈中国法院的互联网司法〉白皮书》,http://www.cac.gov.cn/2019 - 12/04/c_1576994193495518.htm,2023 年 3 月 7 日。

开始走出互联网法院向全国法院系统推广。2020 年 2 月，随着最高人民法院印发《最高人民法院关于新冠肺炎疫情防控期间加强和规范在线诉讼工作的通知》，在线诉讼的适用范围进一步扩大，普通的民商事案件在一般情况下都可以采用线上诉讼的方式进行审理。至此，在线诉讼在全国范围内推广开来。同年 12 月，中共中央印发《法治社会建设实施纲要（2020—2025 年）》，提出进一步完善"互联网＋诉讼"模式。2021 年 5 月最高人民法院制定了《人民法院在线诉讼规则》，2022 年 1 月又制定了《人民法院在线运行规则》，这些规则的出台标志着在线诉讼的适用已由互联网法院转向普通法院，我国在线诉讼实践探索取得了阶段性的成果。

纵观我国在线诉讼的发展历程，一方面，它的实践探索离不开世界信息化潮流和国内电子商务蓬勃发展的催化；另一方面，在线诉讼恰好能够有效地缓解我国司法"案多人少"的现实困境，这也成为继续探索在线诉讼的动力之一。2020 年以来，在新冠疫情的助推之下，在线诉讼从原来的"小范围实验"进一步推广成为一项全国范围内各类案件均可适用的模式。有学者提出，下一步可以推动在线诉讼专门程序立法，出台《在线民事诉讼特别程序》。[①] 未来，在线诉讼有可能作为互联网司法的一部分，与互联网实体裁判规则相结合，形成中国特色的网络空间法治化治理体系。

二 在线诉讼的制度建设进展

杭州、北京、广州三家互联网法院作为互联网司法的试验田肩负着三项基本任务，即利用先发优势"探索涉网案件诉讼规则""完善审理机制"和"提升审判效能"。[②] 自 2018 年三大互联网法院设立，经过近 4 年的运行，互联网法院已经摸索出一套全流程在线诉讼的运行规则。在此背景下，2021 年 8 月 1 日，最高人民法院制定了《人民法院在线诉讼规则》（以下简称《在线诉讼规则》）。《在线诉讼规则》除明确了在线诉讼

---

① 张卫平：《在线诉讼：制度构建及法理——以民事诉讼程序为中心的思考》，《当代法学》2022 年第 3 期。

② 陈旭辉：《互联网法院司法实践的困境与出路——基于三家互联网法院裁判文书分析的实证研究》，《四川师范大学学报》2020 年第 2 期。

的基本原则、适用范围、适用条件外，还详细规定了在线诉讼各个环节的程序规则，其主要内容如下。

第一，明确了在线诉讼的五项基本原则。这五项基本原则即"公正高效""合法自愿""权利保障""便民利民""安全可靠"，体现了我国民事司法改革司法为民的价值追求，同时兼顾了在线诉讼的合法性和特殊性。

第二，明确了在线诉讼范式适用的案件范围。《在线诉讼规则》明确规定，一般民事案件和行政案件都属于在线诉讼方式的适用范围。对民事特别程序、督促程序、破产程序和非诉讼执行审查案件等非诉讼程序，也包括在在线诉讼的适用范围之中。

第三，明确了在线诉讼的合法性来源，并赋予了当事人程序选择权。在线诉讼的合法性根基是当事人的同意。《在线诉讼规则》明确了当事人同意的效力范围、同意又反悔后的处理，以及当事人同意的法律后果。当事人同意后，人民法院应当根据《在线诉讼规则》第5条的规定，审查当事人是否具备在线诉讼条件，以此为依据决定案件能否适用在线诉讼程序。

除以上一般性的规定之外，《在线诉讼规则》还详细规定了在线诉讼的程序规范，其中大部分内容来自我国三家互联网法院在实践探索中形成的经验。

一是身份认证规则。在线诉讼有别于传统线下诉讼，数字网络的虚拟化使得诉讼主体身份难以确认。《在线诉讼规则》规定诉讼主体应在诉讼平台完成实名注册，人民法院通过证件照在线比对、身份认证平台认证等方式确认诉讼主体身份。诉讼主体身份被确认后，除有其他证据推翻，此后的所有诉讼行为皆视为认证人本人的行为。

二是电子化材料的效力及审核规则。《在线诉讼规则》明确了电子化材料"视同原件"效力及审核规则。在传统诉讼中，证据材料、诉讼材料一般要求提供原件，然而，在线诉讼由于在线上开展，要求诉讼当事人一律提交原物原件显然不太现实，受网络审理的条件所限，当事人只能将原件原物拍照或者扫描上传至诉讼平台，将其转化为电子化的证据材料。那么这些电子化的诉讼材料、证据材料的效力如何？《在线诉讼规则》规定：电子化证据材料在经过法院审核后，可以认定为原物、原件。《在线诉讼规则》还进一步具体规定了电子化证据"视同原件"的审核标准，如对方当事人未提出异议的、电子证据形成过程已经经过公证的等。

三是区块链存证的效力及审查规则。区块链存证是在线诉讼特有的证据存放形式，由于互联网安全性的欠缺，证据如何在诉讼平台中安全传输与存放是个值得思考的问题。互联网法院在实践中给出的答案就是区块链存证，《在线诉讼规则》以司法解释的方式确认了区块链存证的效力和审查规则。区块链由于其本身的技术特性，使得数据在上链后难以被篡改，在很大程度上能够保证上链电子化证据的真实性，因此人民法院可以通过技术核验来检验该证据是否经过篡改。然而区块链对证据真实性的技术保障并非绝对，其所存储的数据的真实性依然可以被推翻。对方当事人对证据真实性提出异议并有合理理由的，人民法院仍需结合存证平台资质、当事人与平台的利害关系等相关的事项展开审查，以认定区块链存证的真实性。

四是异步审理机制。异步审理机制，即非同步审理机制，是指法院及双方当事人以非同时在线的方式开展诉讼活动。该审理机制最早源于杭州互联网法院的审判实践，因其同时打破了空间与时间的限制，在学界引发了不小的争议，学者普遍认为该审理方式颠覆了传统民事诉讼中的直接言词原则。《在线诉讼规则》的公布确认了异步审理机制的效力，但将这种审理方式的适用范围限定在小额诉讼程序和民事简易程序的范围内，且需要符合一定的条件才能启动。目前异步审理模式的法理与机制仍不完善，《在线诉讼规则》的规定只是一个初步的尝试，该审理模式仍需后续的实践和理论研究来补充完善。

五是在线庭审规则。在线庭审规则是在线诉讼的核心，包括在线庭审的适用情形、在线庭审活动规则、在线庭审纪律、在线庭审公开、在线证人出庭等一系列有关在线庭审的规定。关于在线审理的适用情况，《在线诉讼规则》扩大了在线审理的适用范围，原则上各类民事案件在条件适宜的情况下均可以适用在线审理，同时《在线诉讼规则》还排除了在当事人主观不同意、客观条件不具备、案件复杂影响大的情况下对在线庭审的适用。关于在线庭审的审理方式，原则上必须在诉讼平台以视频的方式开庭审理,庭审程序与线下庭审基本一致。为了保证在线庭审活动的严肃性,《在线诉讼规则》具体规定了线上庭审环境的要求,如出庭人员应当选择"安静、无干扰、光线适宜、网络信号良好、相对封闭的场所","必要时,人民法院可以要求出庭人员到指定场所参加在线庭审"。对于证人在线出庭,为了解决证人不得旁听案件和不受他人干扰的问题,《在线诉讼规则》规定人民法院应当指定证人在线出庭场所或者设置在线作证室,以这种方式,证人在线出庭的中立性可以得到一定程度的保障。

总体来看,我国的在线诉讼实践已经取得了阶段性的成果。依据在线诉讼的实践经验,人民法院已经建立起了一套行之有效的、互联网独有的在线诉讼规则,尤其是在线举证、在线质证、在线庭审等重要的诉讼环节都初步建立起了一套独特的运行制度。这些成果是对我国互联网司法实践的肯定,标志着我国对在线诉讼的探索已经走在了世界前列。

第三节　域外在线诉讼方式的运用经验——以德国为例

从世界范围来看,信息技术革命对各国司法的信息化均提出了挑战,其中德国对在线诉讼的实践探索和制度发展较具代表性,了解德国的在线诉讼制度建设情况可以为我国的在线诉讼改革提供一个新的视角。

一　德国在线诉讼改革历程

德国关于在线诉讼的探索,最早始于 1982 年的督促程序电子化改革。但直到 21 世纪初,德国的在线诉讼改革总体上属于探索尝试阶段。21 世纪的前十年,基于互联网在民众中的逐渐普及,德国开始在国内大力推行"电子司法改革",于 2001 年、2005 年分别通过了《电子签名法》和《关于在司法中使用电子通讯方式的法律》两部法规,并于 2000 年前后将在线庭审技术引入法庭。在 2010 年前后,德国在线诉讼改革进入停滞期,立法上踌躇不前,这主要是由于远程通信技术发展遭遇瓶颈、法院相关人才储备稀缺以及配套设施的局限性。随着 2012 年以后互联网技术的快速发展,德国于 2012 年和 2013 年相继出台了包括《电子司法法》

在内的三部法律，同时对原有的诉讼法律规范进行了大量修订，明确了诉讼文书的电子送达、电子递交规范，建立了电子案卷、电子归档的若干程序。2020 年新冠疫情的暴发，也使得原本当事人难以接受的在线庭审的适用变得广泛起来，扩大了视频会议技术在司法程序中的适用范围。

二 德国在线诉讼制度改革的重心

（一）法院与当事人之间的电子交往便捷化

诉讼文书是法院与当事人之间交流的主要方式之一。欲构建在线诉讼制度，诉讼文书的电子传递是十分重要的一环。传统观点认为，电子文书可靠性的保障有赖于"电子签名"①，任何用于诉讼的电子文书只有附有经认证的电子签名才能确定其真实性。然而发送每一份电子文书均需附有符合条件的电子签名的规定使得在线诉讼程序在实际操作中变得较为烦琐，这与在线诉讼追求"便捷、高效"的初衷相悖。

为保证电子通信的安全性与可靠性，德国通过《电子司法法》推动了诉讼制度的变革。德国立法机关通过《德国民事诉讼法典》（以下简称《德国民诉法》）规定了四条"安全的电子传递途径"，以代替烦琐的电子签名，使得电子诉讼程序更加便捷，当事人在进行诉讼文书传递时的选择性也大大增加。依照《德国民诉法》的构想，如果诉讼参与人选择通过法律认定的"安全的电子传递途径"传递诉讼文书等电子文档，则在电子文档后不必再附有电子签名，且仍能保障其真实性。按照法律规定，德邮账户、律师以及公证员的专有电子邮箱、电子法院政务邮箱以及官署电子邮箱这四种电子传递方式属于安全的电子联络途径。需特别注意的是，法条中的德邮账号是由经过德国联邦信息技术安全局授权的网络服务商提供的电子邮件账号，每个用户均拥有从被授权的服务商那里获得唯一对应的电邮账号的权利。网络服务商获取授权的要求很高，需要具备《德邮法》所规定的高安全性和高数据保障性功能。这套"德邮系统"比起其他三条途径更为便民，使得法院和当事人之间法律文书

---

① 电子签名是附于电子文档后用于验证身份的可信时间戳，由密码技术加密而成，拥有不易篡改的特点。收信人只需对电子签名进行解码验证，即可确认电子文档是否遭受过篡改。

的传递可以不再依赖烦琐的电子签名。不仅如此,这套系统由《德邮法》进行统一规定和调整,标准统一,在便民的同时还保证了账号可信度。[①]

（二）在线庭审方式的电子化

德国早在 2000 年前后就将在线庭审制度引入程序法,然而受制于当时远程视频技术的限制,该制度并未得到广泛适用。2020 年以后,针对疫情所采取的防疫政策经常使当事人无法亲自前往法庭参加庭审,为了维护正常的司法秩序、避免司法系统停摆,法院不得不适用远程视频技术进行远程开庭,"在线庭审"开始被大量应用。[②] 除了民事诉讼程序之外,2020 年在线庭审开始被允许在劳动法院和社会法院中适用,2021 年在线庭审的适用范围又进一步扩展至部分破产程序。根据德国的法律规定,在线庭审具有以下三个特点:

第一,法院可以依职权命令适用在线诉讼程序。在德国,决定案件是否进入在线庭审程序属于法院义务性裁量的范畴,进入该程序无须征得双方当事人的一致同意,法院可以作出与双方当事人意愿相左的命令以启用在线庭审程序。值得注意的是,这一规定并不意味着法院会阻止不同意使用远程视频技术参加庭审的当事人亲自到庭出席审判。因此,德国的在线庭审程序允许出现双方当事人一方亲自出庭,另一方通过视频会议技术"出席"庭审的情形。法院在作出命令时,所参考的标准并非地理距离上的远近,而是应在在线庭审的优点（如节约费用和时间）与"丧失对在场人员的直观印象"之间进行衡量,最终决定是否适用在线诉讼程序。可见,德国在线庭审程序的设计初衷是为了简化程序、节约成本,减轻法院的案件压力。

第二,注重人格权保护,禁止录制、公开传播视频等行为。《德国民诉法》规定,禁止对在线庭审的过程进行录制和公开传播。该规定旨在保护诉讼参与人的人格权和肖像权。互联网时代个人信息成为重要的社会资源,司法系统在推进诉讼时也应保障数据安全,重视对诉讼参与人

---

① 周翠:《德国司法的电子应用方式改革》,《环球法律评论》2016 年第 1 期。

② 德国学界称这种通过远程视频技术进行庭审的方式为"视频会议庭审"或"视听庭审",其形式与前文中所提到的"在线庭审"本质相同,故为了统一,在这里也将其称作"在线庭审"。

个人信息的保护。对在线庭审进行录制和转播，会涉及诉讼参与人的肖像权、个人信息权益等多种人格权，极易对诉讼参与人的合法权益造成侵害。除此之外，不对在线庭审进行录制还有助于减小司法系统数据存储的压力。

第三，程序公开原则仅适用于庭审房间。审判公开是诉讼法的基本原则之一，即便是在线庭审程序也不应违背这一原则。为了保护当事人的人格权，《德国民诉法》禁止当事人在在线庭审过程中录制视频或者公开转播。因此，在线庭审不能通过网络在线直播的方式向公众公开，程序公开原则仅适用于庭审房间，当事人通过视频链接的所在地点则不适用该原则。这意味着，当事人的庭审画面可以通过视频在庭审房间实时直播，想要旁听的公众可以在庭审房间通过大屏幕来观看同步直播视频的方式，以保证程序公开原则的实现。[①]

三　对我国在线诉讼制度建设的启示

虽然我国在线诉讼制度建设走在世界前列，但仍有许多问题困扰着立法者，或许德国的在线诉讼制度改革可以为我们提供一些新的思路。

一是注重对数据安全的保护。如前所述，德国的在线诉讼建设中十分重视保护个人的信息权益等人格权，以至于《德国民诉法》禁止对在线庭审过程进行录像和公开转播。而我国的《在线诉讼规则》对于法院如何处理和保护个人信息并没有进行详细的规定。在我国，在线诉讼的庭审过程不仅全程在线上展开，还要全程在互联网上进行直播，[②] 直播中会有大量的以数据形式展现的个人信息容易被不法分子以违法的手段记录、获取，从而对当事人的人格权造成侵害。因此，在对《在线诉讼规则》进行修改时，应当考虑到在线诉讼程序的数据安全问题和个人信息保护问题，并在法条中予以明确规制。

二是建设统一的在线诉讼平台。《德国民诉法》将"德邮系统"界定

---

① 周翠：《德国在线庭审的现状与前景》，《人民司法》2021 年第 5 期。

② 张素华、王年：《在线诉讼中的数据安全问题及法律规制》，《科技与法律》2022 年第 4 期。

为"安全的电子传递途径",并为德邮服务商的安全性和可靠性制定了一系列授权标准。"德邮"将法院与当事人的电子交往途径统一了起来,同时避免了检验电子签名的烦琐步骤。我国在线诉讼制度并没有建立统一的在线诉讼网络平台,有的法院依托互联网平台,有的设立移动微法院,有的则利用会议软件以视频会议的形式进行线上庭审。这种不统一带来许多弊端:一是平台过多,给当事人操作造成麻烦,使用效能低下;二是各个平台标准不统一,所依托技术也各有不同,审查管控难度大,增加了数据泄露风险;三是各级法院重复建设诉讼平台,有浪费司法资源之嫌。因此,在线诉讼制度若想进一步发展,建立全国统一的诉讼平台是十分必要的。

三是细化在线诉讼有关程序公开的法律规范。我国对于在线诉讼如何进行程序公开没有作出具体统一的规定,在实践部分法院以通过互联网在线直播的方式实现审判公开,但此举不但会泄露诉讼参与人的个人信息,更有泄露国家秘密、商业秘密之虞。在在线诉讼的异步庭审程序中这一困境变得更加明显。异步审理机制下当事人双方不会同时在线,交流方式也不仅局限于语言交流,发送文字信息的交流方式在异步庭审中同样被允许。这种独特的审理方式应当以何种方式实现"程序公开"?《德国民诉法》规定"程序公开原则仅适用于庭审房间"仅解决了个人信息保护的问题,但却不能为异步庭审的公开提供可借鉴的路径。有关该症结的解决方式,还需日后在实践中进一步探索。

第四节　关于在线诉讼若干争议问题的解决思路

在线诉讼固然给司法带来了极大的便利,但其毕竟是依托于新兴的互联网通信技术的新生制度,仍有许多与传统诉讼法理和制度不兼容的地方,需要在理论上对其进行研究和阐释。

一　在线诉讼与直接言词原则紧张关系及其消解

直接言词原则,包括直接原则、言词原则两项内容。其中,直接原则要求法官审理案件必须直接在法庭上亲自听取当事人的辩论、亲身经历证据调查过程；言词原则要求当事人和法院的诉讼行为均须以言词的方式实施。① 要求法院审理贯彻直接言词原则，目的是通过要求诉讼主体"在场"来避免间接审理、书面审理所可能造成的不公正现象。但在在线诉讼中，法官不是在现实场景中亲历法庭，而是通过互联网视频技术手段参与庭审，这似乎与传统的直接言词原则存在紧张关系。对此，应当如何正确看待呢？

首先，在线诉讼确实改变了诉讼"在场"的含义。传统诉讼是"剧场化"的，法官与其他各种诉讼主体均要出现在法庭这一物理场域中，法庭辩论、法庭调查等审理活动均在法庭上进行。而在在线诉讼中，法官与诉讼参与人只是同时处于网络空间中，这与传统诉讼的"在场"有很大差异。但是，无论是物理空间还是网络空间，都属于空间场域；在互联网时代应当对诉讼"在场"做扩大解释，涵摄网络空间。② 如此，在线诉讼只是改变了"在场"的方式，并没有与直接言词原则中的"在场"要求相违背。有学者主张，直接言词原则"在场"要求的目的是法官在现场观察并发现当事人、证人、鉴定人等在发言时的肢体动作、神态变化，以形成心证；而在线诉讼中，互联网通信技术有可能导致这些细微的面部表情丢失，受制于镜头的位置和摄像范围有些肢体动作也可能不易被观察到，从这个角度来看，在线诉讼虽然能够在网络空间实现"在场"，但其效果跟物理空间的"在场"并不相同。这种观点有一定的道理。按此逻辑，法院在决定是否适用在线诉讼方式时，应当衡量这些细节的丢失对个案来说是否重要。例如，在家事案件中，当事人的情感因素在审判中起着更加重要的作用，而当事人的情感在庭审中正是由这些细微的表情动作进行传达，因此，法官对家事案件适用在线诉讼方式时应当考虑到这层因素，并谨慎决定。③

其次，除了改变"在场"方式，在线诉讼并没有实质性违背直接言

---

① 王德新：《民事诉讼行为理论研究》，中国政法大学出版社 2011 年版，第 173—177 页。

② 郑天铭：《论在线诉讼对传统诉讼规则的挑战与发展》，《浙江万里学院学报》2021 年第 1 期。

③ 法官在决定家事案件是否适用在线诉讼时，应当在丧失对当事人微表情的观察和在线庭审的优点之间进行义务性权衡，并应当考虑在线庭审是否会影响法官对当事人情感状况的判断。

词原则。虽然法官与其他诉讼主体从物理空间的"在场"改为网络空间的"在场"，但在诉讼过程中，当事人还是通过口头的方式进行辩论。与传统诉讼相比，在线诉讼不过是语言的载体发生了改变，本质上并没有违背直接言词原则中对于"言词"的要求。当然，并不是所有的在线诉讼都是通过口头的方式展开。我国互联网法院独创的异步审理模式允许双方当事人在不同时在线的情况下，通过在线诉讼平台以发送信息的方式进行辩论与质证，这种庭审方式似乎并不符合"言词"的要求。对于异步审理模式与直接言词原则的关系，下文还将进行详细阐述。

二 在线诉讼与证人出庭作证规则的紧张关系及其消解

（一）证人在线作证可能滋生的问题

我国民事诉讼法原则上要求证人应当出庭作证。在线诉讼活动中，证人往往通过视频通信技术远程参与庭审、向法庭作证，这改变了证人"在场"的形式。根据上文对直接言词原则的扩大解释，证人通过互联网技术的方式亲临"网络空间"参与庭审并作证，符合"出庭作证"的要求。因此，通过视频技术远程参与庭审和作证，并不直接违背直接言词原则。

但是，允许证人通过法院指定的互联网平台登录并参与在线庭审活动，证人身份的认证可能是一个难题。通常情形下，法院对诉讼参与人身份的认证采用推定的方式，即一个账号在注册之初会经过法院及诉讼平台的身份认证，此后该账号的所有行为都被视为注册人的行为，除非有相反证据推翻使用该账号的并非本人。证人证言作为证据形式的一类，必须由证人亲口描述其所见事实，如果他人通过非法手段冒用证人经过认证后的账号进行"作证"，则会对审理结果造成影响，严重扰乱法庭秩序，甚至会造成冤案、错案，大大降低在线诉讼的审判效能。如何保证在线出庭的人就是证人本人，是一个亟待解决的现实问题。

最高人民法院在《关于民事诉讼证据的若干规定》中明确规定：证人不得旁听法庭审理；证人在接受询问时，其他证人不得在场。该规定是为了保证证人之间不会相互影响，确保证言的真实性。在线诉讼程序为了满足审判公开原则，有时会通过在线直播的方式进行公开庭审，证人会有在线直播时通过他人账号"旁听"法庭审判之虞。在线诉讼中，法院对证人的线下活动鞭长莫及，如何避免证人之间相互影响、旁听法庭审判，也是一个值得从技术和法律规则上进一步探究的问题。

（二）证人在线作证疑难问题的消解

我国《在线诉讼规则》对以上问题的解决方案是，由人民法院指定在线出庭场所或者设置在线作证室。这是解决证人作证问题的好的思路，但这一规定还不够细致。人民法院指定场所和在线作证室固然可行，但依然无法彻底解决证人身份验证问题和证人旁听问题，原因在于无论是指定地点还是在线作证室，人民法院均无法对证人的线下行为进行有效约束，证人仅仅在线上处于人民法院的控制之中，线下的行为依旧脱离法院的控制。

未来，人民法院应考虑为在线诉讼审理设置专门的数字法庭。① 数字法庭的设置不仅可以解决证人出庭作证问题，还可以解决审判公开等一系列棘手的问题。首先，有了专门的数字法庭后，证人在出庭作证时不再需要自己认证身份并登录账号参与庭审，而是到就近法院的数字法庭使用法院提供的账号、设备进行在线出庭作证。如此一来，相比于证人独自在指定地点或作证室作证有三点优势：一是便于身份认证；二是证人处于法院的监督范围内，避免了旁听法庭以及证人之间的相互影响；三是使用法院的设备不必担心网络问题，同时身处肃穆的法庭，更能使证人身临其境，感受法庭氛围，免去了在线诉讼的不真实感。其次，数字法庭的设置可以使有旁听意愿的民众可以通过数字法庭中的大屏幕在法院进行旁听，既满足了审判公开的要求，又避免了网络直播侵害当事人人格权的风险。

三 法院对"异步庭审"方式的运用及其合理限制

（一）何为异步庭审

异步庭审，是指法官与诉讼当事人错时登录在线诉讼平台，分别实

---

① 数字法庭，指专门审理在线诉讼的法庭。数字法庭应当配置在线诉讼所需的基础电子设备，包括稳定的网络连接设备、清晰且角度可调整的录像设备、收音设备以及音响设备，更重要的是应配置多块可播放直播画面的显示屏幕。

施诉讼行为的审理方式。从实践来看，杭州互联网法院的"异步审理"、广州互联网法院的"在线交互式审理"与北京互联网法院的"非同时庭审"，均属于异步庭审模式。① 2021 年 6 月颁布的《在线诉讼规则》正式确认了异步审理的法律效力，并将其适用范围从互联网法院扩展至一般的基层法院。

异步庭审与同步庭审都是在线诉讼的一种运行方式，但二者存在较大的差异。同步在线庭审仅仅是物理空间上的"不在场"，但双方仍通过互联网通信技术同时出现在同一个互联网场域中，除了"在场"方式不同，同步在线庭审与线下庭审差异不大。相比较而言，异步庭审具有以下三个方面的特殊性。

第一，审理的非同步性。这种"非同步性"，既表现为审理时间上的非同步性，也表现为审理空间上的非同步性。异步审理最大的特点，便是在审理程序进行时不需要法官和双方当事人同时在线，法官与诉讼参与人只需在规定的时间内各自登录完成诉讼活动即可，即时间上的非同步性。异步审理在空间上也具有非同步性的特点。同步在线庭审中，法官与双方当事人通过诉讼平台集中于同一个互联网空间之中。而异步庭审中的双方当事人并未处于同一个网络空间，仅仅通过在线诉讼平台各自完成诉讼活动。

第二，审理的离散性。首先，异步审理在时间上具有一定的延迟性。杭州互联网法院在《涉网案件异步审理规程（试行）》中规定，在法庭调查过程中一方当事人对于另一方当事人的发问不必当场回复，在发问结束后的 24 小时内回答即视为完成答复。换言之，只要在规定的期限内，当事人面对法庭调查不必立即作出回复，允许一定时间的滞后和延迟。其次，诉讼环节之间的衔接不再紧密，允许存在一定时间的间隔。在传统线下庭审和同步在线庭审过程中，各个诉讼环节是紧密相接的，其中并不存在明显的时间间隔。异步审理则不然，如当事人可在法庭辩论结束之后的 24 小时内发表陈述意见，这表明法庭辩论与最后陈述环节在时间上并不是接续的，而是存在明显的时间间隔。

---

① 谢登科、赵航：《论互联网法院在线诉讼"异步审理"模式》，《上海交通大学学报》2022 年第 4 期。

第三，审理的非言词性。同步在线审理虽然改变了双方当时在场的方式，但本质还是通过视频以口头的方式展开，因而完全符合直接言词原则的要求。但在异步庭审模式中，各诉讼主体之间的交流基本是以在诉讼平台发送语音、文字或者电子文档的方式来完成。从这点来看，异步审理基本脱离了言词性特征，具有书面性和文字性。

（二）异步庭审与传统诉讼法理的冲突

1. 异步庭审与直接言词原则的冲突

在传统的线下民事诉讼中，通过双方当事人的口头辩论，事实的真相更容易被发现，因此"言词辩论是民事裁判获得正当性的前提"①。但在异步庭审中，双方当事人不再通过言词的方式进行对抗，而是更加偏向于以书面的形式进行交流。这是不是违背了直接言词原则呢？目前，关于这一问题仍有较大争议。有的学者认为，异步庭审实质上是一种换了"马甲"的间接审理。② 在异步审理中，法官与双方当事人是通过诉讼平台的语音甚至是文字信息来交流，法官在审理时并不会有太多的真实感。在留言式的文字交流中，法官对案件的所有印象均来自书面，这种审理实质上与书面审理或者间接审理无异。但也有学者认为，异步庭审只是外观表现为书面形式，其内在仍然是口头辩论。③ 直接言词原则的本质不在于"言词"，而在于"辩论"。"言词"是一种表象，其实质是法官通过诉讼双方你来我往的辩论发现事实真相。书面审理与直接审理的差别，也并不是因为"言词"与"书面"的区别，真正的区别在于诉讼双方是否在审判中进行了所谓的"互动式争讼"。书面审理双方只能通过提交书面材料的方式表达自己的观点，书面材料一旦提交便不能再根据对方当事人的陈述进行修改和回应，因此书面审理是缺少当事人互动的。而异步审理虽然表面上是书面的形式，但双方的交流方式实际上是一种"书面的留言式"交流，当事人可以在诉讼平台上以发送

---

① 王福华：《直接言词原则与民事案件审理样式》，《中国法学》2004 年第 1 期。

② 张卫平：《在线诉讼：制度构建及法理——以民事诉讼程序为中心的思考》，《当代法学》2022 年第 3 期。

③ 谢登科、赵航：《论互联网法院在线诉讼"异步审理"模式》，《上海交通大学学报》2022 年第 4 期。

信息的方式进行交流和互动。所以，异步审理是具有"书面"外观、"口头"内核的审理方式，实质上并没有违反直接言词原则。

2. 异步审理与集中审判原则的冲突

异步审理具有离散性的特点，当事人之间的辩论存在时间上的延迟和滞后，各个诉讼环节也并非紧密相接，而是具有明显的时间间隔。这种审理模式有违背集中审理原则之虞。所谓集中审理，是指"法院开庭审理案件，应当在不更换审判人员的条件下持续进行，不得中断审理，集中进行证据调查和法庭辩论，迅速作出裁判并宣判的诉讼原则"①。集中审理模式下，法官在审理案件、收集资料时，其心证的形成过程是连续的；异步审理机制中法官可以对多个案件在不同的平台上并行审理，办案时间分散，容易产生审理者将不同案件混淆从而发生记忆紊乱的情形，影响法官自由心证的形成，不符合程序正义的要求，甚至会削减司法公信力。但是，从另一个层面来说，并行审理的方式是解决现今法院案多人少的有效方法之一，不仅如此，这种异步审理方式能够充分利用当事人的空闲时间，减少当事人参与诉讼的成本，拥有便利当事人的优点。异步审理虽然突破了集中审判原则，牺牲了一部分程序正义，但仍然具有其独特的优势。

3. 异步审理与审判公开原则的冲突

在线同步审理方式尚且可以通过网络直播或者法庭现场直播的方式达到审判公开的目的，异步庭审则完全没有公开的可能。首先，异步庭审具有时间上的离散性，整个审判程序时间跨度大、周期长，诉讼环节之间往往会间隔24小时甚至48小时，对于想要"旁听"诉讼程序的民众来说，是一个不小的挑战。其次，异步审理通常由双方当事人通过在线诉讼平台以发送语音、文字或者电子文档的方式进行，这种类似于书面审理的审理方式客观上确实没有合适的公开方式。对于这个问题，有的学者提出以事后公开来弥补审判过程的公开。② 一是异步审理形成的裁

---

① 郑飞：《飘向何方：数字时代证据法的挑战与变革》，《地方立法研究》2022年第3期。

② 谢登科、赵航：《论互联网法院在线诉讼"异步审理"模式》，《上海交通大学学报》2022年第4期。

判书，应当强制在网络上向社会公开，不得以"不宜公开"为由规避。二是异步审理的裁判文书应当更加注重说理，着重阐述裁判结果的形成过程、裁判依据和推理逻辑，以满足社会公众对审理过程的实质性监督。三是将审理过程全程记录并形成诉讼档案，允许双方当事人在庭审结束后查阅或者复制。

（三）关于异步庭审的合理规制

1. 限定异步审理的适用范围

关于异步庭审还存在较多争议，虽然这种审理方式能够有效解决"案多人少"困境、便利诉讼当事人，但这些优势是建立在牺牲一部分程序正义的基础之上的，因此并非所有的案件都适用异步庭审的方式。在适用异步审理机制时，法院应当对案件对于正义和效率的需求进行充分的衡量，如刑事案件等需要严格遵守程序正义的案件不适合采用异步审理机制，因此应当明确规定何种案件可以适用异步审理方式，从而避免该程序被滥用降低司法公信力。《在线诉讼规则》第20条便对异步审理适用的案件范围进行了限定，将其限定于"适用小额诉讼程序或者民事、行政简易程序审理的案件"。因为小额诉讼程序和简易诉讼程序设立的初衷就是提高审判效率，与异步审理一样更加注重程序价值，二者价值追求相同，不会出现相抵触的情况。

2. 给予当事人程序选择权

异步审理对于诉讼双方当事人来说具有便捷、省时的优点，然而当事人也不得不承担因此更多的风险。法院应当保障诉讼当事人的程序选择权，因此风险告知机制的设置是十分必要的。法院在审理开始前负有告知诉讼当事人异步庭审相应风险的义务，使得诉讼当事人在了解了异步审理机制所带来的风险以及相关诉讼行为会导致的法律后果后再作出选择。① 当事人在对利害关系的认知更加清晰的基础上作出的选择也会更加理智，如此一来，便可减少程序转换和退出机制的启用，减少司法资源浪费。

---

① 陶杨、付梦伟：《互联网法院异步审理模式与直接言词原则的冲突与协调》，《法律适用》2021年第6期。

3. 建立程序转换和退出机制

为了保障程序正义，今后立法中应当设置程序转化机制，以便诉讼当事人提出异议时，可以将异步审理模式转换为同步审理模式。程序转化可以采取"申请＋决定"的方式，当事人双方可以通过申请将异步审理程序转化为同步审理，同时，法院在认为案件复杂、需要同步审理的时候也可以依职权决定程序转化。但是，当事人申请程序转换时需要提交书面申请并有合理理由。程序转化后的法律效力也是一个值得重视的问题，程序由异步审理转为同步审理后，已经进行的诉讼活动是否继续有效？异步审理与同步审理存在一定差异，二者属于不同的审理模式。异步审理模式下，当事人牺牲了部分程序性权利，言词辩论机会较少，因而法院对真相的探知程度不及同步审理。考虑到这层因素，由异步审理转化为同步审理后，一般应采用同步审理模式对案件进行重新审理，以保证程序公正。

第 七 章

法院调解制度改革：
"和为贵"传统文化的传承

如果说欧美传统的民事诉讼是"判决主导型"的，那么中国的民事诉讼则是"调解主导型"的。[1] 美国学者科恩曾指出，"中国法律制度最引人注目的一个方面，就是调解（mediation）在纠纷解决中具有非同寻常的重要的地位"。[2] 新中国的法院调解制度发端于陕甘宁边区的"马锡五审判方式"，在法律政策上经历了从"调解为主"到"着重调解"再到"自愿、合法调解"的转变过程。自 20 世纪 90 年代中期开始，我国几乎每一次重要的民事司法改革都会诱发对法院调解制度的讨论，其中调审关系（调判关系）是研究的中心议题。在世界范围内对判决外纠纷解决方式愈加重视之际，如何更好地传承中国"和为贵"的法律文化传统，并结合新时代的实践需求进行法院调解制度创新，是一个重要的课题。

第一节　中国法院调解的文化传统

一　中国古代的法院调解文化

调解以其"和为贵"的精神内涵和"以人为本"的公平正义的自我实现方式，成为中国古代纠纷解决的重要方式之一。法院调解，在中国

---

[1]　王德新：《中国调解主导型司法政策的检讨与转型》，《河南社会科学》2013 年第 12 期。

[2]　J. Cohen，"Chinese Mediation on the Eve of Modernization"，*California Law Review*，Vol. 54，Iss. 3，1966，p. 1201.

古代又称为官府调解、司法调解,有着悠久的历史。据《韩非子·难一》记载,调解现象在尧舜时期已经出现。① 到了西周时期已经初步制度化,周代在官职体系中专设"调人之职","调人掌司万民之难而谐和之"(《周礼·地官·调人》)。至秦汉时期,官府将诉讼分为"公室告"与"非公室告",前者由官府受理并作出裁判,而后者则通过调解加以解决。到了宋代,调解逐渐成为官府解决纠纷的首要方式。元代虽然也将调解写入法律条文之中,但强调的是"社长以理喻解",这主要是民间调解而非司法调解。至明清时期,官府开始强调民间纠纷"调解为主",推行"息讼",调解的范围也不断扩大。法院调解在中国历经数千年经久不衰,与中国传统的"和合"文化以及中国古代的社会治理策略息息相关。

(一) 对中国传统"和合"文化的解读

中国人向来重视集体观念,崇尚人际关系的和谐,追求社会和谐、天下大同的社会治理理想。"和合"是中国传统文化中最基本的价值取向,也是调解这种纠纷解决机制的基本精神内涵。"和"也是儒家所倡导的社会治理原则与伦理道德准则,孔子曰"礼之用,和为贵"(《论语·学而》),这说的是国家法律制度的目的;孟子曰"父子有亲,君臣有义,夫妇有别,长幼有序,朋友有信"(《孟子·滕文公上》),这是强调人与人之间的和谐关系。

在个人层面,"大事化小、小事化了""多一事不如少一事"等生活用语,表明"和合"文化至今传承不辍。中国古人一般认为,如果利益算得太清楚就必然会引起争执,争执是应当避免的,可以通过调解握手言和的纠纷就不要对簿公堂。换言之,唯有人际关系彻底破裂或者一方对另一方的道德预期彻底破灭,才会选择法律和官府等强制手段来解决争议。在这种文化氛围中,诉讼和判决被认为是最后的解决纠纷的手段,不到万不得已不诉诸法律手段。

在国家层面,统治者期待实现国家与社会的"和合",认为相比于"刑政","道德教化"更有利于社会秩序的稳定与基层社会的治理。孔子

---

① 《韩非子·难一》:"历山之农者侵畔,舜往耕焉,期年,甽亩正。河滨之渔者争坻,舜往渔焉,期年而让长。东夷之陶者苦窳,舜往陶焉,期年而器牢。"

曰："道之以政，齐之以刑，民免而无耻；道之以德，齐之以礼，有耻且格"（《论语·为政》）。在儒家看来，只有通过道德引导和礼乐同化才能使百姓有归服之心，将道德教化和礼乐同化寓于纠纷的调解过程之中，有助于在不打破原有社会秩序的基础上实现国家与社会的有序治理。因此，中国古代的统治者向来看重"道德教化"的功能，以"礼乐"治国，以"政刑"辅佐，这恰好为纠纷的调解提供了文化土壤。

（二）对中国古代社会结构与社会形态的解析

一方面，调解几乎是与人类社会同时产生的，是和平解决纷争的天然手段。在最初的氏族社会，尚未产生现代国家意义上的公权力，发生纠纷之后要么依靠武力自行解决、要么依赖氏族中的长者进行调解。在漫长的封建社会时期，统治者向来奉行重农抑商的政策，百姓的活动范围局限于土地所在的一方天地，与邻近村落"鸡犬之声相闻、老死不相往来"，而在自己的村落形成了熟人社会形态，如果对簿公堂往往会使邻里关系难以修复。在这样一种社会形态下，百姓往往会选择更为温和的纠纷解决手段——调解。换言之，官府的判决往往伴随着一方的败诉与不满，而调解则能更大程度上满足双方的利益需求，既能解决纠纷又不影响双方的和谐关系。

另一方面，中国古代社会呈现家国同构的形态，这种独特的社会结构导致"国家政务"与"家务事"存在千丝万缕的联系。其具体表现是：君是君父，官为父母官，诉讼为"父母官诉讼"。① 同时，法在古代称为"王法"，但真正能够做到明法于众、宣传法制的王朝寥寥无几，只有百姓蒙昧才有利于国家治理的思想长期流行。例如，以"任法"著称的宋代，严禁百姓抄写或刻印法典，更不准私授律学，这就使得蒙昧于法的百姓不敢轻易通过官府判决来解决纠纷。

总之，在封建社会时期，统治者追求的是社会秩序的稳定，诉讼所涉及的不仅是双方当事人，而常常是一家一族，官吏判决后胜诉一方固然实现了对自己利益的维护，但败诉一方绝对不会甘心，以致有的诉讼几代

① 莫良元：《中国古代法律传统中"无讼"根源之探讨》，《河北建筑科技学院学报》（社科版）2001 年第 1 期。

未结，这就造成了社会关系的紧张和社会秩序的动荡。因此，统治者宁愿将争讼化解在公堂之外或之上，调解便成为纠纷解决的最优策略。

二 "调解为主"的人民政法传统的形成

（一）"马锡五审判方式"的产生

马锡五审判方式形成于陕甘宁边区政府时期，是根据时任边区高等法院陇东分庭庭长的马锡五等同志的审判经验总结而成的，其基本特征是强调审判中要"深入群众、调查研究、就地解决纠纷"①。彼时的陕甘宁边区作为中共中央所在地，积极贯彻落实群众路线这一党的基本路线，边区人民享有选举权与被选举权，并可以对边区政府的工作进行评价，提出自己的意见。也正是在这种政治背景之下，马锡五同志在审判工作中经常走进"田间地头"、深入群众，实地调查研究，进行巡回审判，在群众中间解决问题。马锡五在《新民主主义革命阶段中陕甘宁边区的人民司法工作》一文中指出，陕甘宁边区的审判方式包括公审制、人民陪审制、就地审判、巡回审判和调解。② 党领导下的司法工作中重视调解的源头，即来源于此。

马锡五审判方式的特点主要包括：一是司法为民。马锡五同志强调司法工作应当深入群众，就地调查研究，就地解决纠纷，体察民情，反映民意。例如，1944 年 3 月 13 日《解放日报》刊发的马锡五对"封芝琴与张柏儿婚姻案"③ 的处理，就反映出"马锡五审判方式"坚持实事求是，深入调查研究，客观、全面分析案情，听取群众意见，挖掘事实真

① 贺小荣：《"马锡五审判方式"的内在精神及其时代价值》，《法律适用》2021 年第 6 期。

② 马锡五：《新民主主义革命阶段中陕甘宁边区的人民司法工作》，《政法研究》1955 年第 1 期。

③ 1943 年夏，陕北庆阳县出现抢亲事件，张柏儿和封芝琴早已经定亲。封芝琴父亲封彦贵又把封芝琴许配别家。张柏儿和父亲纠集十几个人抢走封芝琴。封彦贵到县里状告张金财、张柏儿等人抢亲。县司法处拘捕了张金财、张柏儿，并以"抢亲罪"，判处张金财、张柏儿六个月有期徒刑，宣布封芝琴和张柏儿的婚姻无效。封芝琴向马锡五状告县司法处拆散她和张柏儿的婚姻。马锡五深入群众，坚持重证据不轻信口供，在乡公所公开审理抢亲案，当场宣布封芝琴和张柏儿自愿结婚，婚姻有效。

相，依法公正处理，办案效果获得群众的广泛好评。二是巡回审判。马锡五审判方式并不拘泥于传统的坐堂式审判形式，而是融入群众之中，通过座谈的方式了解群众的诉求，解决群众间的各种纠纷。三是调判结合，追求纠纷的实质性解决。"实质性解决纠纷"是马锡五审判方式的效果目标，①"调解与审判相结合"亦是马锡五审判方式的特点之一。马锡五断案并不是简单地"就事论事、一判了之"，而是充分了解双方的基本诉求、为人处事风格和性格特点，选取最适合双方的纠纷解决方式，晓之以人情，动之以法理，讲明案件中的利害关系以及可能的裁判结果，在不破坏双方和谐关系的基础上，从根源上解决纠纷，使得双方心悦诚服。1944 年 6 月，陕甘宁边区政府给中外记者一份介绍"陕甘宁边区建设简述"的材料，对"马锡五审判方式"的介绍是"提倡审判与调解、法庭与群众相结合的马锡五审判方式"②。因此，注重调解与审判相结合是"马锡五审判方式"能够实现案结事了的制胜法宝，"马锡五审判方式"经由总结提炼也上升为党领导下人民政法工作的优良传统之一。

（二）"调解为主"司法政策的形成

1949 年新中国成立前夕，中共中央发布了《关于废除国民党六法全书与确立解放区司法原则的指示》，要求司法机关"不能再以国民党的《六法全书》作依据，而应该以人民的新的法律作依据，在人民的新的法律还没有系统地发布以前，则应该以共产党的政策以及人民政府与人民解放军所已发布的各种纲领、法律、命令、条例、决议作依据"③。这一政策的出台，为新中国传承"调解为主、判决为辅"的司法政策奠定了思想基础。

在法律层面，"调解为主"的司法政策最先在婚姻诉讼中得以确立。④

① 贺小荣：《"马锡五审判方式"的内在精神及其时代价值》，《法律适用》2021 年第 6 期。

② 袁春湘：《从马锡五审判方式到审判方式改革的历史观察——马锡五审判方式的再认识》，《中国应用法学》2022 年第 5 期。

③ 郑朴：《彻底摧毁旧法制，肃清资产阶级法律思想——重读中共中央〈关于废除国民党的六法全书与确定解放区的司法原则的指示〉》，《法学研究》1964 年第 2 期。

④ 张立平、谢米隆：《我国民事诉讼调解政策的历史变迁与演进逻辑——基于历史制度主义分析》，《重庆社会科学》2022 年第 8 期。

最高人民法院在 1950 年 7 月第一届全国司法工作会议上强调，“人民法院必须始终重视调解工作，诉讼中的调解是我国审判制度的一个必要组成部分”①。1956 年 10 月，最高人民法院形成了《关于各级人民法院民事案件审判程序的总结》，首次提出民事审判应当遵循“调查研究、就地解决、调解为主”的指导原则。1963 年 7 月最高人民法院召开了第一次全国民事审判工作会议，这次会议讨论通过的《关于民事审判工作若干问题的意见》（修正稿）再一次肯定了民事审判的“调查研究、就地解决、调解为主”的十二字方针。1964 年这一方针又发展成为“依靠群众、调查研究、就地解决、调解为主”的十六字方针，并在 1979 年发布的《最高人民法院审判民事案件程序制度的规定（试行）》中被再次肯定，强调民事案件应当先行调解。

这一时期“调解为主”的司法政策形成的原因主要在于：首先，在新中国成立初期，中国共产党的首要任务就是社会主义现代化建设与国家政权建设，这一时期中国的社会生活高度政治化，虽然初步组建了司法机关，但我国尚未形成一套完整的法律体系，在这一历史时期的法官更多的是依靠经验，参照政策条例等以解决纠纷。其次，由于司法系统的建设刚刚起步，社会成员的法律意识相对薄弱，人民法院受理的案件类型主要是婚姻家庭和继承纠纷案件，相较于生硬的依法裁判，调解更能维系夫妻之间以及家庭成员之间的和谐关系。最后，新中国成立后，人民内部矛盾理论成为政法领域的基本理论工具。1957 年 2 月，毛泽东同志在最高国务会议第十一次（扩大）会议上发表了《关于正确处理人民内部矛盾的问题》的讲话，他指出“解决人民内部矛盾要用民主的方法”，也就是“团结—批评—团结”的方法。② “调解”被认为是化解人民内部矛盾的方式，民事司法也提倡调解结案。

---

① 牛博文：《中国司法调解的历史叙事及成因分析》，《甘肃行政学院学报》2014 年第 2 期。

② 1957 年 2 月 27 日《关于正确处理人民内部矛盾的问题》，《北京日报》2001 年 2 月 27 日第 3 版。

第二节 我国法院调解制度改革的实践逻辑

一 法院调解原则的立法确认

在立法层面，我国法院调解的基本原则经历了两次变动：一是 1982 年《民事诉讼法（试行）》第 6 条取消了"调解为主"的表达，确立了"着重调解原则"；二是 1991 年《民事诉讼法》第 9 条又将"着重调解原则"改变为"根据自愿、合法原则进行调解"，并一直延续至今。

（一）着重调解阶段（1982—1991 年）

"着重调解"原则，就是人民法院对于受理的民事经济纠纷案件，能够用调解方式结案的就不用判决方式结案；在适用程序上，无论是按普通程序审理案件，还是按简易程序审理案件，都要进行调解工作，都要体现着重调解的精神。

在社会层面，经过"文化大革命"以及拨乱反正工作，中国社会主义的工作重心发生了转移，由以阶级斗争为中心转向以经济建设为中心，为建立与社会主义市场经济相适应的法律体系，中国的法制建设逐步完善。① 在法律层面，随着 1982 年《民事诉讼法（试行）》的颁布，"着重调解"的司法原则获得立法确认。

纵观这一时期的《最高人民法院工作报告》（以下简称《工作报告》），② 人民法院非常注重用调解的方式解决纠纷。1984 年的《工作报告》从加强调解组织的建设的角度，说明了人民法院如何贯彻调解原则。1985 年的《工作报告》中指出，"人民法院处理民事纠纷，继续发扬了人民司法工作的优良传统，坚持走群众路线和着重调解的原则"。1986 年的《工作报告》强调，经济纠纷类的案件应当注重调查研究，人民法院审理经济纠纷案件也实行着重调解。1987 年的《工作报告》强调，"人民法院要加强工作，及时调处纠纷，并及时改正调解工作中存在的问

---

① 郑智航：《调解兴衰与当代中国法院政治功能的变迁——以〈最高人民法院工作报告〉(1981—2010 年）为对象》，《法学论坛》2012 年第 4 期。

② 如无特别注明，本章引用《最高人民法院工作报告》的内容均来自相关年份最高人民法院公报。

题"。1988 年的《工作报告》首次出现了"该判决的就及时判决"这一表述，指出"从法院来说，我们强调要把防止矛盾激化摆在重要的日程上来，要主动与其他组织密切配合，进行深入细致的调查研究，把工作做到前头，及时教育、疏导、调解，该判决的就及时判决，并且把执法和宣传法制密切结合"。1988 年召开的第十四届全国法院工作会议正式启动了民事审判方式改革，民事审判的重心逐渐向"庭审"转移。但是，"调解"一词依然在《工作报告》中频繁出现，一直持续到 1991 年《民事诉讼法》的颁布。

（二）自愿、合法调解阶段（1991 年至今）

1991 年《民事诉讼法》正式确立了"自愿、合法调解"原则。与 1982 年《民事诉讼法（试行）》相比，1991 年的《民事诉讼法》关于法院调解的规定有两个变动：一是去掉了"着重"二字，转而使用"自愿"和"合法"的表述。二是将法庭辩论终结后"再行调解"，修改为"法庭辩论终结，应当依法作出判决，判决前能够调解的还可以进行调解"。这两处变动，更加符合市场经济条件下的法治理念，更加尊重当事人的程序选择权，调解和判决的关系更加具有流动性，共同服务于案结事了的立法意图得到强化。

这一阶段最高人民法院的《工作报告》更多是在改革典型事例中提及调解，并且强调"自愿调解"。例如，1993 年的《工作报告》仅在"法院的自身改革和建设"部分中，提出"依法加强调解工作，许多法院借鉴深圳市中级人民法院的经验，成立了'经济纠纷调解机构'，结案快、执行快、效果好"。同年，最高人民法院在《关于印发〈全国经济审判工作座谈会纪要〉的通知》中强调，要发挥庭审功能，对于当事人自愿调解且能够调解的案件，可以在庭前、庭上和庭下的诉讼全过程进行调解。1994 年、1996 年和 1997 年的《工作报告》都仅是强调人民法院对人民调解工作的指导。1995 年的《工作报告》仅提到在一个软件侵权案中，经过法院的工作双方自愿和解。1998 年的《工作报告》未涉及法院调解，但在《关于民事经济审判方式改革若干问题的规定》中指出，当事人同时到庭的适用简易程序审理的案件，法院可以决定径行开庭调解。1999 年的《工作报告》则是要求地方各级法院在审理劳动争议、劳动报酬、职工再就业以及社会保障等类型的案件时，应加强法庭调解，防止矛盾激化。2000 年的《工作报告》强调，法院调解根据个案情况选择适用。2001 年与 2002 年的《工作报告》列举了法院调解结案的数量，其中 2001 年调解、和解结案的共 6000 件（占 38%），2002 年共 6368 件（占 30%）。实际上，2001—2003 年是法院调解结案数显著下降的三年，其中 2003 年的调解结案数创历史最低，这一方面是对法律规定的调解自愿原则的回应，另一方面也反映了法院系统对市场经济条件下调解制度生命力的疑虑，与学术界一度废除或者改造调解制度的声音相呼应。

二　法院调解政策的实践调整

进入 21 世纪后，人民日益增长的物质文化需要同落后的社会生产之间的矛盾仍然是我国社会的主要矛盾。由于社会发展的不平衡、法律规范体系的不健全以及法律资源分配的不均衡，使得人民群众多样化的司法需求难以得到满足，群体性纠纷频发，严重影响到了社会秩序的和谐稳定。在此背景下，人民法院的工作重心再一次偏向法院调解。在纠纷解决层面，重提"马锡五审判方式"下的调查研究、就地解决和调解机制；在组织管理层面，将诉讼调解率、调解的社会效果纳入法院和法官的绩效考评指标体系。这一时期，在立法上"自愿、合法调解"的原则未作任何改变的前提下，法院调解的具体政策却出现了多次调整。

（一）2002—2008 年：调判结合、案结事了的司法政策

法院调解的再次复兴，与我国社会转型期遭遇的新问题、新矛盾不断增多有直接的关系。2000 年以后，因人民内部矛盾引发的群体性事件不仅人数多，而且规模也比较大。与 1994 年相比，2003 年群体性事件的数量增长了近十倍，参与人数也增加到约 307 万人。[1] 2004 年 9 月，党的十六届四中全会通过的《关于加强党的执政能力建设的决定》首次提出了构建社会主义和谐社会的历史任务。此后，法院调解作为柔性的纠纷解决方式再一次受到青睐，法院调解政策正式转入"调判结合，案结事

---

[1]　乔健、姜颖：《2005 年：中国社会形势分析与预测——市场化进程中的劳动争议和劳工群体性事件分析》，社会科学文献出版社 2004 年版，第 298、300 页。

了"的阶段。

2004 年 10 月,最高人民法院印发了《关于进一步加强人民法院基层建设的决定》,强调要从提高党的执政能力、维护社会稳定的高度,充分认识加强人民法院基层建设的重要性和紧迫性;在"全面落实司法为民的要求"部分,要求进一步加强诉讼调解,"在现阶段,要坚持'能调则调,当判则判,判调结合'的原则,妥善协调各方面的利益关系,努力提高民事案件的调解结案率"。2004 年 11 月,最高人民法院制定了《关于人民法院民事调解工作若干问题的规定》,其中第 2 条规定"对于有可能通过调解解决的民事案件",人民法院应当进行调解。2005 年的《工作报告》进一步提出,各级人民法院要按照"能调则调,当判则判,判调结合,案结事了"的要求,不断提高诉讼调解水平。此后,最高人民法院在 2005 年《关于增强司法能力、提高司法水平的若干意见》和 2006年、2007 年的《工作报告》中,再次重申了"能调则调,当判则判,调判结合,案结事了"的十六字调解工作方针。2008 年 3 月的《工作报告》则将"能调则调,当判则判,调判结合,案结事了"确立为审判原则,提出将诉讼调解贯穿于民事诉讼全过程,并主张支持、维护、促进人民调解和行政调解,建立和完善纠纷解决机制。

(二) 2009—2013 年:调解优先、调判结合的司法政策

自 2008 年开始,出现"调解优先"的提法。2008 年 6 月 16 日,在中央政法委举办的"学习贯彻党的十七大精神和胡锦涛总书记重要讲话专题研讨班"上,中央政法委书记首次提出"调解优先的原则",要求"着力把调解优先的原则更好地体现在依法调节经济社会关系中,有效化解矛盾纠纷"。① 2008 年 12 月,最高人民法院原院长王胜俊在全国高级法院院长会议上的讲话中指出,"要进一步贯彻调解优先、调判结合的原则,对有条件的案件,尽可能地多用调解、协调、和解等方式来处理"。②2009 年 3 月,最高人民法院原院长王胜俊在《工作报告》中重提"马锡

---

① 孙佑海、吴兆祥、黄建中:《〈关于进一步贯彻"调解优先,调判结合"工作原则的若干意见〉理解与适用》,《人民司法·应用》2010 年第 15 期。

② 熊跃敏、朱健:《"调解优先":政策考量与程序规制——以程序保障为视角的分析》,《河南大学学报》(社会科学版) 2012 年第 4 期。

五审判方式",要求全国法院转变审判观念,坚持"调解优先、调判结合"原则,把调解贯穿于民事诉讼全过程。2009 年 7 月,最高人民法院召开全国法院调解工作经验交流会;2010 年 2 月,最高人民法院成立"调解工作领导小组";2010 年 3 月,最高人民法院的《工作报告》在强调"调解优先、调判结合"原则的同时,进一步将调解的范围扩大到信访领域,开始重视立案调解,推动建立人民调解、行政调解、行业调解、司法调解等相结合的大调解格局;2010 年 6 月,最高人民法院发布了《关于进一步贯彻"调解优先、调判结合"工作原则的若干意见》,最终实现了"调解优先、调判结合"由政策理念向司法解释文件的转化,标志着"调解优先、调判结合"原则的最终确立。

最高人民法院在 2011 年 3 月的《工作报告》中指出,各级人民法院在 2010 年度的一审民商事案件调解撤诉率高达 65.29%,强调规范调解工作,正确处理调判关系,对不宜调解以及调解不成的及时依法作出裁判,并提出继续推动多元矛盾纠纷解决机制,构建大调解体系。同年颁布的《人民法院为实施"十二五"规划纲要提供司法保障的意见》进一步提出,要建立覆盖刑事、民事、行政、执行各领域的全程调解机制。2012 年与 2013 年的《工作报告》继续强调坚持"调解优先、调判结合"的工作原则,健全诉讼与非诉讼相衔接的矛盾纠纷解决机制,构建大调解体系。2012 年修改后的《民事诉讼法》吸收了部分法院"诉前调解"的改革经验,规定"开庭前可以调解的,采取调解方式及时解决纠纷",从立法层面回应了构建全程调解机制的司法政策。

与前一阶段"调判结合、案结事了"的司法政策对比,这一阶段的司法政策更加强调调解在法院工作中的优先性,并以司法解释的形式明确确立"调解优先"的原则。同时,法院调解的范围不断扩大,扩展到立案、审判、执行等案件审理"全过程",信访、刑事、民事、行政诉讼等"全领域"。此外,还试图构建人民调解、行政调解与司法调解相结合的"大调解"格局。这些政策的成因,一是实践中出现了群众对于人民法院作出的判决不认同、不满意和频繁上访的现象,导致信访、上访案件增多,法院希望通过强调以调解的方式结案,达到定分止争的效果;二是随着法院办案压力的不断递增,试图构建诉讼之外的非诉讼纠纷解决机制，实现诉讼与非诉讼纠纷解决方式协同促进案结事了的效果。

（三）2014 年以来："调判结合"的司法政策

最高人民法院在 2014 年 3 月的《工作报告》中不再提"调解优先"，而是强调"坚持合法自愿原则，规范司法调解"，实质上是对《民事诉讼法》确立的"自愿、合法调解"原则的回归。最高人民法院 2014 年的工作要点也强调要准确把握调判结合，自此我国的法院调解政策正式转入"调判结合"的时期。

2015 年最高人民法院发布的《人民法院第四个五年改革纲要（2014—2018）》提出，要将诉讼调解与其他类型的调解相结合，建立调解联动工作体系。2016 年的《工作报告》则主张推广四川"眉山经验"，坚持调解先行，完善诉调对接，支持专业调解。2017—2019 年的《工作报告》则从实践试点角度指出各级人民法院依据自愿合法原则调解结案的案件共 532.1 万件。2017 年《全国妇联、中央综合办、最高人民法院等关于做好婚姻家庭纠纷预防化解工作的意见》还指出，积极试行婚姻家庭案件的诉前调解制度，并强调离婚等案件应当进行调解。总之，在这一时期法院系统不再强调调解优先，而是更加注重法院调解与其他纠纷解决机制的衔接，或者仅强调在离婚等部分特殊类型的案件中应当调解。

2019 年以后，法院调解制度改革不再被单独强调，而是与民事诉讼繁简分流改革和多元解纷机制改革出现了一定程度的交会。具体表现为：一方面，各地法院纷纷以"诉讼服务中心"建设为抓手，建立调解、速裁、快审一站式解纷机制，建立线上调解平台，并要求各地法院将非诉讼纠纷解决机制挺在前面；另一方面，人民法院受理案件后，根据案件繁简难易程度分别进入调解程序、简易程序、小额诉讼程序、普通程序或者转入督促程序，实现繁简分流、快慢分道。

这一阶段法院调解政策发生转变的主要原因在于，随着中国特色社会主义进入新时代，我国社会的主要矛盾转变为人民日益增长的美好生活需要与不平衡不充分的发展之间的矛盾，这也就要求人民法院不仅要定分止争，而且要在多元纠纷解决机制构建的过程中，不断推动诉讼与非诉讼解纷机制的衔接，满足人民群众多样化的纠纷解决需求。至 2022

年，我国已经建成集约集成、在线融合、惠普均等的中国特色一站式多
元纠纷解决和诉讼服务体系，法院调解是其中的一部分。

第三节　法院调解中"调审关系"的跨世纪之争

自我国 1991 年《民事诉讼法》确立"自愿、合法调解"原则以来，
法院在办案中既可以调解，也可以判决，审理过程中随时可以调解，"调
解不成的应当及时判决"，具有鲜明的"调判结合"特点。自 20 世纪 90
年代中期以来，法院调解一直是学术界与实务界关注的热点问题，讨论
的议题主要涉及法院的调解权、调审关系以及改革进路等，其中围绕调
审关系改革的争论最为激烈，形成了"调审分离""调判结合"等截然不
同的观点。

一　调审分离论——借鉴西方司法传统的理论设想

对于法院调解与审判之间的关系，实务界习惯于称"调判关系"，学
术界通常称"调审关系"。称谓的不同体现了各自对法院调解的定位存在
认识差异，实务界认为法院调解是人民法院审理案件的结案方式之一，
与判决并行；而学术界则关注调解程序与审理程序的紧张关系，关注法
官在调解与判决中的角色冲突。对于我国"调判结合"的制度设计，有
的学者认为其存在难以克服的问题，解决之道就是将调解程序与审判程
序进行分离，这就是"调审分离论"。

持"调审分离论"的学者认为，推动调审分离主要是基于以下理由：

其一，在法院调解的特定场域之中，调解使得实体法与程序法对审
判活动的约束双重软化。[1] 具体而言，法院调解除遵循自愿、合法这一基
本原则之外，并没有更加精细化的程序设计，法官在调解过程中可以采
取多样的手段、方法，以达到调处息讼的目的。同时，对于调解书的制
作，并不要求法官像制作判决书一样写明适用的法律规范，并进行说理
论证，这也就弱化了程序法与实体法对民事审判活动的约束。而且，作

---

① 李浩：《民事审判中的调审分离》，《法学研究》1996 年第 4 期。

为维护社会和谐稳定的司法机关，调解结果的个案化也并不符合法院维护社会秩序、形成良好风尚的诉讼任务。

其二，法院调解的正当性来源于当事人的"合意"，而判决的正当性源于"合法"，即判决是一个严格贯彻实体法与程序法的程序。① 由于正当性基础不同，将二者强行结合容易引发"强制调解""以压促调""以拖促调"等违法调解现象。在法院系统将调解率、上诉率、信访率等作为法官的绩效考评指标的情况下，法官在调解程序中便有了自身的利益，为了自身利益便可能滋生变相强制当事人接受调解方案的现象。② 日本学者棚濑孝雄亦曾指出："在调解者对具体纠纷的解决持有自身的利益时，往往可以看到他为了使当事者达成合意而施加种种压力的情况。这种'强制性合意'之所以成为可能，是因为调解者对当事者常常持有事实上的影响力。"③

其三，在调判结合的模式中，调解的自愿性难以保障。在法院调解的程序构造中，实际上是以法官为调解人的三方构造。若调解采取的是"面对面"的调解方式，那么在法官主持下的调解与判决在本质上并无区别，双方当事人之间的冲突关系并不会得到缓解。若采取"背靠背"的调解方式，双方当事人在结果模糊性的前提下往往不愿也不敢坦诚地交换证据，诚信地进行调解。同时，尽管法律赋予了当事人对调解说"不"的权利，但当事人往往出于对"法官会因此产生不满进而影响判决"的担心，在行使权利时顾虑重重，④ 调解的自愿性也因此大打折扣。

其四，法院调解有时并不是双方的互谅互让，而是单方的让步和妥协。法院调解与诉讼外的调解不同，它以法院的依法判决为参照，从调解的角度看，牺牲部分权利以获得邻里和睦和纠纷化解是合目的性的；

---

① 李喜莲：《我国民事审判中调审关系的再思考》，《法律科学》（西北政法大学学报）2019 年第 6 期。

② 白彦、杨兵：《有关"调审分离"的若干问题及对策》，《法律适用》2011 年第 4 期。

③ ［日］棚濑孝雄：《纠纷的解决与审判制度》，王亚新译，中国政法大学出版社 1994 年版，第 13 页。

④ 陈洪杰：《从程序正义到摆平"正义"：法官的多重角色分析》，《法制与社会发展》2011 年第 2 期。

而从诉讼的角度看，这种正当性就存在质疑了，因为民事审判的中心任务是依法判决以解决纠纷，通过调解恢复和睦关系、弱化权利保护并不符合民事审判的宗旨，反而易使司法的公正性与权威性受到质疑。①

基于"调判结合"模式所存在的种种弊端，学者提出了多样化的调审分离路径，可以概括为调审适度分离与调审绝对分离。

所谓调审适度分离，是指在保留法院调解制度的前提下进行调审分离，是诉讼程序中的分离。之所以保留法院调解制度，理由是尽管可以通过诉前调解、人民调解等多元化纠纷解决机制解决纠纷，但法院仍然有对案件进行分流的余地，法院调解是其刚柔并济、最大化解决纠纷的有力保证。② 调审适度分离又可细分为两种观点：一种观点认为，在保留法院调解制度的前提下区分调解法官与审判法官，二者各司其职，共同对同一案件进行调解和审判，从而达成调解分离的目的。另一种观点认为，应建立先行调解制度，但将其限缩于法院受理后至开庭前由立案庭负责进行的调解。后一观点，已在我国司法实践中有所体现。③

所谓调审绝对分离，是指将法院调解程序与审判程序完全进行脱离处理。如有的学者认为，调审分离的具体路径应包括四个方面，一是调解员与审判员相分离；二是法官应当专司判决，将调解人的角色与法官相分离；三是设立独立的调解程序，与审判程序相分离；四是设立调解室，与审判庭相分离。④ 这四个路径以民事诉讼的进程为轴层层递进，但因其过分理想主义而遭到质疑。另有学者主张，以诉讼和解制度代替法院调解制度，诉讼和解并不排斥法官作为第三人参与其中，只是法官在角色定位上仅仅是当事人和解的辅助人，相应地诉讼和解亦不是民事审

---

① 李浩：《民事审判中的调审分离》，《法学研究》1996 年第 4 期。

② 陈洪杰：《从程序正义到摆平"正义"：法官的多重角色分析》，《法制与社会发展》2011 年第 2 期。

③ 2016 年《最高人民法院关于人民法院进一步深化多元化纠纷解决机制改革的意见》第30 条规定："推动调解与审判适当分离。建立案件调解与裁判在人员和程序方面适当分离的机制。立案阶段从事调解的法官原则上不参与同一案件的裁判工作。在案件审理过程中，双方当事人仍有调解意愿的，从事裁判的法官可以进行调解。"

④ 李浩：《调解归调解，审判归审判：民事审判中的调审分离》，《中国法学》2013 年第 3 期。

判的结案方式之一。① 调审绝对分离既有背离中国法院调解传统之嫌，事实上也不符合欧美国家在司法改革中普遍加强法院调解的改革发展趋势，在向来重视"司法为民"改革话语和文化传承的中国司法改革进程中，很难得到采纳和落实。

二　调判结合论——中国特色的社会主义司法制度

"调审分离"的主张一度成为学术界通说，但并没有得到一致的赞同。如有学者指出，调审分离并不能完全消解法官对于调解过程的消极影响，无论审判、还是调解都受法官知识储备、审判经验等多方面的影响。有学者指出，调审分离与民事诉讼法"查明事实、分清是非"的原则相悖，易造成权力的滥用和司法不公，与设立的调解制度初衷背道而驰。② 也有学者指出，现阶段我国的法院调解贯穿于民事诉讼全过程，无论是在制度设计层面，还是在程序适用层面，采取调审分离模式的实践难度较大。③

不少学者主张，法院调解制度在中国有文化基础和实践基础，"调判结合"仍具有一定的合理性。调判结合作为我国民事诉讼的显著特征之一，可以从三个方面来理解：一是理念上的结合，尽管调解的特点是非诉讼化、灵活化，而判决是规范化、制度化，但调解与判决作为人民法院的结案方式并无先后、优劣之分，只是手段与方法的不同，二者在诉讼目的层面上具有一致性，都以"调处息讼，保护当事人的合法利益，维护社会和谐稳定"为目标。二是程序上的结合，民事诉讼法并没有为法院调解设定专门的程序，而是将其镶嵌于诉讼程序的全过程，调解与判决互为补充，共同促进民事纠纷的有效化解和妥善处理。三是审理方法上的结合，民事诉讼法赋予当事人程序选择权，由当事人合意确定纠纷解决方式，更利于双方冲突的有效化解和纠纷的实质解决。④

---

① 张卫平：《论民事诉讼的契约化》，《中国法学》2004 年第 3 期。

② 吴淑娟：《论我国民诉调审分离的不合理性》，《山东纺织经济》2009 年第 2 期。

③ 李喜莲：《我国民事审判中调审关系的再思考》，《法律科学》（西北政法大学学报）2019 年第 6 期。

④ 张传军：《论民事案件调判结合办案方式之完善寻求正义与和谐之间的衡平》，《法律适用》2012 年第 4 期。

支持"调判结合"的学者并不否认这种模式存在一些问题，但他们认为这并非"调判结合"政策本身的问题，而是调解与判决在实践中结合不充分、衔接不恰当所致，通过优化调判衔接机制即可解决实践中的诸多问题。换言之，调判结合有其独特的意义和价值：一是调判结合符合便利当事人诉讼的预期，赋予当事人程序选择权，更利于当事人利益的最大化。[①] 调解过程本身就包含对事实的审查，在调解不成转入审判程序以后，调判结合的模式为法官查清事实、固定证据节约了大量的时间和精力，使得法官可以专注于对双方争议点的裁决，有利于尽快解决纠纷，符合诉讼经济目标。二是调判结合符合我国国情，经得起历史检验。[②] 调判结合最初是作为解决人民内部矛盾的手段而存在，也是经过历史检验后行之有效的民事审判模式。坚持调判结合，由法官从专业性与权威性的角度选择对当事人更有利的解纷方式，为当事人提供更优的解纷方案，有利于调处息讼、维护司法环境的稳定和谐，是人民法院实现民事诉讼基本任务的有效方式。三是调判结合有利于节约司法资源。例如，在庭前准备阶段，无论是采取调解程序还是判决程序，法官均需要审查证据、归纳争议焦点，避免资源浪费；如果采取调审分离的模式，调解法官不得参与后续的审判工作，会造成庭前准备工作的重复展开，造成司法资源的浪费。

三 法院调解的中国图景——调判结合论的复归

自"马锡五审判方式"形成至今的 70 多年光景中，即便是作为主流观点的"调审分离论"也并未在实践中获得贯彻。最高人民法院2016 年在《关于人民法院进一步深化多元纠纷解决机制改革的意见》中所提及的"调解与裁判适度分离"政策，似乎肯定了"调审分离论"的主张，但是法官在审判程序中仍然享有调解权，调审分离并没有进入

---

① 李喜莲：《我国民事审判中调审关系的再思考》，《法律科学》（西北政法大学学报）2019 年第 6 期；张传军：《论民事案件调判结合办案方式之完善寻求正义与和谐之间的衡平》，《法律适用》2012 年第 4 期。

② 田平安：《调审分离论：理想图景与双重背反——兼与李浩教授商榷》，《湖南社会科学》2015 年第 5 期。

制度再造的实践。

近年来,专门针对法院调解的研究热潮逐渐消退,学者们更多着眼于多元纠纷解决视角下法院调解的实证分析,或者强调在传承传统法律文化的视角下讨论法院调解制度的完善。季卫东教授在《中国司法的思维方式及其文化特征》一文中用"太极图"和"随机调节器"来比喻中国人的思维方式,即不以对抗为目的,重在构建黑白区域之间的灰色区,强调当事人的选择,意图找到双方都满意的均衡点。[①] 正是基于这种思维方式,多数学者开始认为欧美"调解与审判二元对立"的制度构造并不能在中国本土生根发芽,将调解与其他纠纷解决程序结合正在日益成为一种改革趋势。此外,针对"强制与合意"这一法院调解的核心争论点,还有学者提出了一个崭新的视角,即以我国古代的"调处"一词为出发点,指出我国的法院调解并非完全的合意,完全的自愿协商只是一种理想状态,法院调解之所以能够与当事人的和解相区别正是基于制度中所暗含的强制性契机。[②]

我国司法改革中倡导的大调解体系,在实践中客观上分流了大量的简单民事案件,一定程度上体现了调解与审判适度分离的司法精神,人民法院审理并判决的案件也逐渐集中于复杂、疑难案件。在这样一种司法背景之下,再要求将诉讼调解从民事审判中脱离出来并不具有可能性和合理性。基于此,不宜再将法院调解制度改革的重心放在"调审分离模式"上,现阶段应侧重于"调判结合模式"的优化与完善。

第四节　中国法院调解制度改革的展望

一　法院调解制度的功能定位

中国的法院调解制度之所以富有生命力,与我国适应社会发展情势不断地调整司法政策密不可分。法院调解在每个历史阶段发挥着不同的

---

① 季卫东:《中国司法的思维方式及其文化特征》,《法律方法与法律思维》2005 年第 00 期。

② 王聪:《调判分离还是调判结合:再论法院调解的中国图景——为"调判结合"辩护》,《河北法学》2019 年第 9 期。

社会功能，只有明确现阶段法院调解制度的功能定位，才能更好地完善法院调解制度。换言之，既要明确法院（或法官）在调解中的职能定位，又要明确人民法院在我国司法大环境下的功能和目标，进而才能合理地展望法院调解制度的未来走向。为此，需要综合法院的政治功能与司法功能来探讨法院调解制度。

从政治功能看，我国是人民民主专政的社会主义国家，司法制度是践行国家法律规范的媒介，人民法院是实现人民民主专政的工具。在民事司法领域，人民法院的政治功能是解决纠纷、促成和谐稳定的社会环境，以保障社会主义建设的顺利进行。在最高人民法院每年发布的《工作报告》中，所强调的"贯彻全过程人民民主""促进高质量发展"等无不彰显了这一点。新中国的法院调解制度发端于"马锡五审判方式"，是中国共产党在革命时期建立新秩序的手段之一。随着改革开放和全面依法治国方略的推进，法院调解是国家和社会治理的基本手段之一。基于以上原因，即便是在"大调解体系"不断完善的今天，法院调解制度亦有其生存的土壤。

从司法功能看，人民法院在民事诉讼领域的司法功能就是定分止争。一方面，现阶段我国法院的司法权威和公信力相对薄弱，尤其是对于一些涉及社会、政治和经济问题的疑难案件，判决往往不能实质性地解决纠纷，甚至可能导致矛盾激化，此际调解便成了更优的选择。另一方面，与诉讼外调解与民事审判程序尚需建立衔接机制相比，法院调解直接内嵌入审判程序之中，即便一方当事人拒绝调解或者在签收调解协议之前反悔，法院需要做的也只是依法作出裁判，无论对法院还是对当事人而言都更具经济效益。①

二 调判结合模式下调审关系的优化路径

通过对现阶段的司法环境以及法院调解制度功能的分析，法院调解的制度优化应主要从调解制度本身与调解社会化两个层面展开。法院调解制度的内部优化，主要涉及立法与司法两个方面。

---

① 于浩：《人民调解法制化：可能及限度》，《法学论坛》2020年第6期。

在立法层面,我国《民事诉讼法》对于法院调解的规定较为分散,除了以第八章专章规定调解内容之外,法院调解的内容大多散落于总则①与具体的审判程序②之中,而且条文较为粗疏,操作性不强。关于法院调解的司法解释尽管内容更为详细,但是效力层次较低。同时,对法官在调解程序中的违法责任缺乏明确的规定,不足以防范实践中"以压促调"等强制调解或变相强制调解的现象发生。因此,应当完善法官在调解过程中的责任承担机制,而不是为了调解而调解或者为了完成指标而调解,在法院系统实行法官员额制的大环境之下,由法官对所调解的案件负责。同时,应当赋予法官更有力的证据调查权,允许法官在证据存疑、事实不清的情况下依职权调查收集必要的证据,充分发挥法官在调解中的主观能动性。在完善调解责任与调查职权的情况下,更有利于增强司法权威与司法公信力。在时机成熟时,立法机关可以考虑制定"民事诉讼调解法",对改革经验的立法固化,实现法院调解制度更加科学化、规范化的发展目标。

在司法层面,我国近几年正着眼于人民调解、行政调解与法院调解协同构建的大调解体系的改革试点,这就不可避免地会涉及法院调解与其他调解之间的程序衔接问题。在现阶段,宜以实践中关于"诉前调解"和"司法附带 ADR"的改革成果为基础,进一步形成"社会化调解为主、多元主体调解并存、法院调解保底"的调解联动机制,形成线上调解与线下调解相互补充的新调解格局。对于部分法院存在的片面重视调解结案率的问题,应当将其从员额法官的考评指标体系中去除,建立以

---

① 《民事诉讼法》第9条规定:"人民法院审理民事案件,应当根据自愿和合法的原则进行调解;调解不成的,应当及时判决。"第52条规定:"当事人有权委托代理人,提出回避申请,收集、提供证据,进行辩论,请求调解,提起上诉,申请执行。"

② 《民事诉讼法》第125条规定:"当事人起诉到人民法院的民事纠纷,适宜调解的,先行调解,但当事人拒绝调解的除外。"第136条规定:"人民法院对受理的案件,分别情形,予以处理……(二)开庭前可以调解的,采取调解方式及时解决纠纷。"第145条规定:"法庭辩论终结,应当依法作出判决。判决前能够调解的,还可以进行调解,调解不成的,应当及时判决。"第179条规定:"第二审人民法院审理上诉案件,可以进行调解。调解达成协议,应当制作调解书,由审判人员、书记员署名,加盖人民法院印章。调解书送达后,原审人民法院的判决即视为撤销。"

法院内设的"诉调服务中心"或者"诉讼服务中心"专责调解工作的精准考评机制。

三 法院调解社会化的路径分析

调解的社会化，是指压缩法院直接主持调解的范围，转而主要借助于民间社会力量来主持调解以化解纠纷。① 亦即，将法院的部分调解职能前置或者外化，法官主要负责审判工作，将调解职能转移给更有经验、更为专业的调解人员。法院调解社会化的具体路径，包括诉前调解程序与法院附带调解机制。

（一）诉前调解程序

我国《民事诉讼法》关于第一审程序中的调解有三处规定：一是在开庭以后、判决之前的调解（第 145 条）。人民法院开庭以后，案件已经进入实质审理阶段，这种调解属于诉讼中的调解。二是在受理案件之后、开庭之前的调解（第 136 条）。这时的调解也是诉讼中的调解，具体可称为庭前准备阶段的调解。三是受理案件之前的先行调解（第 125 条），也称诉前调解。即人民法院在收到当事人的起诉书、受理案件之前，适宜调解的可以先行调解。根据最高人民法院 2021 年的《工作报告》，诉前调解自 2018 年 2 月以来，调解成功的民事案件数量逐年增长，分别为 56.8 万件、145.5 万件、424 万件，其中 2020 年同比增长了 191%。诉前调解程序使得越来越多的纠纷尚未真正进入诉讼程序就得到调解解决，极大地化解了法院案多人少的现实矛盾。

不过，现阶段我国的诉前调解程序仍存在一些问题，需要通过改革进一步完善。

其一，对诉前调解可作强制性调解和任意性调解的划分，并严格限制强制性调解的范围。强制性调解与调解前置程序类似，是我国司法改革中创新探索的经验。我国民事诉讼法规定的可以适用简易程序的案件，

① 王德新：《诉讼文化冲突与民事诉讼制度的变革》，知识产权出版社 2017 年版，第 223 页。

因事情清楚、争议不大，可以归入强制性调解的范畴，通过诉前的调解可以很大程度上解决此类纠纷，无须再进入诉讼程序。例如，上海市2021年发布的《关于探索实行调解程序前置试点的实施办法》规定，对于家事纠纷、劳动纠纷、交通事故纠纷等法律关系简单、适宜调解的民商事案件，实行调解程序前置。同时还规定，当事人在此类案件中应自行主动尝试调解，否则人民法院将纠纷强制转移给民间调解组织，这样就实现了部分案件的强制性调解。对于其他案件，采取当事人申请的启动模式，法院可以建议当事人调解，但是这种建议不具有强制性。同时，也可以设置负面清单模式，将涉及所有权归属、知识产权等不宜调解的纠纷排除在外。

其二，在扩大调解主体范围的前提下，加强诉调对接。在实践中，可以由法官助理组成专业的诉调对接机构。对于通过诉前调解达成协议的案件，由调解组织将调解协议交诉调对接机构，法官助理在对调解材料做初步审理之后，精准对接相应的法官，迅速办理司法确认。同时，明确司法确认的期限，防止案件积压，对于有正当理由需要延长确认期限的，可以由法官助理请求法官提请院长同意，适当延长期限。此外，还要完善诉前保全制度，我国《民事诉讼法》规定的诉前保全期限为30日，在诉前调解程序中可以适当延长诉前保全的期限，充分保障当事人的合法权益。

其三，要防止诉前调解被当事人恶意利用。禁止当事人利用诉前调解程序拖延诉讼，尤其是在任意性调解中，当事人享有调解程序的选择权，很容易产生滥用调解的问题。对于滥用诉前调解程序进行虚假调解、拖延调解的当事人，可以参照《民事诉讼法》第115条、第116条关于恶意诉讼、调解的规定加以处罚。

（二）法院附设调解机制

并不是所有的纠纷都有必要进入庭审审理程序加以解决，而诉前调解只能起到有限的分流作用，当事人在对案件的事实和证据进行质证和辩论之后可能仍会有调解的需求。鉴于法官亲自主持调解在时间、精力、经验和专业上的局限性，需要创设新的机制以适应复杂的社会需要，法院附设调解机制就是一个选择。法院附设调解又称法院附带调解，体现了"调审适度分离"的司法精神，如果对法院附带调解机制做扩大解释，我国的法院委托调解也可以认为是广义的法院附带调解，《民事诉讼法》第 98 条更是从法律层面规定被邀请的有关单位和个人应当协助人民法院进行调解。在一些权利义务关系清晰、系争标的额较小或者便于履行的纠纷中，法官可以向当事人申明法院附带调解的优势，告知或积极引导当事人寻求法院附设调解组织的调解。

在世界范围内，美国的法院附设调解制度较为发达。美国的法院附设调解，由当事人选择调解员主持调解并拟定调解方案，调解员由律师担任，法官不参与调解程序。今后，我国也可以建立附设于人民法院的民间调解组织——"法院附设调解委员会"，其调解员可以由专职的人民调解员、律师或其他专业领域的技术人员等组成，同时纳入最高人民法院的线上人民法院调解平台之中。从美国的调解实践来看，法院在附带的调解程序中不仅可以有所作为，而且发挥着举足轻重的作用。在美国的法院附设调解制度中，法院首先是调解程序的推动者，通过对案件的管理将案件更多地引入调解程序；其次是调解程序的监督者，负责调解员、调解进展和整个 ADR 项目的管理和监督。[1] 对应到我国的法院附带调解，法院只是不参与到具体的调解进程中，但是，对于委员会调解员的选任、考核，以及调解程序的合法性等，都需要法院做好监督管理工作。

在法院附带调解委员会的设想中，委员会的调解员的选任至关重要。首先，将经验丰富的律师纳入法院附设调解委员会的调解员队伍，是我国现阶段改革中积极的尝试之一。2016 年最高人民法院发布的《进一步深化多元纠纷解决机制改革的意见》就鼓励律师参与法院调解，[2] 通过律师的专业知识和诉讼调解经验帮助当事人解决纠纷。律师加入和参与法院附带调解，将自己置于法院或者法院有关部门的监督管理之下，确保

---

[1] 龙潭：《多元化纠纷解决理念下的法院调解改革走向》，《理论界》2017 年第 1 期。

[2] 该《意见》提出：建立健全特邀调解组织，人民法院可以吸纳律师作为特约调解员，推动律师调解制度建设，在法院内部建立律师调解室。

调解程序和调解结果的公正、合法,增强当事人对调解程序和调解结果的信赖和信服,相较于判决缩短了当事人维权的周期,降低了法院的司法成本和当事人的诉讼成本。[①] 但是,由于律师为当事人争取利益最大化的职业习惯,可能会在调解过程中不自觉地受到从业经验的影响,因此就需要人民法院或者其他特定的组织对参与律师进行相应的培训,以更好地发挥律师在调解过程中的积极作用。其次,专业化的调解员可以是德高望重的社会人士,特别是专家学者、退休的法官、检察官、人民警察等有着丰富的法律知识经验的专业人员。[②] 例如,2018 年中共中央公布的《关于加强人民调解员队伍建设的意见》明确提出,以人民调解员队伍的专业化、法制化建设作为重要方针,不仅强调"专兼结合",在积极发展兼职人民调解员队伍的同时,大力加强专职人民调解员队伍建设,还要求注重选聘德高望重的社会人士,尤其是选聘具有法律职业背景的律师、公证员、仲裁员、基层法律服务工作者、专家学者以及离退休法官、检察官、民警、司法行政干警等,着力提高人民调解员的专业化水平。尽管这一文件针对的是人民调解员,但是对于法院附带调解下的调解员同样适用。

法院调解作为具有中国特色的"东方经验",以其独特的解纷方式、温和灵活的解纷手段,在我国民事纠纷解决体系中发挥着举足轻重的作用。无论是采取调审适度分离,还是在调判结合的基础之上继续完善,都是意图构建更为优越的法院调解制度。我国对法院调解制度既不能故步自封、固守传统,也不能盲目或机械引进域外的相关制度,而应当综合民众的需要、国家和社会治理的需要与全面推进依法治国方略的融洽性等因素的基础上,在实践中,不断进行改革尝试和创新探索。

---

① 刘作凌、李玲:《法院附设调解的困境及化解构想》,《黑龙江省政法管理干部学院学报》2020 年第 3 期。

② 于浩:《人民调解法制化:可能及限度》,《法学论坛》2020 年第 6 期。

第 八 章

人民陪审员制度的改革：
司法民主的中国表达

陪审制度不仅仅是一项审判制度，还彰显了公民直接参与国家事务管理的民主功能。托克维尔甚至说，"陪审制度首先是一种政治制度，应当把它看成是人民主权的一种形式……犹如议会是国家的负责立法的机构一样，陪审团是国家的负责执法的机构"①。不过，正如政治民主有不同的实践形式一样，司法民主也从来不是只有一种模式。在中国20世纪80年代以来的民事审判方式改革中，围绕人民陪审员制度的存废一度展开过激烈的争论。但在近年来的司法改革中，在"全过程人民民主"理论的指引下，人民陪审员制度又呈现出蓬勃发展的态势。

第一节　新中国人民陪审员制度的早期发展

新中国的人民陪审员制度渊源于革命根据地时期的司法实践，并被作为人民司法的优良传统而加以继承。1949年新中国成立后，由于长期未制定民事诉讼法，也没有形成人民陪审员制度。直到1982年《民事诉讼法（试行）》颁布后，人民陪审员参与审判才有了明确的诉讼法依据，但在随后的民事审判方式改革中，围绕人民陪审员制度的存废产生了激烈的争议，这成为21世纪初人民陪审员制度改革的重要背景。

---

① ［法］托克维尔：《论美国的民主》，童果良译，商务印书馆2002年版，第315页。

一　革命根据地时期对人民陪审员制度的探索

中国共产党领导下的陪审制的实践，最早可追溯至苏维埃政府时期。1931 年，中华苏维埃共和国临时政府在瑞金成立。1932 年，苏维埃临时政府相继制定了《军事裁判所暂行组织条例》《裁判部暂行组织及裁判条例》《中华苏维埃共和国司法程序》三个文件。其中，《组织条例》第 12 条规定："初级军事裁判所审判时法庭由三人组织之，以裁判员为主席，其余二人为陪审员。高级军事裁判所所审理的初审案件须用陪审员，但终审的案件则不用陪审员，而是由裁判所所长和裁判员所组织。"《裁判条例》第 13 条规定："法庭由工人组织而成，裁判长或裁判员为主审，其余二人为陪审员。"这些法律文件的颁布实施，是中国共产党领导下的陪审制度的初步形态，也是新中国人民陪审制度的最早渊源。

抗日战争时期，中国共产党领导下的陕甘宁边区政府出台了一系列涉及司法审判的文件，通常要求，"各级审判机关在审理普通民刑事案件和特种案件时，除涉及机密案件外均应实行人民陪审"。当时的人民陪审员以选派制为主、聘任制为辅，"主要形式有：群众团体代表陪审，包括工人抗日救国会、农民抗日救国会、青年抗日救国会、抗敌后援会、牺盟会以及其他群众团体；同级参议会驻会委员会代表参加陪审；地方公正人士参加陪审，这里的地方公正人士是指参加抗日民族统一战线的开明士绅"[1]。虽名为陪审，实际上是大陆法系的参审模式，即审判法庭由陪审员与审判员共同组成，陪审员和审判员有同等的权利和义务，且主要适用于第一审民刑事案件。[2] 而且，各边区、解放区的具体做法差异较大，如苏中区要求应由 2—6 名陪审员参与审判，而晋察冀解放区则要求 3 人，淮海区要求 1—3 人。[3] 但这一时期的陪审制度还只是一种地方性、局部实施的法律制度，不具有稳定性、连贯性和全国意义上的普遍性。

在新中国成立前，中国共产党领导下的陪审制度的创立是多重因素

---

① 邱腾：《论我国法律文化演变中的陪审制度》，硕士学位论文，重庆大学，2012 年，第 18 页。

② 张晋藩：《中国法制史》，群众出版社 1985 年版，第 503 页。

③ 程维荣：《中国审判制度史》，上海教育出版社 2001 年版，第 252 页。

综合作用的结果。具体来说，苏联陪审制度的理论和立法，对中华苏维埃共和国时期陪审制的初创有直接的影响；国民党政府的陪审制度，是根据地和解放区陪审制度的重要参考；最重要的，正如有的学者所指出的那样，是人民陪审制度符合了革命战争年代政治斗争的需要，"我国传统法律文化中将法律的主要功能定位于刑事惩罚，作为单纯的暴力工具，陪审制度本身既竟合了共产党发动群众、依靠群众的政治理念，也是贯彻党的各项政治方针的重要手段和途径"①。换言之，中国共产党领导下的革命根据地之所以倡导陪审制，目的不仅仅在于从司法层面上解决争议、平息冲突，还有通过司法审判调动人民群众的积极性，以及与当时的国内国外反动势力进行阶级斗争、政党斗争、民族斗争的功能，是一种服务于政治斗争和民族斗争形势需要的司法制度。

二 新中国早期阶段的人民陪审员制度

新中国成立后，人民陪审员制度在发展中呈现"三起三落"的态势：1949 年《共同纲领》和 1954 年《宪法》的确认，使得人民陪审员制度迎来了第一个发展的"黄金期"，此为"一起"；"文化大革命"期间，人民陪审制度遭到破坏，1975 年《宪法》取消了人民陪审制度，此为"一落"。1978 年《宪法》、1979 年《刑事诉讼法》、1982 年《宪法》和《民事诉讼法（试行）》的确认，使得人民陪审员制度的发展迎来了"第二春"，此为"二起"；但此后，人民陪审员制度在实践中遭遇冷落，陪审员成为"花瓶""陪而不审"，此为"二落"。1999 年最高人民法院《人民法院五年改革纲要》和 2004 年全国人大《关于完善人民陪审员制度的决定》的出台，使得人民陪审员制度迎来了发展的第三次机遇。总的来看，新中国的陪审员制度的发展可以划分为以下四个阶段。

第一个阶段（1949—1965 年）：宪法意义上的人民陪审员制度。

1949 年 9 月，中国人民政治协商会议通过了具有临时宪法作用的《共同纲领》，在第 17 条提出要尽快"制定保护人民的法律、法令，建立人民司法制度"。1951 年 9 月制定的《人民法院暂行组织条例》第 6 条规

---

① 左卫民等：《合议制度研究——简论合议庭独立审判》，法律出版社 2001 年版，第 6 页。

定："为便于人民参与审判，人民法院应视案件性质，实行人民陪审制。陪审员对于陪审的案件，有协助调查、参与审理和提出意见之权。"1954年颁布的《宪法》和《人民法院组织法》，也都对陪审制度作了宣示性规定。但是，由于长期没有颁布民事、刑事诉讼法，陪审制是在极其不稳定的情况下实施的。在重政治运动、轻法制建设的时代，人民陪审员的适用在司法实践中具有相当大的随意性。从某种意义上说，作为可操作性的人民陪审员司法制度，在这一时期还并不存在。

第二个阶段（1966—1976年）："民众审判"式的人民陪审员制度。

"文化革大命"期间，社会上法律虚无主义思想泛滥。在这种背景下，公、检、法机关一度被停止正常运行，专业的审判活动被"人民公审""人民公判"式的群众集会活动所取代。这种群众运动式的司法活动，与20世纪30年代苏维埃政权时期从苏联引入了司法公判大会的方式颇为相似，在陕甘宁边区政府时期也有相关实践。[①] 这一时期的人民陪审员实践，被认为是"贯彻群众路线"的表现形式。从本质上讲，群众路线也是对司法民主的一种诠释，只不过是一种政治意义上的"大民主"，其司法层面的意蕴被大大削弱了。与其说民众审判式的陪审是一项司法制度，不如说是一种政治运动中的政治安排和手段。或者说，这种司法中的民主形式，已经与司法的本质相去甚远。

第三个阶段（1978—1998年）：法制重建时期的人民陪审员制度。

改革开放以后，保障人民民主和健全社会主义法制成了时代最强音，人民陪审员制度作为发扬人民民主的方式之一迎来了新的发展契机。1979年《刑事诉讼法》第9条和《人民法院组织法》第10条都规定，

---

① 1930年12月，红军活捉了敌师长张辉瓒，一个月后召开祝捷大会，群众要求公审张辉瓒。结果，在公审过程中局势失控，群众强行从红军手里抢走张辉瓒，当场将他处死（陆茂清："齐声唤，前头捉了张辉瓒"，载《同舟共进》2010年第10期，第47页）。延安时期，黄克功因情感纠纷枪杀了陕北公学的学生刘茜。边区法院决定对他进行公审，审判台搭在陕北公学的操场上，参与公审的人群数以万计。审判长是边区高等法院院长雷经天，抗大和陕北公学推出4位陪审员，抗大政治部的胡耀邦、高等法院检察官徐世奎等担任公诉人。1970年，南京的方子奋被人民公审，审判台搭在五台山体育场，参与的民众有十万之众。大会结束后，十几辆敞篷军车押着被告，游街示众，南京30万人被组织起来，列于干道两旁（方子奋：《我被抓上"一打三反"公判大会》，《经济观察报》2013年5月4日第4版）。

人民法院审判第一审案件，原则上应由审判员和人民陪审员组成合议庭。但是，1982 年《宪法》未再作类似的规定，1982 年的《民事诉讼法（试行）》也仅模糊地规定"法院审理第一审民事案件，可以有陪审员参与合议庭"。为什么出现了这样的变化呢？曾参与民事诉讼法起草的人士指出，这主要是出于司法实务中操作起来困难和诉讼经济的考虑，陪审制在实践中难以操作。①

到了 20 世纪 90 年代，1989 年《行政诉讼法》、1991 年修正后的《民事诉讼法》和 1996 年修正后的《刑事诉讼法》均延续了这种模糊规定的做法，在制度操作层面并没有改观。长期以来，由于法律规定过于粗疏，导致实践中陪审制难以操作，在有些地方甚至连法律规定的标准都没有达到，更谈不上对陪审制的完善和发展。例如，1993 年对海南省10 个县市人民陪审制度的实施情况的调查显示，"较为完整执行人民陪审制度的只有 1 个县法院……普遍流于形式化，虚无化"②。

第四个阶段（1999—2012 年）：法治转型期的人民陪审员制度。

鉴于司法实践中人民陪审制度虚化、流于形式的态势，最高人民法院曾于 2000 年 9 月向九届全国人大常委会报送了《关于完善人民陪审员制度的决定（草案）》，建议全国人大以单行立法的形式对人民陪审制度做出详细规定。但全国人大常委会经审议认为，草案中对人民陪审员的职责定位、任职条件等问题尚需进一步研讨，草案的审议工作遂被搁置。此后几年中，不少人大代表、政协委员连续向全国人大和最高人民法院提出立法议案和建议，最高法院经过进一步的调研，对原来的"草案"进行了完善，并再次提交全国人大常委会审议。2004 年 8 月，全国人大常委会审议通过了《关于完善人民陪审员制度的决定》（以下简称《决

---

① 老一辈法学家张友渔曾指出，"从我国当前实际情况看，完全实行还有用难，据不少法院反映，常常找不到陪审员；即使找到了，也多半是缺乏法律知识的，因而在合议庭进行表决时，往往出现缺乏法律知识的陪审员占多数的情况，不利于正确地判案，再加上不少法院在这方面的财政负担也暂时无法解决，据说一个人民陪审员需要的费用，比增加几个审判员的工资还多。"参见张友渔《论我国民事诉讼法的基本原则和特点》，《法学研究》1982 年第 3 期。

② 张建东：《关于人民陪审制度执行情况的调查与思考》，《海南大学学报》1993 年第 4 期。

定》），对人民陪审员参与审判的案件范围、人民陪审员的任职资格、遴选程序和在诉讼中的权利义务等问题作了较为详细的规定，共 20 个条文。

在世纪之交，我国为什么要完善人民陪审员制度呢？这与依法治国方略的确定和实施有直接的关系。1997 年党的十五大正式提出"依法治国"的方略，1999 年"依法治国"入宪，标志着我国进入了从"完善社会主义法制"到"依法治国"的社会转型期。在依法治国的情势下，人民群众参政议政的热情高涨，要求以多样形式参与国家和社会事务的管理，包括参与司法、加强对司法机关的监督和促进司法公正，这是人大代表、政协委员持续提案立法的大的社会背景。从立法者和提案者的立法意图看，最高人民法院在《关于〈关于完善人民陪审员制度的决定（草案）〉的说明》中开篇就指出，"人民陪审员制度最早始于革命根据地时期，是我国司法制度的一项优良传统"，接着在分析实践中陪审制度基本流于形式的现状后，提出了完善人民陪审制度的四个现实理由：是司法工作践行"三个代表"重要思想和"立党为公、执法为民"要求的需要；是弘扬司法民主，维护司法公正的需要；是增加司法透明度，加强群众对司法监督的需要；是解决实践中陪审制流于形式、操作混乱等问题的需要。这些理由，分别回应了审判工作服务于党的中心工作、确保司法公正和提高司法公信力，以及在依法治国背景下加强程序法治等时代课题。当然，从法院自身来看，也有缓解"案多人少"压力的考量，通过大量吸收人民陪审员参加合议庭，来解决单纯由审判员组成合议庭带来的审判工作负担过重的问题。特别对于地方法院来说，宏观的理论和价值诉求往往只是一种托词，后一种考量在实践中可能占据了更重的分量，这实际上是一种工具主义和实用主义的思维。

在司法实践中，全国人大的单行立法实施效果如何呢？自 2004 年《决定》颁行以来，全国人大内务司法委员会先后于 2005 年 4 月、2006 年 7 月、2008 年 6 月、2013 年 10 月四次听取最高人民法院关于贯彻落实《决定》情况的汇报。最高人民法院还在 2009 年 11 月制定了专门的司法解释，即《关于人民陪审员参加审判活动若干问题的规定》，对司法实践中的经验进行了总结，对存在的问题作了一些补充规定。统计资料显示，近年来人民陪审员制度改革取得了可喜的成绩。截至 2012 年年底，全国有人民陪审员 8.7 万人，共有 628.9 万件案件中使用了人民陪审员，其中第一审民事案件有 429.8 万件，约占 68%。[①] 但相关实证研究显示，现行的陪审制度依然存在一些问题，比如，选任的人民陪审员的来源结构还不够合理，城镇和农村普通居民偏少，有丰富阅历的年长者偏少；在人民陪审员队伍中存在一些"陪审专业户"，影响了陪审制民主功能的发挥；在实践中存在需要陪审的案件没使用陪审员、不需要的案件使用过多的问题，一些"有社会影响的案件"和"当事人要求使用陪审员的案件"反而没使用陪审员；最为重要的是，实践中"陪而不审"的现象仍然非常突出等。[②] 这就意味着，我国人民陪审员制度改革的实际效果非常有限，特别是"陪而不审"的顽疾并没有因改革而有根本好转。

第二节　学术界有关人民陪审员制度改革的争议

一　关于人民陪审员制度的存废之争

早在 20 世纪 80 年代，我国司法实践中人民陪审员"陪而不审"的现象就比较突出，当时已开始出现取消陪审制的声音。[③] 90 年代以后，有关陪审制度存废的论争日趋激烈。[④] 归纳来看，主张废除人民陪审员制度的理由可以概括为五个方面：

第一，从法律文化传统看，陪审制度是西方"民主政治"的产物，难以与中国国情融合。在中国古代，从来没有产生过类似的陪审制度，也缺乏相应的法律文化环境。近代以来，无论是清末还是民国，抑或是

---

① 周强：《最高人民法院关于人民陪审员决定执行和人民陪审员工作情况的报告》，《中华人民共和国全国人民代表大会常务委员会公报》2013 年第 6 期。

② 张嘉军：《人民陪审制度：实证分析与制度重构》，《法学家》2015 年第 6 期。

③ 参见钱卫清《建议取消人民陪审制度》，《法学杂志》1987 年第 5 期；余汉平：《我们应当废除陪审制度》，《法学评论》1989 年第 1 期。

④ 参见陈家新《人民陪审员制度改革的刍议》，《政法论坛》1990 年第 12 期；梁全：《人民陪审制度应当废除》，《河池师专学报》（文科版）1991 年第 1 期；吴厚宽：《人民陪审制度必须坚持和完善》，《上海人大月刊》1991 年第 3 期；刘定国：《关于完善人民陪审制度的思考》，《中南政法学院学报》1992 年第 4 期。

新中国，有关陪审制度的引入总体上都以失败收场。[①] 这是一种法律文化的视野，认为我国缺乏建立陪审制度的法律文化传统。

第二，从国际发展潮流看，英美法系的陪审团审判制度已经日趋衰微，我国没有必要再追随。在美国，进入 21 世纪后，实行陪审团审判的案件在各州只占 1%，在联邦法院也仅占 2% 左右。[②] 不但在英美法系，即便在后来引进陪审制度的大陆法系诸国，要么已很少适用，要么完全废除了陪审制。在这种国际视野下，我国没有必要坚持人民陪审制度。这是一种比较法的视野，基本思路是别人都不发展的，我们也不用再发展。

第三，从实践中的运行状况看，人民陪审制度在司法实践中问题重重，积重难返，没有必要再保留这一制度。在 2004 年全国人大的《决定》颁布前，主要存在的问题包括：陪审员的能力不足，难以就事实认定和法律适用发挥与职业法官平等的作用；陪审员选任方式欠合理，[③] 难以体现民主性、科学性；[④] 在市场经济的冲击下，出于诉讼经济的考虑，无论当事人还是法院，都不愿意陪审员参与，以免耗费大量时间、人力和精力；陪审员由于法律知识的欠缺，或者受职业法官的诱导或者强制，"陪而不审""审而不议""议而不决"的现象比较普遍，难以发挥制衡法官的作用等。[⑤] 在 2004 年全国人大的《决定》颁布后，由于实行人民陪审员任期制、法律知识培训制等，使得陪审员沦为"二流法官"，大大损害了陪审制的民主性和科学性。这是一种现实主义的视野，认为现实

---

① 房保国：《我国陪审制度存废之争研究》，金有成主编：《民事诉讼制度改革研究》，中国法制出版社 2001 年版，第 26 页。

② 汤维建：《美国民事司法制度与民事诉讼程序》，中国法制出版社 2000 年版，第 217 页。

③ 在 2004 年以前，人民陪审员的选任方式异常混乱，问题很多：由地方人大在选举人大代表时同时选举，失去了临时随机召集的民主价值；由法院聘任，会使陪审员失去独立性和对法院的制约作用；群众推荐，往往是推荐单位内可有可无、甚至无法管理的闲散人员，也无法有效执行陪审任务。另外，当事人无权对陪审员的选任进行选择，无法保障有偏见的人员进入审判，影响法官中立。

④ 调查显示，"有的法院常年聘请一些街道待业青年临时工或退休人员，还有的法院甚至将陪审员的席位用来解决内部下岗人员'再就业'问题。"参见曾浩荣《关于我国人民陪审制度改革的新构想》，《法学家》2000 年第 6 期。

⑤ 廖永安：《对我国陪审制的否定性评价》，《金陵法律评论》2003 年第 2 期。

中运作不好的，就不必再保留。

第四，从陪审制的价值功用看，完全可以由别的制度替代。有的学者认为，陪审制度的功能无非两个方面，一是民主的功能，二是弥补法官在知识结构上的缺陷。其中，民主功能只能是象征性的，而第二个功能由鉴定人制度来解决效果会更好。在此基础上，他认为，法院花费了大量的人力、精力来建立这样一个制度，是得不偿失的。这是一种功利主义的视野，认为用处不太大的，可以不必保留。

第五，从法治发展的路径看，人民陪审制度不符合司法职业化发展的趋势。2008 年，学术界展开了一场司法职业化，抑或司法民主化的大讨论。贺卫方教授认为，司法职业化的一个重要方面就是司法人员任职的专业化，即为法律职业设置准入门槛，只有取得法定资格才能进入司法行业、行使司法权。① 何兵教授则认为，中国的司法职业化不足，但更重要的是民主化不足，导致职业化尚未成型，官僚主义和官僚腐败蔓延，"必须坚定不移地打破法官群体对司法权的垄断，通过各种秩序化的民主手段，实行人民对司法的有效控制"②。这种争论迅速扩展到整个学术界，作为司法民主的一个象征的人民陪审制度的存废当然是争论的焦点之一。这场争论以中国司法改革的进程为背景，用地道的中国场景、中国语言、中国任务进行叙事，极大地深化了人们对陪审制存废与否的认识。

二 关于人民陪审员制度完善的思路之争

与废除论不同，另一种声音认为，人民陪审制度不需要废除，今后的重点是如何进一步完善或者改造我国的人民陪审制度。至于是借鉴英美式的陪审团审判，还是大陆法系的参审制，还是自创一套新的模式，在学术界和司法界存在不同的认识。

有的学者认为，陪审制在世界范围内并没有没落，废除陪审制的理由不充分。英美法系的陪审团审判使用确实在减少，但"认为陪审团正

---

① 贺卫方：《司法改革的难题和出路》，《南方周末》2008 年 9 月 18 日第 E31 版。
② 何兵：《必须打破法官对司法权的垄断》，《南方都市报》2008 年 11 月 13 日第 A23 版。

在消亡的观点是错误的……事实上，与其说陪审团审判制度正在消亡，不如说其正在日益进入这样一个法律领域：重大刑事案件的审判"[1]。有的学者认为，即便在大陆法系国家，对英美法系的陪审制的移植也不是完全失败了，例如，法国结合本国国情确立了参审制，这不是失败，"不应夸大陪审制与参审制之间的对立关系，更不应因法国实施了参审制而惊呼陪审制已在法国灭亡，甚至断言'陪审制不可移植'"[2]。

在各地法院改革探索中，最为常见的是在借鉴大陆法系参审制的基础上探索"大合议庭制"。例如，2009 年广东省高院探索"大合议庭"改革，在重大刑事案件中试行由审判员和陪审员 5—7 人组成合议庭审判；2013 年南京市中级、基层法院开始探索大合议庭模式，在民事案件中试行"1+4"（1 名法官加 4 名陪审员）和"2+5"（2 名法官加 5 名陪审员）大合议庭审判；与此同时，郑州市中原区法院也开始试行"1+4""2+5"模式的大陪审制合议庭。[3] 无论从与我国既有诉讼制度衔接，还是从我国与大陆法系对专业法官审判的较为倚重传统来看，这是一种更加容易产生改革成果的尝试路径。

但也有一些地方法院另辟蹊径，如河南省法院系统自 2009 年开始探索"人民观审团"的改革方案。所谓人民观审团，是指法院从普通群众中随机抽取若干人组成观审团，参加庭审，并对案件处理发表意见。这种改革方案既与英美式的陪审团不同，也与大陆法系的参审制不同，而是兼有两种模式特点的"第三种模式"。因为，人民观审团提供的意见只供法院裁判参考，而不具有强制约束力，所以不同于英美陪审制；同时，观审团不与审判员组成混合合议庭，也不享有表决权，不同于大陆法系的参审制。在 2009—2010 年两年间，河南省法院系统共在 490 件案件中试行了人民观审团制度，共有 4600 余名群众担当了人民观审团成员。[4]

---

① W. R. Cornishi, *The Jury*, London: Allen Lane Penguin Press, 1968, p. 10.

② 施鹏鹏：《法国的陪审制移植失败了吗？——以法国陪审制发展史为中心展开》，徐昕主编：《司法第 4 辑：司法的历史之维专号》，厦门大学出版社 2009 年版，第 306 页。

③ 傅达林：《"大合议庭"推进司法审判更科学》，《检察日报》2015 年 9 月 16 日第 7 版。

④ 李冰：《人民陪审团制度探析——以河南法院司法改革为视角》，硕士学位论文，郑州大学，2011 年，第 5 页。

从司法运作方式来看，人民观审团的形式确实不同于英美法系和大陆法系传统的陪审制，甚至与既往的各种陪审方式都有明显的不同，具有比较大的创新意义。但是，在人民观审团的运作方式中，观审团的意见对法院不具有强制约束力，容易滋生要么流于形式、要么专业法官受舆论压力而事实上照搬人民观审团的意见。

第三节　新时代人民陪审员制度的最新发展

党的十八大以后，中国特色社会主义进入新时代，人民陪审员制度的改革探索也进入了新阶段。在不断探索中国特色的社会主义民主形式和全面依法治国的新时代背景下，社会主义民主发展出了"全过程人民民主"的新理论形态，人民陪审员制度作为在司法领域彰显"全过程人民民主"的重要制度载体，有了进一步的创新发展。

一　人民陪审员制度改革的顶层设计

新时代人民陪审员制度的改革探索，遵循了"首先由党中央从全面深化改革的全局进行顶层设计—经由统一部署的地方试点检验—最后将成熟的经验进行制度固化"的发展逻辑。当然，20 世纪 80 年代以来我国人民陪审员制度实施中的问题，学术界围绕其存废或完善进行的长期争鸣，21 世纪前十年的有关改革探索，特别是中国共产党围绕"人民群众在国家治理中的地位作用"的前瞻性思考，共同构成了党中央谋划人民陪审员制度改革方向和顶层设计的背景要素。

2012 年，党的十八大提出了全面深化改革的时代命题，并强调在新的历史条件下夺取中国特色社会主义新胜利，首要的就是必须坚持人民主体地位、坚持依法治国这个党领导人民治理国家的基本方略，最广泛地动员和组织人民依法管理国家事务和社会事务、管理经济和文化事业，更好保证人民当家作主。

为贯彻落实党的十八大关于全面深化改革的战略部署，2013 年 9 月最高人民法院下发了《关于切实践行司法为民大力加强公正司法不断提高司法公信力的若干意见》，其中第 21 条要求要逐步扩大人民陪审员的规模，实施两年内实现人民陪审员数量翻一番的"倍增计划"，将全国法院人民陪审员数量增至 20 万名左右。2013 年 11 月，党的十八届三中全会通过了《中共中央关于全面深化改革若干重大问题的决定》，强调"广泛实行人民陪审员、人民监督员制度，拓宽人民群众有序参与司法渠道"①。2014 年 10 月，党的十八届四中全会通过了《关于全面推进依法治国若干重大问题的决定》，进一步强调了人民陪审员制度改革的重点和方向，即要"完善人民陪审员制度，保障公民陪审权利，扩大参审范围，完善随机抽选方式，提高人民陪审制度公信度，逐步实行人民陪审员不再审理法律适用问题，只参与审理事实认定问题"②。从前述文件来看，我国的人民陪审员制度仍然肩负着发挥司法民主的政治功能，在坚持党的十八届四中全会定下的改革基调下，优化人民陪审员的来源构成、重新界定人民陪审员参与审理的案件范围、改革人民陪审员的挑选机制、改造合议庭的组成方式成为改革探索的重点；关于合议庭中人民陪审员与职业法官的功能差异化也是改革的一个方向，这就是探索人民陪审员只审理案件中事实问题，职业法官全面审理事实和法律适用问题。

人民陪审员制度的深化改革工作，经由中央统一部署和全国人大授权之后进入了实施阶段。2015 年 4 月，经由中央全面深化改革领导小组第 11 次会议审议通过和全国人大常委会的授权，最高人民法院、司法部印发了《人民陪审员制度改革试点方案》和《人民陪审员制度改革试点工作实施办法》，开始在北京、河北、黑龙江、江苏、福建、山东、河南、广西、重庆、陕西 10 个省（区、市）选择 50 个法院开展试点，试点期限原则上为期两年。改革试点主要涉及七个方面，包括改革人民陪审员的选任条件；完善人民陪审员的随机选任程序；扩大人民陪审员的参审范围；完善人民陪审员的参审机制；探索人民陪审员参审案件的职权改革；完善人民陪审员的退出和惩戒机制；完善人民陪审员履职保障。

---

① 《中共中央关于全面深化改革若干重大问题的决定》，《人民日报》2013 年 11 月 16 日第 1 版。

② 《中共中央关于全面推进依法治国若干重大问题的决定》，《人民日报》2014 年 10 月 29 日第 1 版。

二 从改革试点到《人民陪审员法》的制定

（一）改革试点工作情况

根据 2013 年最高人民法院开始实施的"倍增计划"，全国各地基层法院在 2014 年和 2015 年普遍增加了人民陪审员的数量。这项改革是"自上而下"推进的，而不是基层法院基于需求主动推动的，导致改革中也出现了一些问题。例如，在东部某基层法院遴选的 75 名人民陪审员中，社区和行政村的干部占比过大，达到 79.9%；中国共产党党员占 84%，群众比例较小；遴选主体单一，基层法院掌握着事实上的遴选权力；遴选途径单一，任期过长（5 年），出现人民陪审员常驻法院"与法官同质化"的现象等。[①] 从全国范围来看，截至 2014 年年底，全国人民陪审员共约 20.95 万人，普通群众比例 70.2%，2014 年人民陪审员参审案件 219.6 万件。[②] 但"倍增计划"实施后普遍存在一些问题：如对适用案件类型没有科学区分，部分类型的案件陪审率达到 100%；大部分人民陪审员处于闲置状态，参与陪审的人民陪审员比例只占 30%；人民陪审员参审异化为缓解基层法院法官数量不足的手段，陪审效果不是关注的重点；法官和人民陪审员缺乏明确的权责分工等。[③] 前述问题，成为 2015 年以后改革试点中重点解决的对象。

从 2015 年各地开展改革试点工作的情况看，虽然改革推进较为规范，但各地情况差异较大。例如，就中原某省 C 市 B 区和 D 市 E 区 2015 年下半年的改革试点情况看，改革后通过随机抽选的方式分别增选人民陪审员 160 人和 270 人，使辖区内人民陪审员的总数分别达到了 304 人和 600 人，职业分布、年龄分布、政治面貌占比有明显分散化趋势；但在选任程序方面，基层法院普遍感到没有那么多时间和精力来推进选任程序和

---

① 贾东东等：《人民陪审员遴选制度之实证考察》，《南京航空航天大学学报》（社会科学版）2015 年第 2 期。

② 罗书臻：《提升人民陪审员制度公信度　保障人民群众有序参与司法——最高法院副院长李少平就人民陪审员制度改革答记者问》，《人民法院报》2015 年 4 月 26 日第 4 版。

③ 周祖成：《"倍增计划"后的人民陪审员制度改革》，《人民法院报》2015 年 6 月 4 日第 5 版。

对人民陪审员进行管理，被遴选的基层民众对人民陪审员的工作性质缺乏了解，荣誉感不足；人民陪审员参加案件审理的比例有所提升（2015年约为75%），但 D 市 E 区出现了简易程序也有陪审员参与的情况（2015 年约为 10%）；虽然限制人民陪审员每年参加审理案件的件数（每年不超过 20 件），但具体案件中随机抽选的方式还未真正落实。① 在作为改革试点的某人口 1000 万的东部沿海城市，中级人民法院人民陪审员队伍实现了从无到有的历史性突破，共选任人民陪审员 585 人，人民陪审员参审率达到 40.9%，参审的一审案件调撤率为 16%。② 在西部某省 H 区人民法院，2015 年 7 月 1 日至 2016 年 6 月 30 日，共受理各类案件 6268件，结案率 76.68%；人民陪审员共参与审理案件 2691 件，参与率42.93%；其中采取大合议庭审判案件 25 件，分别采取了"1 + 4""3 +2"和"3 + 4"的人员构成模式，即由 1 名或者 3 名法官加上 4 名或者 2名人民陪审员组成大合议庭，并试行了陪审员只审理事实问题的做法。③但是，也存在人民陪审员选任机制和参审机制不完善、事实问题和法律问题界限不明等问题。

2016 年 6 月 30 日，最高人民法院院长周强向全国人大常委会作了改革试点情况的中期报告，认为总体上试点工作呈现"四个转变"的趋势，即人民陪审员的选任方式主要由组织推荐产生向随机抽选转变，人民陪审员参审职权由全面参审向只参与审理事实问题转变，人民陪审员参审方式由 3 人合议庭模式向 5 人以上大合议庭陪审机制转变，人民陪审员审理案件由注重陪审案件"数量"向关注陪审案件"质量"转变。同时也指出，全面实行人民陪审员随机抽选难度较大，缺乏区分事实审和法律审的有效机制，中级人民法院选任人民陪审员和完善大合议庭陪审机制

①　杨小玉：《〈人民陪审员制度改革试点方案〉的实施情况调查报告》，硕士学位论文，西南政法大学，2016 年，第 2—11 页。

②　青岛市中级人民法院：《关于人民陪审员制度改革试点工作情况的报告》，《青岛市人民代表大会常务委员会公报》2016 年第 3 期。

③　单林波：《陕西省人民陪审员制度改革试点工作运行现状研究》，《安康学院学报》2017年第 1 期。

等方面还存在问题。① 2017 年 4 月，根据最高人民法院的请示，全国人大常委会决定将原定为期两年的试点期限延长一年。

（二）2018 年《人民陪审员法》的制定

2018 年 4 月，人民陪审员制度改革试点工作结束。根据最高人民法院向全国人大常委会所作的报告，50 个试点地区人民陪审员总数达到 13740 人，比改革前新增 9220 人。其中，基层群众 7953 人，占 57.88%；高中学历 4894 人，占 35.62%，高中以下学历 653 人，占 4.75%。人民陪审员共参审民事案件 178749 件，约占一审普通程序的 77.4%；参与组成五人、七人、九人大合议庭审结涉及群体利益、社会公共利益等社会影响较大的案件 3658 件。② 在总结改革试点工作经验的基础上，针对存在的问题，最高人民法院提交了《人民陪审员法（草案）》供全国人大常委会审议。2018 年 4 月 27 日，第十三届全国人大常委会审议通过了《人民陪审员法》，自当日起开始施行。

自《人民陪审员法》公布之日起，2004 年 8 月的《全国人民代表大会常务委员会关于完善人民陪审员制度的决定》予以废止。《人民陪审员法》共 32 条，主要内容包括以下几个方面：

其一，明确了人民陪审员的任职资格和选任程序。担任人民陪审员，应当是拥护中华人民共和国宪法、年满 28 周岁的公民，遵纪守法、品行良好、公道正派，具有正常履行职责的身体条件，一般应当具有高中以上文化程度。同时规定了任职回避，人大常委会和政法机关工作人员，律师、公证员、仲裁员、基层法律服务工作者，以及其他因职务原因不适宜担任人民陪审员的人员，不得担任人民陪审员。规定了可能影响司法公信力的除外情形，即受过刑事处罚的，被开除公职的，被吊销律师、公证员执业证书的，被纳入失信被执行人名单的，因受惩戒被免除人民陪审员职务的，以及其他有严重违法违纪行为，可能影响司法公信的人

① 周强：《最高人民法院关于人民陪审员制度改革的中期报告》，http：//www. npc. gov. cn/zgrdw/npc/xinwen/2016－07/01/content_1992685. htm，2023 年 2 月 21 日。

② 最高人民法院：《关于人民陪审员制度改革试点情况的报告——2018 年 4 月 25 日在第十三届全国人民代表大会常务委员会第二次会议上》，《中华人民共和国全国人民代表大会常务委员会公报》2018 年第 3 期。

员，不得担任人民陪审员。人民陪审员的名额，由基层人民法院根据审判案件的需要，提请同级人民代表大会常务委员会确定，但不低于本院法官数的 3 倍。具体选任程序是，由司法行政机关会同基层人民法院，从通过资格审查的人民陪审员候选人名单中随机抽选确定人民陪审员人选，由基层人民法院院长提请同级人大常委会任命。人民陪审员的任期为 5 年，一般不得连任。

其二，明确了人民陪审员参与案件审理的组织形式。立法没有采取地方法院探索的人民观审团的形式，仍旧采取合议庭的审判组织方式。具体有两种方式：（1）三人合议庭。审判以下三种案件，由人民陪审员和法官组成三人合议庭共同审理和决定事实和法律问题：一是涉及群体利益、公共利益的；二是人民群众广泛关注或者其他社会影响较大的；三是案情复杂或者有其他情形，需要由人民陪审员参加审判的。（2）七人合议庭。审判下列第一审案件，由人民陪审员和法官组成七人合议庭进行：一是可能判处十年以上有期徒刑、无期徒刑、死刑，社会影响重大的刑事案件；二是根据民事诉讼法、行政诉讼法提起的公益诉讼案件；三是涉及征地拆迁、生态环境保护、食品药品安全，社会影响重大的案件；四是其他社会影响重大的案件。人民陪审员参加七人合议庭审判案件，对事实认定，独立发表意见，并与法官共同表决；对法律适用，可以发表意见，但不参加表决。

其三，人民陪审员的管理与奖惩机制。对人民陪审员的培训、考核和奖惩等日常管理工作，由基层人民法院会同司法行政机关共同负责。为鼓励人民陪审员依法履职，在其参加审判活动期间，所在单位不得克扣或者变相克扣其工资、奖金及其他福利待遇。人民陪审员参加审判活动期间享有一定的补贴待遇，一是由人民法院依照有关规定按实际工作日给予补助；二是因参加审判活动而支出的交通、就餐等费用由人民法院依照有关规定给予补助。

三　人民陪审员制度改革背后的理论更新

陪审制度不纯粹是一项司法制度，它是政治民主理念在司法领域的渗透和运用，与一个国家的政治体制和政治法律文化关系密切。对于我国民事司法改革中的人民陪审员制度的复兴，不能从司法层面的狭隘视野予以认识，而是需要从政治民主的创新发展、司法专业化与司法民主化的协同、司法公信力的提升三个方面来认知。

（一）"全过程人民民主"政治理论创新发展的需求

从世界范围来看，尽管不同国家和不同时期的陪审制度的表现形式各异，但陪审制度的根基在于政治民主这一点是有共性的。法国学者托克维尔曾说过："在讲述陪审制度时，必须把这个制度的两种作用区分开来：第一，它是作为司法制度而存在；第二，它是作为政治制度而起作用。"① 从历史发展的规律来看，凡是在一个国家发生革命性政治变革时期，往往会对陪审制度的政治民主功能强调有加，无论是英国、美国还是法国资产阶级大革命期间，还是在我国新民主主义革命时期，无不如此。

区别在于，在欧美国家一旦政治革命任务完成之后，对陪审制度的政治需求就大大降低，无论是 18 世纪法国大革命后引进陪审制度的失败，还是 20 世纪以后英美陪审团审判制度的衰落，都印证了这一点。但在中国，无论是中国共产党领导的革命战争时期，还是社会主义建设时期，都一直赋予人民陪审员制度较高的政治地位。我国人民陪审员制度之所以受到重视，首要原因是该制度被视为在司法领域贯彻落实中国共产党所坚持的群众路线的主要制度，"是人民群众参与司法活动最直接、最重要的形式"②。通过赋予广大人民群众参与司法审判的权利，为民众通过司法审判体现"公民意志"创建的司法表达途径。

中国特色社会主义进入新时代以后，加强人民主体地位的政治论述尤其得到强化，并出现了"全过程人民民主"的理论创新。例如，2012年党的十八大强调，在新的历史条件下夺取中国特色社会主义新胜利，首要的就是必须坚持人民主体地位，最广泛地动员和组织人民依法管理国家事务和社会事务、管理经济和文化事业。之后，我国人民陪审员制

---

① ［法］托克维尔：《论美国的民主》，董果良译，商务印书馆 1988 年版，第 312 页。

② 沈德咏：《关于〈关于完善人民陪审员制度的决定（草案）〉的说明——2004 年 4 月 2 日在第十届全国人民代表大会常务委员会第八次会议上》，《中华人民共和国全国人民代表大会常务委员会公报》2004 年第 6 期。

度改革试点工作和 2018 年《人民陪审员法》的制定，都是在这一政治理念之下进行的改革探索。2019 年以后，习近平总书记又结合中国社会治理实践凝练提出了"全过程人民民主"的理论命题。2019 年 11 月 2 日，习近平总书记在上海市考察时第一次提出"人民民主是一种全过程的民主"①。在 2021 年 3 月通过的《全国人民代表大会组织法》修正草案与《全国人民代表大会议事规则》修正草案中，"全过程民主"被明确写入这"一法一规则"。2021 年 7 月 1 日，习近平总书记在庆祝中国共产党成立 100 周年大会上的重要讲话中提出要"践行以人民为中心的发展思想，发展全过程人民民主"②，在表达上又加入了"人民"二字。2022 年 10 月，党的二十大报告把发展全过程人民民主确定为中国式现代化的本质要求，强调全过程人民民主是社会主义民主政治的本质属性，并对"发展全过程人民民主，保障人民当家作主"作出全面部署、提出明确要求。从政治过程看，我国的"全过程人民民主"是民主选举、民主协商、民主决策、民主管理、民主监督各个环节紧密联系；从贯彻领域看，立法、执法和司法等涉及国家公权力的领域要全面贯彻，在司法领域人民陪审员制度是回应"人民的司法""司法为民"政治理念最为主要的制度载体。

（二）司法民主化与司法职业化的冲突与平衡

在中国共产党领导下的政法工作中，司法民主化是一以贯之的一条红线，这在本书第二章关于"群众路线""全心全意为人民服务"和"司法为民"的演绎逻辑中有清晰的体现。

相反，司法职业化则是特定时期司法改革的产物。第一次改革是 20 世纪 30 年代陕甘宁边区政府时期的"司法正规化"改革。第二次改革是 20 世纪 90 年代学术界和实务界出于对法官职业化不足的警觉而发起的司法职业化改革的呼吁。例如，陈端洪教授基于司法的专业性、稳定性与连续性要求，得出了司法与民主是两回事，否则就会人存法存、人亡法

---

① 张天培：《全过程人民民主的生动诠释》，《人民日报》2021 年 10 月 10 日第 4 版。

② 习近平：《在庆祝中国共产党成立 100 周年大会上的讲话》，《人民日报》2021 年 7 月 2 日第 1 版。

亡的偏颇结论。① 这场争论，直接促成了 2001 年《法官法》《检察官法》《律师法》的修改和统一司法考试制度的建立。在 2002 年最高人民法院《关于加强法官队伍职业化建设的若干意见》第 6 条中，对法官职业化给出了官方的界定，"法官职业化，即法官以行使国家审判权为专门职业，并具备独特的职业意识、职业技能、职业道德和职业地位"。第三次改革是 2016 年全国法院系统启动的"法官员额制"改革，这是在全面依法治国的新时代对法律职业人才职业化、正规化的进一步强调，在一定程度上呈现了司法精英化的理念。

但是，在新时代的法治理念体系中，强调法律职业人才职业化、正规化的同时，并没有忽视司法民主化的建设，人民陪审员制度的复兴就是最为突出的一个体现。通过人民陪审员制度，人民群众可以参与到司法过程之中，这一制度安排有三个最为突出的功能：

其一，避免司法人员的官僚化和阶层固化，始终保障人民群众对国家事务（包括司法事务）管理的参与权。正如有学者所指出的那样，"人民陪审制度的实质是让人民审判人民，而不是由纯官僚操纵国家的审判权"，这种制度的要义在于实现了"法官职业化与司法民主化的制度结合"②。

其二，避免法律知识脱离社会常识出现知识固化的弊端，始终保持法律的生命力。职业法官作为法律专家，并不一定是其他各种专门知识领域的专家，他们需要社会常识和专门化知识的不断滋养。也就是说，通过人民陪审员制度，"一方面，普通民众的参与可以把社区观念和生活常识带入司法决策过程；另一方面，专家的参与可以帮助法官更好地理解案件中涉及的专门问题"③。

其三，人民陪审员作为一种制度化的安排，在防止司法官僚化和法律知识固化的同时，还能防范司法审判走向"民众审判"的民粹主义，能够在法治的基本范畴之内调和司法职业化和司法民主化的内在紧张

---

① 陈端洪：《司法与民主：中国司法民主化及其批判》，《中外法学》1998 年第 4 期。
② 何兵：《司法职业化与民主化》，《法学研究》2005 年第 4 期。
③ 何家弘：《中国陪审制度的改革方向》，《法学家》2006 年第 1 期。

关系。

（三）实现吸收民众不满情绪与提升司法公信力的双重功效

人民陪审员制并非只是政治民主的司法再现,并非除了宣示社会主义民主的价值之外毫无用处。一段时期以来,法院遭受的司法信任危机比较严重:一是刑事诉讼中冤假错案不断发生;二是司法人员违法违纪甚至司法腐败的现象引起民众的严重不满;三是外部干预司法的问题较为突出;四是司法公正和司法公信力偏低;五是部分敏感案件的社会争议比较大,给法院带来巨大的审判工作压力。

当前,我国社会正处于高速发展和转型时期,一些争议比较大、涉及群体利益或者公共利益的案件中,法官的裁判不被社会舆论认可也在所难免,这时法院就很容易成为人们泄愤的对象。通过引入陪审员参与的大合议庭制度,法官就能免遭公众抱怨和谴责,因为大合议庭中陪审员的人数占了合议庭成员总数的过半以上,从某种意义上说是陪审员代表的民众做出了一项裁判,而主要不是职业法官。在此意义上,陪审员参与的大合议庭也能发挥英美陪审团类似的"避雷针"的作用,不但能保障审判的独立,还能增强司法的权威和公信力。正如托克维尔所指出的那样:"表面上看来似乎限制了司法权的陪审制度,实际上却在加强司法权的力量;而且,其他任何国家的法官,都没有人民分享法官权力国家的法官强大有力。"① 因此,人民陪审员制度如果运行得当,不仅能有效吸收民众不满情绪,而且能够强化审判独立,显著提升司法的社会公信力。

---

① ［法］托克维尔:《论美国的民主》,童果良译,商务印书馆2002年版,第319页。

第 九 章

家事审判方式改革：
家事正义的程序保障

改革开放以后，我国确立了以经济建设为中心的施政纲领，1982 年《民事诉讼法（试行）》和1991 年《民事诉讼法》及其后的数次修改都贯彻了"以财产案件为本位"的审判理念，造成独立的家事审判程序缺失，家事审判长期依附和混同于财产案件的审判程序，难以适应家事案件审判的特殊规律性。[①] 直到 2016 年，全国法院系统才开始开展家事审判方式和工作机制改革试点工作，但改革成果并未被吸收进 2021 年度和2022 年度的民事诉讼法修正案中。认真梳理我国家事审判改革的逻辑和经验，推动家事案件与财产案件二分的审判程序立法完善，对于实现家事司法正义具有重要的现实意义。

第一节 家事事件的类型与特点

一 家事事件的类型

家事案件主要发生在家庭成员之间，实务中通常称为"婚姻家庭案件"，学理上也常用"家事事件"的表达。我国法院系统在司法统计中将婚姻家庭、继承案件合并为一类案件，与合同及权属、侵权案件并列为民事案件的三大类型。

婚姻家庭是一个兼及情感、伦理和法律的特殊领域，家事事件的背

---

① 王德新：《家事审判改革的理念革新与路径调适》，《当代法学》2018 年第 1 期。

后往往隐藏着复杂的情感纠葛，无法简单地用权利义务关系或是财产利益加以衡量。婚姻家庭关系的复杂性和特殊性使得家事事件呈现出与其他民商事案件不同的特点：它既有可能涉及人身权益争议，也有可能涉及财产争议；既有可能进入争讼程序，也有可能属于非讼领域；既有仅涉及成年人的案件，也有涉及未成年人、老年人等弱势群体权益保护的案件。亦即，家事案件具有突出的混杂性特点。因此有必要对家事事件进行类型化分析，一来可以针对不同的家事事件类型进行个性化处理，满足当事人的不同诉求，维护其程序利益和人格尊严；二来便于法官依据各类纠纷的特性适用不同的程序法理，有利于对家事事件进行精细化处理，进一步提升司法专业化水平。[1] 但我国目前实行的依旧是"大一统"的民事审判制度，既无单独的家事程序规则，也没有针对家事事件的类型化设计。2016 年最高人民法院发布的《关于开展家事审判方式和工作机制改革试点工作的意见》（以下简称《家事试点意见》）参照《民事案件案由规定》列举了家事案件的六种主要类型，[2] 这主要是从实体法角度进行的分类，对于程序法理的分别适用意义不大。

自罗马法时期，民事案件的类型划分就以有无讼争性为标准，遵循诉讼案件与非讼案件的二分模式。在大陆法系的多数国家和地区，都对家事事件进行类型化区分以解决其特殊程序法理的适用问题，只是在类型的具体划分上有所不同。例如，2009 年德国将原规定于《德国民事诉讼法》第六编的家事事件全部纳入非讼程序，适用新制定的《家事事件与非讼事件程序法》；同时，为了避免全面非讼化可能带来的程序僵化适用，又在此基础上将家事事件划分为婚姻案件、家事争讼事件和家事非讼事件三大类，以实现法院对家事程序的分类准用。按照德国《家事事

---

① 陈爱武：《论家事案件的类型化及其程序法理》，《法律适用》2017 年第 19 期。

② 《最高人民法院关于开展家事审判方式和工作机制改革试点工作的意见》第 5 条规定：家事案件是指确定身份关系的案件及基于身份关系而产生的家庭纠纷，主要案件类型有：（1）婚姻案件及其附带案件，包括离婚、婚姻无效、婚姻撤销等，附带案件包括监护权、子女抚养费、离婚后财产分割等；（2）抚养、扶养及赡养纠纷案件；（3）亲子关系案件，包括确认亲子关系、否认亲子关系；（4）收养关系纠纷案件；（5）同居关系纠纷案件，包括同居期间的财产分割、非婚生子女抚养等；（6）继承和分家析产纠纷案件等。

件与非讼事件程序法》第 111 条的列举，家事事件包括婚姻、亲子、血缘、收养等共计 11 种具体类型。① 其中，婚姻案件和家事争讼案件适用民事诉讼法的一般规定以及各州法院程序的相关规定。而对绝大多数的案件（包括亲子关系案件、收养案件、血缘案件等在内的家事非讼案件），则依据该法第 26 条适用无限制的职权调查原则。日本于 1947 年制定了《家事审判法》，并于 1948 年开始设置家庭法院，出现《民事诉讼法》《家事审判法》《人事诉讼程序法》并存的现象。将原来归地方法院管辖的人事诉讼案件（如要求夫妇同居案件、亲权和财产管理权的丧失及失权取消案件、禁治产和准禁治产案件等）划归家庭法院管辖。新设的家事审判程序属于非讼程序，贯彻法官职权主义、不公开审理主义。家事审判程序创设的初衷是：家庭内部纠纷以严格诉讼程序和判决方式解决并不合适，不如让法院站在监护人的立场行使裁量权，利用职权查明案件，根据实际情况予以解决。② 尽管对于家事事件类型的具体划分有所不同，但从程序法理运用的视角对家事事件分类诠释已成共识。

尽管随着时代的变迁以及案件类型的多样化发展，将民事案件截然划分为争讼事件和非讼事件的标准有了一些不适应性，但两者的界分仍是学理研究和审判实务的主要任务。就我国而言，未来可以在《民事案件案由规定》所规定的婚姻家庭、继承纠纷范围的基础上，将家事事件划分为家事诉讼事件和家事非讼事件两大类；同时，根据部分案件审理的实际需要，可以进一步区分诉讼事件非讼化、非讼事件诉讼化以及讼争性与非讼性交错存在的事件等类型。③

二 家事事件的特点

家事事件的特殊性是家事审判程序独立设置和分类适用的依据，也

---

① 根据《德国家事事件和非讼事件程序法》第 111 条的规定，家事事件包括十一类：（1）婚姻事件；（2）亲子关系事件；（3）血缘关系事件；（4）收养事件；（5）婚姻住房和家财事件；（6）涉及暴力保护的事件；（7）养老金调整事件；（8）扶养事件；（9）夫妻财产制事件；（10）其他家事事件；（11）生活伴侣关系事件。

② ［日］山木户克己：《家事审判法》，有斐阁 1958 年版，第 1 页。

③ 陈爱武：《论家事案件的类型化及其程序法理》，《法律适用》2017 年第 19 期。

是推动家事审判改革的重要动因，厘清家事事件的特殊性对于正确把握相关理论和推进改革进程至关重要。相比于普通民事纠纷案件，家事事件主要有如下特点。

第一，身份性。家事事件的身份性，体现在当事人之间具有的姻亲或者血亲关系。家事事件是在身份关系的建立、发展、变更和消灭过程中产生的人身、财产关系事件，事件的产生依附于彼此间特殊的身份关系。① 中国人对于人际交往的预期往往是关系的长久维持，而处于这种关系中的人们自然会形成"和为贵"的价值观念。② 在家事事件中，当事人除了财产利益的诉求外还可能有维护亲情等精神利益的需求，这就使得家事矛盾的化解不完全依赖于非黑即白的法院裁判。但另外，家事纠纷也有可能因为亲属之间的情感纠葛而导致矛盾的激化。正因如此，家事法官应当改变以往财产类案件的审判理念，围绕家事事件和家事争议的特点进行灵活处理，注重当事人之间的情感修复。

第二，私密性。家庭关系具有私密性，"住宅或家庭一向被认为系最具隐私性的城堡"③。中国自古就有"家丑不可外扬"的文化传统，当事人多不愿将个人情感或者生理方面的隐私公之于众或是当庭质证。在现代社会个人隐私受到宪法保障，我国《民事诉讼法》第137条也赋予了当事人针对离婚案件、涉及商业秘密案件申请不公开审理的权利。随着家事事件的私密性以及个人隐私的保护在法律上得到越来越多的关注，在未来的立法建构中，家事事件的隐私保护范围不会仅仅止步于离婚案件中。④ 与此同时，家事事件的私密性也的确为法院处理案件带来了一些困难，因为私人领域的密闭性而导致公共监督的缺乏，很容易出现取证难的问题。⑤ 因此，设计适合家事审判的特殊的证据调查和质证制度就显

---

① 王道强：《家事纠纷区别于普通民事纠纷之特质分析》，《人民法院报》2016年1月27日第7版。

② 翟学伟：《中国人的关系原理》，北京大学出版社2011年版，第300—304页。

③ 王泽鉴：《人格权的具体化及其保护范围·隐私权篇（上）》，《比较法研究》2008年第6期。

④ 曹思婕：《我国家事审判改革路径之探析》，《法学论坛》2016年第5期。

⑤ 陈雷：《家事审判改革的观念和制度问题研究》，博士学位论文，吉林大学，2022年，第25页。

得尤为重要。

第三，社会公益性。婚姻家庭关系是私法中公益属性较强的部分，家庭作为社会的基本单元，不但是个人生活的避风港，而且承担着儿童初步社会化的功能，还具有缓和社会矛盾、维护社会稳定的作用。① 父母离异、家庭暴力等家事纠纷不但会影响家庭的稳定，甚至可能引发严重的暴力性事件，家庭一旦失序必将动摇社会秩序稳定的根基。可见，家事事件关涉的不仅是私主体的个人利益，还具有鲜明的社会公益性。正因如此，世界各国立法大多对婚姻家庭关系持慎重保守的态度，并且运用国家公权力以尽力维护婚姻家庭的稳定。

第二节　中国家事审判方式改革的实践

一　家事审判方式改革的背景分析

2016 年 12 月习近平在会见第一届全国文明家庭代表时指出："家庭是社会的细胞。家庭和睦则社会安定，家庭幸福则社会祥和，家庭文明则社会文明。"② 2016 年 5 月最高人民法院发布《家事试点意见》，在全国范围确定了 118 家中级人民法院和基层人民法院作为试点单位，正式启动家事审判方式和工作机制改革工作。这项改革的提出并非偶然，而是有着深刻的社会需求背景。

（一）应对婚姻家庭危机的需要

改革开放以来，经济的发展以及社会观念的变迁对传统的婚姻家庭观念产生了巨大的影响，在婚姻家庭的传统结构和功能发生巨大转变的当下，我国社会正在遭遇严重的婚姻家庭危机。

婚姻家庭危机的一个突出表现，即以离婚为主的家事事件日益增多，且日趋复杂化。现代化进程中的女性拥有了更多的就业机会，经济独立性得以增强从而减少了对丈夫的依赖，加之保护女性权益的法律陆续出

---

① 王德新：《家事审判改革的理念革新与路径调适》，《当代法学》2018 年第 1 期。

② 习近平：《动员社会各界广泛参与家庭文明建设推动形成社会主义家庭文明新风尚》，《人民日报》2016 年 12 月 13 日第 1 版。

台，使得相当一部分群体因感情问题产生了解除婚姻关系以保持个体独立的需求。① 与此同时，市场经济下契约观念逐渐渗透到婚姻家庭领域，强化了自我权利意识的觉醒以及婚姻自由、男女平等的婚姻观念，客观上助推了离婚率的进一步升高。② 从数据上来看，离婚案件占据家事案件的绝大多数，且数量常年居高不下。2014 年全国法院审结一审家事案件 161.9 万件，其中离婚案件 130.7 万件（约占 80.7%）；2015 年审结一审家事案件 173.3 万件，离婚案件 139.1 万件（约占 80.3%）。③ 除了数量居高不下外，离婚案件中的争议点更加多元，处理难度也在增大，并且随着权利意识的觉醒，还衍生出更为多样化的诉求。凡此种种，无疑增加了法官的审判工作的难度和负荷。

婚姻家庭危机的另一个重要表现是孝道的缺失。中国古代提倡"百善孝为先""养儿防老"，孝文化与家庭养老自古就是融为一体的。但经济的市场化改革和社会分工的明确使得个人主义思想在家庭关系中蔓延，不同于过去以家庭为中心的人际关系依赖，在家庭本位日渐让位于个人本位的演进过程中，家庭成员原有的责任感及其在缓解内部危机等方面的功能被弱化，使得像孝道伦理这样的代际文化传承难以延续。④ 2021 年我国 65 岁及以上的老年人已经超过 2 亿，占总人口的 14.2%。⑤ 人口的老龄化，意味着养老是当下中国社会面临的重要问题。但我国社会养老保障体制尚不成熟，当前的养老更多地还要依靠家庭养老的传统模式，需要家庭成员的支持和付出，但缺失了孝道保障的家庭中代际冲突难以避免，家庭养老问题日益凸显。⑥ 据北京市第一中级人民法院 2021 年 6 月通报的数据，在《民法典》实施以来审结的家事案件中继承纠纷占比约为 29%，分家析产、赡养、被继承人债务清偿、执行异议之诉等其他

---

① 幼枫、陈舒：《全球化时代传统婚姻家庭危机及其应对》，《江苏行政学院学报》2017 年第 3 期。

② 李洪祥：《我国离婚率上升的特点及其法律对策》，《社会科学战线》2015 年第 6 期。

③ 杜万华：《大力推进家事审判方式和工作机制改革试点》，《人民法院报》2017 年 5 月 3 日第 5 版。

④ 李志强、刘光华：《现代法治语境下的孝道制度建构》，《中州学刊》2014 年第 3 期。

⑤ 国家统计局：《中国统计年鉴（2022）》，中国统计出版社 2022 年版，第 33 页。

⑥ 李拥军：《作为治理技术的司法：家事审判的中国模式》，《法学评论》2019 年第 6 期。

类纠纷约占 25%。① 可见，与养老有关的纠纷渐成家事案件的主流类型之一。

家庭危机的出现对于妇女、未成年人以及老年人合法权益的保障十分不利，也是家事案件数量激增的重要诱因，这对法院以往的家事审判理念提出了挑战，成为我国法院系统推动家事审判改革的重要现实背景。

（二）司法专业化的要求

不同的案件类型适用不同的程序，是司法专业化的重要体现，也符合程序相称原理。自改革开放以来，我国家事案件的审理长期与财产案件的审理程序混同，既无专门的审判机构和审理法官，也没有与之适应的程序理念和规则，难以满足家事审判专业化的需求。

首先，独立的家事审判机构和专门的家事法官缺失。家事案件应当由"谁"来审理，是改革面临的核心问题。在其他国家和地区一般都实现了家事审判主体的专业化，或者设立专门的家事法院，或者在普通法院内成立专门的家事法庭。家事法官的专业化同样重要，正所谓"清官难断家务事"，家事事件的特殊性对法官提出了更高的要求，不仅要精通法律的专业知识，还应当在婚姻家庭生活方面具有一定的社会经验，更要避免偏激的个人理念，才能保障审判产生良好的社会效果。②

其次，家事审判理念与家事事件自身特点不相符合。相较于其他民商事案件，家事事件本身就极具特殊性，当事人之间的权利义务关系更为复杂，这就要求转变以往对财产类案件的审判思路和审判理念的依赖。家事案件的审理需要兼顾情感因素，既要从法律上解决争议，又要尽力弥合当事人之间已出现裂痕的情感关系，变"重法理"为"法理兼顾情理"，变"重裁判"为"重家庭关系修复"，改变以往单纯强调在审限内结案而造成的对当事人情感利益维护的缺失状态。通过构建符合家事事件特殊性以及家事审判特有规律的程序规则，有助于重建和谐稳定的婚

---

① 孔巧玲：《〈民法典〉颁布两周年，家事审判有何变化？这场发布会带你一探究竟！》，2022 年 6 月 29 日，https://bj1zy.bjcourt.gov.cn/article/detail/2022/06/id/6768528.shtml，2023 年 1 月 21 日。

② 张艳丽：《中国家事审判改革及家事审判立法——兼谈对台湾地区"家事事件法"的借鉴》，《政法论丛》2019 年第 5 期。

姻家庭关系，真正实现案结事了。

最后，普通诉讼程序所采用的对抗模式不利于家事事件的解决。其一，对抗模式的前提是假设双方当事人实力均衡、举证能力相当，但家事事件中双方的实际地位常常存在明显的差距，难以进行真正的平等辩论。① 以家庭暴力案件为例，其发生的物理场域多为当事人的住宅内，环境较为私密，经常因为缺少证人作证或者无法搜集到有效的证据而导致难以判明事实真相。如果法官继续以往的消极裁判角色，僵化地依照对抗模式下双方辩论的情况进行裁断，显然有违家事案件审判的宗旨。其二，普通民事诉讼程序中这种对抗性的程序设计，往往会加深当事人之间的距离感和心理隔阂，不利于家事审判中情感修复功能的实现。

（三）家庭传统文化的当代重构

法律制度的形成和运行与民众的思维方式、行为习惯密切相关，而人的观念往往受制于传统文化的影响，唯有立足于传统才能有效地推进改革。② 作为中国传统文化的基石，家文化的传承对中国文化传统的延续和发展有着重要的影响。中国人自古以来就注重家庭文化，崇尚家国同构的理念，讲求"修身齐家治国平天下"，这些观念时至今日并未发生根本改变。然而在从传统社会向现代社会转型的过程中，家庭的关系和功能也发生了巨大的改变，婚姻家庭的稳定性日趋式微，实践中甚至出现了一些滥用法律所赋予的婚姻自由权利以及登记离婚的简便程序而随意解体婚姻的现象，不仅偏离了我们的文化传统，也背离了婚姻立法的初衷。③ 虽然现代社会有别于古代，但家庭所承担的未成年人初步社会化的功能没有改变，在维护社会稳定、缓和社会矛盾上的功能依旧，这就决定了传统的家文化在当下仍有发挥作用的空间。从这个意义上说，推动家事审判方式改革有助于适应社会发展之需进行家庭文化的重构。

---

① 陈爱武：《论家事审判机构之专门化——以家事法院（庭）为中心的比较分析》，《法律科学》2012 年第 1 期。

② 李拥军：《中国法治主体性的文化向度》，《中国法学》2018 年第 5 期。

③ 叶向阳、陈逸群：《中国家事审判改革探析》，《中国应用法学》2017 年第 5 期。

二 中国家事审判方式改革的实践逻辑

我国的家事审判方式改革最早可以追溯到 20 世纪末一些地方法院对于家事审判专门化的探索，后经由最高人民法院统一部署的改革而形成燎原之势。我国的家事审判改革总体上遵循了"自发探索—改革试点—深化改革"的实践逻辑。以 2016 年和 2018 年最高人民法院分别下发的两个指导意见为时间节点，我国的家事审判方式改革进程大体上可以划分为以下三个阶段。

第一个阶段（1997—2015 年）：地方法院自发探索阶段。

早在 20 世纪 90 年代末，一些地方法院就开始了自发探索家事审判方式的改革，体现了司法机关在婚姻家庭纠纷数量急剧增长背景下的积极应对。1997 年 5 月，湖北省襄樊市中级人民法院成立了"婚姻家庭合议庭"，专门审理婚姻家庭案件，并邀请妇女干部担任人民陪审员。① 2010年 3 月，广东省高级人民法院联合广东省妇女联合会在中山市中级人民法院和珠海市香洲区人民法院等 6 个基层法院试点成立"家事审判合议庭"，专司管辖婚姻关系、亲子关系相关纠纷案件。② 2011—2015 年间，江苏省徐州市贾汪区人民法院、南京市中级人民法院、福建省三明市中级人民法院、安徽省马鞍山市雨山区人民法院等相继成立专门的"家事审判庭"或者"少年与家事审判庭"，在家事案件审判组织专门化、审判人员专业化方面进行了大胆改革尝试。

在这个阶段，虽然专门的家事审判程序立法缺失，但各地法院在家事审判组织专门化方面进行了有益的探索，为家事审判改革的全面推进提供了丰富的素材和经验基础，其重要意义不言而喻。但是，由于缺乏国家层面的顶层制度设计，实践中对家事事件的内涵、外延以及具体的审判方式等均未达成共识，各地法院对裁判尺度的把握有所不同，完全是地方法院各行其是的自主探索，未能产生全国性的影响。

---

① 李纳：《近年我国家事审判制度改革研究综述》，参见张卫平、齐树洁主编《司法改革论评》，厦门大学出版社 2016 年版，第 101 页。

② 谭玲：《创新审判模式促进家庭和谐——广东高院关于家事审判合议庭试点工作的调研报告》，《人民法院报》2011 年 6 月 16 日第 8 版。

第二个阶段（2016—2018 年）：最高人民法院统一组织改革试点工作阶段。

在地方法院自发探索的基础上，2016 年 5 月，最高人民法院在全国范围确定了 118 家中级和基层法院作为试点，正式启动了家事审判方式和工作机制改革试点工作。试点期间，为了加强对家事审判方式和工作机制改革的组织领导和统筹协调，强化部门间协作配合，2017 年 7 月最高人民法院牵头 15 家单位共同制定了《关于建立家事审判方式和工作机制改革联席会议制度的意见》，将"向全国人大提出家事特别程序立法建议"明确纳入其主要职能范畴。试点工作取得了一些成效，其间全国超过 90% 的试点法院成立了专门的家事审判机构，其中独立建制的家事审判庭和少年家事审判庭占 70% 以上；2016 年 3 月 1 日《反家庭暴力法》施行后至 2018 年 6 月底，全国法院共发出 3563 份人身安全保护令，司法保障人权进入更高阶段。[1]

家事审判改革试点工作的开展虽然在一定程度上缓解了以往在家事审判中的困境，但也存在一些问题。这主要体现在以下几个方面：其一，部分法院的专门性审判机构虚置。有的法院虽然设置了专门的家事审判庭或者合议庭，但只是挂了牌子，并未真正实现对家事事件的集中审理，[2] 实质上无助于推动家事审判同普通民事审判机构的分离以实现审判专业化的改革目标。其二，创新工作机制没有启动或者机制设置过于粗糙。部分法院宣传的回访帮扶、心理干预等特色工作，实际上并未全面铺开。[3] 家事审判本就异常复杂，又涉及诉讼法理与非讼法理的交错适用，审判程序的设置是一个兼具法律性与社会性的综合难题，需要大胆创新。但各地法院的创新机制在程序设置上过于简陋、适用标准不明确，在审判实践中的长期效应并不太好。其三，多元联动化解纠纷需要多个

---

① 孙航：《为社会建设奠基为幸福生活护航——人民法院家事审判方式和工作机制改革综述》，《人民法院报》2018 年 7 月 20 日第 1 版。

② 刘贵祥主编：《审判体系和审判能力现代化与行政法律适用问题研究——全国法院第 32 届学术讨论会获奖论文集（下）》，人民法院出版社 2021 年版，第 1047 页。

③ 杜万华：《大力推进家事审判方式和工作机制改革试点》，《人民法院报》2017 年 5 月 3 日第 5 版。

部门或单位的协商配合，但在实践中存在有些部门或单位参与性不高、沟通不顺畅等问题，导致该机制成为短期性、被动性的工作。① 前述改革中存在的问题，促使最高人民法院从更为宏观的制度体系视角进一步部署家事审判方式和工作机制改革。

第三个阶段（2018 年至今）：继续深化家事审判方式和工作机制改革的阶段。

2018 年 7 月，最高人民法院在总结两年试点工作经验的基础上发布了《最高人民法院关于进一步深化家事审判方式和工作机制改革的意见（试行）》（以下简称为《家事深化意见》），在总体要求、家事调解、家事调查、心理疏导、审理规程、队伍建设六个方面做出了更为丰富和具体的部署，助推家事审判方式进一步深化改革。2021 年 9 月，由最高人民法院主导、山东省高级人民法院承建的"中国法院家事裁判网"建成并正式上线运行，为家事审判提供了更为便捷的实施路径。此外，最高人民法院还发布多项通知和指导意见，保障家事案件中女性、儿童、老年人的权益，在家事审判中弘扬社会主义核心价值观。② 与此同时，地方各级法院的探索也在不断深化。以温州市龙港法院为例，法院针对家事事件的特点，将调解作为化解家事纠纷的最重要手段和首要结案目标，建立起人民调解、行政调解和行业调解联动的新型家事纠纷综合调解机制。③ 此外，该法院还引入家事观察团列席庭审，并邀请心理咨询师及时介入案件对当事人进行心理疏导，法官在裁判文书中增加"寄语"，让家事审判在法情理交融中实现案结、事了、人和。

在这一阶段，改革仍然遵循"最高人民法院动员、各地法院自行探

---

① 陈雷：《家事审判改革的观念和制度问题研究》，博士学位论文，吉林大学，2022 年，第 47 页。

② 2019 年 8 月，最高法会同全国妇联联合发布《关于进一步加强合作建立健全妇女儿童权益保护工作机制的通知》，在家事调解、家事调查、心理疏导以及反家庭暴力等方面进一步细化联动工作机制；2022 年 4 月，最高人民法院发布《关于为实施积极应对人口老龄化国家战略提供司法服务和保障的意见》，提出把积极老龄观、健康老龄化理念融入审判执行工作全过程，大力弘扬中华民族孝亲敬老传统美德。

③ 董忠波：《龙港探索"刚柔并济"家事审判》，《浙江人大》2022 年第 1 期。

索"① 的路径,对于家事审判制度层面的探索更为深入。但令人遗憾的是,改革经验和成果并未被吸收进 2021 年和 2022 年度的民事诉讼法修正案中。2022 年 10 月 19 日,最高人民法院发布了《党的十八大以来全国法院家事审判工作情况报告》,指出今后进一步转变家事审判理念,深入推动家事审判专业化建设,推动构建家事审判社会化工作格局,着力弘扬社会主义核心价值观,以及持续研究家事法律前沿问题共计五项工作计划。② 这意味着,以上五个方面是我国未来家事审判改革中的重点。

三　中国家事审判方式改革成效及其困境

自家事审判改革以来,通过各地法院的探索,在审判方式和工作机制创新等方面取得了一些成效,但也面临着一些不容忽视的困境和难题。

（一）家事审判方式改革的成效

第一,审判机构和审判人员专业化建设水平不断提升。很长一段时间以来,部分法官认为家事案件都是家庭琐事,难以体现专业水平,导致一些地方的婚姻家庭审判工作被边缘化。③ 专业的审判机构和审判人员作为家事审判改革的硬件要求,是做好家事审判工作的先决条件,在改革之初就备受重视。改革过程中,成立专门的家事审判庭或者家事合议庭成为各地法院的首要举措。但家事审判的工作内容极具专业性,而且兼跨法学、社会学、心理学等多个学科领域,对法官提出了更高的职业要求,要求打造专业化的审判团队。以山东省为例,法院自试点以来就注重选拔任用熟悉婚姻家庭审判业务、具有一定社会阅历、掌握相应社会心理学知识的法官组建涉妇女和未成年人案件的专业审判团队。截至2022 年 5 月,共设立家事审判专门机构 122 个、专业合议庭 318 个。④ 实

---

① 王德新:《家事审判改革的理念革新与路径调适》,《当代法学》2018 年第 1 期。

② 最高人民法院:《党的十八大以来全国法院家事审判工作情况报告》,《人民法院报》2022 年 10 月 19 日第 3 版。

③ 杜万华:《大力推进家事审判方式和工作机制改革试点》,《人民法院报》2017 年 5 月 3 日第 5 版。

④ 闫继勇:《巧解家事千千结——关于山东法院积极探索家事审判方式和工作机制改革的调查》,《人民法院报》2018 年 11 月 1 日第 5 版。

际上，这也是诸多法院所采取的共同的做法。

第二，家事审判理念和程序规则得以修正。家事事件所具有的身份关系、财产关系的混杂性特点，呼唤与之相适应的特殊审判理念和程序规则。但改革开放以来，我国的民事诉讼程序是"以财产案件为本位"构建的，不仅使家事审判长期依附、混同于财产案件的审理程序，更令辩论主义、处分主义等争讼法理被直接照搬到家事审判当中，影响了家事审判质效的提升。正因如此，《家事试点意见》中明确了"通过家事审判方式和工作机制改革试点，转变家事审判理念"的改革目标，要求树立"家庭本位"的裁判理念。《家事深化意见》则在第 3 条明确规定：切实转变工作方式，强化法官职权探知、自由裁量和对当事人处分权的适当干预。改革过程中，不少法院都基于家事事件的特殊性而对相应的审判程序规则进行了改造。例如，温州平阳法院为减少当事人之间的对抗性以及便于法官有效调处家事纠纷，专门设立了有别于传统法庭的"家居式"审判庭，打造家事审判柔性专区，以适应家事审判的内在规律。①

第三，家事案件多元化纠纷解决机制深入开展。家事事件中情感与伦理交织，私益与公益兼具，其独有的特点决定了诉讼并不是家事纠纷解决的最优路径。加之近年来婚姻家庭案件数量激增与法院系统内部"案多人少"结构之间的现实矛盾，使得对于"家事案件多元化纠纷解决机制"的探索以及实践成为必然。调解作为多元解纷机制的重要一环，对于整合社会资源参与家事纠纷化解具有重要意义。在参与家事审判改革的法院，诉前调解、审前调解、诉中调解、委托调解等都有不同程度的探索实践，整体呈现出强化调解在家事审判中功能发挥的趋势。② 2017年 7 月在最高人民法院牵头建立了联席会议机制之后，有超过 80% 的试点法院与相关部门建立联席会议机制或者达成了合作协议，建立健全家

---

① 余建华：《温州：巧解千千结温情断家事》，《人民法院报》2017 年 6 月 6 日第 6 版。

② 北京市海淀区人民法院立案庭为家事案件当事人特别制作了《婚姻家庭纠纷诉前调解建议书》，在当事人进入法院时予以发放，温馨提示和引导当事人选用诉前调解解决家事纠纷；广西壮族自治区北海市银海区人民法院积极探索家事案件专业化审理和多元化调解相结合的新路径，秉承普法先行、边普边调、诉前调解等制度。

事纠纷多元化解决机制。① 以昆明市官渡区人民法院为例，法院与多方协同合作，积极搭建以"一庭三所一处"为特征的家事案件多元化纠纷化解平台，为群众提供法律咨询、诉前调解等一站式服务。从已结案件中调解及撤诉案件占比近一半以及服判息诉率达 92.43% 的数据来看，家事案件多元解纷机制成效显著。②

第四，家事审判辅助性机制有所创新。《家事试点意见》明确指出：探索引入家事调查员、社工陪护及儿童心理专家等司法辅助人员，构建"心理疏导""家事调查"等辅助性机制。试点期满后，《家事深化意见》又在第 5 条再次强调要在推进家事审判机构和团队专业化建设，同时探索配备专门从事家事调解、家事调查、心理辅导等工作的辅助人员机制。实践中，各地法院的创新探索体现在家事调查员制度、心理疏导机制、案后回访制度、离婚冷静期等多个领域。在家事审判中引入前述辅助机制既有助于家事裁判和修复双重功能的充分发挥，还可以借此构建法、理、情一体化的纠纷解决模式，有着明显的制度优势。

（二）家事审判方式改革的困境

第一，家事诉讼特别程序尚未建立。我国《民事诉讼法》虽然经过了多次的修改，但程序单一化的问题却延续至今，突出表现为非讼程序的立法简化和家事程序的立法缺失。③ 虽然在各地法院的探索中对于家事调查、心理咨询等家事诉讼特别程序积累了一定的经验，但缺少"家事诉讼特别程序法"这种更高位阶法律的支撑，制约了改革的效果。主要表现在以下三个方面：（1）家事案件类型划分过于粗放，程序设计单一。《家事试点意见》中虽然列举了六种家事案件的主要类型，但这种以民事实体法理论为基础对民事法律关系进行的分类方式对于程序法理的适用意义较小，无论是家事诉讼案件还是家事非讼案件均缺乏进一步的划分和列举。（2）创新机制在实施过程中面临阻力。程序立法的缺失使得各

---

① 杜万华：《论深化家事审判方式和工作机制改革》，《中国应用法学》2018 年第 2 期。

② 茶莹：《昆明官渡区法院：创新解纷模式打造幸福家庭》，《人民法院报》2022 年 5 月 5 日第 4 版。

③ 丁宝同：《现代家事程序专门立法的三大关系》，《国家检察官学院学报》2022 年第 3 期。

地法院实行的创新举措游离于规范之外，如在探索家事调查制度时，调查报告作为证据应当如何定性？相应的举证、质证规则又当如何确定？再如心理咨询机制，碍于当事人对心理咨询的抵触心理，导致其往往难以推进。[①] 前述问题，有赖于家事诉讼特别程序的规定和说明。（3）在家事审判中重视对未成年人权益的保障，强调将儿童利益最大化已经成为各国（地区）的共通经验，但我国有关未成年人、儿童利益保护的具体程序机制尚为空白。实务中有关未成年子女的裁判，多是以法院或者其父母所认为的"儿童利益最大化"作为衡量依据，不但缺乏对于儿童自身视角的观照，更缺乏相关配套机制，使得该原则在家事审判的虚置化。[②]

第二，家事调解程序规范缺失。作为民事案件的重要解纷机制，法院调解在家事案件的处理中同样发挥着重要的作用。我国有关家事案件的调解制度零散地分布在《民事诉讼法》《人民调解法》和相关的司法解释中，规定较为笼统。虽然实务中对调解解决家事纠纷的天然优势有所认同，但因为家事调解程序规范的缺失，尚未形成规范化共识。其一，法官对家事纠纷调解的价值认识尚浅。家事调解与其他民商事纠纷的调解相比，无论在方式上还是在程序法理上都存在诸多差异，但调解主体对于家事纠纷中修复受损的人际关系、保障未成年子女利益等价值内涵上却缺乏统一的认知，这种认知导向势必造成对家事案件特殊性考虑欠缺以及家事调解预期功能的消减。[③] 其二，对家事调解的强制性缺乏制约。尽管当前民事诉讼法针对家事案件明确了"应当"进行调解的原则，各地法院在改革实践中也在强化调解，但"应当"二字并没有"强制"的意蕴。实践中法官与其为了说服并促成当事人之间的调解而大费周章，不如选择直接进入审判程序更为高效便捷，这对于适合通过调解处理的家事案件十分不利。[④] 其三，调解程序的规范性不足，不利于维护司法公

---

① 叶向阳、陈逸群：《中国家事审判改革探析》，《中国应用法学》2017 年第 5 期。

② 陈爱武：《家事案件审判程序改革的观察与思考——兼议民法典时代我国家事诉讼立法的必要性》，《法治现代化研究》2020 年第 4 期。

③ 汤鸣：《家事纠纷法院调解实证研究》，《当代法学》2016 年第 1 期。

④ 陈爱武：《家事法院制度研究》，北京大学出版社 2010 年版，第 146 页。

正。在当前调审合一的模式下，法官既是审判主体也是调解主体，在同一案件中往往需要"扮演"双重角色，纵使在调解中知悉的事实不能作为裁断依据，但难免会影响到法官的心证，不利于呈现公正的审判结果。加之法官的双重身份，可能带给当事人无形的压力，甚至产生"以判压调""以诱压调"等致使调解功能异化。

第三，基层司法资源的短缺性制约。司法资源，是指由司法机构、司法人员和与司法活动相关的财政保障资源等形式构成的社会资源。作为重要的国家治理资源，其对于促进司法公正价值目标的实现至关重要。但在基层法院，司法资源却表现出一定的短缺。[①] 于家事审判而言，改革的要求决定了对于家事案件的审理更加精细化，个案投入的司法资源必然会有所增加。一方面，法院系统"案多人少"问题日益突出，基层审判力量不足。从山东省德州市辖区各法院来看，法院人均办案数对家事审判改革的推行力度和效果均有较大影响。[②] 在当前法官普遍感到较大工作负荷和压力的现实背景下，[③] 对于基数庞大且烦冗的家事纠纷，要想做到每一个案件都能够适用精细化的审理模式，十分困难。鉴于资源的有限性制约以及"人案矛盾"在短期内无法根除的现实境况，问题的解决更需依赖家事案件多元解纷机制的进一步建设以及利用互联网、人工智能等信息技术提升审判效率等。另一方面，司法资源的短缺性还表现在缺乏充分的财政经费保障。司法机关不是经济组织，非但不能直接创造财富，还需消耗大量的财政和物质资源。[④] 家事审判方式的改革不仅需要专业的审判人员，还会涉及硬件设施的配置、专业辅助人员的聘任、调解经费的支出、专业培训等一系列需要财力支持的内容。为实现家事审判改革的顺利推进，亟须建立经费保障的长效机制。

---

① 杨立新：《基层司法资源不足的困境及完善路径》，《人民论坛》2020 年第 5 期。

② 孟祥刚：《家事审判改革研究》，《山东法官培训学院学报》2018 年第 6 期。

③ 程金华：《中国法院"案多人少"的实证评估与应对策略》，《中国法学》2022 年第 6 期。

④ 徐和平：《区域司法资源均等化配置问题研究——以法官资源为主要对象》，《甘肃社会科学》2014 年第 2 期。

第三节 其他国家和地区家事司法改革的经验

20 世纪 70 年代以来，德国、日本、澳大利亚等国家纷纷进行了家事司法改革，虽然各国的司法体制和法律实践存在差异，但也有一些共同或者类似的改革经验。

一 普遍以专门立法驱动家事司法改革

注重家事司法改革的立法驱动已成为多数国家共通的经验，尤其是大陆法系国家。德国在 1976 年通过了《婚姻法和家庭法改革第一号法律》，据此成立了专门的家庭法院。经过数年的家事司法改革探索，于 2008 年修订完成了德国《家事事件与非讼事件程序法》，专门适用于家庭事件的审理。该法明确了家事案件的类型，强化了法院审判中的职权探知主义，创设了保护未成年人及利益第三人的特定法律程序，创设了家庭暴力案件临时保护令制度等。[1] 日本早在 1898 年明治维新时期就制定了《人事诉讼程序法》，规定了身份型家事案件的诉讼程序，有别于其他民事案件的审理程序。第二次世界大战后，日本于 1947 年又颁布了《家事审判法》，规定了家事非讼事件程序。2011 年日本又制定了《家事事件程序法》，通过淡化非讼程序的职权主义色彩、加强当事人权利的程序保障，对旧的《家事审判法》进行了大幅修正，于日本推进非讼程序现代化具有重要意义。[2] 此外，澳大利亚、英国等英美法系国家也纷纷制定了专门的家事司法改革法令，[3] 对于推进家事司法改革成效显著。

二 家事审判普遍适用或部分适用非讼法理

程序法理与案件类型密切相关，按照传统诉讼法学上的二元分离适

---

① 杨临萍、龙飞：《德国家事审判改革及其对我国的启示》，《法律适用》2016 年第 4 期。

② 杨佳莉：《日本家事程序法最新动态简介》，《人民法院报》2014 年 2 月 7 日第 8 版。

③ 王德新：《家事审判改革的理念革新与路径调适》，《当代法学》2018 年第 1 期。

用理论，诉讼案件适用诉讼法理，非讼案件则适用非讼法理。① 但因为家事事件具有混杂性，兼有身份关系和财产关系内容，兼具个人私益与社会公益性，裁断的结果通常会涉及未成年子女的抚养或是老年人的赡养问题，这决定了处分主义、辩论主义、公开主义等传统诉讼法理在家事审判中应当受到限制，并强化非讼法理的适用。

近年来，不少国家都通过立法贯彻了前述审判理念，纷纷将家事审判程序定位为（或者主要定位为）非讼程序。例如，2005 年 1 月 1 日施行的《奥地利非讼事件法》将父子关系确认或否认事件、认领子女事件、同意离婚案件以及扶养请求事件，都由原来的适用争讼程序改为适用非讼程序，受《奥地利非讼事件法》的调整。② 德国在 2008 年对《家事事件与非讼事件程序法》进行了根本性修改，将家事事件全面非讼化，赋予法官在审理中较大的依职权调查的权力。③ 日本的家事事件部分适用诉讼程序审理，部分适用非讼程序审理，其中对非讼事件以及财产分割请求、遗产分割案件、夫妻同居请求等具有争讼性的事件，法院都可以依照非公开和职权探知主义的原则进行审理。④ 综上所述，在家事审判中适用或者部分适用非讼法理，在欧美国家的家事司法改革中有较大共识。

三　普遍重视对未成年人权益的保障

家事案件尤其是离婚案件的判决结果通常事关未成年子女的利益，未成年人尤其是儿童的心智不够成熟，没有能力维护自身权益，在家庭结构中处于明显的弱势地位。因此，未成年人权益的特别保障也就成了

---

① 所谓诉讼法理，乃指适用处分权主义、辩论主义、言辞主义、直接审理主义、公开主义、职权进行主义、严格证明、自由心证、集中审理及适时提出主义等法理或原则者而言。所谓非讼法理，乃指适用职权探知主义、不以公开审理为原则、不以直接审理主义为原则、不以言辞审理主义为原则，对于职权程序事件乃不采处分权主义，申请事件则采部分处分权主义法理，对于自由证明之容许度较高，适时提出主义之适用性亦被限缩。参见姜世明《家事事件法理适用论》，《月旦法学杂志》2012 年第 7 期。

② 沈冠伶：《民事程序法之新变革》，新学林出版股份有限公司 2009 年版，第 220 页。

③ 曹慧婷：《德国家事事件非讼化的发展及其启示》，参见张卫平、齐树洁主编《司法改革论评》，厦门大学出版社 2016 年版，第 369 页。

④ ［日］松本博之：《日本人事诉讼法》，郭美松译，厦门大学出版社 2012 年版，第 4—5 页。

家事司法改革中备受关注的问题。

澳大利亚自 1975 年设立专门的家事法院以来，始终致力于因离婚案件导致的子女抚养和财产纠纷解决的新路径。基于构建"和谐家庭"的总目标，遵循联合国等国际条约倡导的"儿童最大利益原则"多次修改法律。2006 年，澳大利亚以"子女最大利益原则"为立法宗旨修订了《家庭法》，新增了子女抚养协议、养育令履行机制、子女的独立代理律师等多项有关子女权益特别保障的制度。① 在德国 2008 年修订后的《家事事件与非讼事件程序法》中，也有多项体现未成年子女最佳利益原则的制度设计，如确立了优先和快速审理原则、规定了对未成年子女本人的听审制度、设置了程序辅助人等。② 2014 年 4 月，英国家事司法改革法令正式生效，并将儿童置于家事司法系统的核心；为减少家事案件审理周期延误，英国在《2014 年儿童与家庭法》中还引入了针对公法中家庭青少年看护及监护案件应在 26 周内审理完毕的规定。③

四 普遍重视家事纠纷解决方式的多元化

伴随着对家事案件特殊性以及家事审判中对抗模式的弊端的认识逐步深入，各国在家事司法改革中都更加注重调解、和解、社会参与等非

---

① 陈苇、曹贤信：《澳大利亚家事纠纷解决机制的新发展及其启示》，《河北法学》2011 年第 8 期。

② 德国《家事事件与非讼事件程序法》第 155 条第 1 款规定：涉及子女居住地、探望权或交付子女的亲子关系事件，以及侵害子女利益的程序，均应当优先并快速审理。第 158 条第 1 款规定：在涉及未成年子女人身的亲子关系事件中，以保护子女利益为必要，法院必须为未成年子女指定合适的程序辅助人。第 159 条规定：（一）子女年满 14 周岁的，法院应对子女本人进行听审。程序仅涉及子女之财产且从所涉事项类型来看无须亲自到场的，可以不对本人听审。（二）子女虽然未年满 14 周岁，但其偏好、个人联系和意愿对判决有重要意义，或基于其他原因而有必要出庭的，应对子女本人进行听审。（三）必须出于重大原因，法院才能违反第 1 款和第 2 款关于本人听审的规定。因紧急危险未能进行听审的，应于危险消除后立即补行。（四）以不影响子女之发展、教育或健康为限，法院应以适当的、和子女年龄相适的方式，告知子女有关程序的情况。应给予子女提供表达意见的机会。法院依照本法第 158 条指定程序辅助人的，应在程序辅助人在场的情况下对子女进行询问。其他情况下，法院可依据自由裁量权决定询问子女本人的形式。

③ ［英］西蒙·休斯、爱德华·蒂姆普森：《英国家事司法的发展前景》，唐豪臻译，《中国应用法学》2017 年第 5 期。

诉讼的纠纷解决方式的作用，家事纠纷的解决机制呈现多元化趋势。

在德国，根据 2000 年的《法院外争议解决促进法》的规定，家事纠纷必须经过法院外的强制诉前调解程序。① 此外，德国 2009 年《家事事件与非讼事件程序法》第 36 条第 1 款还规定："参加人有权处分程序标的时，可以进行和解。法院应当促使参加人达成和解，但暴力保护事件除外。"在澳大利亚，根据《1995 年家庭法改革法令》的规定，将家事调解由"替代性的解纷方式"改为"主要的解纷方式"。② 在诉讼程序上，澳大利亚《家庭法》还对调解前置主义作了特别要求，尽量避免轻率地将家事案件诉诸法院。此外，澳大利亚在家事纠纷解决机制中还构建了较为完善的家庭服务网络，例如，为家庭提供经济帮助、托儿费用等服务职能的家庭辅助处、家庭暴力危机专线以及免费提供建议和协助的社区法律中心等，为当事人提供了更为多元的救济路径。日本的家事调停制度对其国内家事纠纷的处理同样发挥了重要的作用，无论是在学术界还是实务界都获得了较高的赞誉。日本除调停前置主义，还规定了法院可依职权对正在进行的家事案件随时进行调停，也称随调停，③ 从而将调停置于家事审判的整个过程。

第四节　家事司法程序的特殊法理与立法展望

一　家事司法程序的特殊法理

传统的民事案件大体上可以分为诉讼案件和非讼案件两种，分别适用不同的程序法理，即民事诉讼程序二分理论。但随着社会的发展和法律制度的变迁，这种非此即彼的二分思维逐渐受到现实和立法的挑战。④ 鉴于民事案件的纷繁复杂，为了让案件的审理效果更加合乎立法目的以及实现高效审判，在二分理论的划分之外还存在将诉讼案件置于非讼程

---

① 任容庆：《法院解决家事纠纷的机制研究》，对外经济贸易大学出版社 2020 年版，第 109 页。

② 汤鸣：《澳大利亚家事调解制度：问题与借鉴》，《法律适用》2010 年第 10 期。

③ 陈飏：《日本家事调停制度研究》，《河北法学》2010 年第 1 期。

④ 陈爱武：《论家事案件的类型化及其程序法理》，《法律适用》2017 年第 19 期。

序中或是将非讼事件置于诉讼程序下进行审理的现象，即所谓"诉讼事件非讼化"与"非讼事件诉讼化"。[①] 这种现象的出现，使得此类案件在程序法理的选择适用上遭遇了困境。

家事司法程序是以维系家庭成员间的和睦关系以及益于亲族间的共同生活为目的，由审判机关（家事法院或者家事法庭）依照相应诉讼法理和实体法规处理家事纠纷的程序。家事案件多发生于家庭成员之间，往往同时涉及多项身份或财产利益之争，权利义务关系复杂，为避免裁判矛盾，有统合处理之必要。[②] 由于家事案件类型多样，其对审判程序的需求并不相同，应当依据不同类型案件适用不同程序法理，家事案件因此具备了诉讼法理与非讼法理交错适用的可能性。[③] 以常见的离婚纠纷为例，如在离婚诉讼中同时提起夫妻财产分配、未成年子女监护权归属的诉讼请求，这三种请求的性质、需求各不相同，那么就需要法官在同一程序中酌采不同的程序法理，统合处理所涉纠纷。其中，就待分配的夫妻财产的认定应当适用诉讼法理，相关的证据由当事人提供，法院原则上不得依职权调查当事人主张之外的事实；至于夫妻财产分配事件中的分配请求，则适用职权探知主义，法官可以依职权裁量具体的分配方案，以追求更为公平、妥当的裁判结果；监护事件中为维护未成年子女的权益，应当限制当事人的处分权，采职权主义；至于离婚诉求本身，虽属于诉讼案件，但若从维护婚姻、弱势一方当事人利益出发，法院仍可依职权调查当事人未主张的事实。家事司法程序的特殊法理是构建独立家事审判程序的重要议题，有赖于未来立法的明确。

在统合处理家事案件的现实背景下，依据不同的案件性质交错适用不同的程序法理更为科学，反思并修正过往所持程序二分理论已成必然。在我国家事司法改革和未来的程序立法中应重点关注以下三个方面：（1）不公开审判原则。公开审理是传统诉讼法理的一种，也是各国普遍确认的司法审判原则，目的在于以程序的公开来保障公正结果的产

---

① 郝振江：《民事审判中的非讼事件诉讼化现象及克服》，《法学评论》2022 年第 2 期。

② 沈冠伶：《家事事件之类型及统合处理（一）》，《月旦法学教室》2012 年第 118 期。

③ 姜世明：《家事事件法理适用论》，《月旦法学杂志》2012 年第 7 期。

生。作为司法透明度的重要制度载体,公开审判与隐私保护之间极易产生冲突。家事事件发生在家庭内部,往往会涉及当事人的个人隐私。我国《民事诉讼法》虽规定了涉及个人隐私的案件不公开审理,并且赋予了当事人针对离婚案件申请不公开审理的权利,但家事事件种类繁多,这一规定对于家事审判而言在覆盖广度上尚有欠缺。① 虽然《家事深化意见》在审理规程中要求"涉及个人隐私的家事案件,人民法院应当不公开审理"②,但并未突破民事程序法的有关规定,是否公开审判的决定权仍交由法院。鉴于家事事件的特殊性以及目前我国对于隐私权和婚姻家庭关系保护不充分的现状,家事案件的审理应以不公开审理为原则,仅在严重违反法律、社会公德的案件这样的例外情形下才向社会公开。(2)限制处分原则。处分原则被视为民事诉讼中最具"私权自治"属性的基本原则,是指当事人对以何种理由、何时对何人向法院提起诉讼以及诉讼的终了享有自主决定权。③ 但任何权利的行使都是有边界的,在家事审判中,案件本身具有身份性和社会公益性,案件的审理结果不但影响私主体的个人利益,还可能关涉未成年子女或是案外第三人的利益,如果没有一定程度的国家干预、适当限制当事人的处分权,很有可能导致家事审判裁断和修复功能难以实现。(3)合理适用职权探知主义。传统民事诉讼奉行辩论主义,将裁判所依据的事实和证据赋予当事人承担。但基于家事事件的社会公益和涉他属性,要求法院作出与真实相一致的判决,就必须依职权对事关裁判结果的重要事实加以确定,合理适用职权探知主义。④ 但这并不代表法院可以全然不顾当事人的主张仅依职权发现真实,虽然辩论主义和职权探知主义在理论上是相对概念,但家事案

---

① 王德新:《家事审判改革的理念革新与路径调适》,《当代法学》2018 年第 1 期。

② 《最高人民法院关于进一步深化家事审判方式和工作机制改革的意见(试行)》第 36 条规定:涉及个人隐私的家事案件,人民法院应当不公开审理。涉及未成年人的家事案件,如果公开审理不利于保护未成年人利益的,人民法院应当不公开审理。离婚案件,在开庭前,人民法院应当询问当事人是否申请不公开审理。当事人申请不公开的,可以不公开审理。其他家事案件,当事人申请不公开审理的,人民法院经审查认为不宜公开审理的,可以不公开审理。

③ 陈文曲:《我国民事诉讼基本原则的内在沟通逻辑》,《法律科学》2022 年第 4 期。

④ [日]松本博之:《日本人事诉讼法》,郭美松译,厦门大学出版社 2012 年版,第 50 页。

件中只是将不适合交由当事人进行主张和证明的情况由法官职权探知，其他方面仍有遵循辩论主义的必要。[①]

二 家事司法程序的立法展望

家事审判能否实现程序正义与司法近民、程序集中与灵活适用和审判专业与判例统一，取决于我国家事诉讼规范的翔实与精细程度。[②] 家事审判方式改革虽属司法问题，但离不开立法规范的支撑。

各地法院正在推进的家事审判方式改革的主要依据，是最高人民法院发布的《家事深化意见》，从性质上来看属于司法解释。虽然该文件在一定程度上明确了家事审判中可能遭遇的疑难问题的应对方式，为各地方法院积极探索家事审判方式改革提供了更为弹性的空间，但改革涉及审判机构的调整、诉讼制度和程序的变革，有赖于更高层级的立法支撑。从域外家事司法改革的发展态势上看，对家事司法程序进行单独立法已逐渐成为两大法系共同的发展趋势。从我国的立法进程来看，民事实体法领域的每一次重大立法进展几乎都会引起民事程序法的修订。我国《民法典》已于 2021 年正式实施，婚姻家庭和继承单独成编，其中涉及多处家事审判程序规范，为正在进行的改革提供了更加规范、更为完善的实体规范支持，但在司法领域，相应的家事诉讼程序付之阙如。在此背景下，制定与《民法典》相配套的、专门的家事诉讼程序法就更显必要。

从"依法改革"的改革方法论看，家事审判改革本就应当坚持立法先行，通过立法构建家事诉讼特别程序，确立家事案件审判新理念，规范家事调解等程序制度。未来，我国究竟是制定单独的"家事审判程序法"，还是在民事诉讼法中单设一章，学术界仍存在争议。从比较法的经验来看，采"单行立法"的模式更为可取，如果将家事程序置于民事诉讼法之中，就需要对现有体系框架进行改造，还会影响民事诉讼法总则部分"基本原则"的统领作用。相反，如果选择制

---

① 傅向宇：《家事审判中职权探知的限度》，《中外法学》2021 年第 1 期。

② 赵秀举：《家事审判方式改革的方向与路径》，《当代法学》2017 年第 4 期。

定单独的"家事审判程序法",既无须破坏《民事诉讼法》既有的体系框架和逻辑结构,还可以加速家事审判程序科学立法的进程。① 此外,还需综合考量司法实践之现状,重点回应我国当前家事改革中所面临的困境和难题。

---

① 丁宝同:《现代家事程序专门立法的三大关系》,《国家检察官学院学报》2022 年第 3 期。

第 十 章

案例指导制度的构建：
统一法律见解的司法技术革新

我国法院系统有重视司法"案例"指导作用的传统，在不同历史时期有不同的表现形态。在我国 21 世纪的司法改革进程中，以 2010 年《最高人民法院关于案例指导工作的规定》的发布为标志，案例指导逐渐制度化。案例指导本质上是一项有别于司法解释、判例制度、过渡性举措的法律适用制度，发挥着推进法律的统一适用、遏制司法腐败、增强司法公信力、节约司法资源和提高司法效率等多重功能。① 虽然我国对案例指导已经历了十余年的改革和讨论，在实践中也积累了较为丰富的经验，但在理论上和实践中仍然存在诸多问题需要回答。

第一节　案例指导的基本问题厘定

一　案例指导的基本内涵

（一）案例指导的含义

案例指导制度是一项具有中国特色的司法制度。在 2010 年案例指导制度正式确立前，法院审判实践中的案例指导工作长期存在。1985 年最高人民法院开始公开发布典型案例，理论界一度围绕是否引进英美判例制度问题进行了讨论。但是关于该制度的名称并未达成共识，实践中曾

---

① 本章所讨论的"指导性案例"主要指人民法院指导性案例，不涉及检察指导性案例、司法行政指导性案例、公安指导性案例和执纪执法指导性案例等。

经使用过"先例判决制度""判例指导制度""示范性案例制度"等名称,① 理论研究中也使用过"判例制度""先例制度"等表达。本来,"判例"是表述判决先例名称可以考虑的一个术语,但最高人民法院最终更偏向于使用"案例指导制度"的表达。②

理解案例指导制度需要准确把握两个关键词,即"案例"和"指导"。首先,"案例"属于较为笼统的概念,是我国学术和实务中经常使用的概念,一般泛指人民法院所作出的判决。从定性方面看,"案例"属于中性词,不带有任何制度色彩。"指导性案例"一词便具有了特定含义,《最高人民法院关于案例指导制度工作的规定》(以下简称《案例指导规定》)第2条③便对其含义进行了明确界定,其中第1项和第3项显示了指导性案例的社会调控意义,第2项和第4项显示了指导性案例的法律发展价值。其次,"指导"一词明确了案例在司法过程中的作用。关于指导性案例的效力曾经有过四种表述,分别是"参照"④ "借鉴"⑤ "参考"⑥ "指导"⑦。对比来看,"指导"一词凸显了案例的地位不断提升,并蕴含着两层含义:第一,案例的作用是指导性的,指导的方面主要是法律适用,即指导法官处理类似案件时该如何适用法律;第二,指导性案例尚不具有法律上的强制性约束力。

---

① 郑州市实行先例判决制度,天津市实行判例指导制度,成都市实行示范性案例制度,其他地区也具有实践,详见本章第二节。

② 刘风景:《"指导性案例"名称之辨正》,《环球法律评论》2009年第4期。

③ 《最高人民法院关于案例指导制度工作的规定》第2条:"本规定所称指导性案例,是指裁判已经发生法律效力,并符合以下条件的案例:(一)社会广泛关注的;(二)法律规定比较原则的;(三)具有典型性的;(四)疑难复杂或者新类型的;(五)其他具有指导作用的案例。"

④ 1985年7月18日最高人民法院印发的《关于破坏军人婚姻罪的四个案例》,在通知中表述为"参照办理"。

⑤ 1985年起《最高人民法院公报》开始刊登相关案例,并表述为"可供各级人民法院借鉴"。

⑥ 1999年最高人民法院公布的《人民法院五年改革纲要(1999—2003年)》采用了"参考"一词。

⑦ 2005年最高人民法院公布的《人民法院第二个五年改革纲要(2004—2008)》采用了"指导"一词。

案例指导制度可以理解为运用典型案例指导司法工作的制度。① 最高人民法院在 2010 年和 2015 年也出台了相应的文件，明确了案例指导的目的、效力、案例发布主体等内容。我国选择"案例指导"而非其他表达，其中蕴含着对于案例指导制度的定位和对于我国司法制度和司法体制特殊性的思考。"案例"一词相对弱化了制度性色彩，考虑到中国的法律体制、法制传统、司法环境，中国的案例指导在司法审判中也只是辅助性的手段，"指导"一词凸显了案例的职能定位和价值维度。

（二）案例指导与相关概念辨析

从法律功能主义的视角来看，案例指导制度属于广义的判例制度。在广义上，承认前案判决对后案判决具有或强或弱的约束力的制度，都可以称为判例制度。而英美法系的判例法制度可谓是狭义的判例制度，"判例就是法"，遵循先例原则在司法中发挥着关键作用。我国案例指导制度从构想到逐步完善，都离不开对于域外判例制度的考察与借鉴。

在讨论广义上的判例制度之前，需要先厘清"判例""先例""判例法"等相关概念的差异。其中，"判例"和"先例"是同一类概念，只是"先例"更倾向于指代当前案件发生之前的判决，"判例"更多是以尚未发生的案件为基准进行定义。在英美法系，判例具有法律上的约束力，具有法源的地位，过去积累的诸多判例在遵循先例原则的调控下，就形成了判例法。遵循先例原则是判例法的基本原则，判例法是遵循先例原则的语言形式。遵循先例原则的核心含义是，下级法院一般受上级法院生效判决的拘束，如果在类似的案件中下级法院违背了上级法院在先例中采用的判决意见，将被视为是错误的。② 在大陆法系，"判例"在学术语境中一般被解释为"任何先前作出的、与目前待判案件具有可能的相关性的司法判决"③。判例虽不具有法源地位，但是，一般认为，其具有事实上的拘束力，或者说判例具有说服力。在德国，判例发挥着实质的

---

① 江勇、马良骥、夏祖银：《案例指导制度的理论与实践探索》，中国法制出版社 2013 年版，第 215 页。

② 参见张骐等著《中国司法先例与案例指导制度研究》，北京大学出版社 2016 年版，第 85 页。

③ 王玖：《判例在联邦德国法律制度的中作用》，《人民司法》1998 年第 7 期。

较大的拘束力。意大利和日本虽然否认判例具有正式的拘束力,但是,在司法实践中其实际影响力也不容忽视。

我国的案例指导制度具有中国特色,具有强烈的"司法训政"色彩。① 与其他国家的判例制度相比主要的区别有:第一,我国的指导性案例不是在司法过程中自动生成的,而是经过了筛选,相比于判例制度,案例指导需要更加强调案例筛选程序的设置、案例的编纂。第二,我国的案例指导制度属于法律适用机制,不允许法官造法。在我国,法官造法会僭越宪法体系中全国人大及其常委会的立法权,在现行体制下这是一个无法回避的宪法问题。

二　案例指导制度的功能

案例指导制度具有总结审判经验等一系列的功能,此外,不少学者还从理论和实践双重角度出发,对于案例指导制度的功能进行了扩充性论述,如"简化法律适用过程、强化裁判的说理论证"等。② 根据这些观点,案例指导制度的功能可以分为关键性功能和在此基础上引申出的其他功能。其中,关键性功能包括促进司法统一、完善司法裁判规则和规范法官行为。

（一）同案同判与司法统一

法律面前人人平等的法治原则,蕴含了在审判中同样类型的案件得到同样的审判结果的要求。实践中出现的"同案不同判"现象,直接影响着人民对于司法公信力的信赖程度。有学者认为,"同案不同判"至少受到个人局限、制度局限、社会局限三方面的影响。③ 案例指导制度的构建正是对"同案不同判"现象的司法回应,它可以在一定程度上为"同案同判"提供制度性保障。通过发布指导性案例,更有利于法官理解相关法律,也更有利于为法官的裁判行为提供指引。

同案同判与法治统一的要求具有相通性,有利于促进法律适用层面

---

① 雷槟硕:《培育"案例市场"——以英国判例制度形成为镜鉴》,《南大法学》2021 年第 4 期。

② 王利明:《我国案例指导制度若干问题研究》,《法学》2012 年第 1 期。

③ 白建军:《同案不同判的宪政意义及其实证研究》,《中国法学》2003 年第 3 期。

的统一。在实行判例制度的国家，遵循先例的核心便是帮助法官寻找到合适的规范。这一点也同样适用于案例指导制度，通过指导性案例中的裁判要点能够为法官在其他类似案件中的裁判提供相对明确的指引，规范法官裁量权的行使。因此可以理解为，案例指导制度所具有的同案同判功能是建立在法官规范使用案例指导技术之上的。

需要澄清的是，绝对意义上的同案同判并不是案例指导所应追求的目标，一定程度上的差异化判决仍然在同案同判原则的限度之内。① 追求同案同判和司法统一最终是为了实现公平正义，法官在运用指导性案例来准确理解和适用法律的过程中需要阐明是否参照指导性案例的理由，当说理符合实质正义时，案例指导制度所欲实现的功能便也自然实现了。

（二）规则生成与法律续造

人民法院遇到的都是生动鲜活的案例，而法律存在语义模糊的情形不可避免，不同法官有不同理解也是常态，所以实践中需要明确且统一的规则来发挥作用。与法律和司法解释相比，指导性案例所总结的裁判规则属于更为具体的规则，经由最高人民法院公布能为各地法官处理疑难复杂类型案件提供裁判指引。

当然，社会生活是千变万化的，成文法的漏洞不可避免，法院在新型案件中难免会遭遇裁判难题。因此，大部分成文法国家为解决立法疏漏问题都构建了事实上的判例制度，而我国则是构建了案例指导制度。指导性案例在具体个案裁判场景中对法律的解释和适用，是"法律续造"的一种极为重要的形态，对于法秩序的形成具有非常重要的意义。② 德国法学家耶林曾提出，"在个别案件的审判，以及在随之而来地对法律和法律命题的批判性思考，是完善法律的源泉"。③

此外，地方法院在审判实践中也经常通过报批、请示等途径向上级法院寻求解答，案例指导制度可以理解为一个新的制度化的请示程序或者渠道。在案例指导制度运行的过程中，地方法院将审判中发现的具有

---

① 孙海波：《"同案同判"并非虚构的法治神话》，《法学家》2019 年第 5 期。
② 张志铭：《中国法院案例指导制度价值功能之认知》，《学习与探索》2012 年第 3 期。
③ 参见张骐《论中国案例指导制度向司法判例制度转型的必要性与正当性》，《比较法研究》2017 年第 5 期。

典型意义的裁判推荐给最高人民法院,最高人民法院经过筛选将部分案例作为指导性案例公布,并提炼裁判要旨,后续各级法院审判中应当参照适用,这为法官理解相关法律规定提供了裁判规则。

（三）规范法官行为与转化法官思维

指导性案例对于法官而言是一种重要的法律资源,在其处理案件的过程中具有参考和指导价值。在案例指导制度构建之前,法官遇到疑难复杂案件只能查阅现行法律、法规和司法解释,或者试图从法律原则或者立法精神层面找寻解决方案。在案例指导制度设立之后,许多学者认为,其可以帮助中国法官提升案件处理能力。不可否认,案例指导制度通过个案为法官提供了明确且具体的指引,帮助法官正确应对一部分疑难复杂案例,提升了法官专业素养,规范了法官的自由裁量权,合理约束了法官的行为。随着法学教育的发展和员额制改革的推进,法官的素质已经有了较大提升,案例指导制度在规范法官的自由裁量权方面发挥着更加显著的作用。国内外的实践证明,司法人员享有自由裁量权是常态,参照指导性案例更需要正确运用自由裁量权。"同案同判"首先是一种理念,只有法官在法律适用过程中,借助指导性案例降低裁判者个体对于同类案件的差异化处理,这个理念才能具化为现实。

此外,在成文法国家,法官大多运用演绎推理这一思维方式,习惯于从法律规范出发,经由三段论式的逻辑推导出作为裁判结果的结论。重视成文法典有利于得出公正合法的结论,但是演绎推理的思维方式并不能直接适用于案例指导制度,因为案例指导制度是通过指导性案例来规范法官的裁判行为。正确运用指导性案例,要求法官具备借鉴区分和识别指导性案例与待决案件是否相同或相似的司法技术能力,定位出能为其提供指导性意见的案例。这就要求法官转型思维方式,从法律规范定位转型到案例定位,从演绎推理到转型到甄选案例。在传统的裁判思维中,法官在裁判前首先需要根据本案事实寻找相应的法律规范,并对法律规范进行解释,为三段论式的演绎逻辑推理提供逻辑起点。而在案例指导制度之下,指导性案例的裁判要点已经为法官提供了具体的裁判规则,基本不需要法官进行二次解释,法官仅需要对前后案件进行类似性比对和判断。

第二节 中国案例指导制度的发展现状

一 案例指导制度的改革逻辑

中国重视司法案例的传统最早可追溯至西周时期的"议事以制",在秦汉时期演变为"廷行事与决事比",后来又演化为唐代的"法例"、宋元时期的"断例"和明清时期的"例",在民国时期发展为"判例""解释例"。对于前述历史上所称谓的案例或者判例,学界一般认为其应归属于法律形式渊源,与当代中国案例指导制度下的指导性案例是有区别的。新中国的案例指导制度的改革历史,大体可分为以下几个阶段。

(一) 起步探索阶段 (1949—1985 年)

新中国成立初期,法制尚未健全,立法的缺失导致法院办案时主要依靠党和国家政策、最高人民法院文件及其发布的案例。1953 年,最高人民法院通过总结各地奸淫幼女类型的典型案例,为地方各级人民法院裁判案件提供定罪与量刑的标准,在此基础上于 1954 年年初起草了《关于处理奸淫幼女案件的经验总结和对奸淫幼女罪犯的处理意见》。1955年,最高人民法院开始了对刑事案件的罪名、刑种和量刑幅度进行总结的工作,根据从全国选出的 5500 个典型案例,总结出了 9 类罪名、92 个具体罪名和 10 个刑种。1956 年召开的全国司法审判工作会议明确提出"要注重编典型案例,经审定后发给各级法院比照援引",阐明了案例在人民法院裁判案件中"比照援引"的法律效力。[①] 经过两年的实践,1957年最高人民法院审判委员会又讨论通过了《1955 年以来奸淫幼女案件检查总结》,并以内部文件的形式印发全国各地法院执行。这一时期,初步形成了通过案例总结审判经验、指导审判工作的司法模式。1962 年最高人民法院发布了《人民法院工作若干问题的规定》,明确提出"在总结审判工作经验的基础上运用案例的形式指导审判工作"[②]。"案例指导"的

---

① 苏泽林主编:《中国案例指导制度的构建和应用》,中国法制出版社 2012 年版,第47 页。

② 陈兴良:《中国案例指导制度研究》,北京大学出版社 2014 年版,第 50 页。

说法即发源于此，"案例"和"指导"的表达也开始进入正式的司法文件。

进入 20 世纪 70 年代以后，直至 1985 年《中华人民共和国最高人民法院公报》的创设，最高人民法院继续沿袭以印发典型案例的方式，要求地方各级法院在审理案件予以参照。例如，1978 年最高人民法院召开第一次全国刑事审判工作会议，印发了"刘殿清案"等 9 个典型案例，指导全国各级法院纠正"文化大革命"时期的冤假错案。1983 年郑天翔院长提出，要通过具体案例指导全国各级人民法院的审判工作。1984 年以文件的形式印发了 34 个刑事案例，对当时的刑事审判和"严打"斗争加强指导。有学者认为，20 世纪 50 年代后"案例"类似于英美法国家中"判例"在法院制作法律文书中援引的作用。① 但总体来看，1949—1985 年我国的案例指导工作处于早期的探索阶段，对于案例的定位并不清晰。这一时期的"案例"工作主要是根据实践需求推动，与当时的政策导向具有一定的关联性，案例的发布呈现出不定期性，而且案例主要是法院内部文件的形式下发，不具有公开性，且以刑事案例为主。

（二）稳步实践阶段（1985—2010 年）

1985 年 2 月，最高人民法院在总结过往通过发布案例指导审判工作实践的经验基础上，决定创办《最高人民法院公报》（以下简称《法院公报》），开启了最高人民法院发布案例公开、透明的时代，此后最高人民法院以公报为载体，开始探索以发布"裁判文书"与"裁判摘要"相结合的形式指导全国法院审判、执行工作。在 1985—1986 年第 2 期的《法院公报》中，均通过加注"按语"的方式，强调公报案例具有供各级人民法院"借鉴"的法律效力。从 1998 年起，每期公报的案例中都特别注明"最高人民法院下发的内部文件凡与公报不一致的，均以公报为准"。1999 年，最高人民法院对其发布的有适用法律问题的案例在人民法院裁判中的作用，更为谨慎地表述为供"审判类似案件时参

① 周伟：《通过案例解释法律：最高人民法院案例指导制度的发展》，《当代法学》2009 年第 2 期。

考"。但同一时期，最高人民法院并没有停止通过其他多种形式印发具体案例的做法。①

进入 21 世纪以后，地方各级法院基于实践驱动也开始进行积极探索。例如，河南省郑州市中原区人民法院因为本辖区"同案不同判"现象引起群众广泛讨论，迫于舆论压力于 2002 年在全国率先制定了《关于实施先例判决制度的若干规定》。2003 年 4 月郑州市中级人民法院发布了《实行典型案例指导制度的暂行规定（试行）》。2003 年江苏省高级人民法院发布了《关于建立典型案例发布制度加强案例指导工作的意见》，明确提出建立和实行"典型案例指导制度"。2004 年四川省高级人民法院正式实行"案例指导制度"，通过法院内部刊物发布案例。2007 年山东省高级人民法院发布《关于完善案例指导制度的规定》，并创办了全省发布指导性案例的权威平台。②

总体来看，这一阶段案例指导工作机制逐渐趋于体系化，一方面，案件发布的类型多元化，案例发布的渠道公开化；另一方面，开始探索案例指导制度的规范化构建，中央和地方都进行了一些实践探索。虽然地方法院对案例指导制度的探索提供了地方经验，但是各地区关于案例指导工作的具体做法差异很大，亟须由最高人民法院出台有关规定，对全国范围的案例指导工作进行统一规范。2005 年最高人民法院制定的第二个五年改革纲要，第一次明确提出要"建立和完善案例指导制度"。同年，最高人民法院第一次在全国范围内开展案例指导的调研工作，总结地方法院开展案例指导工作的经验。2009 年召开的全国政法工作会议提出："对容易发生执法偏差、群众反映比较强烈的几类案件，要建立案例指导制度，规范自由裁量权的行使。"③ 此后，最高人民法院积极落实中

① 例如，1986 年最高人民法院先后印发了《关于转发经济审判工作的调研报告和经济纠纷案例的通知》《关于转发涉港经济纠纷和海事海商纠纷案例的通知》，分别编选了 9 个和 7 个案例，要求各地法院组织有关人员学习和讨论。从 1999 年起，最高人民法院各审判庭开始编辑以案例研究为主要内容的审判参考和指导丛书。2000 年 6 月，最高人民法院印发了《裁判文书公布管理办法》，要求今后对于最高人民法院各审判庭审理案件所作出的判决书、裁定书，有选择地通过报纸、网站或《法院公报》予以发布，或者汇集成册出版发行。

② 苏泽林：《中国案例指导制度的构建和应用》，法制出版社 2012 年版，第 51 页。

③ 胡云腾等：《关于案例指导工作的规定的理解与适用》，《人民司法》2011 年 3 月。

央司法体制和工作机制改革任务的要求，充分研究和听取各方意见，使得案例指导制度构建的前景越发明朗。

（三）规范完善阶段（2010 年至今）

2010 年 11 月，最高人民法院正式印发了《案例指导规定》，标志着有中国特色的案例指导制度初步确立。在《案例指导规定》发布后一个月，最高法院就颁布了《关于规范上下级人民法院审判业务关系的若干意见》，赋予各高级法院通过发布参考性案例对辖区法院进行审判指导的职能。2011 年 12 月最高人民法院公开发布了第一批指导性案例。2013 年 5 月最高人民法院成立了案例指导专家委员会，强化发布的指导性案例的程序公正性和效果权威性。

2014 年 10 月，党的十八届四中全会召开，会议通过的《关于全面推进依法治国若干重大问题的决定》要求"加强和规范司法解释和案例指导，统一法律适用标准"。这意味着案例指导工作由法院系统内部的改革探索，开始进入中央最高决策层面，从全面依法治国和公正司法的高度进行系统改革部署。为落实中央关于"加强和规范案例指导"的改革精神，2015 年 6 月最高人民法院发布了《〈最高人民法院关于案例指导工作的规定〉实施细则》（以下简称《实施细则》），明确指导性案例的参照效力和适用规范。2018 年 10 月第十三届全国人民代表大会常务委员会第六次会议修改后的《中华人民共和国人民法院组织法》第 18 条第 2 款规定："最高人民法院可以发布指导性案例"，第一次明确将案例指导工作列入立法。

2020 年以后，为配合《民法典》的实施，最高人民法院开展了对指导性案例的清理工作。2020 年发布了《最高人民法院关于统一法律适用加强类案检索的指导意见（试行）》（以下简称《类案检索指导意见》），将指导性案例列入检索范围。同年出台的《最高人民法院关于完善统一法律适用标准工作机制的意见》（以下简称《适用意见》）强调，"检索到的类案为指导性案例的，人民法院应当参照作出裁判"。2021 年最高人民法院又发布了《关于推进案例指导工作高质量发展的若干意见》，指出"通过不断优化案例指导工作机制，切实发挥案例指导制度在统一裁判标准、促进司法公正、提升司法公信力等方面的重要作用"。截至 2023 年 1

月，最高人民法院已经陆续发布了 37 批共 211 个指导案例。与此同时，最高人民法院和高级人民法院也继续以文件的形式印发参考性案例，各级人民法院审判业务部门以及所属事业单位继续编辑出版案例参阅刊物，面向社会刊发大量案例。

这一阶段，中国特色的案例指导初步实现了制度化，最高人民法院定期发布指导性案例，案例的选择和发布程序、案例的格式等都有专门的法律或司法解释依据，并且相关的规定随着实践的发展而不断细化，案例工作的规范性不断提升。同时，与案例指导制度相关的类案检索制度等配套制度也在逐步发展。

二 案例指导制度的改革成效

为全面了解案例指导制度的运行状况，下面结合北大法律信息网发布的《最高人民法院指导性案例司法应用年度报告》（以下简称《司法应用报告》）① 和"北大法宝"所收录的全部案例，进行数据实证分析。

（一）案例指导制度的运行成效

第一，指导性案例的发布情况。截至 2023 年 1 月 16 日，最高人民法院共发布了 37 批 211 例指导性案例，2022 年以来共发布 6 批 33 例，新增指导性案例数略高于 2021 年（31 例）。就 211 例指导性案例的总体情况来看，民事案例最多，共 98 例（约 46%）；刑事类案例次之，共 36 例（17%）；行政类案例数量位居第三位，共有 30 例（14%）；执行类案例和国家赔偿类案例分别为 15 例（7%）和 5 例（2%）。

第二，指导性案例的参照适用情况。截至 2023 年 1 月 16 日，全国法院援引指导性案例的应用案例累计 9334 例。被援引次数最多的案例为指导性案例 24 号，援引次数已超千例。从地域分布来看，全国各省市区的法院均或多或少援引了指导性案例，其中西部地区的西藏自治区（4 例）、青海省（11 例）等省份参照适用较少，而广东省（1266 例）、山东省（717 例）等东南沿海省份参照适用较多。

---

① 北京大学法制信息中心、北大法律信息网（北大法宝）指导性案例研究组每年度发布《最高人民法院指导性案例司法应用研究报告》，研究跨度为 2011 年至 2021 年。

第三,指导性案例发挥的作用越来越大。在早期阶段,指导性案例一度处于"鲜见参照"的状态。四川省高级人民法院和四川大学联合课题组曾对 2002—2012 年四川省的法院进行调查,结果发现样本法院共结案 30500 件,但参照适用案例的仅占结案总数的 0.58%,占判决结案总数(6334 件)的 2.73%,得出案件适用率较低的结论。[①] 2016 年的一项研究显示,全国法院对指导性案例的参照率总体上极低,基层人民法院和中级人民法院参照较多,各省市区的高级人民法院鲜见有参照适用的情形。[②] 但 2017 年以来,情况有了很大的变化,突出体现在以下两方面:一是指导性案例的应用数量不断增加。2017—2018 年累计应用指导性案例的数量较之前增长近一倍,2019 年较 2018 年增加了 2006 例,2020 年较 2019 年增加了 2215 例,2021 年较 2020 年增加了 1704 例,截至 2022 年 12 月,援引指导性案例的应用案例已累计 9334 例。二是指导性案例发挥统一裁判尺度的作用明显,在防止公平正义因地区、城乡、行业和身份不同而出现差异、打折扣等方面发挥了重要作用。

(二)案例指导制度运行的不足之处

虽然我国的案例指导制度已初步定型,在实践中产生了一系列的积极影响,但也还存在一些值得探讨的问题。

第一,指导性案例的参照应用率较低。以 2021 年为例,虽然有 9023 例援引指导性案例的应用案例,但是,同年最高人民法院审结案件 28720 件,地方各级法院审结、执结案件 3010.4 万件。不足万件的应用案例对比于千万件审结案件,参照适用率较低是不争的事实。

第二,指导性案例的应用不均衡。一方面,虽然部分指导性案例(如指导性案例 24 号)被参照应用超过千次,但仍然有相当一部分指导性案例处于从未被参照的状态,这部分指导性案例并未能发挥其功效。另一方面,应用指导性案例的省域分布十分不均衡,西部部分省份应用指导性案例的次数极少。

---

① 四川省高级人民法院、四川大学联合课题组:《中国特色案例指导制度的发展与完善》,《中国法学》2013 年第 3 期。

② 向力:《从鲜见参照到常规参照——基于指导性案例参照情况的实证分析》,《法商研究》2016 年第 5 期。

第三节　案例指导制度的争议问题与改革前瞻

一　关于案例指导制度的学术争议

关于案例指导制度的学术讨论始于 20 世纪 80 年代，早在 1985 年最高人民法院以公报形式发布案例后，学者们就开始讨论我国是否有判例的生存空间，此后逐渐向判例和判例法、判例的拘束力、案例指导的理论基础和制度构建等议题扩展。总体来看，2010 年以前的讨论更多是理论层面的抽象讨论，但 2010 年以后学术界的讨论逐步深入。下面着重评介 2010 年案例指导制度确立之后的学术讨论情况。

（一）案例指导制度的法律定位

法律定位问题是案例指导制度的基础性理论问题。最高人民法院的态度是，将案例指导制度界定为一种司法功能框架下的法律适用制度，案例指导工作始终遵循现行法律，指导性案例及其裁判要旨是对法律的解释，没有逾越立法权限。① 这种解读可称为"法律适用说"，有意回避了案例指导制度是否带有"法官造法"的问题。相比较而言，学术界的讨论更为深刻，可以将学者的观点分为"法律适用说""判例说""司法解释说"三类观点。

有相当一部分学者支持"法律适用说"。比如，刘作翔教授在《中国案例指导制度的最新进展及其问题》一文中提出，指导性案例对后案所起的作用是裁判理由的说明，作为裁判理由援引，不能直接作为裁判依据，所以案例指导制度并不涉及法官造法层面的问题，案例制度本质上仍是一种法院的法律适用活动。②

有的学者持"司法解释说"，他们认为，案例指导制度与司法解释具有紧密的关系，需要将指导性案例与司法解释在对比中明确其制度定位。具体又有以下三种分支观点：第一，有学者认为，可以将指导性案

---

① 参见胡云腾、罗东川、王艳彬、刘少阳《关于案例指导工作的规定的理解与适用》，《人民司法》2011 年 3 月。

② 刘作翔：《中国案例指导制度的最新进展及其问题》，《东方法学》2015 年第 3 期。

例定位为"准司法解释";① 第二,有学者认为,指导性案例是司法解释的补充,二者相辅相成;② 第三,刘克毅教授在《法律解释抑或司法造法——论案例指导制度的法律定位》一文中提出了一个新的思路,他认为案例指导制度既是法律解释机制,也是司法造法机制。法律续造和法律解释都带有造法色彩,法院享有审判权和规范解释权就意味着享有司法造法权。而且,司法权分为市民性司法权和政治性司法权,禁止司法造法是政治性司法权的内容,是为了禁止司法机关主动立法;市民性司法权是法官在裁判过程中的被动立法,因为从具体的法律条文到现实案例,总会存在无法一一对应的情况,这时候就需要法官进行法律续造。③

有的学者持"判例说",他们认为,我国的案例指导制度实质上类似于域外的判例制度,其未来也应当逐步发展成为中国特色的判例制度。如陈兴良教授认为,指导性案例本身就具有判例性质,案例指导制度就是具有中国特色的判例制度。④ 赵娟教授认为,发布指导性案例的过程本质上就是法官造法。⑤ 张骐、汤文平、孙跃等学者认为,当前的案例指导是过渡性的、暂时性的制度,随着司法实践的发展,我国应当向判例制度转型。⑥

(二)指导性案例的效力定位

最高人民法院《案例指导规定》第 7 条规定,"最高人民法院发布的

① 参见侯欢《司法解释与案例指导制度关系之辨》,《北方法学》2019 年第 3 期;姜远亮:《指导性案例与司法解释的关系定位及互动路径——以刑事审判为视角》,《法律适用》2019 年第 8 期。

② 王利明:《我国案例指导制度若干问题研究》,《法学》2012 年第 1 期。

③ 刘克毅:《法律解释抑或司法造法——论案例指导制度的法律定位》,《法律科学》(西北政法大学学报)2016 年第 5 期。

④ 陈兴良:《中国案例指导制度研究》,北京大学出版社 2014 年版,第 1 页。

⑤ 赵娟:《案例指导制度的合法性评析——以〈最高人民法院关于案例指导工作的规定〉为对象》,《江苏社会科学》2011 年第 6 期。

⑥ 张骐:《论中国案例指导制度向司法判例制度转型的必要性与正当性》,《比较法研究》2017 年第 5 期;汤文平:《中国特色判例制度之系统发动》,《法学家》2018 年第 6 期;孙悦:《案例指导制度的改革目标及路径——基于权威与共识的分析》,《法制与社会发展》2020 年第 6 期。

指导性案例，各级人民法院审判类似案例时应当参照案例。"这一规范在创设案例指导制度的同时并没有明确制度的强制效力，而是使用了"应当参照"这样一个语义相对模糊的表达。2015 年最高人民法院印发的《实施细则》第 9 条和第 10 条都与效力相关，但表述依旧是"应当参照"，只是明确了指导性案例中具有拘束力的部分仅为"裁判要点"，并要求地方法院"应当将指导性案例作为裁判理由引述"。但是，《实施细则》仍然没有明确指导制度的整体拘束力。由于缺乏强制性规定，在实践中律师往往以"我国并非判例法国家、先前判决意见对本案不具有强制适用效力"的抗辩（在中国裁判文书网检索，截止到 2023 年 3 月 15 日，可检索到 2335 份载有此类意见的裁判文书），甚至出现法官有指导性案例却不参照适用的情形。①

学术界指导性案例的效力，主要是从以下两个视角展开讨论的。

第一个视角：如何从文义上理解"应当参照"。在早期阶段，学者们围绕"应当"和"参照"二词放在一起是否属于矛盾表达展开过讨论，有两种相冲突的观点。以张志铭、谢晖、王彬等为代表的学者从语义角度分析，认为"应当参照"属于自相矛盾的表述。② 以雷磊和马光泽为代表的学者则认为，"应当"和"参照"是从两个不同层面进行的规定，二者合并不会产生语义逻辑，其中马光泽认为，前者指向的是义务属性，后者指向的是效力地位。③

第二个视角：从制度功能等更深层面上进行讨论。对此，大致存在"事实拘束力说""准司法解释说""制度支撑的说服力说"三种观点。

---

① 例如，在湖北省某法院（2017）鄂 1381 民再 4 号民事判决书中，法官认为，"法律并未对指导性案例的效力作出规定，而我国又不是判例法国家，指导性案例在性质上不是判例，因此不能将其作为司法裁判的理由"。广东省某法院（2018）粤 06 民终 3988 号民事判决书载明，上诉人主张根据最高人民法院公布的相关指导性案例，如果合同无效应按照中国人民银行同期存款利率计算利息，不应用贷款利息计算；但二审法官却认为，"我国并非判例法国家，相关的指导性案例并不具有绝对的法律约束力"。

② 张志铭：《对中国建立案例指导制度的基本认识》，《法制资讯》2011 年 1 月；谢晖：《"应当参照"否议》，《现代法学》2014 年第 2 期；王彬：《再论指导性案例的效力——以法律论证理论为分析路径》，《内蒙古社会科学》（汉文版）2017 年第 2 期。

③ 马光泽：《论指导性案例的效力类型——基于对"应当参照"误解的澄清》，《北京社会科学》2022 年第 4 期。

其中,"事实拘束力说"一度成为指导性案例效力的主流学说。该说借鉴于大陆法系判例所具有的"事实上的拘束力",主张指导性案例虽不具有法源地位,但是出现应当参照而不参照的情形时法官应当说明理由,不说明理由或者理由显失公正的,当事人有权提出上诉,由此法官在上诉制度和审级制度的约束下参照适用指导性案例,使得指导性案例从结果上看具有事实上的拘束力。① "准司法解释说"认为,案例指导制度虽不是司法解释形式,但具有解释法律的功能,在司法实践中具有一定的拘束力。张志铭教授从司法裁判的角度,通过司法过程中对于裁判有影响力的材料进行分析,将指导性案例定位于准权威性依据的级别,认为其类似于司法解释。② 也有学者更进一步认为指导性案例应该和司法解释具有同样的法律效力。③ "制度支撑的说服力说"认为,指导性案例的权威来自理性和制度,即指导性案例中的正确的决定性判决理由使得案例具备了理性,理性论证产生权威,同时案例指导制度程序设置为指导性案例提供了制度层面的权威。④

近年来,也有学者从法源基础理论入手,重新梳理法源不同层级的效力分量,并对指导性案例进行分类讨论。如雷磊教授认为,从法源双层构造论出发,从功能、规范、实践三个层面对于指导性案例的法源地位进行分析,得出指导性案例具有某种法源的性质,并根据法源分量论对指导性案例的规范约束力与制定法和司法解释进行对比,得出其属于弱的规范拘束力。⑤ 王彬则借助于法律论证理论,通过分析权威理由和实质理由的关系,将效力分为不可推翻的拘束力和可推翻或修正的拘束力,在此基础上对指导性案例根据效力分为了三类。⑥ 马光泽通过对于指导性案例的具体分析,得出其效力涵盖严格的约束力、宽松的约束力、可被

① 胡云腾、于同志:《案例指导制度若干重大疑难争议问题研究》,《法学研究》2008 年第6 期。

② 张志铭:《司法判例制度构建的法理基础》,《清华法学》2013 年第6 期。

③ 陆幸福:《指导性案例效力问题之法理分析》,《理论探索》2022 年第5 期。

④ 张骐:《再论指导性案例效力的性质与保证》,《法制与社会发展》2013 年第1 期。

⑤ 雷磊:《指导性案例法源地位再反思》,《中国法学》2015 年第1 期。

⑥ 王彬:《再论指导性案例的效力——以法律论证理论为分析路径》,《内蒙古社会科学》(汉文版)2017 年第2 期。

废止的约束力三种类型。① 需要注意的是，上述三位学者都认为，法源的效力谱系下的定位并不是固定的，也就是说，具体的指导性案例的效力是可变动的或者是流动的。

（三）案例指导制度的具体运行——类案参照方法

在《案例指导规定》和《实施细则》出台之后，学术界在讨论案例指导制度时将研究要点主要放在两个方面：案例遴选程序和类案参照方法。目前，指导性案例是由地方人民法院和社会各界人士推荐，然后由最高人民法院对裁判文书按照统一格式进行编辑加工过后统一发布。对此程序学者们并不存在太多争议，大多主张指导性案例的遴选程序具有行政性，案例的遴选本应是司法权行使的结果，但在当前的程序下反而体现出司法权行政化的特征。② 所以，讨论的焦点主要是围绕着类案参照方法而展开的。

类案参照方法首先要解决的问题就是，类案判断的标准是什么？即如何确定比较点，如何确定案件与案例有相似性？对此产生了不同的观点。

第一，关于"比较点"的性质。有学者认为，比较点只涉及案件的事实构成，事实相同或者类似即为"类案"。③ 但也有学者主张，比较点的确认既有事实性，也有法律性。如王利明教授主张，类似性应当包含案件的关键事实、法律关系、案例的争议点、案件所争议的法律问题四个方面。④ 黄泽敏、张继成教授认为，比较点构建应当包含事实特征、法律特征、判决结果和制约因素四类要素，并且以实质理由论证为最终标准。⑤ 张骐教授提出，比较点不是单纯的事实问题，类似案件是在事实和

---

① 马光泽：《论指导性案例的效力类型——基于对"应当参照"误解的澄清》，《北京社会科学》2022 年第 4 期。

② 参见牟绿叶《论指导性案例的效力》，《当代法学》2014 年第 1 期；王彬：《案例指导与法律方法》，人民出版社 2018 年版，第 33 页。

③ 雷槟硕：《如何"参照"：指导性案例的适用逻辑》，《交大法学》2018 年第 1 期；孙光宁：《司法实践需要何种指导性案例——以指导性案例 24 号为分析对象》，《法律科学》（西北政法大学学报）2018 年第 4 期。

④ 王利明：《我国案例指导制度若干问题研究》，《法学》2012 年第 1 期。

⑤ 黄泽敏、张继成：《案例指导制度下的法律推理及其规则》，《法学研究》2013 年第 2 期。

规范的往复中比较判断,在比较的过程中比较者的主观因素也在其中发挥作用,他认为比较点取决于争议事实是否类似,争议事实从案件事实中总结得出,并与关键事实直接相连。①

第二,关于"比较点"与"裁判要点"的关系。有学者主张,应将裁判要点作为判断"类案"的基准,检验两个案件相关联的必要事实和法律问题是否具有相似性。② 但也有学者提出,比较点并不完全等同于裁判要点,裁判要点只是相对一般化的规则,如果在判断两个案件的相似性时仅考虑裁判要点,可能会架空类比推理。③

以最高人民法院 2020 年发布的《类案检索指导意见》为界,可以将类案参照的讨论划分为前后两个时期,不同时期官方文件中的类案判断要素也不同。在 2020 年以前的案例指导制度时期,判断要素为"基本案情"和"法律适用";在 2020 年以后的类案检索时期,判断要素新增了"争议焦点"。当前,学术界依旧在围绕以下几个问题展开争论,即加强案例指导制度与类案检索制度与法律适用分歧解决机制的衔接,如何量化类案相似性程度,以及如何完善类案裁判机制等。

二　中国特色案例指导制度的改革前瞻

(一) 进一步澄清指导性案例的效力

指导性案例的效力不明晰,其法律定位问题也会含混不清,进而会严重影响案例指导制度的实施效果,所以当前亟待澄清指导性案例的效力状态。具体来说,应着重解决以下两个方面的问题。

第一,明确指导性案例的效力定位。在界定"法的渊源"的范畴时,应避免以生硬且严格的视角限缩"法的渊源"。可以考虑结合我国司法实践需求,适当考虑指导性案例在司法裁判中发挥积极作用的依据和来源因素。指导性案例应当被赋予法源地位,或者至少应当认为其具

① 张骐:《论类似案件的判断》,《中外法学》2014 年第 2 期。
② 四川省高级人民法院、四川大学联合课题组:《中国特色案例指导制度的发展与完善》,《中国法学》2013 年第 3 期。
③ 赵英男:《类似案件判断中比较点的确定:原则、路径与运用》,《法律适用》2020 年第 6 期。

有"准法源"地位。将指导性案例的效力归类于"不可推翻或修正的拘束力"范畴下讨论，与我国当下的案例指导制度的运行情况较为契合。结合指导性案例具体内容可知，不同的指导性案例为法官预留的适用与否的例外空间大小不同，所以，"不可推翻或者修正的拘束力"还可以根据案件类型进一步细分。并且，指导性案例的效力并不单纯的是拘束力或者是说服力，所以，需要从权威理由和实质理由双重路径出发明确指导性案例的效力。具体而言，今后可从以下两个方面进一步探索：首先，从程序救济层面进行保障。《中华人民共和国人民法院组织法》第 18 条第 2 款关于"最高人民法院可以发布指导性案例"的规定，已经赋予了案例指导制度一定的权威性，但这只是根据条文进行的解读，对其权威性论证并不充分。今后，可将指导性案例的参照适用与上诉审程序挂钩，将未参照指导性案例或者未正确参照指导性案例作为启动上诉或者再审程序的理由，借助诉讼程序机制推进案例指导制度的实施，增强指导性案例对法官裁判行为的约束力。对以违背指导性案例为由提起上诉的案件，可以考虑突破审级限制，直接向高级人民法院或者最高人民法院直接提起上诉，由较高级别的法院决定是否属于例外情形，保障指导性案例所具有的可废止的拘束力。其次，从案例遴选质量方面进行保障。在"不可推翻或者修正的拘束力"的细分下，有一种效力即为"可被废止的拘束力"，而影响此拘束力发挥的关键就是指导性案例本身的论证是否充分，即指导性案例的论证说理影响其效力高低。这就要求在遴选案例时要注重以实践需求为导向，在编纂案例时注重案例的价值正确、说理充分和论证全面，尽可能提高指导性案例的说服力。

第二，参照效力的范围应当扩大，裁判理由也应当具有参照效力。在大陆法系国家，对保留裁判要点的做法也存在争议，重视裁判理由也可以从德国判例制度的发展经验中获得启示。[1] 裁判要点作为抽象规则，虽然具有指导价值，但其毕竟是抽象规则，过度重视裁判要点可能会出现法官脱离具体案情进行对比分析的情况。并且，将参照的内容只局限

---

[1] 高尚：《德国判例结构特征对中国指导性案例的启示》，《社会科学研究》2015 年 5 月。

于裁判要点,在很大程度上限制了法官对于比较点的构建。① 所以,在运用指导性案例的时候应当注重裁判理由的作用,裁判理由是法官在研读指导性案例时必不可少的环节,可以更加直观地展现出案件的审理思路,帮助法官进行法律推理。

(二) 进一步优化指导性案例的供给路径

实践中出现的指导性案例的整体应用率不高、适用存在地域差异性等问题,在一定程度上反映了指导性案例在供给方面的不足。以遴选程序为例,指导性案例的遴选程序所呈现出的行政化色彩一直为学术界所诟病,这种遴选由最高人民法院主导,遴选的标准更多是考虑了当时的政策需求,遴选的程序与我国的审级制度脱钩,导致实践对于指导性案例"质"的需求一直未被满足。未来可从两个方面优化指导性案例的供给。

第一,优化指导性案例的遴选机制。我国的指导性案例与英美法系的判例的根本区别在于,判例是众多裁判经过"市场性竞争"机制筛选出来的,案例的选择则是主要依靠"司法行政驱动"。② 在维持我国既有的遴选机制的前提下,要尤其关注备选案例材料是否具有指导性,裁判文书说理是否充分。不同地区的经济文化存在差异,调动各地法院的积极性,鼓励各地法院向最高人民法院案例指导工作办公室推荐案例,增强指导性案例的地理覆盖面,使得案例指导制度覆盖全国范围内的司法实践需求。目前,指导性案例的发布由最高人民法院进行"权力垄断",在较短的时间内都无法实现指导性案例的"量"与案例指导的司法实践需求相匹配,所以,若想实现"案例集群规模效应"还是有一定难度。未来,可以尝试逐步放开案例的发布主体,建立指导性案例的"层级发布"模式。《适用意见》第 8 条已经对于高级人民法院发布参考性案例的

---

① 赵英男:《类似案件判断中比较点的确定:原则、路径与运用》,《法律适用》2020 年第 6 期。

② 雷槟硕:《培育"案例市场"——以英国判例制度形成为镜鉴》,《南大法学》2021 年第 4 期。

程序进行了规定,① 可以在此基础上考虑将高级人民法院纳入指导性案例的发布主体,扩充指导性案例的范围。

第二,增强案例释法说理能力。指导性案例的说服力是影响其效力的关键因素之一。首先,法官在撰写判决书时就应当注重裁判说理,为指导性案例的遴选提供案例材料库存。如果法官在写作时仅是对法律规范和案件事实进行机械罗列,那么即使新的裁判文书不断涌现,对于指导性案例的遴选而言其备选材料库仍然没有得到扩充。并且,如果判决书的说理不充分,空洞的说理与司法解释的相似性会越来越大。裁判理由是案例的灵魂所在,只有进行充分说理的案件才能够得到其他法官的认可,才能够经得起司法实践的检验。其次,诉讼当事人和律师也在挖掘指导性案例的应用潜力,法官在参照适用或者不适用指导性案例时都要进行充分的说理,增进当事人对于裁判结果的理解。

(三)适时推动向中国特色的判例制度转型

与过往的案例指导制度相比,未来中国特色的实质性判例制度的特色在于两点。第一,案例具有法源地位,不仅指导性案例具有明确的法律效力,示范性案例也将获得不同程度的拘束力。第二,各种案例资源被整合适用,不同层级的众多案例构成"案例市场"。在案例指导制度构建之初,有学者认为,在中国不适宜构建判例制度,判例制度不符合中国的国情,这种认识在当时确实有一定的合理性。但从长远来看,随着案例指导制度的发展,构建具有中国特色的实质性判例制度将是大势所趋,作出这一判断主要有以下两点依据。第一,中国特色的实质性判例制度,将具有案例指导制度所不能及的功能。首先,判例对制定法具有补充功能。正如马克斯·韦伯所言,法官的判例也是法规范的首要来源之一。② 我国目前的案

① 《最高人民法院关于完善统一法律适用标准工作机制的意见》第8条:"规范高级人民法院审判指导工作。各高级人民法院可以通过发布办案指导文件和参考性案例等方式总结审判经验、统一裁判标准。各高级人民法院发布的办案指导文件、参考性案例应当符合宪法、法律规定,不得与司法解释、指导性案例相冲突。各高级人民法院应当建立办案指导文件、参考性案例长效工作机制,定期组织清理,及时报送最高人民法院备案,切实解决不同地区法律适用、办案标准的不合理差异问题。"

② 〔德〕马克斯·韦伯:《法律社会学》,康乐、简惠美译,广西师范大学出版社2005年版,第154页。

例指导制度的效力不明，缺乏法源地位，会导致其不能够及时填补制定法的空白，无法实现补充立法的功能。其次，判例制度能够统筹司法资源，与类案检索制度协同实施。最高人民法院印发的《类案检索指导意见》第4条规定了类案检索的范围，除指导性案例，还包括典型案例、参考性案例和上一级人民法院及本院裁判生效的案件等。类案检索已经扩大了检索的案例范围，而我国既有的案例指导制度并不能统筹除指导性案例之外的其他案例资源。以此为切入点可以发现，实践中还存在众多案例需要统筹，这些案例的效力需要制度来规定，不同案例之间的矛盾需要制度来协调，所以需要构建依托于审级制度、通过纳入程序救济机制增强先例效力的判例制度。此外，判例制度能够在一定程度上减少诉讼。推行判例制度之后，对于潜在的诉讼当事人而言，提起诉讼前会对有关的判例资源进行统一检索，会对自己提起诉讼的结果有一个大概的预期，如果预期不太理想，可能会降低发起诉讼的概率。第二，中国特色的实质性判例制度，符合我国司法实践的长远需求。首先，我国案例指导制度在完善过程中所采取的改进措施，比如明确效力、扩大案例供给范围，在某种程度上都是在向实质性判例制度靠拢。同时，需要明确的是，中国特色的实质性判例制度的构建并不会影响我国制定法的地位，案例的效力等级始终会低于制定法及司法解释。其次，案例指导制度一定会结合实践需求不断发展，而逐步完善后会进入瓶颈期，转变为判例制度会成为案例指导制度的终极转型方法。[1]

　　总之，随着我国司法改革向更广、更深推进，构建具有中国特色的实质性判例制度具有可行性。我国的案例指导制度在逐步向实质性的判例制度转型时，应当立足我国本土情况，朝着判例制度所共有的制度优势改进。比如，无论是英美法系还是大陆法系，具有的共同特点都是重视判例汇编的编纂工作。[2] 在案例指导制度向判例制度转型的过程中，可以优化案例编纂的主体，调整汇编案例的构成，注意汇编案例的选择。

---

[1]　孙跃:《案例指导制度的改革目标及路径——基于权威与共识的分析》,《法制与社会发展》2020年第6期。

[2]　邵彭兵、郭剑平:《法律全球化背景下法律本土化之应对——兼论中国判例制度本土化》,《社会科学家》2022年第3期。

第十一章

法院审级职能定位改革：
优化审级职能的尝试

审级制度是司法制度的重要组成部分，是指一个国家的法院在组织上分几级以及一个案件经过几级法院审理后程序即告终结、裁判发生效力的一项诉讼制度。[①] 基于国情和"两便原则"，我国确立了四级法院两审终审的基本审级制度，辅以审级之外的审判监督程序救济机制。但随着社会的发展，终审不终、终审法院级别较低、审级制度不灵活、各级法院审级职能区分不明晰等问题逐渐暴露出来，在 2012 年以后触发了小额诉讼实行一审终审的审级制度改革，在 2021 年又触发了四级法院职能定位改革。根据社会发展需要不断优化审级制度和审级职能定位是国际上普遍的司法改革经验，我国如何遵循司法规律和审级功能原理深入推进这一改革仍在探索之中。

第一节　审级制度与审级功能原理

一　审级制度的设置

设置审级制度的根本目的是保障审判的公平正义。现代正义理论认为，完善的程序正义依赖于正义的结果，审判程序是一种"不完善的程序正义"。因为，即使审判程序的设计是科学合理的，并且裁判者的法律素养极高不会有意犯错，审判的结果仍然存在的误判的风险，因为程序

[①]　王娣、王德新：《我国民事审级制度之重构与优化》，《政法论坛》2002 年第 4 期。

和人的认识存在无法避免的先天局限性，且这种局限性会不定时地在审判过程中暴露。[①] 所以，有必要在一审程序之后设置复审程序来减少误判，通过上下级法院之间的权力制衡消弭下级法院裁判中可能出现的不恰当结果。

法院的审级设置是否合理关系到对当事人的救济和合法权利的保障，关系到司法公正的实现以及司法成本的投入，因此，世界各国对审级制度的设置都十分谨慎。在现代法治理念下，一个国家审级制度设计的基本原理是维护司法的统一性、保障司法的正确性，以及协调司法的终局性与正当性。[②] 通常认为，"一个理想的审级制度，应该是尽可能为简易的程序，但一方面有纠正误判的机能，另一方面又能顾及法律见解统一的功能，并且应在不使当事人感觉缓慢的程度范围内，配置其审级制度。"[③] 在此理念下，现代审级制度设计基本上呈现"金字塔形"的结构，塔底的初审法院数量最多，对案件进行初审；塔中的第二审法院（亦称复审法院或中级上诉法院）数量次之，行使复审管辖权，主要功能侧重于纠正错误裁判、保证案件正确处理和保护当事人合法权益；位于塔尖的第三审法院数量最少，其功能侧重于保证国家法律的统一适用，让所有审级法院以统一的声音表达正义，给下级法院解释和适用法律作出示范，谋求法律的安定和统一。纵观世界各国的审级制度，基本遵循前述功能配置方式，但具体的审级结构和复审模式存有一定的差异。

欧美国家多采用三审终审制，但又有三级法院三审终审制和四级法院三审终审制之别。例如，美国的法院系统存在并行的联邦法院和州法院两个系统，各系统内都包括三级法院，原则上实行三审终审制。美国的各个州拥有高度的自治权，拥有依据州宪法设置法院的权力，因此州法院的审级制度类型多样。美国联邦法院系统中的基层法院是地区法院，

---

① ［美］约翰·罗尔斯：《正义论》，何怀宏等译，中国社会科学出版社1988年版，第81页。

② 傅郁林：《审级制度的建构原理——从民事程序视角的比较分析》，《中国社会科学》2002年第4期。

③ ［日］三月章：《日本民事诉讼法》，汪一凡译，台湾五南图书出版有限公司1997年版，第516页。

在每个州分布至少一个，对普通案件行使初审管辖权，当事人对地区法院所作判决不服可以上诉至联邦上诉法院；联邦上诉法院也称巡回法院，拥有上诉管辖权，专门负责审理对辖区内地区法院所作判决提起的上诉的案件，对于上诉法院的判决不服的当事人可以再次上诉至联邦最高法院；联邦最高法院处于整个美国法院系统的最高层级，审理范围只限于法律审，以保证法律解释和适用的统一。日本采用的是四级三审终审的审级制度，法院体系共分为四级：最高法院、高等法院、地方法院和简易法院，一般由简易法院和地方法院对案件初审，地方法院还处理普通案件的初审和简易案件的上诉；地方法院和高等法院作为二审法院，审理范围是在一审的基础上兼顾事实审和法律审，对于地方法院所做裁判不服的可上告至高等法院；当事人对于高等法院作出的判决不服的，可以上告至最高法院。

值得注意的是，欧美国家的三审终审制并不绝对，一是基层法院（简易法院）对小额诉讼普遍实行一审终审，不允许上诉；二是部分国家的审级呈现多元化的特征，最典型的是德国。德国的法院系统分为初级法院、州法院、州高等法院和联邦最高法院四级，但一个案件经过几级法院审理即告终结则呈现出多元化的状态，同时存在一审终审、两审终审和三审终审的情况。[1] 德国的初级法院主要受理小额案件，低于一定金额的案件不得上诉，实行一审终审；州法院具备上诉管辖权和重大案件的初审权，初级法院的案件经过州法院上诉审即告终结，实行两审终审；州高级法院审理来自州法院的一审上诉案件，经过州高等法院作出第二审判决后，符合法定条件的可提起上告开启第三审。联邦最高法院是复审法院，监督下级法院的法律适用，确保统一。

自 2012 年《民事诉讼法》修改之后，我国采取的是以四级法院两审终审为主、一审终审为辅的民事审级制度，并通过审判监督程序来弥补两审终审制下审级偏少的缺陷。具体来说，我国的法院分为四个层级，即最高人民法院、高级人民法院、中级人民法院以及基层人民法院；按照级别管辖规则，每一级法院都可以作为第一审法院受理案件，除了基

---

① 谭兵：《外国民事诉讼制度研究》，法律出版社 2003 年版，第 261 页。

层人民法院之外的每一个上级法院都可以作为上诉法院处理上诉案件,原则上实行两审终审制。两审终审并不代表一个案件仅仅只经过两次审理程序就宣告终结,而是一个案件经过两级人民法院审判即宣告终结,因为我国的二审程序中有发回重审以及再审程序纠错的审理程序。传统上认为,我国的审级制度呈现"柱形"结构。① 但在 2012 年《民事诉讼法》修改之后,我国也存在少部分一审终审的例外情形,这主要存在于小额诉讼程序之中。

二　审级功能原理

(一) 法院层级与审级的关系

法院的层级设置是对法院系统的划分,是行政化的法院内部级别划分;但对各层级的法院又要进行去行政化处理,即将上下级法院在化解纠纷上的职能进行差异化处理,这就形成了审级制度。审级制度决定了法院层级的设置,但反过来,一个国家的审级制度又需要法院层级的配合,审级及其职能设计是在法院层级的框架下进行的,法院层级本身并不具有司法价值,其与审级一起才能制约司法过程。

在现代审级制度构造下,为实现差异化的审级价值,就必须在不同审级的法院之间进行职能分工,这种职能分工所要达到的效果就是要实现对同一案件的多级审理,而不是简单地对一个案件进行多次重复审理。② 如果仅仅考虑司法的实体正义,似乎审级越多越有利于实现个案公正,但是,实体正义并非全部的正义,审级过多会造成司法资源的浪费和审理期限无限拖延,诉讼成本上升,最后得到的也许只是一种"迟来的正义"和"高成本的正义",因此,真正的正义应当是对公正和效率的恰当把握。③ 审级功能发挥的基本原理就是在法院层级的基本框架下,寻找一个兼顾正义和效率要求的最合理的审级设置方式。

---

① 傅郁林:《审级制度的建构原理——从民事程序视角的比较分析》,《中国社会科学》2002 年第 4 期。

② 杨知文:《现代司法的审级构造和我国法院层级结构改革》,《华东政法大学学报》2012 年第 5 期。

③ 章武生:《我国民事审级制度之重塑》,《中国法学》2002 年第 6 期。

简而言之，法院层级与审级的关系为：一方面，法院层级依附审级，二者配合发挥出"审级价值"，即一则保障当事人的诉讼利益、有效化解纠纷；二则实现上下级法院有效监督；三则推动案件在不同层级间繁简分流；四则配置审判资源，分担压力风险，统一全国的法律适用。另一方面，法院层级是司法资源在全国范围内的分配，审级以此为前提建构审级具体程序，决定不同诉讼程序的功能设置以及各个功能间的优先等级，例如，统一法律适用功能在二审还是在再审程序中，决定上诉的首要功能是对当事人诉讼权益的救济而不是案件分流，所以后者不能优先于前者。①

（二）不同审级的功能差异化

审级制度保障司法正确性的功能是通过对上下级法院之间的职权分层来实现的。欧美国家通常以"事实问题"和"法律问题"的区分作为初审法院和上诉法院之间职能区分的依据。

第一，审级制度的主要目的是通过不同层级的法院先后审理来实现对案件的公正审判。初审法院的主要功能和职责，是行使案件的初审审判权。初审案件一般分为小额案件、简易案件和普通案件，为了实现案件的繁简分流，方便民众诉讼，一般初审法院会根据争议标的额适用不同的审理程序，比如，德国、日本、英国将案件分为普通案件和简易案件，初审法院也就对应着简易法院和普通案件一审法院，在审理过程中对案件的事实问题判断并就事实作出法律适用的决定。对第一审民事案件裁判不服的上诉至第二层级法院，第二层级法院就是上诉法院。同时，现代司法在法院制度的设置上追求正确性目标，把上诉程序设计成对下级法院案件审理的纠错程序，上诉程序能够纠正错误，不是因为此案多了一次审理机会，而是上诉程序构成上级法院对下级法院一审程序的监督从而减少一审错误的概率，因此上诉审的第一目的是纠正错误。② 此外，一般的民事案件，中级上诉法院就是终审法院了，经过该级法院的

① ［日］伊藤真：《民事诉讼法》（第四版增补版），曹云吉译，北京大学出版社 2019 年版，第 473 页。

② ［日］三月章：《日本民事诉讼法》，汪一凡译，台湾五南图书出版有限公司 1997 年版，第 515 页。

审理足以保证案件的正确处理和法律适用的统一,只有某些特殊类型的案件才会进入到第三审,第三审重在保证国家法律的统一适用。[①] 为了充分发挥第三审的这一功能,就需要减轻第三审法院的负担,往往对第三审法院的受案范围规定诸多限制条件。

第二,现代审级制度的功能还在于实现司法的统一性,实现法院解决纠纷和维护法律秩序的目的。首先,司法统一的核心,是裁判依据的统一。司法权统一的根本目的是保持在国家范围内法制的统一,法制统一是维护法律尊严、提高司法权威的必然要求,这一目标的实现不是简单地将司法权交由人民法院统一行使,而是作出裁判的依据必须统一。其次,现代司法制度化解纠纷的同时也肩负着社会治理的责任,下级法院面向基层直接处理具体纠纷解决,上级法院更多保障法律适用、法律解释的统一和同类案件的统一适用法律规则的指引上。对于个人私益和社会公益的权衡,往往需要更高层级的法院来担负相关职能,也就是说位于审级金字塔结构顶端的法院的职能更加侧重于公共服务目的,其与上诉法院和初审法院职能区别的关键在于只进行法律审,因为事实问题早已经过第一审和第二审的反复调查和确认,所以第三审一般无须考虑事实问题。

第二节 中国四级法院两审终审制度的形成

一 审级制度的历史演进

在中国古代司法制度中,曾长期实行四级三审终审制。清末到民国时期,审级制度从四级三审制变为三级三审制,这一变革主要是考虑到减少司法投入成本和优化司法层级与行政建制的对应关系。[②] 新中国的审级制度的历史可以追溯到党领导下的革命根据地时期,但在此后发展中有不同的表现形态。新民主主义革命时期,三审制和两审制都曾存在过,

---

① 章武生:《我国民事审级制度之重塑》,《中国法学》2002 年第 6 期。

② 张生、李麒:《中国近代司法改革:从四级三审制到三级三审制》,《政法论坛》2004 年第 5 期。

江西瑞金苏维埃政权时期实行两审终审制，陕甘宁边区时期短暂实行三级三审制（以县司法处为第一审、高等法院分庭为第二审、边区高等法院为第三审法院）。① 1944 年，陕甘宁边区改行两审终审制，边区高等法院为终审机关。② 解放战争时期，解放区并行两审制和三审制，华北人民法院（最高人民法院前身）成立后正式确立以两审终审为原则、以三审终审为例外的审级制度。③

新中国成立后，一度对审级问题采取较为灵活的立场，不拘泥于三审终审或者两审终审。1951 年 9 月 4 日颁布的《人民法院暂行组织条例》第 5 条规定："人民法院实行基本上的三级两审制，以县级法院为基本的第一审法院，省级人民法院为基本的第二审法院，一般的以二审为终审，但在特殊情况下，以三审或一审为终审。"该条文中"基本上"的表述指的是一般案件实行两审终审，只有重大疑难的案件才允许提起第三审上诉，且可以越级上诉至最高人民法院大区分院。1954 年中央人民政府决定撤销最高人民法院大区分院后，两审制成为常态。1954 年的《人民法院组织法》正式将人民法院分为四级，将法院的层级从三级变更为四级的原因在于能更好地与行政建制对应。该法在增加中级人民法院建制的同时，明确了两审终审制，取消了《人民法院暂行组织条例》中对越级上诉的规定，做这种改革旨在便利群众诉讼，也能防止案件堆积到最高人民法院，一般的案件不必到省级法院，更不用到最高人民法院。1955 年 2 月 4 日最高人民法院联合司法部发布了《关于贯彻执行两审终审制的通知》，标志着第三审已无法律根据，至此我国四级两审终审的审级制度基本框架得以确立。

改革开放以后，我国开始大力推进法制建设。在 1979 年和 1983 年对《人民法院组织法》进行的修改中，四级法院两审终审以立法的形式得到确认。1982 年《民事诉讼法（试行）》和 1991 年《民事诉讼法》将两审终审作为基本制度加以规定，并根据《人民法院组织法》的相关规定对

---

① 雷经天：《陕甘宁边区的司法制度（边区通讯）》，《解放（周刊）》1938 年第 50 期。

② 刘全娥：《陕甘宁边区司法改革与"政法传统"的形成》，人民出版社 2016 年版，第 143—146 页。

③ 中央档案馆编：《共和国雏形：华北人民政府》，西苑出版社 2000 年版，第 26 页。

一般案件的级别管辖、上诉和再审的具体程序进行了规定,中国特色的四级法院两审终审的基本审级制度正式形成。这种状况一直维持到2012年。2012年8月十一届全国人大常委会修改《民事诉讼法》时,增设了小额诉讼程序条款,并规定小额诉讼案件实行一审终审。经由这次修改,我国最终形成了以两审终审为原则、以一审终审为例外和以再审程序为补充的审级制度。

二　选择两审终审制的考量因素

我国之所以选择四级两审终审制,主要是基于对诉讼效率和诉讼便利的考量,特别是契合了新中国成立初期的国情。中华人民共和国成立初期,考虑到我国幅员辽阔、交通不便利,审级过多会让当事人进行诉讼极为不便,两审终审制下大部分民事案件都可以在当事人所在行政区划的基层法院得到解决,一方面方便当事人诉讼、减少诉累,另一方面也避免了大量案件进入高级人民法院和最高人民法院,较高级别的法院办案负荷小了,审判监督和审判指导的职能发挥效果更佳。[1]在两审终审制发展的过程中,这种政策判断和司法理念并没有发生根本的变化。申言之,以下三个因素一直是支撑两审终审制正当性的基础。

第一,追求诉讼便利,彰显司法便民。新中国成立后,法院系统推崇"马锡五审判方式",以司法便民为首要的司法政策。[2]而且,当时司法资源极为有限,加之我国幅员辽阔,交通极不便利,如何在有限资源下实现公平正义、保障当事人的合法权益,必须结合国情来考虑。基于我国当时的国情,为便利当事人进行诉讼活动成为构建审级制度首要考虑的因素,根据行政区划对应设置法院成为当时的选择,避免当事人长途跋涉而能在所在辖区内就近进行诉讼,充分体现了司法便民原则。

第二,体现诉讼经济,避免诉累。法院的设置与行政区划相匹配,既方便了当事人诉讼,也贯彻了诉讼经济原则。新中国成立初期,民事

---

[1]　柴发邦:《民事诉讼法学新编》,法律出版社1992年版,第119页。

[2]　最高人民法院民事诉讼法调研小组:《民事诉讼程序改革报告》,法律出版社2003年版,第172页。

法律关系相对简单，当事人在基层法院就近进行诉讼，同样也便于法院调查案件情况，这样就客观上优化了司法资源的配置，避免了当事人的权利义务长期处于不稳定状态。同时，一个案件经过两级法院审理即告终结的制度设计，既能保障当事人上诉的权利，又能保障诉讼及时结束，提高了诉讼效率，体现着诉讼经济原则。

第三，维护实体正义，避免程序烦琐。当时曾有观点认为，多审制会劳民伤财。立法者采取两审终审制的做法，一方面，当时的经济类型并不复杂，当事人之间的权利义务关系简单，案情并不复杂，两级法院公正的审理足以保证案件处理结果的正确性；另一方面，为进一步减少错判、枉法裁判的发生，在两审终审制之外，以再审程序的启动为生效裁判提供救济途径，双重保障案件处理的实体正义。

综上可见，设置审级制度的关键就是在司法公正和司法效率二者之间寻找平衡点，选择两审终审制是综合考虑我国当时的经济、交通、人口、地域、文化传统等历史条件的产物。但随着时代的发展，历史条件都发生了巨大的变化，两审终审制在运行中日渐暴露出一些问题，审级制度改革逐渐提上了议事日程。

三　两审终审制在实践中的运行效果

随着我国经济的快速发展，交通不便的国情已发生改变，在市场经济和法治建设不断发展的背景下，人民对司法的需求渐趋多样化，案件类型多样化，案件数量激增，法院案多人少矛盾突出，部分案件案情复杂、专业化程度高，两审终审的审级制度在司法实践中逐渐暴露出一些问题。早在2003年，最高人民法院就着手对审级制度改革进行了调研，得出了既有的审级制度不利于四级法院职能发挥的结论。[①] 具体来说，我国的审级制度主要存在以下五个方面的问题。

第一，审级功能混淆，各级法院职能趋同。我国四级法院数量配置呈现"金字塔形"，但四级法院的管辖和审级职能却呈现"柱形"结构，

---

① 最高人民法院民事诉讼法调研小组：《民事诉讼程序改革报告》，法律出版社2003年版，第175—179页。

四级法院都可以管辖第一审民事案件，除基层人民法院之外都有上诉管辖权，各级法院的审判都既是事实审又是法律审，这导致各级法院的审级职能高度同质化。在实践中，绝大多数案件由基层人民法院作为初审、中级人民法院终审，高级人民法院作为终审的案件数量较少，真正由最高人民法院进行二审案件更少，限制了较高级别法院在统一法律适用方面功能的发挥。

第二，再审程序扩张，滋生终审不终问题。为弥补审级较少的不足，我国立法在审级之外设置了审判监督程序，通过再审加强对生效裁判的监督。但是，再审程序呈现无限扩张和非程序性的特点，再审案件数量庞大，启动方式较为容易，诉讼周期不确定，造成当事人诉讼成本较高。在实事求是、有错必纠的司法理念下，再审程序频繁启动，对裁判效力的稳定性和司法权威性有所减损。

第三，审级制度不灵活，难以适应不同类型案件审理的需要。不同类型的案件适用不同的审级，是现代诉讼程序设置的必然要求。近年来，我国虽然通过修法活动增加了小额诉讼程序一审终审的例外情形，但复杂案件并没有被赋予更多的审级救济机会。而且，审级制度不宜单一化、机械化，对简单、小额争议案件，宜实行一审终审；对涉及重大法律原则性问题的案件应该增加审级，尝试三审终审和越级上诉，从而形成多元化、灵活化的审级制度配置状态。

第四，终审法院级别较低，去行政化和克服地方保护主义的功能发挥有限。在两审终审制度下，大多数案件的终审法院是中级人民法院，造成终审法院级别较低，而且，在我国基层人民法院和中级人民法院的上下级关系中有较浓重的行政色彩，成为滋生地方保护主义和人情案的温床。① 基层和中级人民法院的抗干扰能力较低，地方法院的人财物受制于地方政府，在一些涉及地方利益的案件中，更容易受地方政府或领导干部的干扰，从而滋生地方保护主义现象。此外，上下级法院之间存在案件请示报告制度，下级法院遇到疑难案件或涉及地方利益的案件，为

---

① 江阶虎：《两审终审制：无法终审的现实——对我国民事诉讼审级制度的反思与重构》，《中国律师》1999 年第 10 期。

了避免所做裁判被上级法院改判而承受不利影响，往往会在判决前向上级法院请示，既破坏了基层法院的独立性，又使上诉审的纠错功能被侵蚀。

第五，不利于较高级别的法院发挥公共服务的功能。现代审级制度配置的基本理念是对各级法院进行职能分层，位于塔顶的法院的审级职能侧重于公共政策和公共服务，塔底的法院承担的审级职能侧重于解决纠纷和保护私益。为了确保塔顶法院的公共功能的发挥，最高人民法院的受案范围和审理重点应当被合理控制。为防止刺激当事人寻求更高一级救济而使下级法院调查事实的功能被架空，也为避免对于无法确定的事实问题作出前后冲突的评价，最高人民法院宜仅仅进行法律审，且被允许进入最高人民法院的案件应当加以限制，终审上诉许可的理念值得倡导。① 而我国当前的审级制度及其运行状况，并不符合上述理念。首先，最高人民法院的法官有数千名，每个法官对法律的理解都可能出现不同。其次，上诉至最高人民法院和高级人民法院的案件较少，且既审理事实问题，又审理法律问题，影响上诉审纠正法律适用错误的主要功能的发挥。近年来的案例指导制度改革，也无法从根本上补足审级制度自身存在的缺憾。

第三节　关于审级制度改革的学术讨论与改革进展

一　关于审级制度改革的学术讨论

（一）关于借鉴三审终审制的讨论

大约自 1993 年开始，我国学术界围绕审级制度改革的讨论开始增多。到 21 世纪初期，已经形成了建立三审终审制的主流观点。有的学者从比较考察入手，认为欧美各国的审级制度虽然有一定的差异，但基本上为三审终审的"金字塔"结构模式，每个审级承担不同的职能；基于中国幅员辽阔的国情，宜建立多元化的审级制度，并重新界定四级法院的职

---

① 傅郁林：《审级制度的建构原理——从民事程序视角的比较分析》，《中国社会科学》2002 年第 4 期。

能，严格控制再审程序。① 有的学者从国情变化出发，认为我国已经具备了建立三审制的经济和物质条件，应当区分上诉和初审功能，重新划分各层级法院审判管辖权和职能，将再审权统一赋予第三审法院。② 有的学者从历史分析的角度认为，我国四级两审制已经完成了其历史使命，在新时代面临着新挑战需要进行变革，据此提出了确立四级三审制、增设职能管辖制度、贯彻上诉利益理论、明确第三审为法律审等基本制度、建立和允许越级上诉等建议。③ 但也有学者认为，我国尚不具备实行全面三审终审制的条件，不过当前有必要开展有限三审制的试点改革，以纠正对再审程序以及通过提高案件标的额提高审级等方式的过度依赖，从而为最终构建金字塔式的三审制积累经验。④

（二）关于审级制度灵活化的讨论

20 世纪 90 年代，针对司法实践中"终审不终""同案不同判"的现象，学术界开始讨论审级制度改革的问题。最初讨论集中于对我国审级制度利弊的分析和对外国审级制度的研究借鉴，进而对我国审级制度的改革提出意见和建议，特别是围绕我国应采用二审制还是三审制展开讨论。近年来，学术讨论开始向审级制度灵活化转向。

所谓审级制度灵活化，是指在基本的审级制度之外，针对不同类型的案件适用不同类型的审级制度，而不是单一地采用一种审级模式。在综合考虑多方面影响因素后，学术界提出了"有限三审制""飞跃上诉"等观点。有的学者认为，我国未来的审级模式应当是，大部分案件仍然适用两审终审，而案件简单争议标的额较小的案件适用一审终审，复杂的案件适用三审终审制度，且将第三审程序打造为专门的法律审程序。⑤ 有的学者认为，我国当前并不具备运行全面三审制度的条件，当前

① 章武生：《我国民事审级制度之重塑》，《中国法学》2002 年第 6 期。
② 赵红星：《我国审级制度的现状及其完善研究》，《河北法学》2010 年第 10 期。
③ 胡晓霞：《论中国民事审级制度面临的挑战及其完善》，《政治与法律》2020 年第 4 期。
④ 方斯远：《我国飞跃上诉的制度构建：兼论有限三审制的改革路径》，《中国法学》2020 年第 5 期。
⑤ 张卫平：《中国民事诉讼立法四十年》，《法学》2018 年第 7 期。

我们有必要将改革方向定位为有限三审制。① 总体来看，有关审级灵活化的讨论是基于我国司法实践现状进行的，旨在通过渐进式的方案变革我国当前"柱形"的审级结构，逐渐建构起真正意义上的"金字塔形"审级结构。② 也就是说，通过合理分配司法资源，以多元化的审级制度模式应对多样化的案件类型，注重一审、二审和三审在审理法律问题和事实问题上的差异化，以保障案件得到公正审判，提高司法效率。

2021 年最高人民法院启动四级法院职能定位改革之后，再度引发了关于审级制度改革的讨论。如有的学者认为，最高人民法院《关于完善四级法院审级职能定位改革试点的实施办法》是对再审之诉的优化调整，并没有将其改造为实质意义上的第三审的意图，从中也可以看出最高人民法院本轮改革所持的立场仍是维持两审终审的审级制度不变，但审级制度灵活化可以成为今后改革的备选议题。③

（三）关于改革审判监督程序的讨论

我国 1982 年《民事诉讼法（试行）》首次以立法的形式明确规定了审判监督程序，1991 年《民事诉讼法》增加了当事人申请再审的法定事由，并明确了检察院的再审抗诉权。自 20 世纪 90 年代中期学术界开始讨论审判监督程序的改革问题，研讨的主要议题包括审级制度与再审程序的改造、再审事由的优化、再审立案审查机制优化以及检察监督与审判独立的关系等议题。④

以实践需求和前述研讨为基础，我国对审判监督程序进行了几次重要的改造。2007 年《民事诉讼法》的修改重点在于解决"申诉难"问题，以当事人申请再审的诉权化改造为路径，对申请再审的管辖、理由、

---

① 方斯远：《我国飞跃上诉的制度构建：兼论有限三审制的改革路径》，《中国法学》2020年第 5 期。

② 王次宝、李桂杰：《审级职能定位改革背景下的民事有限三审制重思》，《山东科技大学学报》（社会科学版）2022 年第 6 期。

③ 何帆：《中国特色审级制度的形成、完善与发展》，《中国法律评论》2021 年第 6 期。

④ 参见张卫平《民事再审事由研究》，《法学研究》2000 年第 5 期；李浩：《民事再审程序改造论》，《法学研究》2000 年第 5 期；张卫平：《民事再审：基础置换与制度重建》，《中国法学》2003 年第 1 期；王德新：《中国民事检察监督制度改革方案述评》，《陕西行政学院学报》2012 年第 2 期等。

审查程序和期限进行了修改完善。这次修改之后，有学者认为关于再审事由的局部修改仍然存在不足，应该立足于审判监督程序为特殊救济程序的基础上，深刻分析再审事由所应考量的因素。① 关于再审程序改造，有学者针对"再审难"和"再审滥"的困局，主张应对审判监督程序进行全方位的改造。② 也有学者关注再审启动的主体，从节约和整合有限司法资源的角度，主张建立检察机关一元化启动再审的模式。③ 在 2012 年《民事诉讼法》的修改中，对申请再审的期限、裁定中止执行等进行了修改，调整了再审管辖和再审事由，增加了检察建议等内容。2012 年以后，学术界的研究开始集中到审判监督程序的具体问题，如再审事由、检察建议、再审审查制度、再审启动方式研究等。

二 关于审级制度改革的实践探索

（一）关于一审终审的改革探索

我国 2012 年修改后的《民事诉讼法》第 162 条增设了小额诉讼程序，明确规定小额诉讼案件实行一审终审制，这对传统的两审终审的审级制度是一个突破。但小额诉讼程序只适用于事实清楚、权利义务关系明确、争议不大的简单民事案件，且争议标的额为各省、自治区、直辖市上年度就业人员年平均工资 30% 以下。一方面，这意味着对符合法定条件的案件，就必须适用小额诉讼程序且一审终审；另一方面，对于不符合条件的案件，即使当事人愿意适用小额诉讼程序进行审理，也不能适用。这招致了一些学者的批评，实践也表明小额诉讼程序的适用效果并不理想。

2021 年 12 月全国人大常委会对《民事诉讼法》再次修改，一方面，将小额诉讼程序的适用案件的争议标的额上限提高到各省、自治区、直辖市上年度就业人员年平均工资 50% 以下；另一方面，增加了当事人双方协商选择适用小额诉讼程序的条款，即对于争议标的额超过各省、自

---

① 张卫平：《再审事由规范的再调整》，《中国法学》2011 年第 6 期。

② 江必新：《论民事审判监督制度之完善》，《中国法学》2011 年第 5 期。

③ 汤维建、季桥龙：《民事再审程序启动机制研究——以检察监管一元化审理申请再审案件模式为中心》，《山东社会科学》2009 年第 9 期。

治区、直辖市上年度就业人员年平均工资 50% 但在两倍以下的可以选择
适用，从而扩张了小额诉讼程序的适用范围，也大大扩张了一审终审制
的适用范围。调研显示，我国基层法院及其派出法庭适用小额诉讼程序
审理的案件已经超过九成，例如，2022 年上半年重庆市的基层法院适用
小额诉讼程序审理案件 9.4 万件，适用率高达 92.9%。[①] 如果按照基层法
院管辖的案件占全部案件 85% 的平均比例来计算，则我国民事第一审案
件约有 75% 是适用一审终审制的，已经构成对两审终审的基本审级制度
的重大修正。

（二）关于审判监督和涉诉信访向再审之诉改革的探索

我国审判监督程序的改革探索，从最初强调以公权力为主导建构司
法监督权，后来逐渐调整为重点保护当事人的程序救济权，最新的改革
动向是优化四级法院职能定位。

1982 年《民事诉讼法（试行）》规定审判监督程序的启动是法院的
职权，这种法院依职权启动的再审模式在世界上是罕见的，明显受到改
革开放初期的计划经济体制和国家本位主义理念的影响。为了解决实践
中的"申诉难""申诉滥"的问题，1991 年《民事诉讼法》改变了法院
职权主义的再审启动模式，增加了人民检察院抗诉再审和当事人申请再
审两种再审程序启动方式。但立法对当事人申请再审的权利程序保障不
足，实践中的实施效果并不理想。2007 年修改《民事诉讼法》时明确了
当事人申请再审的事由、调整了申请再审的期限和强化了人民检察院的
抗诉权，当事人再审申请的具体程序有所完善。[②] 但是，司法实践中出现
了上级法院办案压力增大和检察院过度抗诉的现象，滋生了"再审滥"
的问题。2012 年修改《民事诉讼法》时全面加强了法院决定再审权、检
察院诉讼监督权、当事人申请再审权行使的规范化，法院审判独立和检
察院检察监督的权力之争得到缓解，实践中再审难和再审滥的问题得到
缓解，社会公共利益维护力度得到了强化。但是，随着近年来人民法院

---

① 刘洋、李炊、尚国峰：《重庆：上半年适用小额诉讼程序审案 9.4 万件》，《人民法院
报》2022 年 8 月 30 日第 1 版。

② 赵钢：《仓促的修订局部的完善——对〈关于修改《中华人民共和国民事诉讼法》的决
定〉的初步解读》，《法学评论》2008 年第 1 期。

案多人少的矛盾越来越突出,"终审不终""再审过度""再审期限长""同案不同判"等问题重新被人们关注,如何平衡"错案纠正"和生效裁判的效力的稳定性依然值得研究。2021年,最高人民法院开始推动完善四级法院职能定位的改革,其中改革再审程序是本次改革的重点之一,对于进一步提升人民法院的再审纠错能力和统一辖区裁判尺度有重要意义。在改革试点工作中,进一步尝试完善再审程序的运行机制,调整向最高人民法院申请再审案件的范围,建立将申请再审案件交高级人民法院申请再审的机制,明确最高人民法院应当提审的案件范围,完善高级人民法院对申请再审案件的审查处理程序。各地试点法院也探索了再审案件的法官绩效考核、再审纠错激励机制、再审案件纳入"四类案件"监管、院长审委会讨论改判案件等多种创新形式。

涉法涉诉信访是一项颇具中国特色的权利救济机制,传统上它与审判监督程序一起构成了我国生效裁判的两大救济路径。在对审判监督程序不断改革的同时,把政治性的涉法涉诉信访纳入法治化、程序化轨道亦是一个重要的改革方向。

在全面依法治国的背景下,针对涉法涉诉信访机制改革的一个重要举措就是诉访分离。自党的十八届三中全会明确提出信访工作制度改革后,我国信访工作在法治化改革的道路上逐渐展开。2014年中共中央办公厅印发的《关于依法处理涉法涉诉信访问题的意见》和党的十八届四中全会对深化司法体制改革的部署,都强调将信访纳入法治化轨道,要求依法解决涉诉信访问题。为什么要推动涉诉信访向再审之诉改革呢?首先,涉法涉诉信访与一般信访不同。一般的信访工作重点是由相关行政机关化解矛盾、平息不满,而涉诉信访是当事人因对诉讼结果不满意而进行的投诉,这就涉及生效裁判结果的稳定性问题,若动摇这种稳定性就需要通过专门的法律程序。其次,涉诉信访问题的产生原因特殊。部分原因在于再审质效较差,再审启动机制不完善、再审复查程序不规范、指令再审比例高等都是引起涉诉信访问题的原因。如果裁判释法说理充分,裁判结果的可接受性增强,再审程序的功能发挥充分,涉诉信访问题自然能够在源头上化解。因此,诉访分离和信访法治化要重视涉诉信访与再审之诉的衔接问题。当前,我国在改革中已经实行诉讼与信访分离制度，把涉及民商事、行政、刑事等诉讼权利救济的信访事项从普通信访体制中分离出来，由政法机关依法处理，在法律程序中的涉诉信访案件依法律程序处理；法律程序终结的涉诉案件符合再审条件的，依法转入再审程序处理；不符合再审条件的，作出不予受理的及时说明工作，并且严格规定了处理程序的期限和方式。

第四节　四级法院职能定位改革的经验与展望

一　四级法院职能定位改革的背景

2019 年 1 月，中央全面深化改革委员会第六次会议召开，这次会议审议通过了《关于政法领域全面深化改革的实施意见》，首次将"明确四级法院职能定位"列为重大改革任务。在 2021 年 1 月中共中央印发的《法治中国建设规划（2020—2025）》中，明确由最高人民法院牵头向中央提交四级法院职能定位改革方案，最高人民法院将本次改革称为"拿自己开刀"的改革。2021 年 5 月，中央全面深化改革委员会审议通过了最高人民法院的《关于完善四级法院审级职能定位改革的方案》。

四级法院职能定位改革是触动基本司法制度的改革，按照依法改革的精神改革必须取得立法机关的授权。2021 年 8 月 17 日最高人民法院院长周强在第十三届全国人民代表大会常务委员会第三十次会议上做了《对〈关于授权最高人民法院在该院和部分地区开展四级法院审级职能定位改革试点工作决定（草案）〉的说明》，将开展四级法院职能定位改革的主要原因归结为三个方面：（1）我国审级职能定位不够清晰，缺乏自下而上的有效分流机制，不利于将矛盾纠纷化解在基层，也影响到审判资源的合理化配置。（2）案件提级审理机制不够健全，一些具有普遍法律适用指导意义或者关乎重大国家利益、社会公共利益的案件以及可能存在诉讼主客场现象的案件，受诉讼标的等各种因素制约难以进入较高层级法院审理，不利于较高层级的法院发挥排除外部干扰、统一法律适用的优势。（3）民事、行政再审申请的标准和程序有待优化，未能充分发挥阻断、过滤无理缠诉或任意滥诉的效能，既不利于维护生效裁判权威，又过分挤占司法资源，一定程度上影响了再审程序依法纠错功能的发挥。① 此次改革具有明显的问题导向，即以案件在四级法院的管辖分布为切入点，改变长期以来四级法院职能同质化的问题，将各级法院的审级职能由"柱形"结构重塑为"金字塔形"结构。

2021 年 8 月 19 日，第十三届全国人民代表大会常务委员会第三十次会议作出《关于授权最高人民法院组织开展四级法院审级职能定位改革试点工作的决定》，批准最高人民法院可以开展改革试点工作，同意试点法院在试点期间调整适用《民事诉讼法》第 199 条、《行政诉讼法》第 15 条、第 90 条。2021 年 9 月，最高人民法院印发了《关于完善四级法院审级职能定位改革试点的实施办法》，并于 2021 年 10 月 1 日正式启动试点工作，试点期限为期两年。试点实施办法的内容主要包括：明确四级法院审级职能定位；完善行政案件级别管辖制度；完善案件提级管辖机制；改革再审程序；完善最高人民法院审判权力运行机制。② 试点实施办法还要求，各高级人民法院应当制定具体的实施方案，修订现有规范，做好机制衔接。

二　四级法院职能定位改革的试点工作经验

四级法院职能定位改革本质就是让合适层级的法院审理合适类型的案件，在案件级别管辖方面"沉下去"和"提上来"是本次改革的关键词。有学者认为，本次改革不仅仅是对不同层级法院级别管辖的简单调整，而是通过案件调整在更深层次上实现司法体制的结构优化。③ 2022 年 8 月 30 日，全国人大常委会会议审议了《最高人民法院关于四级法院审级职能定位改革试点情况的中期报告》。最高人民法院认为，随着试点工作的推进，案件在各级法院的分布日趋合理，改革取得了一定的成效。

---

① 周强：《关于〈关于授权最高人民法院在该院和部分地区开展四级法院审级职能定位改革试点工作的决定（草案）〉的说明——2021 年 8 月 17 日在第十三届全国人民代表大会常务委员会第三十次会议上》，《中华人民共和国全国人民代表大会常务委员会公报》2021 年第 6 期。

② 关于试点实施办法的具体内容，参见《关于完善四级法院审级职能定位改革试点的实施办法》，《人民法院报》2021 年 9 月 28 日第 4 版。

③ 刘哲玮：《四级法院审级职能界分在民事司法中初步实现》，《人民法院报》2022 年 9 月 3 日第 2 版。

第一，审判重心合理下沉，推动纠纷实质化解在基层。社会治理视角下，基层法院直接面向群众，是大多数矛盾纠纷化解的第一场域，对维持基层社会稳定发挥着重要作用。所以，本次改革首先强化的是基层法院的纠纷化解职能，扩大基层法院初审案件数量，发挥中级人民法院的上诉审功能，将司法权力下沉。具体来说，第一审民事案件主要由基层人民法院审理，少量由中级人民法院审理，"下放"大部分案件的初审管辖权；中级和高级法院只受理具有普遍法律指导意义、对国家社会利益有重大影响等特殊类型的案件，对特殊类型的案件采取初审管辖权上移。就四川省法院系统的试点数据来看，以2021年10月至2022年12月为观察周期，全省中级人民法院向基层人民法院下沉民事案件1985件、行政案件840件（共计2825件），全省189个基层法院平均每年接收下沉案件12件，基层法院的工作负担增加不明显，但对标的额大、疑难复杂案件的审理要求更高。四川省法院系统共提级管辖案件102件，比试点前四季度增长56.92%，全省中级人民法院、基层法院共报请提级管辖135件，依报请提级管辖率为75.56%，其中37.25%属于新类型且疑难复杂案件，28.43%具有普遍法律适用指导意义。[①]从改革效果看，试点法院对下沉案件的审判质量保持稳定，最高人民法院也积极推进司法权的制约监督机制，加强上级法院对下级法院的审判指导，增强了基层的司法能力，减轻了高层级法院办理初审案件的负担。

第二，完善提级管辖，强化高级法院、中级人民法院对重大典型一审案件的审判职能。各试点法院细化了提级管辖的标准，配套完善繁案精审、类案同判、风险防控等级制，有效推动了具有重大利益、具有普遍法律适用指导意义、存在重大法律适用分歧、存在审理疑难和地方保护风险的一审案件提级至中、高级法院审理。例如，2022年5月绵阳市某基层法院受理的一起社区居民委员会与姜某某劳动争议纠纷案件，标的额仅1万元，该案作为"特殊类型案件"提级至中级人民法院审理。该案一审判决生效后，经四川省高级人民法院审判委员会讨论决定转化

---

① 夏菲妮：《以改革促审判为试点贡献"四川经验"》，《四川法治报》2023年2月15日第5版。

为四川法院 2022 年第 2 批参考性案例。最高人民法院院长周强在试点中期报告中肯定了这一做法，认为"相关规则纳入审判业务指导文件，实现了审理一件、指导一片"[①] 的效果。据统计，改革试点实施以来，全国各高、中级人民法院共提级管辖案件 435 件，同比增长 19.50%，提级管辖的案件涉及数据权利确权、网络不正当竞争、新业态用工主体资格等法律问题，涵盖民事、行政、知识产权等领域。[②] 提级管辖解决了下级法院交给上级法院案件标准不清、机制不畅通、动力不足的问题，与审判重心普遍下移的改革相配合，便于高层级法院发现提审具有普遍法律适用意义的案件，便于高层级法院发挥自己保障法律适用统一的职能。

第三，完善再审程序，平衡了依法纠错和司法权威。试点以来，最高人民法院新收民事、行政申请再审审查案件较试点前下降 85.33%，占全部民事、行政案件比例从试点前的 63.93% 下降到 19.36%。[③] 案件数量结构优化，有效解决了再审申请滥诉和审查程序空转问题；各高级人民法院也优化了审判职权，将终审审理和再审申请审查相分离，试点期间未出现"高驳回率"和"高维持率"现象。改革将再审之诉分级分层，进一步细分再审申请对应的法院层级和标准，各高级人民法院普遍将终审审理和再审申请审查相分离，强化对再审程序的监督，提升对再审申请的审查效果，改变我国长期存在的再审滥用现象，对再审改变生效裁判保持谦抑的立场。

第四，最高人民法院的职能定位优化。最高人民法院建立报请再审提审工作机制，调整原则上提一级的规定，凸显最高审判机关的宪法地位，加大重大典型案件的办理力度，健全统一法律适用机制，强化对全国法院审判工作的监督指导。强调最高人民法院审理案件重质不重量，发挥对法律适用问题的专业优势和权威优势，而不是重点对事实问题进行审查，这是因为最高人民法院的层级决定了它远离辖区不便调查事实。

---

① 周强：《最高人民法院关于四级法院审级职能定位改革试点情况的中期报告》，《人民法院报》2022 年 9 月 3 日第 1 版。

② 张晨：《审级职能逐步优化解纷质效有力提升》，《法治日报》2022 年 9 月 22 日第 5 版。

③ 周强：《最高人民法院关于四级法院审级职能定位改革试点情况的中期报告》，《人民法院报》2022 年 9 月 3 日第 1 版。

细化申请高院再审、最高人民法院提审案件范围和高院对再审案件审查处理后再报请最高人民法院处理法律适用问题的工作机制，赋予最高人民法院择案而审的权力，达到"审理一件、指导一片"的实际效果。

目前，通过四级法院审级职能改革，法院层级与案件分布初步形成了"梯次过滤、层级相适应"的配置格局，四级法院职能配置初步得到了优化，即基层人民法院重在准确查明事实、实质化解纠纷；中级人民法院重在二审有效终审、精准定分止争；高级人民法院重在再审依法纠错、统一裁判尺度；最高人民法院监督指导全国审判工作、确保法律正确统一适用。

三 关于审级制度与四级法院职能定位改革联动的思考

四级法院审级职能定位改革的表述，同时包含了"审级"和"职能"两个关键词。有学者认为，这一表述意在对各级法院职能准确定位的基础上改革审级制度。① 从改革文件和改革实践来看，这一解读存在偏差。所谓审级制度，是法律规定的审判机关在组织体系上的层级划分以及诉讼案件经过几级法院审理才告终结的制度。除了法院的层级划分之外，审级制度主要解决的是一个案件经过几级法院审理宣告终结的问题。四级法院职能改革虽然有"审级"表述，但它其实并未改变我国的审级制度，它改变的仅仅是对各级法院职能的差异化处理，清晰各级法院的职能。法院职能的优化，只能说是提升审级制度效果的方式之一，或者说本次改革似乎有些本末倒置。本来改革逻辑应当是在审级制度改革的视野下，推动法院层级的变化或各层级法院职能的变化，法院层级和各层级法院职能都随着审级制度的立场变化而变化，而改革试点工作却在基本审级理念和制度设计尚有争议之际，选择越过审级制度先对四级法院职能进行调整。

尽管如此，针对我国两审终审制所暴露出来的问题，对各级法院职能的明晰和差异化处理在一定程度上也解决了一些问题，如畅通了重大疑难复杂案件流向高层级法院的渠道。改革未触及审级制度的根本缺陷，

---

① 梁平：《我国四级法院审级职能定位如何改革》，《政法论丛》2021 年第 6 期。

两审终审的自身困境是促使我们推动改革的核心理由,改革虽未触及审级制度本质,但带给我们的启示和思考为未来审级制度的变革指明了方向。今后,对审级制度的改革应当重点考虑以下问题。

第一,改革的相关配套保障机制有待完善,改革系统集成问题是下一步的重点。[①] 重新定位后的审级职能相关配套保障机制有待完善,如重大案件的发现识别机制、上下级法院之间的信息共享机制、法院的人案协调和业务考核机制,改革系统集成需要强化。首先,在将初审管辖下沉到基层法院的同时,应当为司法下沉基层留足司法资源。由于我国上下级法院之间呈现审级关系和司法行政双重关系,不能只考虑为高层级法院减负,要整体地考虑基层法院的司法资源配置和相关机制改革,如基层法官数量、案件分流机制、多元化解机制等,若忽视这些问题,基层法院遭遇的案多人少的矛盾将进一步加剧,影响案件的审理质量。其次,高层级法院办案质量保障体系有待强化。审判质量是司法公平正义的根本保证,在为高层级法院办理初审案件减负后,在终审程序和再审程序的优化设计方面有广阔的研究空间。

第二,以事实审和法律审的适当分离为抓手,推动法院审级职能进一步精细化区分。四级法院职能定位改革在一定程度上实现了各级法院职能差异化的目标,但并未以法律审和事实审为依据划分法院职能。现代审级理念强调上下级法院之间职能差异化和彼此职能的协调衔接,以此来兼顾案件审理的公正和效率要求。初审法院和上诉审法院对事实审和法律审的审理重心应当分离,以实现庭审的实质化,强化各个审级在纠纷解决中的论证功能,这对裁判者的素质要求和审判质量的要求更高。[②] 今后,可以进一步尝试精细化法院审级职能,打造一审坚实的事实审基础,强化二审法律审的优势,将法院职能定位的改革成果与审级制度整合。

第三,回归审级制度功能原理,既有两审终审制的缺陷要求对审级

---

① 王斗斗:《完善配套制度依法有序推进改革》,《法治日报》2021 年 8 月 20 日第 3 版。

② 梁平:《我国四级法院审级职能定位改革的规范与技术进路》,《政法论丛》2021 年第6 期。

制度进行全方位的改革。四级法院职能定位改革仅对各级法院职能进行了优化，克服了我国法院职能同质化、职能分层不够的结构性问题，两审终审制的审级制度在本次改革中未实质性改变，这延续了我国几十年来奉行的渐进性改革的审慎政策。① 四级两审终审制的内在缺陷在于：其简单地按照法院审级来分配案件，未能在审级基础上实现界限分明的法院职能分层。本轮改革加快了"柱形"审级结构向"金字塔形"结构的转变，但化解两审终审制的内在缺陷最终要依靠系统性的审级制度变革来实现。因此，在本轮改革的基础上，我国审级制度未来是选择继续优化"两审终审＋再审"的模式还是采取"三审制"的审级模式，仍值得深入研究。

---

① 钱大军：《当代中国法律体系构建模式之探究》，《法商研究》2015 年第 2 期。

主要参考文献

一 中文著作

《马克思恩格斯选集》（第 1 卷），人民出版社 1995 年版。

《毛泽东选集》（第 3 卷），人民出版社 1991 年版。

《毛泽东选集》（第 4 卷），人民出版社 1991 年版。

《沈钧儒文集》，人民出版社 1994 年版。

习近平：《论坚持全面依法治国》，中央文献出版社 2020 年版。

《董必武法学文集》，法律出版社 2001 年版。

中共中央文献研究室：《十六大以来重要文献选编》，中央文献出版社 2005 年版。

中共中央文献研究室：《十八大以来重要文献选编》，中央文献出版社 2016 年版。

中共中央文献研究室：《十九大以来重要文献选编》，中央文献出版社 2019 年版。

中共中央文献研究室：《习近平关于全面依法治国论述摘编》，中央文献出版社 2015 年版。

范愉：《非诉讼纠纷解决机制研究》，中国人民大学出版社 2000 年版。

高陈：《接近正义：美国纽约州司法改革项目研究》，中国政法大学出版社 2015 年版。

郭方：《看得见的英国史》，北京大学出版社 2018 年版。

侯欣一：《从司法为民到人民司法——陕甘宁边区大众化司法制度研究》，中国政法大学出版社 2007 年版。

江伟等：《民事诉权研究》，法律出版社 2002 年版。

李德顺：《价值论——一种主体性的研究》（第 3 版），中国人民大学出版社 2020 年版。

刘全娥：《陕甘宁边区司法改革与"政法传统"的形成》，人民出版社 2016 年版。

齐树洁：《民事司法改革研究》，厦门大学出版社 2004 年版。

沈冠伶：《民事程序法之新变革》，新学林出版股份有限公司 2009 年版。

汤维建：《美国民事司法制度与民事诉讼程序》，中国法制出版社 2001 年版。

王德新：《诉讼文化冲突与民事诉讼制度的变革》，知识产权出版社 2017 年版。

王定国等：《谢觉哉论司法民主》，法律出版社 1996 年版。

徐昕：《英国民事诉讼与民事司法改革》，中国政法大学出版社 2002 年版。

张骐等：《中国司法先例与案例指导制度研究》，北京大学出版社 2016 年版。

最高人民法院：《人民法院司法统计历史典籍（1949—2016）》，中国民主法制出版社 2017 年版。

最高人民法院：《中国法院的司法改革（2013—2018）》，人民法院出版社 2019 年版。

二 中文期刊论文

郭辉：《接近正义考》，《澳门法学》2014 年第 12 期。

何兵：《司法职业化与民主化》，《法学研究》2005 年第 4 期。

何帆：《中国特色审级制度的形成、完善与发展》，《中国法律评论》2021 年第 6 期。

侯欣一：《陕甘宁边区司法制度、理念及技术的形成与运作》，《法学家》2005 年第 4 期。

胡仕浩：《多元化纠纷解决机制的中国方案》，《中国应用法学》2017 年第 3 期。

胡云腾、于同志：《案例指导制度若干重大疑难争议问题研究》，《法学研究》2008 年第 6 期。

季卫东：《中国司法的思维方式及其文化特征》，《法律方法与法律思维》2005 年 9 月。

姜佑福：《五四新文化运动中的马克思主义社会政治哲学——以 1919 年前后〈新青年〉杂志为中心的批判性考察》，《天津社会科学》2015 年第 2 期。

李华：《"群众路线"：概念、内涵及其历史演变》，《党史研究与教学》2014 年第 1 期。

李明哲：《多元化纠纷解决机制的地方立法探索》，《法律适用》2015 年第 7 期。

梁平：《我国四级法院审级职能定位改革的规范与技术进路》，《政法论丛》2021 年第 6 期。

刘风景：《"指导性案例"名称之辨正》，《环球法律评论》2009 年第 4 期。

刘作翔：《中国案例指导制度的最新进展及其问题》，《东方法学》2015 年第 3 期。

龙飞：《中国在线纠纷解决机制的发展现状与未来前景》，《法律适用》2016 年第 10 期。

陆永棣：《从立案审查到立案登记——法院在社会转型中的司法角色》，《中国法学》2016 年第 2 期。

马锡五：《新民主主义革命阶段中陕甘宁边区的人民司法工作》，《政法研究》1955 年第 1 期。

齐树洁：《德国民事司法改革及其借鉴意义》，《中国法学》2002 年第 3 期。

孙跃：《案例指导制度的改革目标及路径——基于权威与共识的分析》，《法制与社会发展》2020 年第 6 期。

陶希晋：《论司法改革》，《法学研究》1957 年第 5 期。

王德新：《中国调解主导型司法政策的检讨与转型》，《河南社会科学》2013 年第 12 期。

王福华：《电子法院：由内部到外部的构建》，《当代法学》2016 年第
　5 期。

王利明：《我国案例指导制度若干问题研究》，《法学》2012 年第 1 期。

王世柱、李栋：《从"民主"到"人民民主"——中国近代民主观念嬗
　变的考察》，《政法学刊》2015 年第 3 期。

吴锦良：《"枫桥经验"演进与基层治理创新》，《浙江社会科学》2010 年
　第 1 期。

张海燕：《法院"案多人少"的应对困境及其出路——以民事案件为中心
　的分析》，《山东大学学报》（哲学社会科学版）2018 年第 2 期。

张嘉军：《人民陪审制度：实证分析与制度重构》，《法学家》2015 年第
　6 期。

张立平、谢米隆：《我国民事诉讼调解政策的历史变迁与演进逻辑——基
　于历史制度主义分析》，《重庆社会科学》2022 年第 8 期。

张骐：《论中国案例指导制度向司法判例制度转型的必要性与正当性》，
　《比较法研究》2017 年第 5 期。

张卫平：《起诉难：一个中国问题的思索》，《法学研究》2009 年第 6 期。

张卫平：《中国民事诉讼立法四十年》，《法学》2018 年第 7 期。

张泽涛、肖振国：《德国〈调解法〉述评及其启示》，《法学评论》2013
　年第 1 期。

郑朴：《彻底摧毁旧法制，肃清资产阶级法律思想——重读中共中央〈关
　于废除国民党的六法全书与确定解放区的司法原则的指示〉》，《法学研
　究》1964 年第 2 期。

周翠：《德国司法的电子应用方式改革》，《环球法律评论》2016 年第
　1 期。

周建华：《法国民事司法改革论纲》，《北京理工大学学报》（社会科学
　版）2013 年第 6 期。

周建华：《法国现代调解的发展：传承、借鉴与创新》，《法学家》2015
　年第 2 期。

左卫民：《中国在线诉讼：实证研究与发展展望》，《比较法研究》2020
　年第 4 期。

三 外文文献

［德］K. 茨威格特、H. 克茨：《比较法总论》，潘汉典等译，贵州人民出版社 1992 年版。

［德］康德：《历史理性批判文集》，何兆武译，商务印书馆 2015 年版。

［德］马克斯·韦伯：《法律社会学》，康乐、简惠美译，广西师范大学出版社 2005 年版。

［德］米夏埃尔·施蒂尔纳：《德国民事诉讼法学文萃》，赵秀举译，中国政法大学出版社 2005 年版。

［美］达玛什卡：《司法和国家权力的多种面孔》，郑戈译，中国政法大学出版社 2004 年版。

［美］彭小龙译，冯玉军编：《美国法律思想经典》，法律出版社 2008 年版。

［日］棚濑孝雄：《纠纷的解决与审判制度》，王亚新译，中国政法大学出版社 1994 年版。

［意］莫诺·卡佩莱蒂：《当事人基本程序保障权与未来的民事诉讼》，徐昕译，法律出版社 2000 年版。

［意］莫诺·卡佩莱蒂：《比较法视野中的司法程序》，徐昕等译，清华大学出版社 2005 年版。

［意］莫诺·卡佩莱蒂：《福利国家与接近正义》，刘俊祥等译，法律出版社 2000 年版。

［英］阿德里安·A. S. 朱克曼：《危机中的民事司法——民事诉讼程序的比较视角》，傅郁林等译，中国政法大学出版社 2005 年版。

［英］阿蒂亚：《法律与现代社会》，范悦译，辽宁教育出版社 1998 年版。

［英］边沁：《道德与立法原理导论》，时殷红译，商务印书馆 2000 年版。

Alf – Ross, Towards a Realistic Jurisprudence, Copenhagen：Einar Munksgaard, 1946.

Christine Parker, Just Lawyers：Regulation and Access to Justice, New York：Oxford University Press, 1999.

Deborah L. Rhode, Access to Justice, New York：Oxford University

Press, 2004.

G. Slapper, D. Kelly, The English Legal System, London: Cavendish Publishing Ltd. , 1999.

Richard Clayton and Hugh Tomlinson, Fair Trial Rights, London: Oxford University Press, 2001.

Richard Susskind, the End of Lawyers? New York: Oxford University Press, 2008.

W. R. Cornishi, The Jury, London: Allen Lane Penguin Press, 1968.

后　记

2019年6月山东省教育厅开始实施"山东省高等学校青创人才引育计划",支持高校面向亟须重点发展的学科专业,通过引才育才,加强人才团队建设。2019年10月,由我牵头的山东师范大学"诉讼法学新兴领域研究创新团队"获得立项建设,并有幸邀请到著名诉讼法学家张卫平教授担任团队导师。

在学校和学院领导的大力支持下,并在张卫平教授的精心指导下,本着"引人育人并重、突出学科交叉、聚焦新兴领域"的思路组建了研究团队,设定了五个特色研究方向,即"民商法与民事诉讼法协同研究""司法文化与裁判方法研究""社会权利的司法救济创新研究""诉讼证据制度创新研究""诉讼制度的法经济分析"。团队建设任务十分艰巨,原先设定的"五个一流"的建设任务(打造一流团队、培养一流人才、推动一流教学、建设一流智库、产出一流成果)转眼到了验收期。三年多来,团队在一流课程建设、科研成果产出、服务地方法治等方面取得了显著成绩,作为团队建设重要成果的"诉讼法学新兴领域研究创新文库"一套10种学术专著已基本完成出版。

为了加强培养一流人才,团队自2021年起策划立项了研究课题"民事司法改革的中国范式",并组织山东师范大学法学院部分法学专业的研究生参与研究,形成了本书研究成果。本书由山东师范大学王德新教授、安秀伟副教授作为主编,由主编统一拟定研究思路和撰写提纲,定期研讨,分工负责。具体分工是:第一章由王德新撰写;第二、八章由安秀伟、王德新撰写;第三章由王楠撰写;第四章由杨冉冉撰写;第五章由王南茜撰写；第六章由郭晓晴撰写；第七章由靳恺琳撰写；第九章由刘畅撰写；第十章由石淞莹撰写；第十一章由李卉子撰写。初稿完成后，由主编统稿、厘定观点和修改定稿。

在书稿付梓之际，感谢中国社会科学出版社孔继萍老师为本书编审付出的辛劳！由衷感谢青创团队导师张卫平教授，他对青创团队建设和我个人都给予了很大的支持和无私的帮助！感谢山东师范大学青创团队的队友们，感谢有你们一路同行！感谢参与本项目研究的研究生同学，他们在2022年疫情多变形势下表现出的坚韧和对科研孜孜以求的精神，足以支撑他们在学术之路上行稳致远！

王德新

2023 年 3 月 30 日于济南长清